党建工作

◎山东省司法厅厅长王玉君莅临我所进行考察

◎全国律协会长王俊峰来所考察党建工作

◎组织赴台儿庄开展教育学习

◎参加山东省政府法律顾问聘任仪式

◎党员集体表决

◎组织党员赴遵义开展主题教育

◎组织参观日照市抗日战争纪念馆

文化建设

◎青年律师辩论赛

◎博翰源所组织年会活动

◎三八妇女节组织本所女律师摘草莓活动

◎博翰源所组织春游活动

◎博翰源所组织篮球赛

◎组织律所全员赴云台山旅游

◎博翰源所组织秋游活动

发展见证

2000年　律所成立

2002年

◎2002 年博翰所的 8 位律师

2005年

◎2005 年杜鹃主任获山东省十佳女律师

2011年

◎2011 年三所合并筹备工作会议

2016年

◎2016 年召开合伙人会议

2019年

◎2019 年日照分所开业仪式

2020年

◎2020 年博翰源律所发展为百人律所

合作交流

◎博翰源与澳大利亚豪力律师事务所签订战略合作协议

◎霍建平律师为政法干部培训授课

◎博翰源与加拿大 J&F 律师事务所签订战略合作协议

◎博翰源与印尼 YUKING & CO 律师事务所签订战略合作协议

◎山西省律协来我所参观交流

◎季猛律师为移动公司培训授课

合作交流

①②
③④
⑤

①与休斯顿律师事务所签订战略合作协议

②合伙人赴广州律所学习考察交流

③到泰和泰律师事务所成都总部参观交流

④聘请麦家荣为律所顾问

⑤马来西亚大卫与郭律师事务所代表处揭牌

社会公益

◎博翰源所为藏区捐赠

◎博翰源所对口支援长清区马山镇郭庄村扶贫活动

◎组织妇女儿童权益服务团公益活动

◎商河村居法律顾问提供法律咨询服务

◎老年公寓走访送福利

社会公益

◎2012 年组织“慈善一日捐”活动

◎2014 年组织“慈心一日捐”活动

◎2018 年组织“慈心一日捐”活动

◎“家和”婚姻家庭工作站在博翰源所揭牌

◎法制宣传日活动上街提供法律咨询

◎马山镇为律所送锦旗

社会评价

2011-2014年度
全国优秀律师事务所
中华全国律师协会
二〇一六年二月

敬老文明号
全国老龄工作委员会
二〇一六年

山东省优秀律师事务所
山东省律师协会
二〇一七年一月

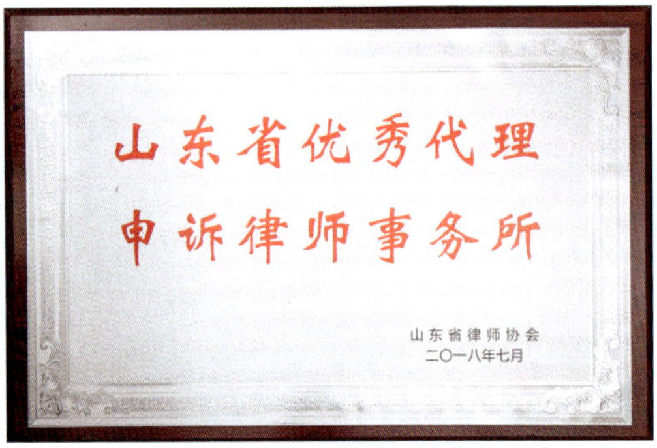

山东省优秀代理
申诉律师事务所
山东省律师协会
二〇一八年七月

争创人民满意律师事务所先进单位
集体二等功
山东省人力资源和社会保障厅
山 东 省 司 法 厅
二〇一一年十二月

山东省维护妇女儿童权益
先进集体
山东省妇联
二〇一四年

博翰源理

——山东博翰源律师事务所建所二十周年文集

山东博翰源律师事务所　编
刘昌君　高建军　执行主编

山东大学出版社
·济南·

图书在版编目(CIP)数据

博翰源理:山东博翰源律师事务所建所二十周年文集/山东博翰源律师事务所编.—济南:山东大学出版社,2020.11

ISBN 978-7-5607-6744-4

Ⅰ.①博… Ⅱ.①山… Ⅲ.①法律—案例—中国 Ⅳ.①D920.5

中国版本图书馆 CIP 数据核字(2020)第 193910 号

责任编辑 陈 珊 肖淑辉
封面设计 王 艳

出版发行 山东大学出版社
社 址 山东省济南市山大南路 20 号
邮政编码 250100
发行热线 (0531)88363008
经 销 新华书店
印 刷 山东新华印务有限公司
规 格 720 毫米×1000 毫米 1/16
27.5 印张 4 插页 550 千字
版 次 2020 年 11 月第 1 版
印 次 2020 年 11 月第 1 次印刷
定 价 78.00 元

《博翰源理》编委会

序　言

博翰源走过了艰难而光辉的二十年！可以这样说，中国法治进程有多艰难，博翰源律所行进的步履就有多艰难。中华人民共和国社会主义法制七十多年来的艰难进展，改革开放四十多年来特别是新时代法治中国建设取得的历史性成就，离不开像博翰源这样的律所做出的不懈努力和重要贡献。纪念博翰源律所成立二十周年系列庆祝活动，包括记述博翰源律所法性成长、理性发展的《博翰源理——山东博翰源律师事务所建所二十周年文集》出版计划。应博翰源律所合伙人会议主席霍建平君的邀请参与这项出版计划的实施，并受命为这本文集写序。

博翰源是一个极具代表意义的律所。霍建平、杜鹃、黄利群等一批卓尔不群的律师，凭着对社会人性的深刻洞察，对律师职业的深刻体认，对市场和人权意义的深刻理解，对法治理想和正义价值的笃信和追寻，二十年来励精图治，苦心经营和发展博翰源。以诉讼为起点，律所业务的主线不断扩展；以党建为引领，博翰源律所的各项事业不断发展。坚持以规制所和以文化所，不断创新完善律所制度、治理体系和动力机制，不断培育发展律所文化、组织伦理和法治情结。博翰源律所文化与制度相汇，博翰源律师理念与行动交融，由此凝聚、渐进集成博翰源理。

博翰源理崇尚念之理性、行之逻辑。博翰源理首在人本法理和正义价值，这无疑是博翰源的源义所在和精神命脉。人本法理和正义价值潜移默化，在律所深入人心，深度融入博翰源律所文化建设，塑造了博翰源律所的至上精神境界；博翰源理重在德法兼修、知行合一，这无疑是博翰源的力道所在和崇实风气。德法兼修和知行合一于无声处，在律所蔚然成风，深度嵌入博翰源律所团队构造，奠立了博翰源的宏大事业格局。博翰源理之法性和理性，内化于心而外化于形，规定着博翰源的高境界和大格局，决定了博翰源律所以往二十年的辉煌，还将决定着博翰源更加辉煌的未来。

博翰源理并非概念组合和理念抽象。博翰源理生成于博翰源律所，与新世纪同龄，同新时代共进，志在法治，旨在正义的艰难行进、风雨兼程中；流动在逾百律师敬业于刑事辩护、民行代理以及各类非讼业务，坚韧不拔、砥砺前行的足迹里。本文集中的大事记列述了博翰源律所过去二十年经历的重要事件，包括重大业务活动、重要信任关系以及优秀的执业记录、行业和社会声誉，它们构成了博翰源理的生动载体。这本以义与理为主题的文集，是关于博翰源行与思的集锦，集中展现了博翰源律师职业素养、执业能力和团队精神以及社会责任和良知。这无疑是博翰源理的真正出处。

本文集内容广泛，理据结合，深入浅出，文风朴实，选集了一个不断发展向上的律师群体二十年来的行与思。它所承载的博翰源理，亦即博翰源文化中的义与理，根植和广博于博翰源律所诉讼和非讼各领域各方面业务。无论是针对刑民行诉讼实务的案例研判和专题探研还是针对企业上市、风险管控、内部治理和公司破产等非讼业务的实例阐析和专项精研，无论是高度关注私权平等保护还是积极参与社会公共治理，无论是担任政府法律顾问出具咨询意见还是提供公共法律服务实施法律援助，无一不展现出博翰源以人民为中心的律师观，一以贯之的法治立场，始终追寻的正义价值。

本文集充分体现了强烈的问题意识、法性思维和理性认知，侧面反映了博翰源律所“专业的人做专业的事”的一贯风格。无论刑法领域对分则罪名以及监视居住、被告人供述和辩解等具体制度的精细分析，还是民商事领域对企业破产类案尤其是企业应收账款的处置、债权人保护和企业员工安置、破产公司财产归属权等具体实例的精准剖析，还有行政领域对土地使用权及土地执法监察、行政咨询和行政复议等具体问题的精到研析还有对人工智能时代律所行业方向、律师职业去向等问题的讨论，由此体现的律师专业思维、执业精神、职业伦理以及行业共识等，塑造了博翰源理的基本逻辑。

二十年来，博翰源律所赢得业内尊重、行外敬意，靠的是律师队伍专业精良；律师业务精到不凡，靠的是关心弱势群体权益保护、参与社会公共事务的良好律师形象。律所在全球化和国际合作方面先行先试、善作善成，还有对法学教育的重要贡献。近些年来，博翰源律所与山东大学（威海）法学院建立了密切的合作关系。博翰源律师带着博翰源理走进山大威法课堂，为创新人才培养助威，已经成为威法教育质量发展不可替代的重要力量；威法学者带着最新学术成果走进博翰源讲堂为学习强所助力，也已成为博翰源理与时俱进不可或缺的促动机制。所院相互助长、彼此助成，皆因我们有不约而同的长远目光；依托法律与英语双学位教育培养国际化律师的合作方向，更因我们拥有同一个法治梦想！这是过去我们不懈追求正义的激情所在，想必它也是我们为了梦想继续不懈奋斗的动力源泉！

走进文集，走出文集，领会博翰源理，是为序。

肖金明

2020 年 10 月 20 日

目 录

第一编　获奖论文

第二编　刑事案件辩护意见

第三编　民商案件代理意见

第四编　行政案件代理意见

第五编　非诉讼法律意见书

第一编　获奖论文

关于山东省律师业发展战略的思考

霍建平

党的十六大报告提出"科学发展观"，这对于各行各业均有指导意义，对我国律师业同样如此。如何科学地发展中国律师业，是摆在中国律师面前一个十分重大而又意义深远的问题。目前，我国律师业从业人员有 110000 余人，律师所 10000 余家，这在先发展数量的指导思想下，从业人员数量的增加之快是令人瞠目的。然而，如何对律师行业从战略上加以定位，并在实践中加以有的放矢地运用，却是目前律师业发展和管理上的软肋。所谓战略，是指决定全局的筹略。结合山东省律师业的现状，笔者认为山东省律师业应制定如下发展战略：

一、人才战略

山东省现有律师 7700 余人，律师所 3000 余家，目前在全国排名第四，仅次于北京、广东、上海，可谓是律师大省，但不是律师强省。鉴于律师业的特点，律师应当是以人为本，出售智力成果的中介机构成员。2003 年全国人才工作会议上，首次提出"人才是第一生产力"的口号，依笔者来看，目前律师业存在的竞争究其实质是人才的竞争。因此，面对山东律师从业人员的现状，制定切实可行的人才战略应是第一要务。第一，山东律师队伍素质不高，学历偏低，外语水平不高，与山东经济发展水平不相适应。依 2002 年的数据来看，山东律师中博士学历有 13 人，双学士硕士 327 人，本科 2594 人，大专学历的为 4301 人，其他专业本科的为 1083 人，中专高中学历的有 332 人，而外语专科以上的仅有 107 人。近年来有变化和提高，但整体水平不高是山东律师的现状。第二，山东律师人才外流严重。据笔者所知，近年来山东赴北京、上海、广东执业的律师越来越多，并且流动的多是比较优秀的律师。第三，山东的区域及执业环境难以吸引人才加入律师队伍中来，尤其是海归学子加盟山东律师的屈指可数。

正是由于上述原因，山东律师业应制定以下措施实施人才战略：(1)严把进人关，真正做到因“才”施“引”，不仅引进高素质的法律人才，还要引进高水平的管理人才。在广揽人才的基础上，真正构造人才“高地”。(2)制定切实可行的优惠政策，转变人才观念，做到制度出人才，竞争出人才。建立山东律师业的“人才库”，改善律师的执业环境，搭建人才平台，尽量减少山东律师人才的流失。(3)加大人才培养和培训的力度，倡导建立“学习型”律师事务所，把培养和培训有机地结合起来，把专家型律师和专业化律师扶植起来，改变山东律师业缺少名律师的尴尬局面。

二、品牌战略

中国律师业的改革和发展，使得法律服务市场面临多种竞争，大致可以分为行业竞争、律师所之间的竞争、律师之间的竞争，而竞争之惨烈，应属作为竞争主体的律师事务所之间的竞争。在竞争之中，树立品牌意识，制定品牌战略是取胜的法宝之一。品牌的制造、形成到发展、扩张需要一系列的工作来完成，绝非一朝之功。因此，实施品牌战略应注意以下几点：

1. 循序渐进，切忌“一口吃成胖子”。一家律师所要创造成为品牌所，窃以为要经过十年之功，才有可能从名所成为品牌所，从区域品牌到全国品牌；要成为国际化品牌所，应该需要更长的时间才有可能。

2. 品牌战略中要高度关注无形资产的价值。品牌是最重要的无形资产，因此，在制定和实施品牌战略时，要高度关注律师所的字号和商标，尤其要利用商标制度努力使本所商标成为“著名商标”。

3. 品牌战略中要有自身的特点，如果要做大做强就不能外强中干；如果想专业化，要确定从一而终。一旦确定好战略，要敢于“与狼共舞”，“与虎同行”。

三、专业化战略

律师制度恢复以后，依笔者来看，在1992年邓小平南方谈话之前，可以说中国律师是处在恢复阶段，在国家法律工作者的光环下仅是确立律师的意识和观念，而南方谈话和律师法的颁布，无疑是中国律师业大发展的时期。尤其是律师体制的改变，律师个人和律师所及律协均有质和量的变化。但是，发展带来的负面影响也使中国律师业需要在发展中加以规范，规范在一段时间内将左右律师业的发展。在这种情形下，律师业实施专业化战略不仅是形势的需要，也是无可奈何的选择。因为在激烈的竞争下，专业化是成功的捷径。随着中国法制体系的完善，“万金油”式的律师已不适应法律服务市场的需要，律师专注于一个行业，为其提供法律服务才能拓展市场，所以，对于新从业的律师和新成立的律师事务所，起步伊始就要实施专业化战略，要给自己定位，这样才能尽快在法律服务市场中占有一席之地，那种打着“原始积累”幌子的“杂家”律师越来越难有生存之道。而老律师和已成立的律师所，则要做“减法”，不断缩短战线和集中自己的优势，逐渐把自己专业化。专业化是将自己掌握的信息、社会资源和法律知识加以整合，从而发挥更大的效用。专业化对于拓展市场极为有利，正如筹划大师何学林所说：“哪怕是生产一个螺丝钉，只要市场份额占据了一定程度，照样可以发大财。”法律服务何尝不是这样呢？当然，专业化不能盲目，要进行正确的分析定位，从资源配置上思考才能制定出一个适合自己的专业化战略，从而在专业化道路上不断扩充自己；反之，则将碰一鼻子灰，成为业界的笑柄。

四、国际化战略

随着经济全球化和中国加入世界贸易组织，法律服务走向国际化也成为大趋势。入世为中国律师带来机遇和挑战，这就要求我们必须制定和实施国际化战略。所谓律师行业的国际化战略，应从四个方面进行考虑：一是服务对象的国际化；二是服务地域的国际化；三是服务人员的国际化；四是业务合作的国际化。上述四个方面的国际化中，以服务对象的国际化最为重要，并能带动其他三个方面的国际化。我们应该鼓励山东省的律师事务所到境外设立分支机构，鼓励和海外律师事务所进行兼并重组，在业务管理上要吸引“海归”加入我省的律师队伍，配合我省经济工作中的“走出去”战略，加强与外国律师所的战略合作和业务合作，从而使我省律师业加快融入经济全球化的洪流中去。

五、信息化管理战略

我们已进入信息化时代，这是毋庸置疑的。信息技术产生了革命性的飞跃，成为当地先进科学技术的代表；以信息产业为基础的新经济成为发达国家的支柱产业；以信息化、数字化、网络化为表征的网络社会已经到来。信息化已深刻地影响我们的生活，并将在我们律师业中发挥越来越大的作用。加拿大著名的律师事务所管理专家米尔顿·W.司威克在《发展和管理一家成功的律师事务所》中讲道：“良好的管理是律师事务所成功的关键。”笔者认为，在目前，“良好的管理”必然包括有信息化管理，否则不能称之“良好的管理”，这也是与时俱进的思想。律师事务所应当建立自己的网站，不仅是宣传自己，而且是律师之间交换意见、讨论案件等极佳的平台。利用信息技术进行办公，互联网应进一步发挥其功能，以至现在所倡导的“无纸化办公”。信息化管理不仅体现在律师业务和律师事务所管理之中，还应当体现在司法行政机关和律师协会的工作之中。在“两结合”的管理体制下，应当创建律师信息工程，实行区域信息共享，比如信息发布，征求意见，注册开会等都需实施信息化管理战略。

六、风险防范管理

律师事务所和律师都面临风险，这是近几年才出现的新问题。在激烈的市场竞争环境中，各种新的法律服务业务层出不穷，机遇和挑战并存，收益和风险同在。所以，如何应对各种风险，提高风险防范意识，就要制定和实施风险防范战略。目前律师业风险可归结为两大类：一类是行业风险，或称政治风险，笔者仅在此提出，但认为基本不可能再发生历史上的类似情形，行业风险可忽略不计；另一类风险是局部风险，或称个体风险，这种风险对于律师事务所或律师个人是时有发生的，值得我们高度注意。我们通常也可以把个体风险划分为两种，一是业务上的风险，一是管理上的风险。业务上的风险主要是指律师执业过程中的风险，如刑法上的伪证罪或因过失给客户造成的损失导致索赔。对业务上的风险应采取如下对策：一是树立风险防范意识，警钟长鸣；二是强调律师职业道德和执业纪律，加强责任心；三是进行标准化或格式化管理，分解每项业务，关注风险点，建立风险提示制度；四是建立保险制度，亡羊补牢，以求最大限度地保护个体和行业。而对于管理上的风险，目前，主要表现为税务和管理决策的失误，这类风险的防范无非就是要依法和按制度办事，别无良策。

七、业务创新战略

党的十六大提出拓展和规范法律服务市场，但近年来对律师业规范已成主旋律，不管是教育整顿，还是长效机制，均是以规范为主。然而，发展是硬道理，山东省律师业要抓住山东历史上最好的发展时期，强抓机遇，紧跟形势，制定出业务创新战略，加大拓展法律服务市场的力度，各个主体齐心协力地把法律服务市场的蛋糕做大。搞业务创新，无非就是适度超前，通俗地讲，就是“吃着碗里，看着锅里”。通过对市场的分析和自身条件的认识，就要确定下一步业务发展方向，然后竭尽全力地进行拓展，这样才能做到游刃有余。作为律师协会，有必要引导各律师事务所抓住热门问题，如“三个亮点”“三个突破”“半岛城市群”，也应该在我们拓展业务时加以考虑。当然，业务创新要注意适度，而不是过于超前。笔者在 1992 年曾重点研究过“反倾销”，而当时律师业务中根本没有此类业务。再有就是每位律师都要有为行业做贡献的心态，在业务中力争为行业着想，不要痴想着垄断和封锁。律师要把握长期趋势，这需要有超强的预见性。美国著名未来学家托夫勒说：“愿意的人，潮流领着走；不愿意的人，潮流牵着走。”因此，只要认准方向，就要执着地走下去，迟早会有收获的。

八、核心竞争力战略

山东的律师业经过二十多年的发展，依笔者来看，在全国的定位应处于二流水平，属于第二梯队。如何提升山东律师业在全国的地位，笔者认为，这关键在于打造律师事务所的核心竞争力，才能逐渐提升我省律师业的竞争力。核心竞争力因所而异，因人而异，关键就是别人不易模仿，是本所所特有的。至于打造何种竞争力，则是智者见智。鉴于山东省律师业的现状，笔者认为，应抓住律师法修改的契机，大力发展个人所，扶植大中所，形成金字塔式的结构，形成专业化和规模化并存、品牌所为龙头的局面。狠抓律师的服务质量，因为律师业的竞争最终要靠质量的竞争，而质量要靠制度来保障。

（此论文获山东省2005年度第十五次律师业务理论研讨活动优秀论文律师管理类一等奖）

作者简介

霍建平律师，中共党员，1984年7月毕业于中国政法大学，获法学学士学位。山东博翰源律师事务所合伙人会议主席。荣获“全国优秀律师”“全国律师行业创先争优党员律师标兵”“山东省优秀律师”等称号，获全省司法行政系统先进个人、省十佳律师，并荣立个人二等功、三等功多次等。擅长国际投融资、公司证券、金融、环境保护等领域的法律事务。主要社会兼职：全国律师协会理事、大会提案委员会委员；山东省律师协会副会长、党委委员；济南市律师协会名誉会长；中国国际经济贸易仲裁委员会仲裁员、海事仲裁委仲裁员；山东省法学会行政法学会副会长；山东省人大立法咨询员；济南市十七届人大代表、法制委员会委员。从业三十余年来，其先后担任山东省委、山东省政府、济南市委、中通客车、福胶集团、神思电子等政府、企事业单位法律顾问。多次参加彩石山庄案件的研究，两次参加山东省省长主持召开的论证会，参加省政府办公厅的高速公路收费论证会，并出具法律意见书；在济南市政府处理山水集团案件中，带领律师团队为济南市领导出具法律意见，连续服务两年多，赢得了党委、政府领导的好评；挂职期间负责宣传工作、招商引资，发挥专业优势，协助区政府处理钉子户事项，修女楼教堂整体迁移手续等；接受市政法委的指派，全面协调天业股份的重大案件。

企业合同管理中的法律风险及防范

黄利群

合同是现代企业从事经营活动和对外经济交往的主要手段，企业运营主要通过合同来体现，合同的签订与履行是企业取得经济效益的主要途径。现代企业的运营过程实际上就是合同的签订、履行过程，正如西方有一句谚语："财富的一半来自合同。"合同管理是对合同的审批、签订、履行、变更、终止、违约处理等全过程进行计划、组织、控制、调节和监督检查等的管理活动。来自合同管理过程中的法律风险既包括合同本身产生的法律风险，又包括外部因素引起的法律风险，即内部法律风险和外部法律风险。

根据路伟国际律师事务所《中国五百强企业法律风险管理需求调查报告》中法律风险管理需求的排序，合同管理需求仅次于公司治理需求，排在第二位，其制造业和其他行业相比更重视合同管理。在五百强企业最感兴趣的法律风险培训领域中，合同管理排在第一位。由此可见，合同管理在企业管理中占有非常重要的地位，企业为防范法律风险而进行的培训主要是合同管理培训。充分认识合同管理在企业生产经营过程中的重要作用，防范合同管理过程中可能出现的法律风险，对企业健康发展、创造更大的经济效益有十分重要的意义。合同风险是企业法律风险的源头，大部分的法律风险都是因为合同本身不完善或者合同履行过程出现了问题而产生的。

一、合同管理中法律风险的具体表现

1.合同签订过程中因合同主体不符合法律规定导致的合同无效

因主体不适格导致合同无效后，所有合同条款中只有争议解决条款对双方当事人有约束力，双方订立合同的目的不能得以实现，造成人力物力的浪费，给企业带来经营风险。我国《民法通则》和《合同法》规定，违背法律和行政法规的合同属无效合同。对有些特殊行业，尤其是关乎国计民生的行业，国家实行行业准入制度，不符合一定标准的自然人和其他主体不允许进入市场。较为典型的是国家对建筑企业资质的监管。我国《建筑法》第十三条规定，从事建筑活动的建筑施工企业、勘察单位、设计单位和工程监理单位，取得相应的资质证书后才能在资质等级许可的范围内从事建筑活动。对此，国务院《建设工程质量管理条例》第二十五条也作出相应规定。如果发包人与没有资质或者资质等级低达不到要求的承包人签订建设工程施工合同，属无效合同。

2.因合同签订不符合法定程序而导致的合同无效

以建设工程施工合同为例，《招标投标法》第三条规定必须进行工程建设项目招投标的范围。2000 年，国家发展计划委员会为确定招投标的具体范围，发布了《工程建设项目招标范围和规模标准规定》。根据这些法律规定，建设工程施工合同除不宜进行招标、投标之外，应当依法以招标、投标的方式订立。招标、投标方式是订立建设工程施工合同的基本方式。违法招标、投标导致建设工程施工合同无效又分很多情形，具体的表现形态是：应当招标的工程而未招标的；招标人泄露标底的；投标人串通作弊、哄抬标价，致使定标困难或无法定标的；招标人与个别投标人恶意串通，内定投标人的；国家重点建设项目及大型建设项目公开招标的，其议标单位少于三家的。这些导致建设工程施工合同无效的事由均可以归属于欺诈，恶意串通，合法形式掩盖非法目的，违反法律、行政法规的强制性规定等。以此种形式签订的建设工程施工合同均属于无效合同。在实践中出现的建设单位在招投标之前先找施工单位协商，确定了合同的主要条款之后再进行形式上的招标的做法违背了法律规定，所签的合同属无效合同，会带来合同无效的法律风险。

3.在合同履行过程中因相对方履约能力降低而给合同当事人带来的法律风险

履约能力即合同当事人履行合同的能力，履约能力既包括支付能力也包括生产能力。合同当事人作为市场主体，面临的风险是多方面的，有的风险来自外部，有的风险来自企业内部，很多因素都可能影响到其支付能力和生产能力。如合同当事人和金融机构的关系恶化就可能会影响其支付能力，合同相对方就有可能因此受到牵连。客观讲，有时合同当事人履约能力降低是难以避免的，属于正常的市场风险。但是从合同管理角度来看，在签订合同之前对对方的履约能力作全面地调查，这对风险防范有很大帮助，调查的内容应当包括对方的企业性质、注册资金、银行的信用等级、资金来源、银行存款、生产能力、生产规模、技术力量和已有业绩等。我国加入世界贸易组织后，企业与外国企业的经济交往越来越多，对国外企业的履约能力考查的重要性也凸现出来，企业一方面要在经济往来过程中注意对方的履约能力，必要时也可以委托社会中介机构进行调查。

为减轻相对方履约能力降低给当事人带来的风险，我国《合同法》第六十八条和第六十九条的不安抗辩权制度对此做出了规定，当当事人发现对方经营状况严重恶化等四种情形时，可以中止履行合同，如果对方在合理期限内不能恢复履行能力并且未提供适当担保的，合同当事人还可以解除合同。

4.合同履行过程中合同主体和合同内容变更带来的法律风险

合同在履行过程中可能会因为某种原因发生主体的变更，合同的权利义务转让给第三人。合同主体发生变更后，第三方的信用程度和履约能力对合同一方来说存在未知的风险。比如合同履行过程中的债权转让，转让人只需通知债务人即可，债务人对受让人的情况可能并不了解，此时受让人对债务人来说就是一个新的风险。

有些合同在履行的过程中，内容不可避免地会发生变化，尤其是对履行时间长、权利义务复杂的合同来说更是如此。合同条款的制定者不可能穷尽需要合同双方完成的每一项工作，已经约定的条款根据现实情况的变化可能会发生变化，原来的合同条款可能已经没有履行的必要。此时合同内容的变化对双方当事人来说就意味着风险的产生。

5.因诚信缺失导致的合同欺诈

合同欺诈成本低，能给不法行为人带来暴利，有些市场主体会采用这种方式欺骗诚实守信的企业。合同欺诈的表现方式五花八门，主要表现形式有伪造虚假证件，对自己的真实身份和能力加以隐瞒，利用有些企业对新业务范围的信息缺乏，抓住人们普遍急于获得经济利益的心理诱使其上当。

企业遭受到合同欺诈后，应该利用合同法关于合同无效的相关规定积极维护自身的合法权益，要求返还财产。对于合同标的额大、影响恶劣的，应当向公安机关报案，请求司法机关根据《刑法》第二百二十四条规定追究欺诈者的刑事责任。

6.国家政策变动带来的合同法律风险

政策变动带来的合同风险属于企业的外部法律风险。在我国这样一个经济转轨国家，政策调整和变动的风险始终是影响企业经营的重要因素。国家政策变动包括金融政策变化、税收政策变化等，政策变动是国家对经济运行进行宏观调控的手段，同时会对合同的签订和履行带来一定的风险。合同在履行过程中，国家可能会出台一些不利于合同履行的法规、规章和政策，由于我国合同法尚未建立情势变更制度，防范由于政策变动带来的合同风险就显得尤为重要。

二、防范合同管理中法律风险的措施

1.在企业内部建立完善的法律事务机构，有条件的企业可以建立企业总法律顾问制度，将总法律顾问制度作为企业经营的“金拐杖”

这是防范合同管理中的法律风险的组织保障。在中国加入世界贸易组织后，国内企业已被置于与国外企业同一市场规则的法律环境，企业法律事务也在不断增加，运用法律手段预防和化解经营风险，成为提高市场竞争力的重要前提。因此，选用一批懂经济、懂法律、懂管理以及熟练掌握和运用世贸规则的高级企业管理人才，切实解决企业经营中所遇到的法律问题，化解经营风险已成为当务之急。

建立健全企业总法律顾问制度对化解合同管理中的法律风险有十分重要的作用。企业总法律顾问在企业中地位与“三总师”相同，直接对法定代表人负责，是企业决策层成员。在签订合同过程中，企业总法律顾问可以参与决策，保证决策的合法性，对合同签订过程中的相关法律风险提出防范意见，变传统的事后防范为事先预防，发挥总法律顾问作为企业决策者的重要作用。

2.在企业内部建立严格的合同评审机制，落实合同会签制度，做好合同风险的事先防范

这是防范合同管理中法律风险的制度保障，建立合同评审机制，将企业的相关业务部门和相关分公司作为合同评审的责任主体。在合同评审体制中最重要的就是合同会签制度，合同在签订之前，必须经过业务部门负责人的签署意见。各个业务部门应当从自己的角度出发，对合同的内容进行审核，将本部门的意见签署在合同会签单上，明确是否同意签订合同，合同内容还应该做怎样的修改。

合同评审属于合同风险的事先防范，事先防范投入的成本远远低于事后救济，但起到的作用却不可估量。事先防范的投入和事后防范的投入是成反比的。一般来说，事先防范的投入小，事后防范的投入就大；反之，事先防范的投入大，事后救济的投入就小，甚至不需要事后的救济。企业重视发挥合同评审机制的作用，可以以小的投入获得大的收益，防止纠纷和诉讼的发生。

3.收集与本行业有关的合同文本，对合同文本进行整理，形成符合本企业特点的示范文本

企业的性质不同，使用的合同种类也不相同。虽然大型企业签订的合同种类会很多，但是企业的主导产业所使用的合同是最重要的合同，是关系企业经济效益的重中之重，其他合同从性质和合同金额上来讲，都是为主导产业服务的。如制造业中主要使用的是购销合同，房地产业使用的主要是建设工程施工

合同和商品房销售合同等。企业应当针对自己的主要业务内容对这些经常使用的合同进行总结。首先,可以借鉴行业内其他企业的通行做法,借鉴他们好的做法;其次,充分利用企业在长期的经营管理过程中形成的合同实际履行的经验,及时总结这些经验并把经验书面化到合同中去,这对防范合同履行过程中的风险会有很大帮助;最后,企业应当根据国家法律、行政法规、地方性法规和规章以及行业规范的更新变化,及时调整示范文本。企业的合同管理部门应当建立本企业经常使用的示范文本,不但可以降低工作强度,更重要的是建立自己的示范文本,这可以从本企业的实际出发避免合同风险。

4.提高企业全体员工的法律水平,进行有针对性的培训,提高员工履约能力,防范合同履行过程中的法律风险

企业应当在合同履行过程中加强过程控制,提高具体履行合同员工的法律水平,提高其履约和防范风险的能力。签订一个好的合同只是一个开始,合同的履行才是真正重要的环节。企业相关人员在合同履行过程中,应当注意保存自己一方已经履行了合同义务的证据,同时注意保存对方违反合同的证据,尽量将这些过程用书面形式记载下来。在合同履行的过程中,有些时候合同内容可能会发生一些变化,尤其是对那些一方当事人占主导和支配地位的合同,当事人往往会利用优势地位在合同履行过程中让相对方承担合同义务之外的工作。相对方在此种情形之下就应当做好补充合同或者备忘录等书面记载,将此类书面文件送交另一方当事人签字或者盖章。如果对方拒绝签收或者在收到文件后不签字盖章的,经办人要保留曾经将此类文件送交给相对人的书面证据。

防范合同履行过程中的法律风险,一方面需要企业经办人员增强责任心,另一方面需要经办人员具备一定的法律知识。因为经办人员不一定有法律培训的背景,所以企业要针对本行业的特点对企业员工进行相应的法律培训,提高他们的法律素养,使他们在履行合同的过程中能够收集和保管好相关证据资料,保证合同顺利履行,防止诉讼发生,为诉讼需要的证据资料做好准备。

5.做好合同相对人的客户登记,建立诚信客户登记,建立信用等级评价制度

企业应当制定签约主体信用调查制度,具体内容包括:

(1)履约能力

①财产状况的调查:包括注册资金、实有资本、公积金及其他形式的财产,此项调查可以通过资产负债表、损益表和金融机构出具的信用证明。

②生产能力的调查:厂房、设备、原材料、生产规模、技术水平、交货能力。

③经营能力的调查:经营金额、销售渠道、市场竞争能力的强弱。

(2)履约信用的调查

经营历史、经营作风、客户的评价以及企业和金融、政府之间的关系。调查的方式和渠道包括：

①从官方渠道：注册、变更、年检材料，纳税申报表，审计报告。国外的大使馆、领事馆、大公司的驻外业务机构。

②委托金融机构或资信调查机构：有付款和贸易记录。

③直接向对方了解：谈判记录、函电、洽谈会。

企业尤其是员工人数多、分支机构多的大型企业应当根据对上述调查的结果进行登记，同时企业可以根据自己的行业特点收集和整理曾经与本企业有过合同关系的相对人的情况。对合作关系良好，在合同履行过程中互相支持的相对人建立诚信客户名册，同时对信誉差、履约能力低、双方曾发生过矛盾甚至诉讼的相对人建立"黑名单"，通过本企业的网站或者内部刊物在企业内部进行公布，以后再签订合同时，尽量避免与"黑名单"上的市场主体发生合同关系。

6. 利用担保保证合同全面履行

正确适用合同担保制度防范合同风险，合同担保制度对保障交易安全以及维护合同权益具有重要意义。企业在合同签订和履行过程中，要严格遵守合同法、担保法的规定，依法设定担保的内容，程序要符合规范，明确合同三方的权利义务，真正用好合同担保制度，降低合同风险。具体而言，企业要求其他企业为合同履行提供担保，应审查对方的担保资格以及用来担保的财产权利状况，并在合同中明确担保责任条款，一旦交易对方违约，可依法追究担保责任，实现担保合同权利。企业如果是做担保人或为其他企业提供担保，要依法审慎设定，必要时可要求被担保人提供反担保，以减小合同担保风险，保障经营安全。

7. 利用保险制度转嫁合同风险

保险业有资金融通、经济补偿和辅助社会管理三大功能，企业可以利用其经济补偿功能转嫁合同风险，实现三方共赢。国外企业大都能够利用保险制度转嫁合同风险，我国目前的保险制度尚不能与国外成熟的保险制度接轨，相关的法律法规也不健全。可喜的是，我国在一些领域和行业中已经开始探索利用保险制度，如建设部的《建设工程示范合同文本》上，对建筑工程一切险、第三方责任险、人身伤亡险和施工机械设备险都设置了相应的条款。总体来说，利用保险制度转嫁合同风险在我国尚属一个新的领域，如何利用好保险制度是一个需要探索的新课题。

（本文为 2016 年全国律协企业法律顾问委员会年会交流论文）

作者简介

黄利群律师，致公党员，1987 年 7 月毕业于华东政法学院，2003 年 12 月毕业于山东大学法学院，获法律硕士学位。山东博翰源律师事务所合伙人会议副主席。荣获“山东省优秀律师”“济南市优秀律师”“济南市优秀政协委员”“济南市司法行政系统先进个人”等称号，记个人三等功一次等。黄律师擅长民商法、公司法、行政法、合同法等领域的法律事务。主要社会兼职有第十二届山东省政协委员、山东省政府法律专家库成员、山东省政协专门委员会法律顾问、济南市委法律顾问、济南市政府法律顾问专家库成员、济南市人大常委会立法咨询员、济南市政协智库专家、山东省政府信访事项听证员、济南仲裁委员会仲裁员、中华全国律师协会法律顾问委员会委员、山东省律师协会政府法律顾问委员会副主任等。黄律师先后担任山东省住房和城乡建设厅、枣庄市委市政府、济南市政府办公厅、济南市自然资源和规划局、济南天下第一泉风景区服务中心、济南市轨道交通集团有限公司、济南市百合园林集团有限公司等三十多家机关、企事业单位的常年法律顾问，办理各类民商事诉讼与非诉讼案件、行政诉讼案件及仲裁案件千余件。其中，代理山东石岛实业公司借款担保合同纠纷一案被选为山东省高院典型案例，代理山东山大华天软件有限公司技术服务合同纠纷一案入选当年度济南市中院十大知识产权案例之一。参编专著《中国民事证据制度近代化研究》《民事医患纠纷解决机制研究》。

关于指定居所监视居住

——应当怎样看待新修《刑诉法》第七十三条

高建军

2012 年 3 月 14 日，新修订的《刑事诉讼法》终于在全国人大通过了。对新修刑诉法，褒扬有之，贬抑有之。其中，尤以第七十三条指定居所监视居住条款争议为最大。有人以为这是进步，有人以为这是退步。前者如陈卫东，后者如贺卫方。

我以为，该条显然与写入刑诉法的保障人权原则相抵触，较之原刑诉法相关规定有明显的退步。从现实操作的角度，新修刑诉法极易被滥用，甚至在一定程度上会抵销掉刑诉法其他条款上进步的成果。

一、指定居所监视居住条款新旧对照

1996 年《刑诉法》第五十七条规定："被监视居住的犯罪嫌疑人、被告人应当遵守以下规定：(一)未经执行机关批准不得离开住处，无固定住处的，未经批准不得离开指定的居所……"

2012 年新修《刑诉法》第七十三条规定："监视居住应当在犯罪嫌疑人、被告人的住处执行；无固定住处的，可以在指定的居所执行。对于涉嫌危害国家安全犯罪、恐怖活动犯罪、特别重大贿赂犯罪，在住处执行可能有碍侦查的，经上一级人民检察院或者公安机关批准，也可以在指定的居所执行。但是，不得在羁押场所、专门的办案场所执行。

指定居所监视居住的，除无法通知的以外，应当在执行监视居住后二十四小时以内，通知被监视居住人的家属。

被监视居住的犯罪嫌疑人、被告人委托辩护人，适用本法第三十三条的规定。"

由上可知，原来刑诉法只在无固定住处的情形下，才可以适用指定居所监视居住，而此次刑诉法修改，指定居所监视居住不再限于无固定住处的情形，对于危害国家安全罪、恐怖活动犯罪、特别重大贿赂犯罪，也可以适用指定居所监视居住，大大扩张了指定居所监视居住的范围。

二、第七十三条违反保障人权原则

1. 该条款直接与保障人权入法的精神相抵触

保障人权原则体现在强制措施层面，意味着：一方面在与嫌疑人的人身危险性相匹配的前提下，强制措施应当尽量轻缓，尽量减轻强制措施的严厉性，只要有可能使用对人身限制较为轻缓的强制措施就不要使用更严厉的强制措施。另一方面，对强制措施执行机构、执行程序的监督更加严格，以减少强制措施施行的任意性。而指定居所监视居住条款完全是逆潮流而动。

一则，按原刑诉法，监视居住条款由于其适用条件与取保候审条件基本一致，法学界通常认为是对取保候审的一种补充。而新修刑诉法实际上是将监视居住变成了一种较取保候审严厉的强制措施，而指定居所监视居住其强制性不仅明显强于取保候审，也强于在被告人、嫌疑人住所执行的监视居住，实际上等同于逮捕。这是在扩大更严厉的强制措施的适用，而不是扩大更轻缓的强制措施的适用，不符合强制措施轻缓化的要求。

二则，指定居所监视居住的地点既不在被告人、嫌疑人的居所，又不在看守所，处于第三方监管和保护的盲区，缺乏对办案人员与被告人、嫌疑人的有效隔离，这极易导致非法取供甚至刑讯逼供的发生。尽管当下看守所的管理仍存在各种问题，但是对于被告人、嫌疑人来讲，一个审问在看守所内进行比起在看守所外进行，还是要安全得多。这里面比较典型的案例就是中国足协原副主席谢亚龙因受贿一案在丹东中院审理过程中，当庭指名道姓地控诉其被刑讯逼供。根据谢亚龙的供述，其于 2010 年 9 月 4 日被带走，直到 2010 年 9 月 16 日才被关押进辽宁省看守所。那么进看守所之前的这 12 天里，据谢亚龙的律师讲，谢某是被关押在解放军进修学校招待所 204 房间，刑讯逼供就是在这期间进行的。当然，后面的剧情几乎是千篇一律：办案机关对刑讯逼供矢口否认，法院对于非法证据排除的动议不予理会。但是，人们不禁要问：反正人都抓了，为什么不关在看守所里？一来那里作息规律，不必烦劳办案人员挑灯夜战，累人累己；二来有摄像头，省得嫌疑人胡说八道被办案人员揍了，还说不清楚。又为什么让谢某在个招待所里，一呆还 12 天，促膝谈心也太长了吧？这个事究竟是谁给人想象的空间呢？

三则，公检法三机关均可单独对指定居所监视居住措施作出决定，程序透明度差，缺乏有效监督，嫌疑人不服时也难有适当的救济途径。这是在人为地扩大不被监督或难以监督的程序的适用范围。这将导致对刑事案件中被告人人权保障措施的削弱甚至取消。因为在刑事诉讼中，要将保障人权落在实处，除了限制国家权力别无他途。任何扩张国家权力或者减少对这种权力的限制的措施，都不利于保障人权，这是毫无疑问的。

2.在立法体例上逮捕和指定居所监视居住有重合之嫌，且轻重失调，反而不如原规定科学

前已述及，指定居所监视居住实质上不是限制而是剥夺被告人、嫌疑人的人身自由，使之处于对立的办案人员的包围之中，且得不到相对中立的看守机关的保护，就其人身强制力相当于逮捕，心理强制力甚至有过之而无不及。这就使指定居所监视居住成了与逮捕重合的一个规定，成了一个多余的东西。即：如果我们认为嫌疑人的人身危险性达到了指定居所监视居住的程度，那逮捕就行了，不用指定居所监视居住。而如果我们认为这个嫌疑人的人身危险性达不到逮捕的程度，那自然也就不必要实行指定居所监视居住，仍旧施行取保候审或在其住所监视居住即可。在原刑诉法的框架下，指定居所监视居住只是作为一种极小的例外而存在，即在嫌疑人无固定住所的情况下存在，而现在指定居所监视居住被极大地扩张了。

另外，指定监视居住措施是侦查机关特别是公安机关有权自行决定适用的强制措施。即公安机关无权决定逮捕，却有权决定强制力与逮捕相当的指定居所监视居住。且监视居住的时限可以达到六个月，比一般逮捕后两个月的侦查羁押期长很多，实际上造成这样一种局面：原来，公安机关如果要将嫌疑人关押两个月，需要检察院的批捕；现在，公安机关可以直接将嫌疑人关押六个月，而不需要任何第三方的批准，因为其有了指定居所监视居住。这就使得指定居所监视居住成为强制力很强而监管力很弱的强制措施，公安机关有可能将此作为扩大自行决定权的一个缺口，这也极大地增强了该权利被滥用的可能性。笔者非常担心，2013 年刑事诉讼法实施之后，各地会不会出现大量的用于关押犯罪嫌疑人的法外居所？办案机关与被告人及其亲属之间的矛盾会不会上升？会不会出现因关押而被刑讯逼供的案例？

3.该条款本身是与现实妥协而非追求司法进步

在刑诉法草案向社会公众征求意见阶段，陈卫东、贺卫方就曾在胶东人法律论坛上对此一条有过争论。陈作为立法的内部参与人，解释了当局的立场，即想以此一条款来代替现实中已经大量存在的双规措施，将其纳入法律调整的范围。贺卫方当即对此表示反对，认为这是为本来就不合法的双规措施背书，不是以立法来否定非法的东西，而是对非法的东西进行追认。笔者同意贺卫方

的观点。作为任何一种争论，双方必须在一定的范围内有共识，有交集，如果双方在中国应当建设一种什么样的社会上都没有共识，争论就无法进行。这个共识和交集应当是双方都同意中国的社会走向应当是法治，而不是人治。基于这一点共识，笔者认为从立法的角度，对于法外强制措施，当然是要持否定的态度，至少不能为其背书或者追认。如果像双规这种无程序保障、无法律追究的现象，因为其大量存在就要法律去趋就之，这是法律虚无主义。如果立法原意真的如陈所说是在这里，那我们不禁要问：刑诉法的品格在哪里？而且，由于执行机关的不同一性、权力来源的不兼容性，即使引入了指定居所监视居住，也不可能消灭或者取代双规；相反，将会出现法内、法外双规并存的乱象。

三、七十三条在实作中极易被滥用，甚至会抵销刑诉法在许多条款上的进步成果

权力天生具有自我扩大和自我实现的倾向。现代刑诉法之所以要设立侦查、审查起诉、审判机关各司其职的体系，要引入辩护人与公诉人对抗的制度，本质上不是希图更高的效率，而是出于对权力自我扩大、自我实现本能的防范。而第七十三条可以被轻松滥用。简单地讲，危害国家安全犯罪、恐怖活动犯罪、重大贿赂犯罪不是具体的个罪名，而是类罪名，包括范围很广，容易导致任意的扩大化适用。我国刑诉法对于侦查机关以何罪名立案缺乏有效的约束和规制措施，如以甲罪名立案，完全可以事后以乙罪名移送审查起诉。这样，侦查机关完全可以用侦查的名义，对实际触犯其他罪名的嫌疑人以危害国家安全犯罪、恐怖活动犯罪、重大贿赂犯罪的罪名立案并对其适用指定居所监视居住，而不需要承担任何责任。事实上，对这种行为缺乏法律层面和诉讼意义上的制约，至多只能办案机关的内部自纠，而现实告诉我们，这根本是不可靠的。

于是，在新修订的刑事诉讼法实施后，很可能出现这样一种局面：办案机关为最大限度地维护侦查阶段的案件控制权，将频繁使用危害国家安全犯罪、恐怖活动犯罪、重大贿赂犯罪这样的罪名来进行立案。这样，律师会见就需要侦查机关的许可，侦查机关可以用不许可来对抗律师的权利。接着，由于刑事诉讼法只是在其他案件中责成看守所有义务在 48 小时内安排律师会见，却并没有在上述三类案件中责成侦查机关在法定的期限内安排律师会见。换言之，对于非关押在看守所的被告人或犯罪嫌疑人，法律并未规定安排会见的时限。所以，只要以上述三个罪名立案，并对被告人、犯罪嫌疑人采取指定居所监视居住强制措施，侦查机关就可以在何时会见上做文章，并让新修刑诉法规定的律师权利落空。

总之，第七十三条与保障人权原则存在内在的不协调，与在刑事诉讼中限

制公权力的潮流相抵触，是极易被滥用的条款。可能有人会问：为什么一定要限制公权力？因为犯罪作为一种社会现象，归根到底反映的是社会的容枯治乱。历史清楚地告诉我们：以赋予警察更多的权力来解决犯罪问题，治标而不治本。而且，权力膨胀的最终结果是使警察本身成为一个问题，这个问题是比任何犯罪都要可怕的问题。犯罪分子在侵犯别人权利的时候还是有所顾虑的，而暴力机器在任何时候都可以口衔天宪、无所畏惧。

我们无意否定新刑事诉讼法取得的显著进步，但正因为我们珍惜这些进步，并真诚的希望这些进步不仅仅停留在法条上而是落实到实践中，我们必须对任何可能危害这些进步的条款保持警惕。

第七十三条，我们拭目以待。

（本文获2012年第十届华东律师论坛优秀论文三等奖）

作者简介

高建军律师，山东大学法学硕士、理学学士，山东博翰源律师事务所主任，高级合伙人。现任山东省破产管理人协会副会长、山东省律师协会刑事诉讼业务委员会副主任、山东省律师协会纪律委员会委员、济南市律师协会常务理事、济南市律师协会刑事合规业务委员会副主任、济南市律师协会战略发展委员会委员。兼任山东省高级法院调解员、山东省民营企业法律服务团成员、济南市人民检察院人民监督员、济南市中级人民法院调解员。高律师曾获得“山东省优秀代理申诉律师”“济南市优秀律师”“济南市十佳青年律师”“首届山东省公诉人辩护人辩论对抗赛最佳辩手”等称号。高律师擅长刑事辩护及代理、商事诉讼代理、企业法律顾问业务。在承办的许某某、孙某某等走私制造毒品案（山东省迄今最大的走私制造毒品案），中纪委原室主任魏某受贿案，山东广电网络有限公司原董事长刘某某受贿案，济南市政协原副主席刘某某贪污、受贿、挪用公款案，王某某等人组织领导黑社会性质组织、敲诈勒索、强迫交易、寻衅滋事案等大案要案中，维护了当事人的合法权益，获得业内外好评。所著论文《关于中外刑事诉讼法律制度几个问题的思考》《关于指定居所监视居住》《微博与名誉权侵权》《刑事诉讼法关于被告人供述与辩解的规定的内在矛盾》等先后在华东律师论坛、山东省济南市律师理论研讨中获奖，参与了《人民监督员业务指导手册》和《山东律师纪律与惩戒工作文集》的编写。

论人工智能时代律师业的挑战与机遇

房玉春　孙　晖

当下，虽然我们对人工智能的定义及其法律关系的定性尚未达成一致共识，但毋庸置疑，“人工智能”是社会关注度很高的词汇。社会正迈入人工智能时代，我们应高度重视人工智能对社会各领域产生的深刻影响，尤其是人工智能对法律行业的冲击和挑战不容小觑。然而，人工智能对律师行业的影响度到底有多深，律师机器人取代律师的可能性有多大以及其对法律服务资源的再分配有何影响等，大家众说纷纭，尚未有统一的结论，并且存在与法检领域概而论之的状况。结合人工智能发展的阶段性技术，针对律师行业的职业特点，思考探析人工智能对律师行业带来的“危”和“机”，有重要的现实价值。

一、人工智能应用与律师职业结合的概况

2016 年 9 月，斯坦福大学的研究项目“人工智能 100 年”发布了首个关于人工智能的成果报告。他们认为，因为大众对于人工智能的准确理解和精确描述难度很大，所以人们对人工智能的定义至今没有达成共识。但作为人工智能的创设人之一的明斯基对人工智能的本质进行了简练的概括：让机器从事需要人的智能的工作的科学。早在 1968 年，明斯基就指出人工智能应该被应用于科学研究和案情推理，此后，关于人工智能对法律的影响逐渐成为人们研究的热点问题。

2017 年 7 月，国务院出台《新一代人工智能发展规划》，为人工智能在法律领域的推广应用提供了新的动力。该规划指出，传统产业改造升级、新一轮产业改革创新的核心驱动力将是人工智能。移动互联网的快速发展是实时传输大数据的基础，计算机运算能力的巨大提升可以满足各领域的个性化需求，最关键的是，计算机的进一步学习能力将可以应用到图像识别、语音分析等领域，“深度学习”能力让计算机的学习能力实现了重大突破。此外，以云计算和大数

据采集为支持的计算机系统日渐成熟。人工智能发展的新浪潮已经来袭。

目前,人工智能在律师职业领域的应用主要体现在三个方面:首先是基本实现了智能法律检索。律师和律师助理们以往需要花费大量时间和精力检索的法律法规及相关案例,通过人工智能搜寻庞大的法律数据库,可以在短时间内快速实现工作目标。其次是案件预测。目前初步推广适用的案件预测系统,通过咨询检索、辅助定性、辅助量刑等系统,帮助律师对案件结果进行预测。最后,还有文件审阅、咨询服务等。比如美国的 Do Not Pay,可以通过其网站与用户交流,根据用户提供的信息转换为对罚单的对抗性文件。我国也出现多个可以提供个人 24 小时法律顾问的人工智能产品。

2018 年以来,从计算机深蓝大败国际象棋大师到亚洲围棋高手惨败 AlphaGo(阿尔法狗),人类智能不断受到人工智能的威胁。俄罗斯最大的银行联邦储蓄银行(Sberbank)引进一位处理各种投诉信件机器人律师,导致大约 3000 名银行相关人员离职,人工智能对律师队伍的碾压渐行渐近。可以说,国外的法律人工智能已经确确实实地触动到了法律人的"饭碗"。那么,这一威胁对我们中国律师而言还遥远吗?

二、人工智能时代律师执业的新挑战

"法律的生命不在于逻辑,而在于经验。"大家耳熟能详的这句法律谚语彰显了律师这个行业传统的执业特点:师徒相传的经验传承方法、与当事人面对面沟通的工作模式、量体裁衣的法律服务方式等。但随着人工智能技术的渗透,律师行业的各层面受到多角度的巨大冲击。

1. 大数据颠覆律师传统工作方式,普通律师将被大量淘汰

新的时代,将有越来越多的工作领域受到人工智能的颠覆性影响,更多的劳动力被人工智能产品所取代。一方面,"人工智能产品减轻了人的劳动负担,弥补了人类劳动能力不足的漏洞,实现了提高劳动效率的发展目标,甚至可以推动人类的劳动解放和全面发展"[1]。另一方面,人工智能虽然可以弥补人类自身劳动能力的不足,减轻人的劳动负担,提高劳动效率,但它也会导致另一个状况出现:"如果被解放出来的劳动力无法实现'与时俱进'和'自我更新',那么很多行业就会出现'结构性失业',甚至'全面性失业'。"[2] 据世界经济论坛预测:"2015～2020 年期间,15 个主要发达和新兴经济体将会因为人工智能等科技而丧失超过 510 万个工作岗位。"[3]

人工智能对律师业的冲击也在所难免。"经过三十多年的发展,在超强运算能力、大数据和持续改进的算法的影响下,人工智能对法律以及法律行业的影响下正在加深、加快,未来 10～20 年法律行业将可能迎来一场巨变。"[4] 2017

年地平线观察报告(Horizon Scanning Report)进一步指出,最可能的影响是:“对法律工作的数量产生影响,最初是在较低级别的员工中;改变法律工作的性质,强调人类特别擅长的技能,以及随之而来的法律教育和培训的变化;改变组织结构和商业模式;降低成本和改变收费结构。”[5]人工智能技术的日益成熟,新技术在法律服务领域的逐渐渗透,最大的可能就是律师职业结构的改变和大规模初级律师的失业。

具体来说,虽然人工智能在律师行业的运用尚处在初级阶段,大部分功能体现在大数据的运用与搜索,看似简单地将所有数据统计汇总,但庞大的数据运算统计,恰恰是人类有限精力难以做到的。尤其在法律法规检索、律师尽职调查、案情分析检测等方面,人工智能优势明显。传统的法律数据统计与分析受人工技术与精力所限,我们难以进行全数据覆盖的统计分析,往往采用抽样调查的方式代替全面统计。面对高重复、高频率的律师部分工作任务,我们不得不承认,人类无法与人工智能相匹敌。随着人工智能的发展,人工智能产品不但可以全天候不间断地工作并且成本低廉,工作准确性比人类高,由此可以预测,在不久的将来,这些法律咨询、搜索法条、尽职调查等简单重复性工作将全部由人工智能产品取代。对于一些较复杂,但流程标准化的法律事务,如电子签章、证据存管、文件审查、合同制作等工作,人工智能将渐渐成为律师有力的工作助手,作为律师法律服务过程中必不可少的重要环节,甚至取代律师助理的工作内容。因此,不能掌握智能科技工具的律师的生存空间必将越来越狭隘,不论是从业多年的老律师还是新入行的初级律师都有可能逐步被人工智能所取代,甚至被时代无情抛弃。

2.云计算技术使法律服务过程透明化

传统的律师法律服务过程实际上是一个密闭的过程,客户一般不能全程监督了解律师是如何处理法律事务的,对自己付出的法律服务费与律师的劳动量是否匹配更是模糊不清,因此,律师业被认为是“职业卡特尔”[6]。但人工智能的运用为法律服务业打开了一扇窗户,不但供需信息公开透明化,而且律师的法律服务过程也日渐开放,“我们的研究表明,更可能发生的情况是,传统律师在很大程度上被先进的系统取代,或者在技术以及标准流程的帮助下被更廉价的劳动力所取代,甚至外行人士都可以通过在线自助工具取代他们”[7]。

多年的调查反馈表明,客户对律师法律服务过程诟病最多的,不是律师经验不足或能力不够,而是律师与当事人的交流沟通不充分透明,使客户感觉情况失控或者迷茫不安,而人工智能的运用,则大大缓解了律师与客户信息不对称的弊端。

人工智能广泛运用于律师服务领域,经过多年的实践,已经逐渐摸索形成比较标准化的法律服务产品，包括服务内容、项目模板、工作流程等标准化，比如尽职调查、公司上市、并购重组等法律事务都有相应的模板可以借鉴套用。又比如在诉讼过程中，高效的云计算已经可以帮助客户通过标准化检索的方式，查看诉讼方案的参考资料，查找相关的法条、案例、文章等；也可以通过人工智能产品，查看分析律师提供的诉讼方案，包括内容模块、操作步骤和结果预测等。客户还能够随时随地通过网络与律师沟通，查看律师提供的案件材料、检索分析报告、工作计划、进度汇报以及各种法律资讯，能够通过人工智能产品监测、督促律师工作的全程。智能科技不但帮助律师给予客户更快捷、更精准的法律服务，也将律师法律服务过程透明化，甚至影响了律师的收费状况。

在一般情况下，按照法律服务规则，律师提供法律咨询是要收取咨询费的，往往应该按小时收取，少则几百元，多则上千甚至上万元。不过人工智能的切入打破了这些传统惯例。在法律服务领域，曾经在某宝网上就出现过9.9元购买私人律师服务的项目，而当下随着法律人工智能的普及，甚至出现了更优惠的法律服务。与我们律师人工成本投入相比，人工智能工作效率高成本低，在激烈的市场竞争中收费自然会降低，市场竞争力更强，这必将会使律师的创收受到一定的挑战。对于越来越便宜的法律服务收费，这让多年来辛辛苦苦攻读法学专业的法律人情何以堪，可以说，律师的工作面临前所未有的威胁。

3.人工智能将改变律师事务所传统运作模式，智能服务将成为竞争主流

我们正面临的是人类历史上继农业革命、工业革命和信息革命之后的第四次革命——智能革命。一份名为《文明2030：不久将来的律所》的报告中认为："在15年内，机器人和人工智能将会主导法律实践，也许将给律所带来结构性坍塌（structural collapse），法律服务市场的面貌将大为改观。"这个预测已经获得业内人士的高度认同。随着人工智能的普及，律师事务所必须改变传统的经营思维模式，探寻新的发展路径。

人工智能使律师事务所办公场地实地场所的作用大大的弱化。曾经律师业务的竞争主要体现在办公场所的规模化竞争，大家为了提升律师事务所形象，拼律师事务所的场地规模、办公装修豪华程度、律师队伍数量等，以此提升律师事务所的知名度，彰显律师事务所的实力，提升本所律师的收入水平。或许在传统的律所经营模式下，这些方面确实对提升律所业务有效果，可以直观地向客户展示律师事务所及律师团队的综合实力，这几点确实管用，因为能够迎合传统客户的品位，直观地向客户展示自己的综合实力。在这样的经营思路下，全国各地越来越多的小所被合并到大所，法律服务市场日渐呈现出一个片面求大的趋势。

但是，随着人工智能在法律领域的深入应用，这一模式将被全面颠覆。人

工智能将大大提升律师事务所的法律服务范围和服务能力，标准化和流程化的事务管理制度、庞大的法律服务资源将成为律师事务所新的竞争点。一方面，通过市场推广、法律大数据搜索、案例统计分析、案件监测预测等智能帮助，提升本所律师法律服务能力，让律师更强大；另一方面，通过提供合同签署、证据存管等智能服务，提高客户法律体验，让客户更安心。

因此，人工智能的日渐推广，将彻底改变传统的客户对律师事务所的选评标准，转而要求律师事务所的法律服务具备更高、更强的技术含量。旧的律所竞争标准——规模论，如律师事务规模是否足够大、律师数量是否众多、律所名号是否够响、律所前台是否豪华等，将逐渐被客户和市场抛弃，取而代之以新的标准——技术论，评判标准关键看律所是否能够给客户提供先进的智能服务，如大数据分析报告、协同工作平台、案件智能预测、案件分析结果等，人工智能的运用在律所之间的竞争中变得越来越重要。

至此，大型律师事务所的市场竞争优势将逐渐被弱化，而具有先进智能科技技术及产品的小规模律师事务所却可以借机弯道超车，快速占据市场先机。可以预见，新的形势必然对传统型律所造成大的冲击，只有尽快转型才能应对严峻的挑战，否则将失去竞争力，甚至被淘汰出局。

三、人工智能时代律师行业的新机遇

人工智能的发展对于律师而言是挑战也是机遇。“科技成果被广泛应用到法律服务中已经成为不争的事实，以人工智能为代表的信息技术深刻影响着法律服务业和法律服务市场的未来走向。”[8]我们应敢于正视人工智能技术对传统律师职业的冲击，抓住机遇开拓新的天地。如果能在专业知识、执业过程、信息交流等环节更为快捷高效，人工智能无疑将律师们带进了法律服务的快车道。

1.有利于提升律师职业技能和服务水平

人工智能可以帮助律师实现执业技能提升的新突破。人工智能产品可以发现问题争议焦点、提示解决问题的思路并迅速提供支持观点的证据和法律，大数据及云计算技术可以帮助律师通过网络搜索在短时间内将有关的法条、案例、文书、图书资料等资源收入囊中，从而得到更充分的论证，大大提升了律师的工作能力。同时，律师还可以借助人工智能产品，与客户保持随时随地的畅通交流，帮助客户预防法律风险、预测案件审判结果，为客户提供更高效的法律服务，大大提升市场竞争的优势。

当然，当前的法律人工智能产品还处在初级水平，在接受委托任务后，不能给出百分之百正确的答案。但掌握人工智能技术的律师优势在于，既看到了人类能够经验分析、模糊判断的长处，又认识到人工智能可以精准预测、海量统计的功能，并有机地将律师的定性判断与人工智能的定量分析相结合，实现律师业务的新突破。

2.有利于律师事务所提升管理水平和市场竞争力

优秀的律所往往必须具备三个关键要素：一是本所律师较高的法律服务能力；二是律所自身较高的管理水平；三是扩展客源的能力。而新时期，此三要素的改进和提升，关键在于人工智能技术的提高。就提升律师事务所的管理水平而言，人工智能可以为律师事务所提供更完整的人才数据库；从扩展案源的角度而言，人工智能可以帮助律所为客户提供更完善的法律服务及个性化服务，可以更及时的与客户交流沟通。

合理的行政管理有利于律所更好地培养其律师队伍，标准化的工作流程则有利于提升律所的工作效率，提高其核心竞争力。尤其在工作方式方面，无纸化办公将取代传统的工作模式，快捷高效的电子服务成为未来律师事务所发展的新主流。不论是第一步的案件分析及法条梳理，还是中间关键的逻辑辩论意见以及案件后期的电子归档，人工智能技术实现促进律所管理规范化高效化的建设目标，必将大大提升律所的法律管理服务水平及市场竞争力。

3.有利于律师资源的平衡发展及重新分布

历经30多年的发展，中国律师业规模飞速发展，但受经济发展、市场需求的影响，我国律师资源的区域分布呈现明显的不均衡状况，如东部沿海地区拥有绝大多数的律师资源，而西部地区非常匮乏。在当前我国社会发展形势下，人工智能成为破解法律服务供需矛盾的主渠道。快捷方便、成本低的人工智能产品可以为西部地区的客户通过现代网络技术提供多项法律服务，当然，这也成为东部发达地区的律师扩展业务提供了新的市场基础。

人工智能为中国律师参与国际法律服务市场提供了机遇。总体上看，中国律师业与国际上的知名律所相比还有很大的差距，人工智能技术的快速发展为中国律师业进军国际业务领域提供了新的机遇和平台。大数据与云计算技术为中国律师获取境外法律资料提供了有效平台，而在线翻译等人工智能技术的成熟为中国律师跨境发展业务逐渐扫清了障碍，中国律师法律服务市场国际化快速提升。

四、结语

任何人工智能开始插足的行业，业内人士难免都会担心一个问题：人工智能会取代我们人类吗？就目前律师业而言，法律法规的检索、数据分析和案情梳理等初级法律业务，人工智能的快速准确是人类难以企及的，尽快接受现实并学会借力才是最明智的选择。但高级别的律师业务,如与当事人的交流互动、谈判出庭等业务,人工智能难以代替律师的,毕竟客户对法律服务的需求绝不会仅仅局限于找法条那么简单,并且现实中的法律事务本身就错综复杂,而当今人工智能对人类语言的理解和处理能力仍较为薄弱,人类的知识经验以及智慧的成果,是人工智能永远无法取而代之的。"人类毕竟是生活在特定社会结构和制度文化中的具体而现实的群体,他们的行为、思想、感情、观念等因时、因地、因人而异。"[9]大量实践中的法律问题并不存在统一的标准答案,需要律师具有理解现实社会的能力,有经验的律师会在法律、人情、社会习俗等各方面进行权衡,人工智能不可能成为律师的替代者。

总之,人工智能在给律师带来挑战的同时,也会带来无限的机遇。虽然人工智能技术压缩了一部分律师的生存空间,但绝不会消灭整个律师职业。只要公平正义的法治社会是我们的永恒追求,那么律师的职业价值就会继续存在,法律服务业也永远不会消失。当前亟待改变的是,我们对人工智能的排斥和担心的态度,是律师传统的工作方法和执业模式,这才是我们应该积极面对的问题。

参考文献

[1]何云峰:《挑战与机遇:人工智能对劳动的影响》,《探索与争鸣》2017 年第 10 期。

[2]高奇琦、李松:《从功能分工到趣缘合作:人工智能时代的职业重塑》,《上海行政学院学报》2017 年第 6 期。

[3]World Economic Forum., "The Future of Jobs: Employment ,Skills and Workforce Strategy for the Fourth Industrial Revolution", http://www3.weforum.org/docs/WEF_Future_of_Jobs.pdf. 2016-03-07.

[4]曹建峰:《"人工智能+法律"十大趋势》,《机器人产业》2017 年 5 月。

[5]Wills Towers Watson., "Artificical Intelligence and the Legal Profession", Accssed July 18, 2018, http://www.Lawsociety.org.uk/news/stories/artificial-intelligence-and-the-legal-profession-horizon-scanning-report/.

[6][美]理查德·A.波斯纳:《超越法律》,苏力译,中国政法大学出版社2001 年版,第 45～46 页。

[7][英]理查德·萨斯坎德、丹尼尔·萨斯坎德:《人工智能会抢哪些工作》,李莉译,浙江大学出版社 2018 年版,第 77 页。

[8][英]理查德·萨斯坎德:《法律人的明天会怎样? 法律职业的未来》,何广越

译,北京大学出版社 2015 年版,第 19～23 页。

[9]洪大用:《环境社会学的研究与反思》,《思想战线》2014 年第 4 期。

(本文获第十七届华东律师论坛优秀论文三等奖)

作者简介

房玉春律师,中共党员,山东大学法律硕士,北京师范大学法学博士,现任山东中医药大学副教授,山东博翰源律师事务所兼职律师。具有丰富的理论与实践经验,长期对民法、行政法及法理学有着深入研究,先后多次出版专著及发表核心期刊,其中论文《论人工智能时代律师业的挑战与机遇》获 2019 年山东律师优秀论文三等奖,获第十七届华东律师论坛三等奖。擅长民事诉讼、行政诉讼,主要业务领域是民事纠纷(包括房产买卖、各种合同纠纷、交通事故、医疗纠纷、婚姻家庭纠纷、劳动争议等)、行政诉讼以及政府企业法律顾问。秉承"以事实为依据,以法律为准绳,委托人的合法权益至上"的理念,为当事人提供优质高效的法律服务,为社会公平正义努力。

孙晖律师,民主促进会会员,山东博翰源律师事务所管理合伙人。2005 年毕业于兰州大学法学院获法学学士学位,2017 年毕业于山东大学法学院获法律硕士学位。自 2009 年开始执业,三级律师。现为山东省应对国际贸易摩擦律师服务团成员、山东省律师协会宣传联络与外事委员会委员、山东省民事诉讼与国内仲裁委员会委员、山东省人民法院代理申诉律师、山东省人民法院特邀调解员。孙律师先后为济南市人民政府办公厅、济南市自然资源和规划局、济南天下第一泉风景区服务中心、济南文旅集团旅游开发有限公司、济南百合园林集团有限公司、山东华科半导体研究院有限公司、山东山大华天软件有限公司、山东华凌电缆有限公司等、日立电梯有限公司(山东分公司)等数十家机关企事业单位提供常年法律顾问服务。孙律师专耕于商事诉讼领域,专注于为企业提供最恰当的商事纠纷解决途径,擅长代理公司、合同、建设施工合同等商事纠纷的诉讼与仲裁、再审与抗诉。孙律师曾获"济南市律师协会优秀委员"荣誉称号,多篇业务论文在华东五省律师论坛和省、市级律师论坛获奖。

论破产企业劳动合同的终止

韩新明　李翃清

近年来，我国重要的经济任务之一是要求通过审理僵尸企业破产案件，以达到我国经济转型升级，并化解产能过剩之目的。为此，通过重整等方式挽救危困企业、通过破产清算使僵尸企业依法有序退出市场，成为近期各界首要重视的问题。但在我国社会保障制度尚不健全的情况下，保障企业职工合法权益的问题不容忽视，应进一步关注和研究破产案件企业职工的劳动合同终止等权益保障问题。

关于破产企业劳动合同终止的时间，理论界和实务界有两种观点：一是劳动合同终止的基准日应确定于人民法院裁定受理破产申请之日。[1] 在人民法院受理破产申请时，职工的劳动合同在该日同时全部终止。二是劳动合同解除的法定事由确定为破产申请受理时。理由是：劳动合同法将劳动合同终止的事由确定为破产宣告日，这一规定不够合理。其一，即使是在破产清算程序中，不依赖破产宣告也可正确判断是否可以终止劳动合同，如可通过询问债务人、债权人是否不提出重整申请、和解申请等方式解决。其二，终止劳动合同的目的之一，是要尽早解除不必保留的劳动合同，减少财产损耗，降低破产成本，使债权人得到更多清偿，将劳动合同终止的事由确定为破产宣告日有些过晚，可能不利于这一目标实现。[2]

笔者认为，上述二种观点有失偏颇。这些观点对破产案件的复杂性和多样性不仅没有足够的认识，还未进一步论证人民法院破产申请受理与破产宣告的关系，也未论证法律的普遍性特征，并混淆了劳动合同的解除与终止，因而得出的结论是不恰当的。本文试从以下四个方面阐述以“破产宣告”作为终止劳动合同事由的合理性，以达抛砖引玉，求教于同仁之目的。

一、破产案件的多样性和复杂性，决定了不宜将劳动合同终止的事由统一确定为破产申请受理时

《中华人民共和国劳动合同法》（以下简称《劳动合同法》）第四十四条规定了劳动合同终止的法定事由或条件，其中第四项即为“用人单位被依法宣告破产”。该事由的出现意味着劳动合同即为终止，并不必须由双方就终止劳动合同再签署协议，只需由用人单位单方面就劳动合同终止开具证明书，并为劳动者办理档案和社会保险关系转移手续。[3]劳动合同的终止时点为发生法定事由之日，并非办理完毕相关手续之日。《中华人民共和国劳动法》第二十三条的规定也从侧面印证了上述观点，即“劳动合同期满或者当事人约定的劳动合同终止条件出现，劳动合同即行终止”，此处即行终止应理解为终止事由出现之日即为劳动合同终止之日。

由于破产案件的事实具有多样性、丰富性和复杂性的特点，人民法院受理的每一个案件都是不同的，破产程序的进程和发展受制于案件的具体情况，因此不宜将劳动合同终止的事由统一确定为破产申请受理。债务人企业劳动关系的终止虽是普遍性的问题，但是又必须根据具体的案件情况作出精细微妙的区别。

（一）破产案件的多样性，决定了不宜将劳动合同终止的事由统一确定为破产申请受理

由于债务人规模、行业、企业生命周期的不同，债务人在进入破产程序前的状态和破产原因也多种多样。如有的企业停产多年，以租赁业务维持职工的生计；有的企业处于停产半停产状态，生产经营难以为继；有的企业经营良好，仅因突发的资金链断裂而破产；等等。鉴于此，我国破产法规定了破产清算、重整及和解三种不同的程序，并规定了各个程序的启动申请人，以便不同主体据实选择适用。债务人、债权人及依法负有清算义务的人可以（或应当）提起破产清算申请；债权人、债务人及持有十分之一股权的股东可以申请重整；债务人可以直接向人民法院申请和解。[4]因此，破产案件的多样性就体现在处于不同状态的债务人可能提出进入不同破产程序的申请，或处于类似状态的企业由不同的主体申请进入破产程序，甚至由于程序的转化而出现更多的情形。

对申请进入重整程序的企业而言，不存在终止劳动合同的问题，也没有与全部劳动者终止劳动关系的必要，毕竟重整程序的目的是为了挽救企业，是为了继续企业的营业。所以《劳动合同法》第四十一条的规定是完全合理的，即：“有下列情形之一，需要裁减人员二十人以上或者裁减不足二十人但占企业职工总数百分之十以上的，用人单位提前三十日向工会或者全体职工说明情况，

听取工会或者职工的意见后，裁减人员方案经向劳动行政部门报告，可以裁减人员：（一）依照企业破产法规定进行重整的……”毕竟管理不善是大多数企业申请重整的原因之一，解除部分职工的劳动合同，可以解决人浮于事、财务成本过高的问题，有利于企业的再生。

对申请进入和解程序的企业而言，因和解完成后企业继续经营，就更不存在职工劳动合同终止的问题。和解是企业意思自治所决定的，法律一般无干预的必要，因此纵观企业破产法、劳动合同法等规定，并未将和解确定为劳动合同的终止或者解除事由。

因此鉴于破产案件的多样性，不宜将劳动合同终止的事由统一确定为破产申请受理。

（二）破产程序的复杂性，决定了不宜将劳动合同终止的事由确定的过早

企业破产是一个非常复杂的过程。众所周知，破产法规定了破产清算、重整与和解三种程序，虽然这是三种完全不同的程序，但在破产申请受理后且符合法定条件时，可以依法转换（和解和重整不能相互转换）。企业破产法赋予了利害关系人相应的权利，以最大限度地挽救企业。《中华人民共和国企业破产法》（以下简称《企业破产法》）第七十条和第九十五条分别就破产清算转重整程序和破产清算转和解程序做出了规定。如果破产清算申请受理后权利人申请债务人转入重整或和解程序，且人民法院也裁定转换程序时，债务人在破产申请受理时终止与劳动者之间劳动关系的做法，明显不利于挽救企业和维护债权人的利益。

破产程序的复杂性还体现在管理人的介入方面。破产法赋予了管理人发挥主观能动性的空间，即管理人的职责之一就是："在第一次债权人会议之前，决定继续或者停止债务人的营业。"[5]管理人依据对企业的判断，在决定继续进行经营活动时，劳动合同自然不能终止或者不能全部终止。如果劳动合同在破产申请受理时即终止，管理人则没有进行决定债务人是否营业之必要，因为债务人没有劳动力可以令其继续营业，只能被选择停业，这显然不符合破产法立法本意。考虑到破产案件的复杂性，不宜将劳动合同终止的事由确定得过早。

可以说，如果不考虑破产程序和债务人企业现实情况的多样性和复杂性，简单地搞“一刀切”，全部以“破产申请受理”作为劳动合同终止的事由，是欠妥当、不周全的。在案件受理后，管理人在接管企业之初，即使赋予管理人解除劳动合同的权利，在实务中也是行不通的，即管理人无法判断哪些职工的劳动合同可以解除，哪些职工是继续债务人的营业所必须留下工作的。因此，为最大限度地挽救企业、维护利害关系人的利益，作为破产案件监督者和指导者的人民法院，应当依据企业的实际情况来确定企业劳动合同终止的具体时点，也就是合理确定宣告债务人破产的时间。

二、合理确定宣告债务人破产的时间，是人民法院行使确定权的体现

（一）因法定原因终止重整、和解程序或重整计划、和解方案执行失败后企业被宣告破产，并以破产宣告作为劳动合同的终止事由，符合破产案件的实际

企业无论是经权利人直接申请进入重整、和解程序，还是破产清算程序开始后再经权利人申请转入重整程序、和解程序，一旦重整、和解程序因法定原因终止或重整计划、和解协议执行失败时，人民法院应当裁定终止重整、和解程序或终止重整计划、和解协议的执行，并宣告债务人破产，转入破产清算程序。

此时，由于企业已不具备挽救的可能性，也就再无保留全部或大部分劳动者的必要。劳动合同法以企业被宣告破产作为劳动合同终止的事由及具体日期，符合这类案件的需要和实际，无须过多解释。

（二）破产清算程序中，人民法院在宣告企业破产前所审查的事项决定了企业被宣告破产是劳动合同终止的事由

就破产清算程序而言，人民法院在裁定宣告企业破产时应审查下列事项：

1.审查破产原因是否存在，防止错误的宣告企业破产

人民法院在受理破产申请后、宣告债务人破产前，应当首先审查债务人在破产申请受理时是否存在破产原因。《企业破产法》第十二条第二款规定，人民法院受理破产申请后至破产宣告前，经审查发现债务人在人民法院受理破产申请时没有发生破产原因，即人民法院错误地受理了破产申请时，可以裁定驳回申请。对驳回破产申请的企业而言，当然不能终止企业与职工之间的劳动关系。

2.审查破产企业是否存在挽救的可能，防止不恰当的终止劳动关系

管理人、人民法院要探索挽救债务人的可能性，要将调查、考察、分析、论证债务人可挽救性作为管理人的重要工作之一。只要债务人还存在重整或和解的希望，就不应请求人民法院裁定宣告债务人破产，所以《企业破产法》第七十条和第九十五条才分别规定了破产清算转重整、和解程序。对转为重整、和解的债务人，企业的劳动合同自无终止的可能。

3.对产生阻却破产宣告事由的企业，终止劳动关系损害了企业的自主经营管理权

根据《企业破产法》第一百零八条规定，破产障碍事由有两种情况：一是第三人为债务人提供足额担保或者为债务人清偿全部到期债务；二是债务人已清偿全部到期债务。出现上述两种情况的，人民法院应当裁定终结破产程序。在这种情形下，由于破产程序已终结，企业恢复正常生产经营活动，终止企业劳动

关系不仅没有必要，而且一旦劳动合同终止，还将损害企业的自主经营管理权。

人民法院在审查并排除上述全部可能性后，可以宣告债务人破产。所以“受理破产申请”作为劳动合同终止更合理的理由之一：“即使是在破产清算程序中，不依赖破产宣告也可正确判断是否可以终止劳动合同，如可通过询问债务人、债权人是否不提出重整申请、和解申请等方式解决。”[6] 即为破产宣告前人民法院应当审查的事项之一，其目的是为防止错误的宣告破产，避免损害相关人的利益。这并不能成为以“破产申请受理”比“被宣告破产”作为劳动合同终止的事由更为合理的理由。

人民法院不仅应当审查债务人是否具有挽救可能，还应审查其是否具有破产原因及是否具有阻却破产的情形，该三者的审查缺一不可。在审慎审查上述三方面事项后，人民法院就可以合理确定时间以适时宣告债务人破产。审查上述三方面事项，不仅不会造成程序拖延，反而令破产宣告更准确，从而避免错误破产，更避免因为破产程序的不可逆转，给企业造成无法挽回的损害。

三、将宣告破产作为终止劳动合同事由，不会损害其他债权人的利益

很多研究者认为，以宣告破产作为劳动合同终止的事由在时间上有些过晚，若不尽早解除不必保留的劳动合同，会增加财产损耗，不利于债权人利益的保护。笔者难以认同上述观点，原因如下：

（一）破产宣告没有时间限制，破产宣告后再终止劳动合同并不必然损害债权人利益

从前文分析可知，人民法院在受理破产申请后，应在审慎审查债务人在破产申请受理时是否存在破产原因、是否存在重整或和解的可能性及是否存在阻却破产宣告事由的基础上，排除各种可能性，适时宣告企业破产。人民法院宣告企业破产只跟债务人的客观实际情况有关，并不受时间限制，完全可能出现今日查明上述情况明日即宣告破产的情况，也能实现尽早终止企业劳动关系、减少财产损耗之目的，以保护债权人的利益。

如果将破产申请受理作为劳动合同终止的事由，容易造成损害职工利益、威胁企业财产安全的情形产生。还有可能在法院受理破产申请后，出现职工撂挑子、不交接、扔下工作就走，而不管企业是否继续营业、财产是否需要看护的情况，更有甚者可能导致企业财产被哄抢、瓜分、转移或财产毁损、灭失，更不利于债权人权利的实现和利益的保护。因此，以破产申请受理作为终止劳动合同的事由显然是不可行的。

正如最高人民法院审理证券公司破产司法实务中所总结的：“通常在管理人已经接管债务人企业的情况下，为了保持债务人重整、和解再生的可能，一般

不宜在受理破产申请的同时宣告债务人破产，但是证券公司的情况有所不同，进入破产程序之前经过较长时间的行政清理，监管部门已经认为其没有重整、和解再生的可能，因此，可以受理证券公司的破产申请的同时宣告其破产。”[7]所以，依据企业破产法，在受理破产申请后，人民法院可以视案件的具体情况，在没有错误受理、申请重整或者和解及偿还债务等事项后，就可以随时宣告破产，不受时间限制。从这一观点上看，也证实了笔者观点的正确性。

（二）《企业破产法》的编排顺序导致了破产宣告应在债权人会议之后的错误认识

从我国《企业破产法》的编排顺序看，破产清算是企业破产法第十章规定的内容，其第一节为破产宣告。破产宣告规定在债权申报（第六章）、债权人会议（第七章）之后，因此有些人误以为只有待第一次债权人会议召开后，人民法院才可以裁定宣告企业破产，这也是部分法院采取的做法。但仔细探究法律规定发现，破产宣告应根据企业的不同情况，可以在任何合适的时间节点进行。至于是否已经召开了第一次债权人会议，是否对全部债权予以核查，以及是否有债务人、债权人提起异议之诉等，都不是破产宣告前要关注的法定事由，不影响破产宣告的进行。因此，第一次债权人会议之后再宣告破产可以是人民法院审理破产案件的一种选择，但不应是当然的选择。管理人在接管企业后，也应当及时审核确定前文所述三类事项[8]，并报告人民法院；人民法院审查没有上述事项之后，就可以依职权宣告企业破产。

综上，劳动合同法将劳动合同终止的事由确定为破产宣告，这一规定并不会增加财产损耗和破产成本，不会使债权人得到的清偿减少。

四、只有健全的社会保障制度，才能维护职工的合法权益

现代破产立法的目的，从维护职工利益向挽救债务人和维护社会秩序方向转化[9]，优先保护职工权益已不是现代破产法的价值取向。现代破产法最为重要的价值取向是挽救债务人和维护社会秩序，主要是修复并巩固现有的信用制度，是防止债权人之间相互争夺利益，是挽救有生存希望并有益于经济发展的企业等。

相比其他债权人而言，职工并不是破产企业债权人中的最弱势群体，因为我国社会保障制度不健全，通过优先清偿职工债权，在一定程度上弥补社会保障制度的不足，以保证职工在企业破产中受到的损害最少。破产法的立法本意并不是弥补或健全社会保障制度，因此现在破产立法的目的并不是优先保护职工权益。从各国破产立法中亦能窥得一斑。依据德国破产法的规定，职工债权不是优先债权，由国家社保机构清偿职工工资后，作为普通债权予以申报[10]；而

美国破产法则规定只优先保护职工 180 天的工资，且不超过 1 万美元[11]。所以破产法不能维护职工利益不受损害，只是减少了职工的损害。因此，国家建立完备的社会保障制度，才是维护职工利益的所在。

在破产事务中劳动合同的处理上，不能仅按照破产法律的规定机械办理。只有全面地、综合地理解破产法内在逻辑关系和破产法与劳动法的关系，才能准确地处理好职工劳动合同的终止问题。如果管理人可任意解除劳动合同，企业继续营业便无法进行，应由债权人会议行使的“决定继续或者停止债务人的营业”[12]这一职权就会受到侵害，进而损害全体债权人的利益。所以，劳动合同不应视为“双方均未履行完毕的合同”，管理人亦不应享有破产法上对劳动合同的选择履行权，管理人应严格依据劳动合同法的规定终止企业劳动关系。在企业破产法与劳动合同法的普通法与特别法的关系上，劳动合同法对破产程序中劳动合同终止的规定，应作为特别法优先适用。

至于最终劳动债权计算截止日的确定问题，与劳动合同终止的日期并非是相同概念。根据《企业破产法》第四十四条之规定，破产申请受理前发生的劳动债权当然属于破产债权[13]，应当据实计算确定；在破产申请受理后继续发生的劳动债权，根据《企业破产法》第四十二条之规定，应当属于“为债务人继续营业而应支付的劳动报酬和社会保险费用以及由此产生的其他债务”，系属共益债务，该共益债务自劳动合同终止法定事由发生之日即企业被宣告破产之日起不再发生，可以据以计算确定。

参考文献

[1]邵艺:《破产企业劳动合同终止基准日的确定》,《人民法院报》2014 年 11 月 12 日。

[2]王欣新:《谈破产企业劳动合同的终止问题》,《人民法院报》2014 年 12 月 17 日。

[3]参见《中华人民共和国劳动合同法》第五十条第一款规定:用人单位应当在解除或者终止劳动合同时出具解除或者终止劳动合同的证明,并在十五日内为劳动者办理档案和社会保险关系转移手续。

[4]参见《中华人民共和国企业破产法》第七条、第七十条、第九十五条。

[5]《中华人民共和国企业破产法》第二十五条第一款第(五)项。

[6]王欣新:《谈破产企业劳动合同的终止问题》,《人民法院报》2014 年 12 月 17 日。

[7]《公正高效审理证券公司破产案件,为巩固证券公司综合治理成果、促进证

券市场健康发展提供有力司法保障——最高人民法院副院长奚晓明在全国法院证券公司破产案件审理工作座谈会上的讲话》第二部分第七项。

[8]本文第二部分第(二)项所述人民法院应当审查的事项,即审查债务人在破产申请受理时是否存在破产原因、是否存在重整或和解的可能性及是否存在阻却破产宣告的情形。

[9]《中华人民共和国企业破产法》第一条规定:为规范企业破产程序,公平清理债权债务,保护债权人和债务人的合法权益,维护社会主义市场经济秩序,制定本法。

[10]参见李飞:《当代外国破产法》,中国法制出版社 2006 年版,第 30～31 页。

[11]参见殷慧芬:《美国破产法 2005 年修正案述评》,《比较法研究》2007 年第 2 期。

[12]《中华人民共和国企业破产法》第六十一条第一款第(五)项。

[13]《中华人民共和国企业破产法》第四十四条规定:人民法院受理破产申请时对债务人享有债权的债权人,依照本法规定的程序行使权利。

(本文获 2016 年山东律师优秀论文三等奖)

作者简介

韩新明律师,男,汉族,北京大学法学学士,山东博翰源律师事务所主任,高级合伙人。现任全国律师协会公司法委员会委员、山东省律师协会破产重整与清算清算专业委员会主任、山东省破产管理人协会理事、济南市破产管理人协会副会长、济南市涉侨法律顾问团成员、民建山东省委直属十二支部主委、民建山东省委理论委员会副主任、民建省委委员。自 1994 年开始从事专职律师工作,2002 年取得上市公司担任独立董事的资格,2005 年被山东省律师协会评为山东省优秀律师,2014 年度被山东省司法厅评为全省司法行政系统重点工作完成先进个人。专业从事公司清算、破产业务,成功代理数百起典型、疑难公司清算、破产清算案件,如办理中国建银投资有限责任公司在山东设立的 21 家实体企业的清算业务及中国济南化纤总公司(含中国济南化纤总公司第一棉纺织厂)等破产清算案。执业期间,撰写近百篇论文,其中《"僵尸企业"职工安置疑难问题及对策》《再论破产企业职工劳动合同的终止》《破产企业留守人员权益问题刍议》分别荣获第十四届华东六省一市律师论坛二等奖、山东省律师协会优秀论文一等奖及三等奖,《出售式重整之可行性研究》收录于《破产法论坛》第十三辑。《国有企业关闭或者破产后房改房购房款的管理和使用的建议》《清理

“僵尸企业”不能忽视民营僵尸企业的清理》《关于“僵尸企业”职工办理失业保险手续的建议》《创新处置僵尸企业的债权债务和职工安置》被山东省政协等部门采纳使用。另参与民建山东省委2016年重点调研课题“去产能中‘僵尸企业’处置的疑难问题及对策”获山东省委统战部二等奖，2019撰写的《民建的参政议政和践行社会主义民主》获民建中央重点理论课题研究二等奖。

李珊清律师，中共党员，2011年本科毕业于山东财政学院会计学院；2014年研究生毕业于中国政法大学，获法律硕士学位；具有会计从业资格和证券从业资格，山东博翰源律师事务所专职律师。李律师担任多家政府部门、企业单位的法律顾问，擅长处理公司、合同等各类民商事纠纷，熟练起草、审核各类民商事合同，业务领域主要涉及公司清算、破产（清算、重整、和解）、税务等非诉讼法律事务。参与中国济南化纤总公司、山东小鸭集团冰柜有限公司、山东小鸭集团热水器有限公司、山东业顺置业发展有限公司、济南仁丰实业发展有限公司、济南润发机械制造有限公司、山东省塑料工业有限公司、山东海纳房地产有限公司、山东科大鼎新电子科技有限公司等多家公司的破产清算、重整项目。李律师与韩新明律师合著的《论破产程序劳动合同的终止问题》《民营破产企业应收款问题研究》《出售式重整之可行性分析》等文章多次在山东省律师协会论文评比中获奖及发表；李律师所著的《浅谈破产案件府院联动机制建设——以化纤公司破产案为例》《浅议执行转破产启动中的问题》等文章被收录进中国破产法论坛论文集。

民营破产企业应收款处置问题研究

韩新明　李翊清

一、应收款概念辨析

（一）应收款的定义

应收款不同于应收账款。应收账款指公司因销售商品、产品或提供劳务而形成的债权，即公司应向购货客户或接受劳务的客户收取的款项或代垫的运杂费。应收账款建立在债务人商业信用的基础上，因此从其本质上说，应收账款是一种信用债权。[1]美国《统一商法典》对应收账款所下的定义是：应收款是指任何对售出或租出的货物或对提供的服务收取付款的权利，只要此种权利未由票据或动产契据作为证明，而不论其是否已通过履行义务而赚取。以前应收账款更多的是作为会计学上的概念在实务中使用。《中华人民共和国物权法》颁布实施后，应收账款成为法律上经常使用的概念。为明确《物权法》关于应收账款质押登记的规定，中国人民银行制定并颁布《应收账款质押登记办法》，该办法第二条规定："本办法所称应收账款是指权利人因提供一定的货物、服务或设施而获得的要求义务人付款的权利以及依法享有的其他付款请求权，包括现有的和未来的金钱债权，但不包括因票据或其他有价证券而产生的付款请求权，以及法律、行政法规禁止转让的付款请求权。"据该办法，应收账款包括下列权利：(1)销售、出租产生的债权，包括销售货物，供应水、电、气、暖，知识产权的许可使用，出租动产或不动产等；(2)提供医疗、教育、旅游等服务或劳务产生的债权；(3)能源、交通运输、水利、环境保护、市政工程等基础设施和公用事业项目收益权；(4)提供贷款或其他信用活动产生的债权；(5)其他以合同为基础的具有金钱给付内容的债权。

从人民银行的规定来看，应收账款是企业的一种财产性权利，是企业财产的重要组成部分，也是企业融资用于担保的重要财产之一。但是，破产企业的应收款应当是广义上的，不仅包括《应收账款质押登记办法》中规定的应收账款，还包括因票据或其他有价证券而产生的付款请求权，以及法律、行政法规禁止转让的付款请求权。从会计专业分类记载看，可分为应收取的销贷款、分期应收账款、应收票据、预付账款和其他应收款。在法律上，应收款实质是到期相对方未还的一般金钱债权。

（二）应收款产生原因及其特点

在激烈的市场竞争作用下，赊销是企业扩大销售的重要手段。首先，赊销是每个企业都必须面临的商业行为，于是就产生了应收账款。所以，赊销是产生应收款的根本原因。其次，企业持有产成品存货，要追加管理费、仓储费等支出，而企业若持有应收款，则无须上述支出。因此，采用比较优惠的信用条件进行赊销，把存货转化为现金或应收款，来减少产成品等库存，降低存货风险和管理开支，是企业理性的追求。但客户的付款愿望却受商品质量的好坏、价格的高低及规格是否达标等因素的影响。若是商品价格高、质量差或不符合要求，客户不满，进而拖延付款或拒付，应收款的金额自然就越来越多。最后，我国企业尤其是民营企业在授予客户信用时，往往缺乏客户授信制度和客户资信管理制度，缺乏有效的信用决策系统。企业管理者忽视对授信的管理，没有建立应收款管理责任制度，应收款管理混乱，直至影响企业的正常经营活动。

民营破产企业应收款与国有企业相比较有其独有的特点。对于国有企业或者国有控股企业而言，其监管政策法律完备，内部控制管理完善，法人治理结构比较符合现代企业的要求，其财务账簿可信度高。但是，民营破产企业则不同，多由自然人控制，现代公司治理体系没有有效地建立，经营管理较为混乱，财务账簿不完整，个人消费当作企业支出的情形屡见不鲜，甚至存在通过虚构应收款转移企业财产的情形。另外，对民营企业商业犯罪调查存在执法不严的情况也时有发生。对无财务账簿导致无法清算的企业，目前仅靠追究股东的责任来保护债权人的利益，除此之外也没有其他可靠的手段。然而，民企的股东同时是企业债权人的担保人这一情形大量存在，通过追究股东责任这一方式保护债权人的利益也难以起到预期的效果，且目前也缺乏有效的规制。因此部分民营破产企业的应收款往往存在时间久、查不到、过时效、缺证据等特点：(1)债务人企业名称记载不全、自然人只有姓名，根本无法查找；(2)债务人名称虽全但是既没有记载地址、电话等有效信息，也没有在市场监管机关登记等；(3)应收款账龄大多较长，三年以上账龄的比比皆是，没有催收记录，可能已超过诉讼时效；(4)没有原始凭证或者原始凭证保管不到位导致全部或部分缺失，难以得到有效证据。因此对破产企业的应收款处置一直是管理人工作中的难题之一，应予以研究和讨论，以便维护债权人的利益。

二、应收款的处置

企业进入破产程序后，管理人的重要工作就是管理和处分财产，而应收款作为破产企业重要的资产，管理人应当高度重视并妥善解决。通常破产企业历史越久，应收款金额就越大，同时应收款的情况也越复杂，处置的难度也相应地越大。在重整与和解程序中，应收款处置以评估作价、放弃权利为原则，虽然应收款估价由于没有可比性和对应性的历史数据，对其估值是世界性难题之一，但总能够在实践中解决。在破产清算程序中，如何合法处置破产企业的应收款则一直是困扰管理人工作中的难题之一。

（一）处置破产企业应收款的相关概念区分

1. 坏账和呆账

坏账，是指企业无法收回或收回的可能性极小的应收款项。呆账，是指已过偿付期限，经催讨尚不能收回，长期处于呆滞状态，有可能成为坏账的应收款项。

从上述定义中看，坏账和呆账都是不能收回的应收款项，具体区别在于：从适用范围来看，坏账必须根据《企业会计准则》判断；呆账则专用于金融企业。从具体内涵来看，坏账属于确定不能收回的应收款项；呆账属于既不增加也不减少的无法收回的且不能确定将来是否能收回的往来账。从产生时间来看，坏账的一般账龄在三年以上；呆账一般是欠款三个月以上三年以下。

2. 坏账准备和坏账损失

所谓资产，其主要特征之一就是其必须能为企业带来经济利益的流入，如果资产不能为企业带来经济利益的流入或者带来的经济利益低于其账面价值的话，那么该资产就不能在企业的账面上予以确认或以原价值予以确认，否则无法反映资产的实际价值。当企业资产的可回收金额低于其账面价值时，表明资产已经发生了减值，企业应当确认减值损失。应收款属于企业资产的一部分，也会发生减值，应当依据一定的规则确认资产损失。

根据我国企业会计准则，企业应当采用备抵法核算应收款项的坏账损失。备抵法是指期末在检查应收款项收回的可能性的前提下，预计可能发生的坏账损失，在坏账损失实际发生前依据权责发生制原则估计损失，并计提坏账准备，待坏账损失实际发生时再将其金额冲减坏账准备，并相应转销应收款项的方法。从上述定义中可知，坏账准备是应收款的一个备抵账户，该账户用以核算企业提取的坏账准备金，企业应当定期或者至少于每年年度终了，对应收款项进行全面检查，预计各项应收款项可能发生的坏账，对于没有把握收回的应收款项，应当计提坏账准备。计提坏账准备的方法有四种，即余额百分比法、账龄分析法、销货百分比法和个别认定法，企业可以根据自身经营状况自行选择确定坏账准备的计提方法。换言之，坏账准备是企业自行计算确定的应收款项可能发生的损失，但该损失尚未实际发生。

对于如何确定坏账实际发生损失，会计和企业税法上的确定方法略有不同，换言之，企业会计记账时依据会计规范确定的坏账损失，在申报纳税时可能需要根据税法的规定进行调整。《财政部关于建立健全企业应收款项管理制度的通知》(财企〔2002〕513 号)第四条规定：

企业坏账损失视不同情况按照以下方法确认：

(一)债务人被依法宣告破产、撤销的，应当取得破产宣告、注销工商登记或吊销执照的证明或者政府部门责令关闭的文件等有关资料，在扣除以债务人清算财产清偿的部分后，对仍不能收回的应收款项，作为坏账损失；

(二)债务人死亡或者依法被宣告失踪、死亡，其财产或者遗产不足清偿且没有继承人的应收款项，应当在取得相关法律文件后，作为坏账损失；

(三)涉诉的应收款项，已生效的人民法院判决书、裁定书判定、裁定其败诉的，或者虽然胜诉但因无法执行被裁定终止执行的，作为坏账损失；

(四)逾期 3 年的应收款项，具有企业依法催收磋商记录，并且能够确认 3 年内没有任何业务往来的，在扣除应付该债务人的各种款项和有关责任人员的赔偿后的余额，作为坏账损失；

(五)逾期 3 年的应收款项，债务人在境外及我国香港、澳门、台湾地区的，经依法催收仍未收回，且在 3 年内没有任何业务往来的，在取得境外中介机构出具的终止收款意见书，或者取得我国驻外使(领)馆商务机构出具的债务人逃亡、破产证明后，作为坏账损失。

相比会计上对坏账损失的确认，税法上对坏账损失的认定依据《财政部、国家税务总局关于企业资产损失税前扣除政策的通知》(财税〔2009〕57 号)第四条规定：

企业除贷款类债权外的应收、预付账款符合下列条件之一的，减除可收回金额后确认的无法收回的应收、预付款项，可以作为坏账损失在计算应纳税所得额时扣除：

(一)债务人依法宣告破产、关闭、解散、被撤销，或者被依法注销、吊销营业执照，其清算财产不足清偿的；

(二)债务人死亡，或者依法被宣告失踪、死亡，其财产或者遗产不足清偿的；

> （三）债务人逾期 3 年以上未清偿，且有确凿证据证明已无力清偿债务的；
>
> （四）与债务人达成债务重组协议或法院批准破产重整计划后，无法追偿的；
>
> （五）因自然灾害、战争等不可抗力导致无法收回的；
>
> （六）国务院财政、税务主管部门规定的其他条件。

换言之，有上述情形出现的，可以确认应收款已经出现实际损失。

在会计和税法上，坏账损失的确定标准虽略有不同，然而却有共同之处，如债务人单位已撤销、破产、资不抵债等情形。

3. 坏账核销

对于已经实际发生损失的坏账，应进行核销处理。从企业会计的角度来讲，由于采用备抵法计提坏账准备，应收款的核销在账面上就记载为将应收款科目和坏账准备科目同时冲减，账面上对该笔应收款不再体现。《财政部关于建立健全企业应收款项管理制度的通知》（财企〔2002〕513 号）第五条明确规定了坏账核销的程序：

企业清查出来的坏账损失，应当按照以下程序处理：

> （一）企业内部有关责任部门经过取证，提出报告，阐明坏账损失的原因和事实；
>
> （二）企业内部审计（监察）部门经过追查责任，提出结案意见；
>
> （三）涉及诉讼的损失，企业应当委托律师出具法律意见书；
>
> （四）企业财务管理部门经过审核后，对确认的坏账损失提出财务处理意见，按照企业内部管理制度提交董事会或者经理（厂长）办公会审定。

值得注意的是，应收款在资产负债表中的金额，一般会以扣除坏账准备后的净额填列。换言之，企业应收款的真实金额应是资产负债表中应收款净额与坏账准备值之和，坏账准备的计提仅是影响了根据资产负债表计算得出的企业资产负债率，却不影响企业应收款的实际金额。《财政部关于建立健全企业应收款项管理制度的通知》（财企〔2002〕513 号）第五条第二款也明确规定了，即使应收款已经核销，也不影响其作为企业债权的性质，只是不在账面上体现，即：“企业处理的坏账损失属于逾期三年应收款项的，应当实行账销案存，继续保留追索权，也可以划转企业国有资本持有单位管理，或者划转内部设立的专门机构追索。”

另外，对国有破产企业而言，由于其坏账核销机制较为严格、手续较为齐全，管理人在审查应收款时对国有企业经完备程序核销的应收款可以不再予以考察。对民营破产企业而言,由于尚未有强制的或严格的应收款核销程序和规定,也缺乏主管部门的监管,管理人对民营破产企业自行核销的应收款亦应着重关注。除应注意是否存在收回的可能性外,还应调查据以核销的基础材料,关注是否存在仅依据破产公告或工商部门的吊销证明就直接核销等情形,防止因破产案件的清偿或吊销企业的清算而遗漏可能收回的清偿款以及是否存在通过虚构坏账损失转移财产等情形。

(二)实践中处置应收款的做法

作为破产企业的重要资产,管理人在接管破产企业后首先要调查核实债务人的财产情况,并应清查应收款的基本情况。根据清查结果,分别分类进行处理:

1.根据财产清查的结果,对金额较大且能找到债务人的应收款进行发函催要

破产企业应收款在账面上包括应收账款、应收票据、应收利息、预付账款和其他应收款等多个会计科目内记载的款项,各类别应收款的产生方式、对应的债务人和金额都各不相同,如因为赊销货物给客户产生的往来款,为了购买货物而向供应商预付的货物预付款,因为职工预借差旅费等产生的其他应收款等。针对不同类别、不同对象、不同金额的应收款,管理人应对法人、债务人进行仔细查找,通过破产企业记载、网络搜索、全国企业信用信息公示系统、电话联系等手段获取通信地址和联系方式,向其寄发催收通知。对于债务人是自然人的,可通过询问破产企业负责人等方式尽力查找通讯方式,并向能找到的确定的自然人债务人寄发催收通知书。值得注意的是,在寄发催收通知书时,还应遵循利益最大化原则,即应收款收回的可能性应大于催收的成本,管理人应根据调查掌握的破产企业债权情况自由裁量,并将应收款催收标准报告债权人会议。

2.对符合条件的债权提起诉讼,予以追收

破产企业应收款的情形多种多样,有可能出现存在偿还可能性的应收款。针对有偿还可能性的应收款,管理人应着重关注,对追收债权进行可行性分析、制作追收方案,并严格执行。对于偿还债务可能性较大、债权凭证完整、债权资料齐全的应收款,管理人应及时提起诉讼,并将追回的款项纳入债务人财产,予以分配。

3.将应收款分配给债权人

在个别案件中,可能出现直接将应收款分配给债权人的情形。出现这种情形的原因在于,债权人会议不同意管理人放弃追收应收款,除应收款外,破产企业其他财产较少,债权人有能力、线索或方法对应收款进行追收,或应收款难以变现。无论出现何种原因,应收款作为企业财产的一部分,在债权人会议同意的前提下,当然可以直接分配给债权人。

4.变现

对于没有追收、没有分配、债权人会议不同意放弃的应收款，通常的做法是与企业其他实物资产打包一起变现。由于破产企业应收款往往是账龄较长，追收难度大，如单独处置可能根本无法变现的情况，管理人应将应收款单独拍卖或者与其他财产一起打包拍卖，实现价值最大化。

5.提请债权人会议放弃债权

对于无法找到债务人或虽已发函但没有回函或退件的应收款、缺少催收记录可能被对方提出时效抗辩导致败诉的应收款、应收款凭证不完全难以确定发生时间和金额等重要信息的应收款、确无可能收回的应收款等，管理人可以提请债权人会议对应收款进行核销。债权人会议对应收款的核销，其实质上是对应收债权的放弃，经过债权人会议同意核销的应收款，即放弃的债权，不再作为债务人财产予以对待，管理人不再进行处置。

三、应收款处理中相关责任的承担

（一）相关责任人的责任追究问题

管理人在接管破产企业的应收款后，应将其状况做全面细致的调查，并形成调查报告，包括债务人企业情况、欠款形成原因、欠款金额、原始凭证情况、文件证据资料情况、破产企业催收情况、管理人催收情况、回收可能性等内容。相关资料缺失是否要追究责任的问题值得探讨。

1.是否应追究导致应收款原始凭证缺失的责任人的责任

应收款作为企业债权，其重要的依据就是合同等基础资料，以及财务账簿中后附的原始凭证，如原始凭证缺失，抑或是会计账簿不完整，必然导致应收款难以追收，此时应追究相关责任人的责任。

《最高人民法院关于适用〈中华人民共和国公司法〉若干问题的规定（二）》第十八条第二款、第三款明确规定："有限责任公司的股东、股份有限公司的董事和控股股东因怠于履行义务，导致公司主要财产、账册、重要文件等灭失，无法进行清算，债权人主张其对公司债务承担连带清偿责任的，人民法院应依法予以支持。上述情形系实际控制人原因造成，债权人主张实际控制人对公司债务承担相应民事责任的，人民法院应依法予以支持。"从广义上来讲，破产清算属于企业清算的一种，在破产法没有规定的情形下，可以参照适用公司法及其解释对企业清算的相关规定。因此，如果破产企业出现应收款原始凭证或基础资料缺失等情形，管理人可以将该情况告知债权人，由债权人在破产案件终结后追究破产企业股东或实际控制人在资料缺失造成的损失范围内的民事责任。

2. 是否应当追究董事未催收应收款的相关责任

董事的注意义务(duty of care),是起源于英美法系的法律原则,通常是指董事在实施与公司有关的行为时应达到一定的标准的义务,是董事在对公司的业务等进行管理时,应当尽到的一个理性、谨慎的人在同样情况下能够尽到的注意,以应有的勤勉、技能和注意追求公司的最大利益。虽然我国公司法没有明确采用“注意义务”的字样,但是《中华人民共和国公司法》第一百四十七条却规定了董事对公司负有勤勉义务[2],勤勉义务在广义上的含义包括董事应当尽到注意义务。

对于没有催收公司应收款这一行为是否应追究董事的责任,管理人应当考察董事是否违反注意义务。首先,从主观方面看,董事主观上是否善意。董事的勤勉注意义务要求公司董事应具有一个正直的、有责任心的业务领导人的细心,在主观上认真履行自己作为董事的职责,应该尽自己最大的努力来管理公司的事务。其次,从行为方面看,董事的行为是否谨慎、尽责。谨慎义务要求公司董事在处理公司事务时应尽到善良管理人的义务,对所执行的事项进行妥当性的判断,并不得出现不履行职责的情形。再次,从合理性方面看,董事的行为是否符合公司最佳利益。注意义务要求应能合理地相信董事所执行的行为是符合公司的利益,并与之职位相适应。最后,从结果方面看,董事的行为是否导致公司财产损失。

从上述几方面进行分析,董事没有进行应收债权的催收行为是否导致公司财产的损失是不确定的,原因在于许多应收债权即使发函催收甚至诉讼追收也可能难以收回,并不能因为董事或其他高级管理人员没有催收或机械地以没有通过诉讼方式追收就认定董事等高级管理人员应当承担法律责任。值得注意的是,在破产企业可能存续时间较长的情况下,董事等高级管理人员可能历经多次换届,企业账上记载的现存应收款在发生时的高管人员可能亦非企业进入破产程序时任企业董事的高级管理人员。基于这一事实情况,追究董事责任的可行性在实践中值得考虑。

(二)关于应收账款变价转让的瑕疵担保责任

由于应收债权中存在可转让和不可转让的债权,管理人对此应当区别对待。对于不得转让的仅属于破产企业自身的债权,由于以债权转让的方式变价不符合债权让与的法律规定,如管理人以转让方式变价,则违反了法律禁止性规定,可能产生违约责任,并产生破产财产减少的不当后果,管理人需自行清收,转让变现自不可取。对于可以转让的应收款,从概念上分析即应收账款,拍卖转让变价是迅速实现变价的途径,在通常情况下,是破产清算程序中管理人采取变价财产的路径。

除放弃追收的应收款外，应收款无论是分配给债权人还是打包拍卖，都属于债权的转让，债权转让应遵守相应的法律规定。《中华人民共和国合同法》第八十条明确规定，债权人转让权利的，应当通知债务人。未经通知，该转让对债务人不发生效力。鉴于此，在破产企业应收款变价或分配给破产企业的债权人后，管理人不仅应向应收债权的承接人移交相应资料，还应通知已转让债权涉及的债务人，否则转让不发生效力。同时，已转让债权的债务人原来所享有的实体法、诉讼法上抗辩，同样可以对抗受让人。[3]债权原有之瑕疵，一并移转给受让人。

为此，破产企业的管理人是否应承担瑕疵担保责任。常态下的债权转让人对于受让人是否承担担保义务，“依让与契约之原因行为而定。在有偿让与时，让与人就债权之成立负担保之责。然就债务人之资力，除契约另有订定外，不负此责任”[4]。在实践中应收债权进行变价时，尤其是采取拍卖方式变价应收债权时，破产管理人一般会在拍卖须知或拍卖公告等文件中注明管理人不承担转让标的的瑕疵担保责任。基于破产企业应收款的特点，即可能诉讼时效已过等许多现实问题，管理人在拍卖应收款时的瑕疵声明，能否产生免责的法律效果，仍然有进一探讨的必要。

另有观点认为，在人民法院强制执行程序中拍卖变价财产时，人民法院作为拍卖财产的委托人，并不承担瑕疵担保责任。这是由于强制拍卖程序中的拍卖标的，大多具有品种多、数量大、价格低等特点，繁多的种类和巨大的数量使得检验和陈述瑕疵花费巨额成本或使陈述瑕疵成为不可能，低廉的价格又使瑕疵担保缺乏必要。破产管理人处置破产财产中的应收款具有与人民法院强制执行中拍卖类似的特点，管理人是否因此不承担瑕疵担保责任，仍有待于今后理论与实践的填补。

参考文献

[1] 葛伟军：《公司应收账款抵押相关法律问题比较研究》，《法学杂志》2006 年第 11 期。

[2]《中华人民共和国公司法》第一百四十七条规定：董事、监事、高级管理人员应当遵守法律、行政法规和公司章程，对公司负有忠实义务和勤勉义务。

[3]《中华人民共和国合同法》第八十二条规定：债务人接到债权转让通知后，债务人对让与人的抗辩，可以向受让人主张。

[4] 史尚宽：《债法总论》，中国政法大学出版社 2000 年版，第 723 页。

（本文获 2019 年山东律师优秀论文三等奖）

僵尸企业职工安置疑难问题及对策

韩新明　张海侠

一、僵尸企业的涵义

通说认为，僵尸企业是美国经济学家彼得·科伊提出的一个经济学概念，最早使用于20世纪90年代初的日本，一般指那些无法继续正常经营、无望恢复生气，但由于获得放贷者或政府的支持而免于倒闭的负债企业。[1] 2015年底，我国国务院常务会议确定了必须关停清理的企业标准，即对不符合国家能耗、环保、质量、安全等标准和长期亏损的产能过剩行业企业实行关停并转或剥离重组，对持续亏损三年以上且不符合结构调整方向的企业采取资产重组、产权转让、关闭破产等方式予以“出清”，清理处置“僵尸企业”。[2]

因此，具体到当前经济背景下，僵尸企业可专指那些丧失自我修复能力和自我发展能力，必须依赖非市场因素，如政府补贴、银行续贷等生存的企业。

二、僵尸企业的职工及安置

（一）僵尸企业职工的分类

根据僵尸企业存在的不同形式，其职工可分为在岗、长期不在岗、半在岗半脱岗等三类。在实践中，僵尸企业在岗职工很少，但企业在册职工人数却非常多。这些职工没有与企业解除或终止劳动合同，主要有以下几个原因：

（1）对企业忠诚、留恋，出于使命感，仍选择继续留在企业。

（2）部分职工尤其是临退休年龄或受伤失去劳动能力而缺乏再就业能力。

（3）对企业持乐观态度，抱有一定信念，认为企业仍有挽救的可能，相信企业能够自救，或认为政府不会放任不管。

（4）其他原因。少部分职工安于现状，满足于基本温饱而留在企业。或有一部分职工在自谋职业或自主创业的同时仍保留与企业的劳动关系，该部分职工除享受经济社会发展带来的好处外，还能享受国家对国有企业职工的福利政策。

（二）僵尸企业职工安置与政策性破产职工安置的比较

谈及僵尸企业的职工安置，有必要了解一下我国政策性破产的职工安置，本文拟从两者的对比来进一步阐述。

1. 僵尸企业处置时期与政策性破产时期

从职工安置的历史沿革来看，可分为政策性破产处置时期和僵尸企业处置时期两个阶段。

所谓政策性破产，又称计划内破产，是指国务院有关部门确定的纳入国家破产兼并计划并享受相应优惠政策的国有企业的破产。[3] 主要依据国发〔1994〕59 号文、国发〔1997〕10 号文、国经贸企改〔1999〕301 号文及〔2000〕15 号文等一系列政策规定，由政府主导、法院实施的有计划有步骤的破产行为。凡是纳入“全国企业兼并破产和职工再就业工作计划”并获国务院批准，均可适用国务院的特殊政策进行政策性破产，享受以破产企业财产优先安置职工的优惠政策。政策性破产经历了自 1994 年上海、天津等 18 个城市到1997 年 111 个城市及至最后扩大到各类地方企业和部分中央及中央下放企业的一个较大的演变过程。

僵尸企业处置时期，则是自 2008 年底结束国有企业政策性破产工作后的时期，此后企业退出市场统一按照新《破产法》执行。[4]

2. 僵尸企业职工安置与政策性破产职工安置的异同

从职工安置政策的发展变化来看，无论是僵尸企业依法破产退出市场，还是企业政策性破产退出市场，国家均把职工安置作为首要任务。中央政府不仅明确了职工安置的方式，还为保障安置资金到位提出了解决措施。上述两种企业退出方式在职工安置方面有诸多相同点和不同点，具体如下：

（1）相同点

①劳动合同均依法终止，政府需支付安置费

企业通过上述两种方式退出市场时，与劳动者签订的劳动合同均依法终止，职工除依据破产法的规定领取拖欠的工资外，政府亦需支付职工安置费。

企业政策性破产时，国发〔1994〕59 号文件第五条规定：“政府鼓励破产企业职工自谋职业。对自谋职业的，政府可以根据当地的实际情况，发放一次性安置费，不再保留国有企业职工身份。”处置僵尸企业时，国发〔2016〕6、7 号文也规定：“地方政府收回原划拨土地使用权后的出让收入，可按规定通过预算安排用于支付产能退出企业职工安置费用。”

②均需制定经职工代表大会或全体职工讨论通过的职工安置方案

无论企业是通过政策性破产退出市场，还是通过破产清算方式处置僵尸企业，其前提条件均要制定经职工代表大会或全体职工讨论通过的职工安置方案。

对于企业政策性破产，全国企业兼并破产和职工再就业工作领导小组于2003年发布的《关于做好关闭破产国有企业职工安置等前期准备工作的通知》第一条规定："关闭破产企业的职工安置方案必须经职工代表大会讨论通过，并报当地政府企业兼并破产和职工再就业工作协调小组审核批准。"针对僵尸企业的处置，国发〔2016〕6、7号文以及人社部发〔2016〕32号文则在职工安置方面做了类似规定，即"未经职工代表大会或全体职工讨论通过的职工安置方案，不得实施"。

③职工安置资金保障均要到位

在职工安置工作中，最重要的是安置经费问题，经费解决了，其后续的工作才能顺利进行。因此，无论企业是通过政策性破产退出市场，还是通过破产清算方式处置僵尸企业，中央政府均要求职工安置资金保障到位。

其中，《关于做好关闭破产国有企业职工安置等前期准备工作的通知》规定："凡职工安置方案和社会保障办法不明确、资金不能到位的，不得进入关闭破产程序。"同样，处置僵尸企业，国发〔2016〕6、7号文则规定"安置计划不完善、资金保障不到位"的不得实施破产；人社部发〔2016〕32号文第六条第（三）项则对"落实资金保障"做了具体明确的规定。

（2）不同点

①法律适用的渊源不同

通过政策性破产退出市场的企业，其破产程序的进行除依据《中华人民共和国企业破产法（试行）》（以下统称"旧破产法"）的规定外，还需执行国务院的相关政策文件。旧破产法第四条规定："国家通过各种途径安排破产企业职工重新就业，并保障他们重新就业前的基本生活需要，具体办法由国务院另行规定。"因此，国务院就企业政策性破产所制定的关于职工安置方面的文件，即国发〔1994〕59号文和国发〔1997〕10号文成为政策性破产企业破产清算的法律渊源。

对因化解产能过剩需要而采取破产清算途径退出市场的僵尸企业来说，中央政府坚持市场倒逼、企业为主的清退原则，以保障企业对于是否进行破产的自主决策权。故，对于选择通过破产清算方式退出的僵尸企业而言，应严格遵守破产法及相关司法解释的规定，并依法保障职工的合法权益。

②安置费的来源不同

政策性破产企业的职工安置费，来源于企业依法取得的土地使用权转让所得，不受企业土地使用权抵押的影响。土地使用权转让所得首先用于破产企业职工的安置，对剩余部分抵押权人享有优先受偿的权利；处置土地使用权所得不足以安置职工的，不足部分依次从处置无抵押财产、其他抵押财产所得中拨付。如果还不足的，由当地政府解决。[5]

破产清算的僵尸企业的职工安置费，则来源于地方政府收回原划拨土地使用权后的出让收入和改变规划用途的出让土地的政府收入。[6]

③对"老职工"的安置方式不同

所谓"老职工"，是指距法定退休年龄不满五年的职工。企业政策性破产时，这部分职工的安置方式主要是经本人申请可以提前离退休。对不同意退休的职工如何处理则没有规定，原因是 20 世纪 90 年代职工社会保险缴费高，但职工的工资水平比较低，所以"老职工"在当时选择提前退休更符合其本人的利益。

与企业政策性破产时期相比，现在的"老职工"安置方式有了更多选择，也更科学合理，"老职工"可以"自愿选择领取经济补偿金，或由单位一次性预留为其缴纳至法定退休年龄的社会保险费和基本生活费，由政府指定的机构代发基本生活费、代缴基本养老保险费和基本医疗保险费"[7]。

三、僵尸企业职工安置存在的疑难问题

安置职工的重要性以及我国对妥善做好职工安置工作的重视程度已无须再赘述。但在司法实务中，如何将职工安置工作做好却是一个相当复杂的难题。

本文认为职工的安置应侧重于两点：第一，职工必须有所安置，即各类职工的安置方式和内容必须合理到位；第二，安置职工必须有费用支持，即落实到位职工安置经费，保证安置费必须有且有充足的来源。

通过前文比较，僵尸企业破产清算和企业政策性破产清算有较大区别，但在安置职工方面，企业政策性破产清算相较于僵尸企业破产清算，仍有其值得借鉴之处。本文现结合以往的实践经验及目前国家对僵尸企业职工安置方面的规定，就职工安置中存在的难题予以探讨研究。

（一）平衡职工安置方案与少数职工利益的冲突关系僵尸企业清理的顺利进行

中央政府规定："要把职工安置作为化解过剩产能工作的重中之重，未经职工代表大会或全体职工讨论通过的职工安置方案，不得实施。"[8]因此职工安置

方案如何通过以及通过后对全体职工的法律效力如何，值得探讨。当部分职工不同意职工安置方案时，从法律角度如何处理亦是值得研究的难题。

我国《全民所有制工业企业法》《全民所有制工业企业职工代表大会条例》及《公司法》均对职工代表大会制度作了规定，无论是全民所有制企业还是公司制企业，职工代表大会都是职工行使民主管理的方式。因此，职代会（或全体职工大会）制度及其决议的效力对企业破产工作的顺利进行具有非常重要的意义。

对于全民所有制僵尸企业来讲，职工代表大会制度当然适用，其决议的效力应予维护。依据《全民所有制工业企业法》第六十五条及《全民所有制工业企业职工代表大会条例》（以下简称“条例”）第二十七条之规定，职工代表大会制度不仅适用于全民所有制工业企业，还适用于交通运输、邮电、地质、建筑施工、农林、水利等所有全民所有制企业。在职工人数不多或者规模不大的企业中，全体职工大会可以代替职工代表大会行使民主管理。条例第十八条规定，全民所有制工业企业职工代表大会每次会议必须有三分之二以上的职工代表出席；职工代表大会进行选举和作出决议，必须经全体职工代表过半数通过。同时条例第二十条规定，职工代表大会在其职权范围内决定的事项，非经职工代表大会同意不得修改。据此，经职工代表大会决议通过的职工安置方案应对全体职工有效，个别职工虽对安置方案持不同意见或反对意见，但不能推翻职代会通过的方案的法律效力。为衡平全体职工的利益和保障清算工作的顺利进行，应维护和确定职工安置方案对全体职工的效力。

对于公司制僵尸企业而言，虽然《公司法》规定了职工代表大会制度，但并未就职代会的职权作出规定，从公司法的角度讲，职代会仅有建议权和提出意见权。鉴于国有独资公司有其特殊性，其职工代表大会或者全体职工大会所作决议的效力可以参照全民所有制企业的有关规定判断。同时，《企业破产法》对债权人会议的决议也实行多数表决制度，对职工安置方案的效力判断亦有参照意义。

（二）安置资金到位与否，关系清理僵尸企业能否顺利进行

我国《劳动合同法》第四十四条第（四）项规定，企业经法院裁定宣告破产后，企业与职工之间的劳动合同法定终止。第五十条第一款则规定了劳动合同终止时，企业应当为职工出具终止劳动合同证明书等材料，并在一定时间内配合办理失业保险等社保手续。然而，僵尸企业的特点之一是企业拖欠或者部分拖欠社会保险费用，特点之二是僵尸企业资产多、现金少。依据《企业破产法》之规定，企业只有在被宣告破产以后才能进行破产财产的变现，而变现过程却又必然受市场、价格等诸多因素的影响，不仅可能变现不及时，而且变现的最终结果也难以预测。基于上述原因，僵尸企业往往不能支付或不能及时、足额支付拖欠的社保费用，依据现行《社会保险法》规定，其拖欠的后果将直接导致企业无法办理减员手续、职工不能办理失业保险手续及享受失业保险待遇。而这一后果则直接关系到企业能否依法退出市场，关系到职工的基本生活和生存。拖欠社保费成为僵尸企业依法退出市场的"绊脚石"，因无资金缴纳社保费而难以与职工终止劳动关系成为普遍存在的问题。

"资金保障要到位"就是为解决职工终止劳动合同及失业保险手续办理这一难题。在僵尸企业破产申请受理前需要足够的资金保障，以垫付企业多年拖欠的各种社会保险，包括个人部分和单位统筹部分，以保证企业破产清算工作的顺利开展。然而，中央政府虽然设立了专项奖补资金，并安排了千亿资金注入，但使用该笔资金却要结合地方任务完成进度、困难程度、安置职工情况等因素，对地方实行梯级奖补，由地方政府统筹用于符合要求企业的职工安置。这些奖补资金不仅使用滞后，作为职工安置费用的土地使用权出让收入，也要通过预算安排在土地出让后才能使用。正因如此，中央政府才一再要求资金保障要到位。资金保障不到位的企业，既不能申请破产，人民法院也不应受理其破产申请。否则，一旦该类企业进入破产程序，将极大损害职工的利益和影响职工的基本生活。

（三）安置费用构成不明确，非国有僵尸企业职工无法享受国家政策福利

最初，职工安置费是在国发〔1994〕59 号文、国发〔1997〕10 号文中提出，而当时施行的旧破产法仅适用于全民所有制企业。囿于旧破产法未规定职工解除劳动合同经济补偿金这一局限，国务院文件规定：企业破产时需支付职工安置费，且一次性安置费原则上按照破产企业所在市的企业职工上年平均工资收入的 3 倍发放，具体发放标准由各有关市人民政府规定。2016 年 2 月初，中央政府对僵尸企业的处置政策也规定了职工安置费用及其资金来源，即国务院在关于钢铁、煤炭行业化解过剩产能实现脱困发展的意见中指出的"对工业企业结构调整设立专项奖补资金"。但目前未规定安置费用金额如何计算确定，需等待相应的政策文件出台。

就目前情况来看，我国的僵尸企业大多是国有企业，且国家制定的职工安置政策和措施也是针对国有企业中的僵尸企业。国务院在国发〔2016〕6、7 号文件中设立的"专项奖补资金"，对使用对象并未区分企业国有或民营性质，但在职工安置费用来源的规定中却已将民营企业排除在外。即：地方政府可将收回原划拨土地使用权后的出让收入用于支付企业职工安置费用，但通常情况下，民营企业难以取得国有划拨土地。没有经费来源，谈何"奖补"？民营企业不乏僵尸企业，其职工也应享受与国有企业职工同等的福利待遇，这不仅是政府惠民生的本质要求，也是政府对民生兜底的体现。

（四）职工债权与抵押债权的矛盾冲突，关系社会和谐稳定大局

一般而言，僵尸企业为获得流动资金，几乎将所有资产都抵押给银行。依据《企业破产法》之规定，对特定财产享有担保权的权利人，对该特定财产享有优先受偿的权利。虽然《企业破产法》有条件地支持职工债权优先于抵押权受偿，但仅限于在《企业破产法》公布之日前，即2006年8月27日前所欠的职工债权。银行作为权利人，以抵押财产受偿债权是法律赋予的权利，银行等金融机构实现抵押债权又是维护金融稳定的应有之义，其权利应予保护；银行在实现特定物的担保权后，僵尸企业所欠职工债权无法得到实现或足额实现，职工利益难以维护，支付拖欠的职工工资和社保费又是国家的基本政策，关系到社会和谐稳定发展。随着时间的延长，职工债权与银行债权间的矛盾将愈加激烈。

虽然国家政策规定了僵尸企业划拨土地使用权的出让收入和改变规划用途的出让土地的地方政府收入，可以作为职工的安置费来源，看似职工有保障，但在职工债权和银行债权产生激烈冲突的企业，职工安置费却无法得到保障。《城镇国有土地使用权出让和转让暂行条例》第四十七条规定："无偿取得划拨土地使用权的土地使用者，因迁移、解散、撤销、破产或者其他原因而停止使用土地的，市、县人民政府应当无偿收回其划拨土地使用权，并可依照本条例的规定予以出让。"可见，国有划拨土地使用权不是破产财产。但是，在该国有划拨土地使用权上设定的抵押权并不因该土地使用权不是破产财产而无效或者解除。因此，当地政府在出让土地使用权之前，要得到抵押权人的同意，取得的土地出让收入应首先用于清偿抵押权人，即清偿银行债权。在此情况下，对于进入破产程序的僵尸企业而言，由于破产案件的不可逆转性，就可能导致职工权益无法得到维护，直接影响职工的基本生活，社会政策兜底民生的目的也无法实现。

（五）僵尸企业破产清算程序难以预留社会保险费和基本生活费

在《国务院关于钢铁行业化解过剩产能实现脱困发展的意见》（国发〔2016〕6号）《国务院关于煤炭行业化解过剩产能实现脱困发展的意见》（国发〔2016〕7号）文件中均指出，在僵尸企业破产清算程序中，"依法与职工终止劳动合同，对于距离法定退休年龄5年以内的职工，可以由职工自愿选择领取经济补偿金，或由单位一次性预留为其缴纳至法定退休年龄的社会保险费和基本生活费"。然而，若职工不选择领取经济补偿金，而基于破产程序的特殊性，企业将难以为职工预留其缴纳至法定退休年龄的社会保险费和基本生活费。这一难题也亟待国家出台相关政策予以解决。

四、解决职工安置问题的建议与对策

(一)人民法院应审查职工安置方案的合法性

在僵尸企业提出破产申请时,人民法院应当审查职工安置方案的合法性,以决定是否受理该申请。

对职工安置方案,人民法院应分别从程序上和实质上两方面进行审查,必要时召开听证会,并邀请企业职工代表和工会负责人参加听证会,听取意见。程序审查主要包括职工代表大会的召集方式、参会代表和人员组成、表决通过的人数等;实质审查则主要包括安置方案是否符合破产法、劳动合同法及国务院和各部委的政策文件规定等。

企业提出破产申请,如其提交的职工安置方案通过程序不合法或方案内容违反法律法规或政策的,人民法院对企业的破产申请应一律不予受理。这一做法符合《企业破产法》第六条之规定,即人民法院审理破产案件,应当依法保障企业职工的合法权益。对于内容合法、程序合法的职工安置方案,人民法院也应在破产案件审理中依法维护其法律效力。

(二)僵尸企业所在地政府或者其主管部门需要设立配套的职工安置专户资金

专户资金的筹措和来源,首先是由财政预算安排的职工资金,其次是企业土地处置的全部政府收益,企业破产时剥离移交给政府的资产变现收益,以及其他收益如中央政府专项奖补资金。

设立职工安置专户资金,符合国务院办公厅《关于规范国有土地使用权出让收支管理的通知》(国办发〔2006〕100号)第三条之规定,即土地出让收入使用范围包括支付破产或改制国有企业职工安置费支出等。破产退出市场企业的职工安置费从该企业国有划拨土地处置收益中支付,不足部分从专户资金中弥补;安置职工后政府土地处置收益有剩余的,纳入资金专户管理。

专户内资金主要用于以下方面:

1.垫付破产启动费用和职工债权

为保证破产程序的顺利进行,专户资金可用于垫付破产启动资金和职工债权。垫付的职工债权包括:(1)破产企业欠缴的计入职工养老保险个人账户的部分和个人欠缴的其他社会保险费,应以该专户资金一次性缴纳;(2)企业应缴但欠缴的社会保险费;(3)其他职工债权。

2.支付国家规定的职工安置费和政策规定的应向职工兑现的待遇

距法定退休年龄5年以内的职工,国家政策规定其可以选择领取经济补偿金,或由单位一次性预留为其缴纳至法定退休年龄的社会保险费和基本生活费。在职工不选择领取经济补偿金时，可由专户内资金为职工垫付其缴纳至法定退休年龄的社会保险费和基本生活费。对该垫付的费用，在企业破产清算时，首先应由专户资金管理机构作为债权人在破产程序中申报，以破产财产清偿；不能清偿的部分按照国家相关政策，在企业国有划拨土地出让后3个月内由政府偿还；还不能偿还的部分，由专户资金负担。

企业申请破产时，政府主管部门应确保上述垫付资金到位，人民法院则要以该资金是否能够垫付上述费用作为能否受理破产申请的基本条件。通过设立专户资金，由政府和人民法院共同确保资金的到位和使用，以遵守中央政府的文件规定，切实维护职工的利益，保证案件的顺利推进。同时，专户资金亦化解了企业因拖欠社会保险费，难以与职工终止劳动合同及职工无法办理失业手续、享受失业保险待遇的难题。

（三）有条件的地方政府应安排资金收购银行债权，以此化解银行不良债权，解决职工债权和银行债权的矛盾

各级政府在摸底僵尸企业并制定僵尸企业名册后，必将引起银行的重视。中央政府对僵尸企业的处置政策，给予地方政府、企业与银行一个可以博弈的平台。银行与政府或者企业就债权的转让有可能达成令三方都能接受的转让协议，如此既确保了金融稳定，又维护了职工利益，取得双赢的结果。从实践看，国内首例出售式破产重整案——淄博钜创纺织品有限公司重整案[9]，即是取得较好效果的事例。

五、小结

妥善做好职工安置，是解决好僵尸企业退出市场的关键。在党委领导下，各级政府和部门要积极稳妥制定和落实僵尸企业职工安置计划，确保全体企业职工，无论是国有企业职工还是民营企业职工，都能享受政策福利。职工安置，政府责无旁贷。政府要确保职工安置的资金支付和垫付，保障职工的基本生活。对职工安置过程中可能出现的法律难题和经济上的困难要提前预判，有效防止职工利益受损。

人民法院在破产申请受理环节要依照法律规定和相关政策法规予以审查。若申请人提交的职工安置方案程序内容均合法、与职工利益相关的资金保障均到位，对这类僵尸企业的破产申请，人民法院应尽快受理，以便落实、完成结构性改革和去产能的艰巨任务。

参考文献

[1]"'Zombie' companies eating away at economic growth",By Hugh Pym Chief economics correspondent, BBC News,13 November 2012,http://www.bbc.com/news/business-20262282,2016-5-10.

[2]参见《李克强主持国务院常务会议》,《人民日报》2015 年 12 月 10 日。

[3]参见《国企政策性破产致数千亿坏账 国有大行重点"买单"》,http://www.china.com.cn/economic/txt/2010-01/05/content_19180047.htm,2016-5-10。

[4]参见《国有企业政策性破产工作将于 2008 年结束》,http://www.cctv.com/program/jjxxlb/20070125/111124.shtml,2016-5-10。

[5]《关于在若干城市试行国有企业破产有关问题的通知》(国发〔1994〕59 号)第二条、第四条、第五条规定。

[6]《济南市市属企业国有产权改革若干问题试行规定》(济政发〔2006〕5 号)第十六条规定。

[7]《国务院关于钢铁行业化解过剩产能实现脱困发展的意见》(国发〔2016〕6 号)第三条第(十一)项第三小条规定、《国务院关于煤炭行业化解过剩产能实现脱困发展的意见》(国发〔2016〕7 号)第三条第(十四)项第三小条规定。

[8]《国务院关于煤炭行业化解过剩产能实现脱困发展的意见》第三条第(十四)项规定。

[9]赵玉忠:《关于出售式重整相关问题的思考与探索——以淄博钜创纺织品有限公司重整案为视角》,http://www.bbls.org.cn/jdal/ShowArticle.asp?ArticleID=45082,2016-5-12。

(本文获第十四届华东律师论坛优秀论文二等奖、2016 年山东省律师优秀论文一等奖)

作者简介

张海侠律师,山东大学法学学士、法律硕士,山东博翰源律师事务所合伙人律师。现任山东省律师协会劳动和社会保障法律专业委员会委员、济南市劳动业务委员会副主任。自 2008 年担任专职律师,擅长处理劳动争议案件(含破产企业职工安置等)、经济纠纷等各类民商事合同案件以及公司清理清算等法律事务。先后担任多家建筑公司、电子商务公司等大型企业的法律顾问;成功代理数百起劳动争议案件及其他诉讼、商事仲裁、非诉讼案件;负责、参与处理公司清算、破产清算案件数十件。与韩新明律师合著论文《破产企业留守人员权益问题刍议》荣获 2017 年山东省律师优秀论文三等奖,《僵尸企业职工安置疑难问题及对策》一文荣获第十四届华东律师论坛二等奖、2016 年山东省律师优秀论文一等奖;所著论文《浅议我国离婚损害赔偿制度的问题及完善》获 2013 年济南市律师优秀论文三等奖。

刑事诉讼法关于被告人供述、辩解的规定的内在矛盾

高建军

在中国刑事诉讼的诸证据中，没有哪一种证据比被告人供述更充满了争议。控辩审三方对此不仅有各自的解读，而且各有其理，其症结就在于刑事诉讼法对于被告人供述和辩解的规定本身就是自相矛盾的。立法层面上的矛盾是现实中矛盾的反映，立法层面上的矛盾又进一步加剧了现实中的矛盾。正是这种希望在两种完全不同的理念间妥协的立法表述，对于冤假错案的酿成负有不容推卸的责任。

一、相关法条分析

先来看一下刑事诉讼法的有关法条。

第四十八条规定：可以用于证明案件事实的材料，都是证据。证据包括犯罪嫌疑人、被告人的供述和辩解。

第四十九条规定：公诉案件中被告人有罪的举证责任由人民检察院承担，自诉案件中被告人有罪的举证责任由自诉人承担。

第五十条规定：审判人员、检察人员、侦查人员必须依照法定程序，收集能够证实犯罪嫌疑人、被告人有罪或者无罪、犯罪情节轻重的各种证据。严禁刑讯逼供和以威胁、引诱、欺骗以及其他非法方法收集证据，不得强迫任何人证实自己有罪。

第一百一十八条规定：侦查人员在讯问犯罪嫌疑人的时候，应当首先讯问犯罪嫌疑人是否有犯罪行为，让他陈述有罪的情节或者无罪的辩解，然后向他提出问题。犯罪嫌疑人对侦查人员的提问，应当如实回答。但是对与本案无关的问题，有拒绝回答的权利。

结合上述规定，被告人供述属于证据之一种，办案人员可以获取被告人的

供述，被告人应当配合，即对于侦查人员的提问应当如实回答。这种配合当然可能是自愿的，也可能是不自愿的。如果自愿没有问题，那么如果不自愿呢？能不能强迫呢？不能，因为按第五十条的表述，不得强迫任何人证实自己有罪。换句话说，只要不自愿，就可以不做对自己不利的供述，这就排除了非自愿供述的可能性。既然排除了非自愿供述的可能性，那嫌疑人对于可能导致自证其罪的问题就可以不回答。这不就是沉默权吗？那第一百一十八条的应当如实回答的规定不是自相矛盾又是什么呢？可能有人会讲，这里的如实回答不仅包括陈述有罪的情节，还包括无罪的辩解。不讲有罪的情节，可以讲无罪的辩解。但所谓无罪的辩解一定是建立在先有有罪的嫌疑的基础上，这就是说办案人员必须先有证明嫌疑人嫌疑的证据，之后才存在无罪的辩解。如前所述，这一先在的证明嫌疑人嫌疑的证据是不能依赖嫌疑人的供述的，否则又会陷入要求嫌疑人自证其罪情况。如果不存在证明嫌疑人存在嫌疑的证据就要求嫌疑人进行所谓的无罪辩解，这就等于是要求嫌疑人自证无罪，这明显违反无罪推定的本意，是将举证责任强加给嫌疑人、被告人。总而言之，无论是有罪的供述，还是无罪的辩解，都不能强制。归根到底，既然刑事诉讼法第四十九条明确对于有罪的举证责任在检方，侦查机关也好，检察机关也罢，就都不能依赖被告人的非自愿口供来证明犯罪，更不能以要求嫌疑人自证无罪来转移举证责任。最终，所谓的如实回答在本质上就没有存在的价值，就应当剔除。这是逻辑上唯一成立的解释。

二、司法实践的现状

刑事诉讼法却偏偏规定犯罪嫌疑人有如实回答的义务。于是，现实中这样的局面出现了：作为首先接触犯罪嫌疑人的侦查人员，先是要告诉对方，我们的刑事侦查是重事实，重证据，不轻信口供，只有口供不能定案，没有口供，其他证据确实充分亦可定案。接着话锋一转：但是，你有义务如实供述，坦白从宽，抗拒从严。这又是一个非常矛盾的起承转合。既然不依赖口供，又非让人如实供述干吗？接着话锋又一转：你的罪行我们都已经掌握，现在就看你能不能争取主动了。辩护人当然的要被控制在最初的侦查之外，因为辩护律师向嫌疑人宣讲不得强迫自证其罪的权利，这毫无疑问是给侦查机关添乱添堵，在场权不可能，接着以特别重大贿赂之类的理由不许可会见，直到侦查机关获得阶段性成果甚至得胜还朝。关键不在于谁更有道理，而在于谁拥有权力，谁能先下手为强。

其实，在刑事案件的侦查中，为了达到让被告人、嫌疑人开口的目的，除了显性的暴力逼供之外，更常见的是威胁和诱导。比如，利用被告人的弱点，以被告人、嫌疑人家人的安全、健康或者隐私暴露进行威胁，以交代某项问题就可以结束调查，或者利用被告人对组织、领导的信任空言许诺等。这些方法会令局外人怀疑其能否达到目的，但在审讯这种特殊的环境下，其效果却非常显著。那么，刑事诉讼法对这些行为有无规制呢？从刑事诉讼法的层面上，在非法证据排除的对象上，对被告人供述和证人证言偏偏又有区别。具体地讲，对于被告人、嫌疑人供述，是"采用刑讯逼供等非法方法收集的"予以排除，而对于证人证言，是"采用暴力、威胁等非法方法收集的"予以排除。那么，对于这些使用与刑讯逼供还有一定区别的非暴力的威胁、诱导获取的供述是否应在排除之列呢？语焉不详。依理而论，既然不能强迫被告人自证其罪，刑事诉讼法明确规定刑讯逼供、威胁、引诱、欺骗都是禁止的，为什么不将上述一律列入排除之列呢？但在现实层面上，连刑讯逼供获取的非法证据排除起来都"难于上青天"，何况其他？

这就不难解释为什么案件到了审理阶段，当辩护律师提出要求调取讯问录音录像的申请、要求非法证据排除的申请，没有几个法院能够认真地去对待。其实，即使认真对待，又有几个法院能够从侦查机关那里调取来全程同步录音录像？因为不可能有全程同步录音录像。如果有，一定会充斥着上述令善良的局外人瞪目的上述场面，以至于全程目睹了这一切之后，原来的法治观会崩溃，意识到原来我们的刑事诉讼还停留在中世纪，并不禁想起《教父》中的名言：没有正义，只有胜利。

面对在理据混乱中产生出的被告人供述，《关于办理死刑案件审查判断证据若干问题的规定》的立场又是什么呢？规定第二十二条：对被告人供述和辩解的审查，应当结合控辩双方提供的所有证据以及被告人本人的全部供述和辩解进行。

被告人庭前供述一致，庭审中翻供，但被告人不能合理说明翻供理由或者其辩解与全案证据相矛盾，而庭前供述与其他证据能够相互印证的，可以采信被告人庭前供述。

从规定的立场上看，审判不是中心，侦查才是中心，核心证据并非被告人当庭的供述，而是庭前的供述。被告人当庭供述与庭前的一致供述相矛盾的，首先要被视为翻供。对于翻供，被告人要合理说明翻供理由或者得到相应证据的支持，否则庭前供述将被采信。但是，除非办案机关水平太低，在侦查阶段获取数份表观上一致的庭前供述并非难事。被告人翻供的合理理由无非是被刑讯、诱导、强迫之类，在非法证据排除的申请、调取讯问录音录像的申请不能被认真对待的情况下，被告人何得推翻庭前供述？或者，被告人的当庭供述要得到相应证据的支持，如果律师仔细查看在卷的所有证据，这种可能性的确比前者要高，但在以书面审理为常规、证人出庭为例外（实质上趋向于零）的情况下，指望其能够推翻庭前供述几乎是一项不可能完成的任务。

三、问题的实质及解决

在立法和现实层面围绕被告人供述出现这样的局面，实际原因是无罪推定和有罪推定两种理念的交锋。立法者不敢直面这种交锋，在两者中做出弃取，而是试图妥协退让。立法者忘记了，公权力总是趋向于扩张，你不把它关到笼子里，它就会高视阔步，从所有人身上碾过。给一丝缝隙都不行，何况立法上的自相矛盾。立法上能够把从前门驱除出去的有罪推定从后门放进来，实践中有罪推定就能大摇大摆地进入。

实则，要实行真正的无罪推定，就要确立审判中心主义、起诉书一本主义，确立言词原则，而否定侦查中心主义、复印件主义，否定书面原则。要想使被告人、嫌疑人供述具有真正的证据价值，只有基于其自愿。要想减少冤假错案，必须建立沉默权。要想真正提高刑事案件办案水平，办案机关只能反求诸己，而不是求诸被告。以为赋予被告人、嫌疑人沉默权则刑事案件无法侦破，这是一种自轻自贱，全世界许多国家都没有因为沉默权而无法破案。最后，要想真正减少刑事案件发案率，真正惩治贪腐，那就要从根本上约束那不受约束的权力，而不是继续扩大和释放这种权力。

（本文获得2014年第十二届华东律师论坛优秀论文三等奖）

上市公司内部控制评价体系构建的价值探究

赵延红

对上市公司而言，良好的内部控制体系是引导企业更好发展的重要措施，对于当前上市公司内部控制工作的有效性进行评价，找到内部控制过程中存在的漏洞，在此基础上实现内部控制体系的不断完善，显得尤为必要。

一、上市公司内部控制评价体系构建的价值分析

对于上市公司而言，内部控制评价体系构建的价值集中体现在如下几个环节：

1.有利于找到内部控制的缺陷和不足

上市公司内部控制体系的构建是一个不断改善和调整的过程，内部控制架构中可能在一开始存在部分不合理的情况，对应的内部控制制度的效能也不一定能够有效地发挥出来，实际的内部控制行为很有可能存在大量漏洞。内部控制评价体系的融入，会引导上市公司以更加全面公正的态度去分析自己的内部控制工作现状，找到其中存在的不足和缺陷，由此使得上市公司内部控制缺陷的自我识别能力得到了提升，为后期的改善工作奠定了基础。

2.有利于引导企业健康持续发展进步

在内部控制评价体系的帮助下，上市公司内部控制存在的问题不断暴露出来，上市公司企业健康持续发展的动力会越来越足，此时上市公司的竞争力会得到不断提高。理论上来讲，上市公司内部控制的目标与内部控制评价的目标是一致的，都是以提高企业运作效率，引导经济效率不断提升为目标，在上市公司内部控制评价体系不断发挥效能的过程中，企业内部控制格局会越来越完善，而这些都是有利于上市公司可持续发展和进步的。

3.有利于企业内部审计工作的有效开展

依靠上市公司完善的内部审计评价体系，可以使得上市公司审计工作人员

获得更加理想的数据信息，由此使得审计流程朝着更加合理和全面的方向发展，这不仅仅使得工作效率得到了提升，还使得审计工作成本得到了控制，审计工作质量也会因此得到提升。在企业内部控制评价系统的帮助下，企业内部审计风险降到最低。

二、上市公司内部控制评价体系构建的基本原则

上市公司内部控制评价体系的构建，需要考量诸多方面的因素，以促进内部控制工作有效开展为根本性目标。一般情况下，上市公司内部控制评价体系构建要秉持如下的基本原则：

1. 全面性原则

在对于上市公司内部控制进行评价的过程中，要保证评价的全面性，保证上市公司内部控制的各个环节都被纳入评价格局中，不能出现任何的遗漏，否则就可能影响到内部控制评价的有效性和全面性。比如，部分上市公司存在内部控作职位绩效之间挂钩不密切的问题，在日常监督和专项方面存在缺陷等，这些都是内部控制不全面的集中体现。

2. 重要性原则

所谓重要性原则，就是选取内部控制指标中比较重要的，其能够更加全面的代表内部控制重要目标的，自身风险发生可能性偏高的，实现对于不同指标的权重划分，接着将其他的指标划分为次要指标，这样可以使得实际的内部控制评价工作有重点地去开展和进行。

3. 成本效益原则

内部控制评价牵涉到很多的因素，涉及多方面的行为主体，内部控制有效性会引导经济收益的不断提升，如果在内部控制评价过程中出现偏差，就可能误导对应的决策，由此使得实际企业内部控制评价的经济效益难以显现出来，反而成为企业可持续发展的重要障碍。由此，在内部控制评价体系构建的过程中，要树立成本效益意识。

4. 定性定量原则

在多指标的内部控制评价中，不能仅仅将注意力放在部分指标上，而是站在全局的角度上去思考，结合定性和定量的基本原则，使得指标的选取工作能够朝着科学性和合理性的方向发展，最好使得实际指标能够展现出量化的特点来，实现指标性质的确定，使得指标能够得以量化，由此才能真正使得内部控制评价体系发挥实际效能。

三、上市公司内部控制评价体系构建的实现路径

1.建立完善的内部控制规范体系

首先，针对我国上市公司内部控制的特殊性，实现对应上市公司内部控制规范的制定，并且形成完善的内部控制评价体系，保证引导上市公司内部控制评价工作在有理有据的背景下开展，这是法规统一性给我们提出的要求。其次，规范的上市公司内部控制中，内部控制评价体系构建的前提和基础是实现组织、人事和业务的全部容纳，积极学习国外在此方面的经验和教训，保证各方面的政府机构能够通力协作，继而为促进我国上市公司内部控制评价的健康发展做出贡献。

2.促进上市公司治理结构的调整

在所有制约上市公司内部控制评价体系构建的因素中，上市公司治理结构的不合理性的影响还是比较大的。由此也应该将此项作为今后上市公司改善的重要环节。对此，需要关注的内容主要牵涉到：其一，实现我国上市公司审计委员会制度的建立和健全，保证其从各个部门中独立出来，继而成为上市公司内部审计工作的评价行为主体，保证评价工作的有效性；其二，实现上市公司监事会职能的调整，建立完善的监事会公开制度，引导监事会制度朝着更加详细化的方向发展，这也可以成为上市公司内部控制评价体系完善的重要实现路径。

3.实现内部控制评价结果的量化

实现内部控制评价结果的量化，就是要求出具更加详细的，更加可视化的数据信息，来展现内部控制评价的结果，这样可以更加有针对性地指出当前上市公司内部控制工作存在的问题。对此，需要采取措施改善和调整：在传统评价的基础上，采用经济数量分析的方式，使得内部控制的效果朝着可观的方向发展，使得相关的成本和利益融合起来，并在此基础上实现内部控制评价指标体系的构建，建立评价模型，使得定性指标展现出定量化的特点。在条件允许的情况下，可以巧妙地运用内部控制信息系统，使得实际的量化标准在大数据的帮助下，展现得更加明显，更加全面。

综上所述，上市公司内部控制评价工作的开展，关系到上市公司的可持续发展和进步，应该立足于内部控制管理工作需求的基础上，以科学的内部控制方式，引导上市公司内部控制工作朝着更加规范的方向发展，而在此过程中内部控制评价体系的构建，显得尤为重要。

参考文献

[1]刘喆亭:《基于灰色关联法的国有控股房地产上市公司内部控制评价研究》,西南财经大学2013年硕士学位论文。

[2]张谦:《目标导向下内部控制评价体系的构建》,西南财经大学2012年硕士学位论文。

[3]李晓茹:《上市公司内部控制评价指数体系的构建》,山西财经大学2012年硕士学位论文。

[4]刘敏:《上市公司内部控制环境评价体系构建研究》,沈阳工业大学2011年硕士学位论文。

[5]王文杰:《上市公司内部控制信息披露质量研究》,东北财经大学2011年硕士学位论文。

(本文原发表于《经济管理》2016年第4卷)

作者简介

赵延红律师,毕业于山东大学,具有会计师职称。执业以来,先后评为山东博翰源律师事务所工会积极分子、山东博翰源律师事务所优秀律师等,自觉履行社会公益服务,2020年为济南市中级人民法院特约调解员。曾就职于某上市公司,从事财务管理工作十余年,具有会计师职称,发表论文有《上市公司内部控制评价体系构建的价值探究》。主要业务领域:致力于房地产与建设工程、合同纠纷、金融业务、执行纠纷,在非诉业务领域中,曾与同事先后共同担任济南高新控股集团有限公司、济南东拓置业有限公司、山东鲁鼎置业有限公司、山东新鸥鹏地产集团有限公司、济南鸿泽房地产开发有限公司、山东同聚商贸有限公司、中国银联股份有限公司、济南市邮政管理局、青岛银行股份有限公司济南分行等多家公司的法律顾问,并帮助顾问单位策划、分析、判断所涉法律事务,就日常经营业务活动中的合同审查工作,并提出建议方案及出具法律意见书或律师函等。另外,还代理了济南市投资控股集团有限公司、中国银联股份有限公司、山东鲁鼎置业有限公司等一批重大案件,取得了令当事人满意的结果。执业期间代理民事诉讼案件数百起,处理公司大量的法律问题。

破产中不当得利的性质与处理

崔玙珠

一、破产中不当得利的概念与分类

《中华人民共和国民法总则》第一百二十二条之规定，不当得利是指没有合法依据，有损于他人而取得不当利益。不当得利发生后，受损失的人有权请求不当得利人返还该利益。

破产程序中的不当得利可以分为两种情况：第一种情况是债务人对他人不当得利，在第二种情况是他人对债务人不当得利。在第二种情况下，不当得利之债的性质没有争议，债务人对他人享有债权，管理人接管债务人企业后，履行管理人职责，对相关他人进行债权催收即可。本文主要讨论的是第一种情况下的不当得利之债，即债务人取得不当利益，该不当得利性质的界定及处理。

二、破产中债务人不当得利的性质

（一）破产申请受理后债务人的不当得利

关于破产申请受理后债务人不当得利的性质，《中华人民共和国企业破产法》第四十二条作出了规定："人民法院受理破产申请后，因债务人不当得利所产生的债务为共益债务。"按照文义解释，"人民法院受理破产申请"系一个时间点，该时间点由法院的破产申请受理民事裁定书明确规定。比如，2019 年 6 月 1 日，某甲法院裁定受理某乙公司的破产清算申请。那么，某甲法院受理破产申请后即 2019 年 6 月 1 日后，某乙公司不当得利产生的债务为共益债务。

（二）破产申请受理前债务人的不当得利

破产法明确规定，债务人不当得利列入共益债务的时间点在破产申请受理后，那破产申请受理前债务人的不当得利性质是什么呢？共益债务系破产程序中的特别规定，若债务人的不当得利不符合共益债务的情形，则将被列入普通债务。相对人需按照债权申报流程向管理人申报债权，债权人登记造册并进行初步审查，提交债权人会议核查，无异议的，由人民法院裁定确认，等待最终进行分配。

（三）两者的差别

共益债务和普通债权在破产程序中均为债务人企业的债权，但两者的清偿却有着很大的差别。共益债务由债务人财产随时清偿，而普通债权要在破产财产清偿破产费用和共益债务，并清偿职工补偿相关、税相关费用之后，才能进行清偿。两者清偿顺序的不同，决定了清偿比例的巨大差异。对于相对人来说，对因债务人不当得利而享有债权的性质界定，决定了其债权由债务人优先支付还是作为普通债权按序分配，对其利益有着巨大的影响。

破产法明确规定，破产申请受理后债务人的不当得利为共益债务，是否当然推定破产申请受理前债务人的不当得利即为普通债权呢？

三、实务中法院判决的处理意见

笔者以“不当得利纠纷”为案由，以“破产”“共益债务”为关键词在 icourt 中进行案例检索，共检索到相关判决 11 份。11 个案例中，3 个因原告未证明被告进入破产程序，其判决说理与本文讨论内容无关，因此，笔者对其他 8 个相关案例进行说明。

（一）对破产申请受理后债务人不当得利的处理

债务人获得不当利益有多种方式，获得对方错汇的货款、获得应由对方收取的租金等较为集中。笔者在检索案例中，获得不当利益在债务人破产申请受理后的案例有五起，包括深圳市京华信息技术有限公司与深圳市银思奇电子有限公司不当得利纠纷，梁山通达钢材商贸有限公司、梁山通达钢材商贸有限公司破产管理人不当得利纠纷，江苏华锦塑料有限公司与扬州市华龙塑料有限公司不当得利纠纷，常州汇泉金属材料有限公司与河北博纳薄板有限公司不当得利纠纷，三亚友谊国际旅行社有限公司与三亚天福源度假酒店有限公司不当得利纠纷。该类型案件中，法院的处理意见基本统一，以〔2013〕深中法破初字第 145 号民事判决书为例，其根据《中华人民共和国企业破产法》第四十二条和第四十三条第一款的规定，认为“原告的转账行为发生在法院受理被告破产清算之后，被告取得的不当得利为其共益债务，依法应由其财产随时清偿”。其他四份判决亦引用相同法条作出类似说理。

（二）对破产申请受理前债务人不当得利的处理

范合群与河北全维麦面业有限公司、王社民不当得利纠纷，任花格与河北全维麦面业有限公司、王社民不当得利纠纷系债务人获得不当利益在破产申请受理前的案例，虽然原告主体不同，但法院判决内容具有一致性。以〔2015〕隆民再初字第3号民事判决书为例，法院认为："原告POS机刷卡时间在2012年6月11日，全维麦公司破产重整时间在2012年9月26日。不当得利之债的形成时间在企业进入破产程序前，应认定为普通破产债权。"判决提到了该债权的性质，认为"既区别于可以从破产财产中优先拨付受偿的破产费用、共益债务的请求权，也区别于将不属于破产人的财产从破产中取回的取回权"，但未进行进一步的分析和说明。此种情况下，原告只能主张依据《企业破产法》的规定向管理人申报债权，依照破产程序从破产财产中公平受偿。

(三)对破产申请受理前后债务人均有不当得利的处理

债务人的不当得利并非一次发生，可能是一个持续的状态，而破产申请受理是一个时间点，因此，债务人获得不当利益可能跨越该点位于两个阶段，该类型的案例有一个，即大理鸿皓钢铝结构工程有限公司、大理州盈信物流快运有限公司不当得利纠纷案。鸿皓钢构没有合法依据收取已出卖给亚汇房地产土地的租金，该行为从其破产申请受理前持续到破产申请受理后。法院认为："应根据《中华人民共和国破产法》第四十二条第一款第(三)项规定，其债务因发生的时间点不同，分为一般债务和共益债务。共益债务返还原告，由债务人财产随时清偿，剩余债务作为普通债务返还。"

八个案例分为三个类型，但处理意见统一，即严格依照《破产法》第四十二条第一款第(三)项之规定，将破产申请受理前、后债务人的不当得利分别定性为普通债务和共益债务。在债务人取得利益构成不当得利的前提下，法院只需界定此债务发生的时间点即可。按照法条的字面意思，这样的判决结果既合乎法律规定，又方便快捷，对法院来说是较为稳妥和安全的方式。但在破产实务中，这样的处理方式是否合理及妥当，笔者认为有待商榷。

四、实务中其他主体的不同处理意见及原因

根据相关案例判决可以得知，法院对于破产程序中债务人的不当得利性质界定具有一致性，破产申请受理前的债务人不当得利一律归入普通债务，根据破产法的规定，同其他普通债权一样按序分配。表面上来看，实务界似乎对此达成了统一，但实际情况远非如此。

近几年，破产业务大量增加，但笔者检索到的相关案例仅有11起，即进入诉讼程序的仅有11起。根据破产法的相关规定，破产债权由管理人审查确认经债权人会议核查后报法院最终确认；共益债务由债务人财产随时清偿。未进入诉讼程序的债务人不当得利，其作为共益债务或者普通债权如何在破产程序中清偿，管理人对此起着至关重要的作用。结合笔者以往办理破产的实务经

验，管理人的处理意见并非像法院判决那样一致，相反，在不损害债务人和其他债权人利益的前提下，大多数管理人更倾向于将破产申请受理前的不当得利列入共益债务。法院和管理人角色和位置的不同，影响着两者考虑问题的方式，也决定了两者对同一问题处理意见的不一致甚至恰恰相反。法院作为司法机构，更多地考虑法律的适用是否恰当；管理人作为破产工作的主要实施者，与债权人和债务人有着更多实际的接触，在法律规定的范围内，还会更多地考虑破产工作的开展及破产程序的顺利进行。笔者站在破产管理人的角度认为，在法律条文本身具有不明确性的情况下，一味追求稳妥而将时间节点作为区分债务人不当得利性质的唯一因素，这样的处理方式不甚合理。本文从以下三个方面进行说明：

首先，从实质上来看，债务人企业状态在破产申请受理前后并无本质区别。

法院受理破产申请是一个时间点，但破产程序本身却要经历很长的过程。“企业法人不能清偿到期债务，并且资产不足以清偿全部债务或者明显缺乏清偿能力”是申请破产的前提，无论债务人申请还是债权人申请，都要对债务人企业处于该状态的事实提供相应材料予以证明，而该状态并非在破产申请受理时间点才出现的。破产事由的出现，往往出现在破产申请受理前的很长时间，《企业破产法》第三十二条规定的管理人对债务人破产申请受理前六个月个别清偿行为的撤销权，原因即在于破产事由的出现。

破产申请受理前后，债务人企业的状态差别并不大，经营不善导致的企业不良早已出现，企业账户往往也处于查封冻结状态。如果此时债务人企业不当得利，即使债权人主张也无济于事。抛却实质上的企业状态不谈，仅仅依据受理时间点来区分不当得利的性质，笔者认为不甚妥当。

其次，从形式上来看，破产法中法条的表述本身即具有模糊性和理解的多样性。

在《企业破产法》中，“人民法院受理破产申请后”的表述有 16 处，“破产申请受理后”的表述有 2 处，这些表述大致分为两种，一种强调破产申请时间点，另一种强调进入破产程序的状态。前者比如《企业破产法》第四十五条“人民法院受理破产申请后，应当确定债权人申报债权的期限”，该类法条指向的是破产申请受理时间点之后的行为，和受理时间点之前的债务人行为完全无关；后者比如《企业破产法》第十九条“人民法院受理破产申请后，有关债务人财产的保全措施应当解除，执行程序应当中止”。此处，解除的保全措施和中止的执行程序并非仅形成于破产申请受理时间点之后，而是所有有关债务人的保全措施和执行程序，都要因为债务人进入破产程序而相应解除或者中止。此类法条强调的不是人民法院受理破产申请这一时间点，而是人民法院受理破产申请后债务人进入破产程序这一事实状态，强调这一事实状态对债务人企业的影响。由此看来，作为法院判决依据的《企业破产法》第四十二条第三款“人民法院受理破产申请后因债务人不当得利所产生的债务为共益债务”，对“人民法院受理破产申请后”按照状态而不是时间点的理解也并无不妥。

最后，从影响上来看，将时间点作为唯一的考量因素，将破产申请受理前债务人的不当得利一律归入普通债权，不利于破产工作的展开和破产程序的进行。

破产程序中的主体主要有四方：法院、债权人、债务人和管理人。管理人是破产具体工作的主要执行者，依照破产法的规定执行职务，向法院报告工作，并接受债权人的监督。破产程序中，债权核查、重整计划、财产管理方案和分配方案等重要文件都需要债权人会议的表决通过。一方面，管理人勤勉尽责地制定合理方案是基本前提；另一方面，管理人与债权人的关系，也对表决通过与否至关重要。在实务中，很多债权人在债权人会议中投反对票，并非表决内容本身存在问题，而是因为与管理人的矛盾。这种恶意反对票如果在债权中比重较大，很可能阻碍破产程序的正常进行。在破产程序中，相较于法院，具体实施工作的管理人不仅需要考虑行为和决定是否合乎法律规定本身，还需要考虑是否有利于工作的开展和破产程序的推进。在法律允许的范围内，有利于工作开展和程序进行的方式，是管理人倾向的选择。

五、对破产申请受理前债务人不当得利的处理建议

首先，破产申请受理前债务人不当得利性质的界定，并非单一因素可以决定的。其次，从解决问题的角度入手，一定条件下的债务人不当得利，可以参考破产取回权制度进行处理。

（一）综合多种因素界定不当得利的性质

管理人可以依据破产申请受理时间点、债务人企业状态，并结合相对人过错程度、债务人过错程度、时效因素综合考量，确定破产申请受理前债务人不当得利的性质。

无论债务人不当得利的性质如何界定，依照规定，债权人首先应当向管理人申报该债权。管理人进行审核时，主要考虑两大因素，并按照先后进行界定。第一步，确定债务人取得不当得利的时间。若在破产申请受理时间点之后，则为共益债务，若在破产申请受理时间点之前，则进入第二步，确定债务人企业的状态。若债务人不当得利之时的企业状态与人民法院受理破产申请后无本质区别，亦可确定为共益债务。考量企业状态是否有本质区别，可以从是否具有破产事由、企业账户是否被查封冻结等方面综合考量。

因债务人不当得利形式多样、情况复杂，管理人还需综合相对人的过错程

度、债务人的过错程度及时效等因素进行考量。比如,债务人获得不当得利之时,破产事由已经很明显,但账户还正常使用,而相对人迟迟不主张权利,直至账户冻结进入破产程序才主张债权,而此时距离债务人不当得利的时间又过长,则管理人对此债权的性质可作普通债权处理。这样的方式无疑给了管理人很大的权利,因此,也要相应地加强对管理人的监督和约束。

(二)参照破产取回权制度进行处理

《企业破产法》第三十八条规定:"人民法院受理破产申请后,债务人占有的不属于债务人的财产,该财产的权利人可以通过管理人取回。"此为破产取回权制度。对于该法条中"人民法院受理破产申请后"的理解,即前文所述的并非强调时间点而是破产状态的情形。我国台湾地区学者陈荣宗亦认为:"取回权就是对破产债务人在破产宣告之前占有的不属于债务人的财产,在宣告破产后,该财产的所有权人或者其他物权人享有的不依赖破产程序直接取回的权利。"

取回权制度主要针对的是物权,但并未有法律规定禁止债权作为取回权的基础。学界对此也有争议,有学者认为:"债权的请求权作为取回权的基础权利,债务人基于承揽、租赁、寄托、借用等法律关系占有他人财产,在债务人进入破产程序之后,该财产的所有权人或者其他支配权人可根据债权请求权行使取回权,但必须以将其所负担的相应债务履行完毕为前提。"笔者在实务中曾经遇到一个案例,相对人在债务人破产申请受理前一周误将货款汇错至债务人已处于查封冻结状态的账户,直至进入诉讼程序,该笔错汇的货款一直在此账户未曾流转。笔者认为,在该情形下,可以参照破产取回权制度进行处理。虽然通说认为,作为种类物之货币占有一律适用"占有即所有"原则,但即使这一原则本身也存在争议,有学者主张例外情形。基于上文对实务判决中一律将破产申请受理前债务人不当得利归为普通债务不合理性的分析,笔者认为,在特定情形下,债务人不当得利的返还可以参照破产取回权制度进行处理。

六、小结

破产程序中债务人不当得利的处理争议主要存在于破产申请受理之前债务人的不当得利,实务中,法院倾向于将破产申请受理时间点作为唯一考量因素,将破产申请受理之前的债务人不当得利一律列入普通债务,这样的处理方式并不利于债权人利益的维护和破产程序的推进。笔者建议,对于破产申请受理前债务人不当得利性质的界定,除考虑《企业破产法》第四十二条对于时间点的要求外,还需结合债务人企业状态等多种因素考量。此外,也可参照破产取回权制度对该债权进行处理。

(本文获 2019 年山东省律师优秀论文二等奖)

作者简介

崔玙珠律师，2017年毕业于西北政法大学，获法学学士学位；2020年毕业于山东大学，获法律硕士学位。现为山东博翰源律师事务所专职律师，主要从事公司破产业务（清算、重整、和解）以及合同纠纷、侵权等民商事诉讼业务，参与山东海纳房地产股份有限公司、特易购商业（山东）有限公司、山东省塑料工业有限公司、山东科大鼎新电子科技有限公司等多个破产项目。撰写的《破产中不当得利的性质与处理》一文获2019年山东律师优秀论文二等奖；曾代表济南律师参与2020年度济南市公诉人与律师论辩赛。

从实务案例探讨破产清算程序中债务人相关权益的行使及保护

刘　迪

引　言

从世界范围看，在破产制度产生之初，破产法仅仅保护债权人的利益，甚至有些国家在破产制度产生的初期，将破产作为犯罪来处理，认为破产是债务人违背契约的行为，不但要没收债务人的全部财产，还要对债务人处以严苛的刑罚。随着商品经济的发展，破产事件日益增加，将破产程序仅视为多数债权人实现债权程序的简单做法已经无法适应经济发展的需要。于是，在处理破产事件过程中，除首要公平保护债权人利益外，社会利益、债务人利益、其他利害关系人利益等也得到了广泛的关注和兼顾，并逐步建立了相应的制度及法律。破产法的基本原则，也从单一的保护债权人利益增加了兼顾债务人利益的原则。顺遂历史背景，2006 年 8 月，我国在第一部破产法“试行”了 20 年之后，新破产法在十届全国人大常委会第二十三次会议上审议通过。新破产法是我国第一部市场经济的破产法，即立足国情，又遵循国际惯例，以保护国家利益、社会利益为原则，公平保护债权人利益为着眼点，同时又兼顾了债务人利益的保护，例如新破产法中的和解和重整制度。但详寻新破产法中破产清算等章节，在破产清算程序中有关债务人利益保护的条文却是寥寥数语，略显单薄，在实务操作中，无论是法院、管理人还是债务人自身，就债务人的权益的处理问题，有相当多的情况都无法直接援引法条，无依据可循。

本文即因具体案例的实务操作，在破产清算程序中所遇到的有关债务人权益行使的问题及障碍，行文之意在于探究在破产清算程序中对债务人有关权益的行使及保护。

案　例

2000 年,某老牌国有企业被宣告破产,2001 年,南方某投资公司(以下简称 A 公司)与当地政府签署了收购该破产国有企业资产的协议,并将收购的资产作为投资的一部分成立了 B 公司,B 公司即为本文所探讨的破产债务人。B 公司成立后,因 A 公司与当地政府在协议履行过程中发生纠纷,致使 B 公司无法正常经营。随后,因纠纷导致的种种原因,B 公司的全部管理层撤离 B 公司,失去了对 B 公司的经营管理权,以及对公司房产、土地等资产的控制权,经过长达十余年的交涉,纠纷仍未得到妥善解决。2014 年,因欠缴税金、保险等巨额债务,经相关债权人申请,法院裁定受理对 B 公司的破产清算申请,并指定了管理人,采取公告方式送达 B 公司。管理人随即接管了 B 公司的房产、土地、账户资金等全部资产,审查登记了申报的巨额债权。因 B 公司的股东及管理层认为自发生纠纷起十余年间,B 公司并未实际经营,也没有与职工建立劳动关系,因此对债权表中记载的几项因职工及经营问题而申报的巨额债权存有异议。于是,管理层根据申报债权的事实要件及法律要件,以 B 公司即债务人自身的名义,对有异议的债权向管理人提出书面异议,同时一并向法院提起债权确认之诉。但因高额诉讼费用的缴纳问题,B 公司所提起的债权确认之诉,不得不因无法缴纳诉讼费用而按撤诉处理。B 公司只得择有异议关联债权中诉讼费用最低的债权,由 A 公司垫付诉讼费用后进入审理程序。但在该债权确认之诉的审理过程中,管理人召开了债权人会议核查了债权,在 B 公司仍对其他关联债权有异议并继续向管理人及法院致函提出债权异议的情况下,管理人提请法院裁定确认了除已进入审理程序的异议债权之外的其余债权,随即 B 公司被法院宣告破产。目前,B 公司提起的债权确认之诉仍在审理过程中,而 B 公司被宣告破产后的相关法律程序也在同步进行中。但事实上,已被确认的按撤诉处理的债权,与已进入审理程序的异议债权存在极大的关联性,如异议之诉的债权最终异议成立,那么受理法院对于按撤诉处理之债权的确认便是错误的。

基于上述案例,笔者认为在破产清算程序中,有关债务人权益的行使及保护有几个问题值得思考及探究,本文就下列问题提出粗浅的认识及见解,以资探讨。

问题一:进入破产清算程序后,如债务人对债权表记载的债权有异议,其自身是否可以成为提起异议之诉的主体?

1. 对于该问题,从《企业破产法》第五十八条的规定看,债务人也是提出异议诉讼的主体之一,但债务人是否能够以自身名义作为提出异议诉讼的主体,目前在理论界、实务界还存在较多争议。有观点认为,债务人在破产清算程序开始后，其自身就丧失了对其财产的管理处分权，正在进行或将来可能进行的一切诉讼均应由管理人作为诉讼代表参加，这其中就包括对债权表记载的债权存在异议而提起的异议之诉；也有观点认为，法条规定的债务人是破产债务人自身，而不应由管理人作为诉讼代表提起异议诉讼；还有观点认为，债务人自身有权提起异议诉讼，但对其提出异议的事项应加以限制。本案即是如此，B公司作为债务人，以自身名义提起异议之诉，就诉讼主体的身份问题，遭遇了包括管理人及审理法院在内的各方质疑。

笔者认为，该问题实则不难解决，根据《企业破产法》第五十七条的规定可以看出，本法赋予管理人对申报债权进行审查并根据审查结果编制债权表的职权；而第五十八条规定的异议诉讼就是针对管理人所编制的债权表提起的。试想，如果让管理人代表债务人对自己编制的债权表提起异议之诉，无疑是“以子之矛，攻子之盾”，在实践中根本不存在可操作性。因而，在债务人对债权表记载的债权有异议的情况下，其应当也只能以自身的名义来提起异议之诉。那么，债务人作为提起异议之诉的主体，对其提起异议之诉的事项是不是要有所限制呢？笔者同样不同意该观点。债务人在破产程序开始时就丧失了对债务人财产的管理处分权，但其对所申报的债权，较刚被指定的管理人而言实则更为了解债权发生的始末，让债务人以自己的名义在诉讼中穷尽一切权利之行使，才能更有利于还原事实查清债权的真实状况，而非对债务人提出的异议之诉加以限制。

2.讨论完债务人应当以自己的名义提起异议诉讼的主体问题之后，在实务操作中，另一个问题会接踵而来。那就是，自法院受理债务人的破产清算案件后，债务人的印章及证照等均由管理人接管并保存。那么，在债务人欲提起异议之诉时，如遇管理人不愿配合的情况，作为立案时法人自身对其法律行为确认的证明要件，债务人应当通过怎样的方式来解决没有印章的问题呢？

笔者认为，为保护债务人以自身名义提起异议之诉的权利，使《破产法》第五十八条的规定在实践中便于各方操作，应当通过司法解释等形式，对债务人提起异议诉讼的权利行使做出更为详细的规定。比如明确法定代表人的签名、董事会或者股东会的决议，即可作为确认债务人主体身份的形式要件，且一并适用于债务人向管理人或受理法院提交的异议函件等相关文书上。

问题二：在破产清算程序中，如债务人对债权表记载的债权有异议，受理破产的法院可否裁定确认债权？

《企业破产法》第五十八条规定：“编制的债权表应当提交第一次债权人会议核查，债务人、债权人对债权表记载的债权无异议的，由人民法院裁定确认；

债务人、债权人对债权表记载的债权有异议的，可以向受理破产申请的人民法院提起诉讼。”从该法条规定的字面意思上看，如债务人、债权人对债权表记载的债权无异议，那么由人民法院依法裁定确认；如债务人、债权人对债权表记载的债权有异议，那么破产法给出的救济途径为向受理破产申请的人民法院提起诉讼。但是，如债务人、债权人对债权表记载的债权有异议，可并未提出诉讼，此种情况该如何处理，破产法并未作出规定；尤其是对债务人自身因无法缴纳异议之诉的诉讼费用而按撤诉处理的情况，以及债务人以其他方式提出异议的情况，该如何处理，破产法更未作出规定。鉴于此，在实践中，受理破产的法院、管理人对上述情况的处理以及对法条的解读就不尽相同。

本案中，B公司股东及管理层按照掌握的材料及情况，根据股东A公司与政府所签协议的内容及多年的往来交涉，认为债权表记载的债权有一部分是不能成立的，且数额巨大。但管理人已接管了B公司的全部资产，B公司根本无力缴纳全部异议之诉的巨额诉讼费用，在向法院申请减免未果的情况下，所提起的诉讼不得不按撤诉处理。作为股东的A公司只得垫付诉讼费用，使其中一项债权的异议之诉进入审理程序。对于其他的关联异议债权，B公司只得以函件的形式向管理人及法院提出异议。但受理破产的法院认为，在债务人提起的异议之诉按撤诉处理后，因未再提起诉讼，则视为对按撤诉处理部分的债权均无异议，从而裁定确认该部分债权。

从本案中可明显看出，在实务操作中，对《破产法》第五十八条的解读，存在较大的误区。因破产法就本案情况的处理未有明确规定，破产清算程序中的各方对该法条很容易理解为：如债务人、债权人对债权表记载的债权有异议的，就必须向受理破产申请的人民法院提起诉讼，否则就视为没有异议。在实践中，有些管理人会给出一定的时间限制，比如要求债务人、债权人于一定期限内向法院提出异议之诉，否则视为放弃了异议的权利，即为无异议。此种做法在某种程度上借鉴了英国破产法及法国破产法对该种情况设立除斥期间的制度。国外破产法在审查确认债权制度中除斥期间的设立，旨在防止破产程序的拖延，尤其是个别债权人对破产程序的恶意拖延。但就《破产法》第五十八的规定，对于债务人来讲，是否应该理解为不起诉则为无异议？若管理人给出诉讼的期间，那么该期间是否合法？又发生怎样的法律后果？该期间又是否适用于债务人？笔者对此均有不同的看法。

1. 就《破产法》第五十八条的规定，是否应该理解为不起诉则为无异议？

我们都注意到，《破产法》第五十八条的原文是：“债务人、债权人对债权表记载的债权有异议的，可以向受理破产申请的人民法院提起诉讼。”法条用语为“可以”而非“应当”，可见立法者对该种情况在实务中不可预见的问题是留有敞口的。债务人、债权人对债权表记载债权异议的提出，并非必须且只能通过诉讼的手段进行。尤其在债务人对债权提出异议的情况中，更不能局限于诉讼的手段，不能理解为不诉讼即为认可。从法理上分析，债权和物权不同，它是一种典型的相对权，只在债权人和债务人间发生效力，较之管理人及其他债权人，债务人更加清楚地知悉债权发生的实际情况、存在与否、可行使法律赋予的何种抗辩权等，债务人在已进入破产清算程序后，还穷极一切方式，以自身名义对债权提出异议，其实已经充分说明异议债权对债务人的自身利益、对破产清算的受理、对其他债权人的利益均有可能产生重要的影响。拿本案来讲，我们假设：债务人对债权的异议均是成立的、正确的，并且该笔债权的数额直接关系到债务人是否真正的符合破产条件，应当通过破产程序而退出。那么，因债务人按撤诉处理后无法继续提起诉讼而视为认可债权的观点，无疑是错误的。基于该错误观点确认债权、宣告破产，会导致整个破产清算程序的错误，违背了破产法的立法宗旨，严重损害了债务人自身的利益，同时也损害了其他债权人的利益。

因而，笔者认为，将债务人不起诉（或按撤诉处理）视为无异议的观点是明显错误的。笔者建议，以本案为例，债务人因异议之诉无力缴纳诉讼费用而按撤诉处理后，其致函的方式应属对债权异议的有效提出，受理破产申请的人民法院应当以保护债务人，保护其他债权人利益为出发点，要求管理人、债权人会议严格按照法律规定审查、核查有异议的债权，法院自身也应从审判者的角度，根据事实、证据、法律规定来决定是否应当裁定确认有异议的债权，而非草率的以不起诉即视为认可来处理。

2.若管理人给出提起诉讼的期间，那么该期间是否合法？会发生怎样的法律后果？该期间又是否适用于债务人？

实践中，多为债权人对债权表记载的债权有异议，在这种情况下，管理人通常会采用通知债权人应在某期间内提起诉讼，否则视为无异议从而提请确认债权的做法。对于该作法，很多管理人及法院会认为是根据《破产法》第六十四条（即“债权人认为债权人会议的决议违反法律规定，损害其利益的，可以自债权人会议作出决议之日起十五日内，请求人民法院裁定撤销该决议，责令债权人会议依法重新作出决议”）的规定，给债权人十五日的期限。更有甚者认为在这个期限内，若未提起异议之诉，便丧失了诉权。因实践中债务人提起异议之诉的案例极少，因而在发生债务人欲提起异议之诉时，管理人及受理法院会认为对该期限的设置应一并适用于债务人。

笔者认为，上述认识存在明显错误。

首先，根据《破产法》第六十四条的规定，所指向的是债权人认为债权人会议的决议损害了其利益，且解决的方案为请求法院裁定撤销决议，而非提起诉讼。因而该条在债务人、债权人对债权表记载的债权有异议的情况下适用，是明显错误的。

其次，关于是否在管理人给出的期限内未提起异议之诉就丧失诉权的观点，笔者认为应该分情况而论。

第一，从债权人角度讲。因破产法对于提起异议之诉的期限未作明确规定，无论将该期限认定为在法院对破产财产分配方案认可前，或破财产分配时，抑或破产程序终结之日，在实践操作中均存在较大的障碍，有可能阻滞破产程序的进行，给破产工作带来诸多的繁乱和无序。因而管理人为防止个别债权人在行使这一权利期限上的任意性，进而妨害破产案件的顺利进行，对异议之诉规定一个合理的期限，并注明于编制的债权表中，经债权人会议决议通过后，对全体债权人产生约束力，超过该期限，债权人再提起异议之诉，法院可不予受理。

笔者认为，上述做法在实践中，针对债权人提起异议之诉的情形，能起到提高破产案件审理效率，确保破产案件顺利进行的效果，是合理、可行的。当然，未经债权人会议表决通过，管理人自行制定的期限是不能对全体债权人产生约束力的。

第二，从债务人角度讲。管理人给出的提起异议之诉的期限，无论是否经债权人会议表决通过，对债务人均不应产生约束力。管理人对债务人提起异议诉讼设置期限，是没有法律依据的。而债权人会议的决议，对全体债权人有约束力，而并不必然包括债务人。以本文案例为例，债务人对债权表记载有异议，并提出诉讼，但因无力缴纳诉讼费用而按撤诉处理，该事由明显是不能通过设置期限来解决的。如果因期限的经过，而使债务人丧失诉权，显然是对债务人利益的损害。如前文所假设，债务人对债权的异议是成立的，那么这种做法无疑同时损害了不明真相的其他债权人的利益。

笔者认为，对于债权异议之诉，对于债权人和债务人应区别对待，出台相关的司法解释，来规范债务人提起债权异议的程序及期限，更大程度地兼顾保护债务人在破产清算程序中的权益。

综上，笔者认为，在破产清算程序中，债务人对债权表记载的债权有异议，提出异议的方式不应当局限于诉讼的形式，更不应以未起诉即视为无异议来处理；管理人及受理法院也不应将债务人和债权人对债权异议的提出采取同样的方式，而应区别对待。受理破产的法院，在债务人对债权表记载的债权有异议的情况下，不宜因未提起诉讼而径行裁定确认存有异议的债权，而应通过法定程序，对异议债权进行审慎审查后，再行决定是否确认债权。

问题三：债务人如提起债权异议之诉，应缴纳的诉讼费用是否应当由管理人列入共益债务？

本文已多次重复指出，在案例中债务人因不能缴纳诉讼费用，又申请减免未果，只得按撤诉处理。但按撤诉处理后，债务人对债权表中记载债权的异议仍然存在，问题并未得到解决。又若债务人所异议的债权，异议成立又关系重大，那么在目前破产法及司法解释还未对此有明确规定的情况下，债务人自身以及其他债权人的利益该怎么保护？

笔者认为，以目前破产法的规定，让债务人启动异议之诉，是最行之有效的查明债权真实状况的方式。而解决因此产生的诉讼费用问题最妥善的方案，便是将异议之诉的诉讼费用列为共益债务，具体原因如下：

1. 从共益债务的立法宗旨上看，《破产法》第四十二条中，虽对共益债务有明确的列举，并不包括债务人提起异议之诉的情形。但探究共益债务的立法宗旨，共益债务是指在人民法院受理破产申请后，为了全体债权人的共同利益以及破产程序顺利进行而发生的债务。其宗旨是为了保护全体债权人的利益及破产程序的顺利进行。而债务人对债权的异议之诉，其实并不仅仅是保护自身的利益。正如笔者假设，如异议之诉的最终结果能使巨额债权不复存在，更甚至因异议债权的灭失，债务人的资产可以清偿全部到期债权，那无疑是对全体债权人共同利益的保护，是对破产程序顺利进行的保障。这与共益债务的立法宗旨是相吻合的。

2. 从债务人对其资产没有控制权上看，债务人进入破产程序后，资产全部由管理人接管，债务人本身丧失了对其资产的管理权。但破产法明确规定债务人对债权有异议的，可以提起诉讼。既然诉讼，就必然产生诉讼费用，而债务人已进入破产程序，全部资产已被接管，债务人自身根本没有能力缴纳任何费用。不能缴纳诉讼费用，就无法提起诉讼；无法提起诉讼，就不能对债权提起有效的异议，查明债权的真实状况。那么债务人的债权异议之诉，在现有的法律框架下，显然进入了死循环，法律条文成了无法操作的一纸空文。这明显也是与立法本意相悖的。

基于此，笔者认为，将债务人异议之诉的诉讼费用列为共益债务，是目前最为妥善的处理方案。

以上是笔者基于对实务案例的处理，就破产清算程序中债务人有关权益的行使及保护问题提出的见解及建议。目前破产法及司法解释对本文所探讨的问题留白较大，实务案例又极为罕见，因而文章难免粗浅，盼专家、同行批评指正。

（本文获2016年山东省律师协会优秀论文三等奖）

作者简介

刘迪，毕业于烟台大学法学院，法学学士；山东大学法学院，法律硕士。山东博翰源律师事务所管理合伙人，任济南市律师协会公平竞争专门委员会委员、济南市律师协会公司业务委员会委员、济南市破产管理人协会副秘书长。自2005年担任专职律师，具备深厚的法学功底和丰富的庭审经验；曾为大型房地产企业服务多年，处理房地产开发全过程各环节的法律问题，在房地产开发建设领域具备过硬的专业知识。2014年以来，主要办理各类破产业务，参与办理了中国济南化纤总公司（含中国济南化纤总公司第一棉纺织厂）破产清算案、山东小鸭集团热水器有限公司破产清算案、山东小鸭集团冰柜有限公司破产清算案、山东省塑料工业有限公司破产清算案、济南仁丰实业发展公司破产清算案、济南三元印染有限公司破产清算案、山东业顺置业发展有限公司破产清算案、济南润发机械制造有限公司破产清算案；负责办理了济南市公立燃气有限公司破产清算案、济南中材供应链管理有限公司破产清算案、特易购商业（山东）有限公司破产清算案、济南欣利工贸中心破产清算案；为兖州创世纪肉类联合有限公司破产清算案、烟台裕顺置业有限公司强制清算案等多家公司破产清算、强制清算业务提供法律服务；为济南市国资委旗下平台公司提供清算法律服务，负责办理了十余家企业的自行清算及破产清算法律事务。同时，在上述破产清算程序中，代理数十起破产企业的相关衍生诉讼，积累了丰富的处理破产衍生诉讼的经验。另外担任了数家事业单位及国有企业的法律顾问，其中为山东省篮球运动管理中心服务多年，见证了山东篮球从“黄金男篮”“高速男篮”到“西王男篮”的演变过程。个人撰写的论文《我国设立酒后驾驶罪的理论探》获2010年济南市律师优秀论文二等奖；《从实务案例探讨破产清算程序中债务人相关权益的行使及保护》一文获2016年山东省律师优秀论文三等奖；《管理人代表破产企业参加诉讼与律师代理普通民事诉讼案件之比较》一文获2019年山东省律师优秀论文三等奖，在中国律师网发表并收录入《中国破产法论坛》。

管理人代表破产企业参加诉讼与律师代理普通民事诉讼案件之比较

刘　迪

我国破产法理论框架下的破产衍生诉讼是指因人民法院受理破产申请以及在破产案件的审理过程中产生的、以审理结果作为破产程序进行依据的、非以破产程序审理的民事诉讼。破产衍生诉讼在破产程序中大量存在，根据《企业破产法》第二十五条的规定："管理人履行下列职责……（七）代表债务人参加诉讼、仲裁或者其他法律程序……"破产程序中的衍生诉讼应由管理人代表破产企业参加。那么，管理人在代表债务人参加诉讼时的角色与作用应该如何界定？是应当与律师代理普通民事案件一样尽力维护委托方的利益，充分利用庭审策略和诉讼技巧以对抗诉讼对方，从而达到赢得诉讼或者争取利益最大化的目的？还是秉持中立原则，协助人民法院查明破产企业情况，还原案件事实，同时兼顾维护破产企业债权人的利益？就以上问题，破产企业、涉诉相对方、部分司法工作人员及社会公众在理论的认识和实践的理解上均存在着不同的观点和分歧。本文将从管理人的诉讼地位入手，结合笔者参与的实务案例，试比较管理人代表破产企业参加诉讼与律师代理普通民事诉讼案件的异同。

一、管理人的诉讼地位

何为诉讼地位？基本定义是指公安机关、人民检察院、人民法院、当事人及其他诉讼参与人在诉讼中的法律地位。阐明本文论题之前，须先论述管理人在诉讼中的法律地位。

（一）国内外相关学说

1.代理说

该学说是最早关于破产管理人法律地位的学说，根据利益的归属引入民法中的代理人理论，认为破产管理人就是破产企业或者债权人的代理人，以代理人身份在破产程序中行使权利和履行职责。其本身不带有公权力色彩，所有行为的后果均归于被代理人一方而非自己。

笔者认为，该学说在特定的历史条件下及立法进程中，能够在一定程度上解决部分问题，但随着社会经济及法制的进步，逐步体现出其自身的局限性，在该学说描述下的破产管理人失去了中立地位，无法平衡各方的利益。如以该学说为依据，破产管理人代表破产企业参加诉讼时与律师代理普通民事案件没有差异，均为诉讼代理人，在诉讼中的位置及作用是一致的。

2.职务说

该学说与代理说对立，认为破产程序属于一般强制执行程序，是债权人对破产企业所进行的清算。破产管理人的法律地位类似于强制执行机关的工作人员，从事的清算行为系一种职务行为，具有很强的公权力色彩。

笔者认为，在该学说下的破产管理人类似于国家司法机关或者行政机关的工作人员，在破产程序中所从事的工作均为执行职务。职务说与人民法院选任破产管理人的制度存在一定程度上的矛盾性，另外，职务行为所承担的失职法律后果和代理行为所承担的过错或过失法律后果有较大差距。如以该学说为依据，破产管理人代表破产企业参加诉讼即成为国家机关工作人员执行职务，更类似于人民检察院或者行政机关，在诉讼中的位置、作用与律师代理普通民事案件将完全不同。

3.财团代表说

该学说认为，在法院宣告债务人破产后，债务人财产即成为以破产清算为目的而存在的独立财产，该财产在法律上进行人格化后形成类似财团法人性质的破产财团，破产管理人就是该破产财团的代表人。在该学说下，破产财产脱离了债权人及债务人，将原有破产财产重新拟制为新财产，破产管理人成为基于新拟制财产上出现的类似于财团法人的特定法律主体。

笔者认为，财团代表说一定程度上进化了代理说和职务说，克服了前两个学说的不足，也解决了一部分前两个学说不能解决的问题。比如破产管理人被解释为破产财团代表机关，其为法律行为时，除可以以代表人地位行使职权外，也可以以法定代理人的地位执行职务。该学说因必须以重新拟制破产财产为依托，各国法律对该拟制行为均无明确的规定及可循的先例，所以该学说具有十分明显的弊端，即难于操作。另外，因该学说使破产管理人的法律地位类似于财团法人，那么在法律责任的承担上会推定为以破产财产对相对人负侵权责任。所以，如以该学说为依据，破产管理人将代表破产财团参加诉讼，作为破产财团的法定代理人与律师代理普通民事案件的诉讼代理人身份，在诉讼地位、权利和责任的承担上均不相同。

4.信托制度说

何为信托?定义为委托人基于对受托人的信任,将其财产权委托给受托人,由受托人按委托人的意愿以自己的名义,为受益人的利益或特定目的,进行管理和处分的行为。在英美法系中,该信托制度被直接引入破产管理,在破产程序开始后,债务人的所有财产都转移至破产财产,破产财产即成为独立的法人实体,破产管理人为该法人实体的受托人。比如美国联邦《破产法》规定:破产管理人是破产财产的代表。破产管理人作为破产财产的代表对破产财产承担被信任者义务,须本着破产财产最大化的原则,迅速采取有关措施,保护利害关系方的利益。

笔者认为,英美法系直接引入信托制度,使破产管理人成为破产财产的受托人,受托人以自己的名义为受益人的利益或特定的目的进行管理和处分。该定位的明确性极大程度上避免了理论界对该问题存在的诸多分歧。信托制度说与前三个学说具有实质性的差别,其在英美法系中发挥了巨大且积极的作用。如以该学说为依据,破产管理人代表破产企业参加诉讼与律师代理普通民事案件则具有本质的差异,其一在于:破产管理人作为信托受托人系以自己的名义参加诉讼,律师代理民事案件以被代理人的名义参加诉讼;其二在于:虽然有观点认为信托关系本身就是一种代理关系,但需要指出的是此类代理关系不是普通民法意义上的代理,而是一种法律上假定的代理关系。为了保证债权人的利益而在法律上虚构的代理人,这种代理关系被代理人无权终止,破产管理人不受被代理人的监督,其所承担的是信托关系中的受托人义务。因此,在诉讼中的角色、作用、诉讼地位与律师代理普通民事案件时的诉讼代理人有明显差异。

(二)我国立法中管理人的诉讼地位

我国的《企业破产法》第二十五条规定:“管理人履行下列职责……(七)代表债务人参加诉讼、仲裁或者其他法律程序……”《最高人民法院关于适用〈中华人民共和国公司法〉若干问题的规定(二)》第十条规定:“公司依法清算结束并办理注销登记前,有关公司的民事诉讼,应当以公司的名义进行。公司成立清算组的,由清算组负责人代表公司参加诉讼;尚未成立清算组的,由原法定代表人代表公司参加诉讼。”以此为据,在理论界及实践中均认为该规定即明确管理人的法律地位系法定代表人。同时,学者指出《企业破产法》第二十五条可以说是对管理人在涉及债务人的民事诉讼中诉讼地位的一般规定。但是,该规定真如前所述,是我国立法对管理人诉讼地位的界定吗?笔者认为不然,原因如下:

首先,法定代表人的定义为依法律或法人章程规定代表法人行使职权的负责人。根据《公司法》第十三条的规定："公司法定代表人依照公司章程的规定，由董事长、执行董事或者经理担任，并依法登记。公司法定代表人变更，应当办理变更登记。"可见，法定代表人的产生是法人权力机构意志的选择，它应当是民法领域而非诉讼法领域的概念，所以它不是民事主体，不具有独立的人格，其与法人属于同一法律人格。那么在此前提下，将法定代表人扩大解释为诉讼主体显为不妥。

其次，法定代表人的权力由法人赋予，有权直接代表法人向人民法院起诉和应诉，其所进行的诉讼行为直接对法人发生法律效力。法定代表人对外以法人名义进行民事活动时，不得以对法定代表人的内部职权限制对抗善意第三人。管理人是由人民法院指定产生的，权利义务由法律直接规定，包括代表债务人参加诉讼。管理人有自己的公章，对外依自己的意志、以自己的名义行诸多破产管理行为，其管理行为是不受债务人意志限制的。

再次，根据我国《企业破产法》及相关司法解释的规定，有关破产企业的撤销之诉(《企业破产法》第三十一条)、抵销之诉[《最高人民法院关于适用〈中华人民共和国企业破产法〉若干问题的规定(二)》第四十二、四十五条]、赔付之诉[《最高人民法院关于适用〈中华人民共和国企业破产法〉若干问题的规定(二)》第三十三条]、取回之诉[《最高人民法院关于适用〈中华人民共和国企业破产法〉若干问题的规定(二)》第三十八条]，以及根据刚刚颁布的《最高人民法院关于适用〈中华人民共和国企业破产法〉若干问题的规定(三)》第七条规定，管理人认为债权人据以申报债权的生效法律文书确定的债权错误，应当依法通过审判监督程序申请撤销生效判决的诉讼等，上述类别案件法律皆明确规定由管理人独立行使，管理人不再是代表破产企业参加诉讼。显见在此类诉讼中，管理人是原告或者被告的唯一主体，诉讼地位十分明确。

综上可见，把管理人在诉讼中的法律地位定义为法定代表人，绝不是立法者的本意。笔者认为，从法律规定、立法宗旨、学者观点等各方面总结，把破产管理人的诉讼地位归于诉讼担当人更为恰当。何为诉讼担当？定义为与案件有直接利害关系的当事人因故不能参加诉讼，由与案件无直接利害关系的第三人以当事人的资格，就该涉诉讼法律关系所产生的纠纷行使诉讼实施权，判决的效力及于原民事法律关系主体。破产清算期间，债务人的行为在法律上受到很大程度的制约，法律人格自然降格，这会直接阻遏其在诉讼中充当诉讼主体，为了平衡破产关系中的各方利益，管理人不能单纯地仅仅维护任何一方的利益。法律所赋予的管理人职权，使管理人在破产程序中建立了自身的诉之利益，即诉讼担当。在原权利义务主体因故不适合参加诉讼时，为了权利的实现和保护，立法者将实体权利和实施诉讼的权利一并由原权利义务主体之外的人,即管理人来行使,以达到均衡实现破产关系中债权人利益和债务人利益与社会公共利益的相互平衡之目的。

二、论举实务案例,比较破产衍生诉讼中管理人代表破产企业参加诉讼与律师代理普通民事案件的差异

笔者以为,管理人在诉讼中应为诉讼担当人,有独立的诉讼地位,不依附于债务人的意志,并以己身的中立性来维护、平衡各方的利益。以此为角色基点,下文,笔者通过自身参与的实务案例来比较管理人代表破产企业参加诉讼与律师代理普通民事案件的差异。

(一)债权人提起的债权确认之诉

在笔者参与的破产清算案件中,有这样一则案例:A债权人为某建筑工程施工单位,向管理人申报债权,所提交的证据材料仅为《建筑工程施工合同》原件及隐蔽工程签证单的复印件,未提交任何有关工程结算的证明,该工程早已完工并投入使用。《建筑工程施工合同》原件系双方签订且破产企业盖有公章,但是隐蔽工程签证单为复印件且仅有人员签名。债务人法定代表人表示,署名的签证人员根本不是其工作人员,并对签证单的真实性不予认可。另,施工合同中包含有隐蔽工程的内容,但无翔实明细,施工图纸债权人称已丢失无法提供。管理人经审核,根据债权人提交的证据材料,《建筑工程施工合同》所约定内容及债务人占有使用该工程的事实,对于债权人申报依据的《建筑工程施工合同》中约定的价款记入债权表,对于签证单部分的工程价款暂未列入债权表。A债权人遂根据《企业破产法》第五十八条之规定,对债权表记载的债权有异议,向受理破产申请的人民法院提起诉讼。

1.从律师代理普通民事案件角度

就上述案件,如假定为律师代理债务人所为的普通民事案件,根据A债权人所提交的证据资料,在其未提出任何有效新证据的情形下,代理人可以在庭审中直接否定其对于隐蔽工程签证部分的诉讼主张。正如台湾政治大学法学院副院长姜世明教授关于民事诉讼中当事人之真实义务如何适用之观点:原告若未对其权利主张之构成要件事实为具体化陈述者,除非有例外情形(例如举证责任倒置),被告无具体化陈述之必要,在此情形下,亦无真实义务之适用。本案即是如此,在原告所提交的证据材料既不符合法定的证据形式要件,也无法证明其诉请事情的情形下,作为被告债务人的代理人可以直接对其主张不予认可并拒绝具体化之陈述。

2.从管理人代表破产企业参加诉讼角度

因该企业已进入破产程序,应由管理人代表其参加诉讼,从本文已论述的

管理人诉讼地位之角度，管理人显然不能按照律师代理普通民事案件的技巧及方法，不适用当事人之真实义务来处理此类案件。管理人不但需要维护债务人的利益，还要维护债权人的利益，并要同时协助法院来查明案件事实。因此，对于债权人的主张，管理人不能简单地以证据之瑕疵为由直接否认其待证事实，而是应当积极的配合法院寻找原始资料，尽可能地进行专业鉴定；查找签证人员的身份信息，用以还原事实真相；同时在债权人缺乏诉讼经验时，应当适当地向其释明债权人所具有的诉讼权利，比如告知其可以申请签证人员作为证人出庭作证，告知其主张建设工程价款优先权等，以便于帮助法院查明案件真实的债务关系，从而正确的判定是否应当确认该笔债权。另外，管理人的这种做法无论案件最终审判结果如何，一般情况下会同时获得作为原告的该笔债权的债权人对管理人的信任和拥趸。

(二)债权人提出的撤销权之诉

笔者所参与的破产清算案件中，也有这样一则债权人提出撤销权之诉的案例：债权人 B 公司与破产企业在破产受理前存在债务纠纷，并已诉诸法律，B 公司取得了破产企业应向其偿还债务的生效判决。在执行过程中，债务人破产，B 公司根据其刚调查掌握的情况，认为债务人曾经将其持有的外地某公司数额巨大的股权无偿转让给第三人，遂提起诉讼，请求根据《合同法》第七十四条的规定撤销债务人的该股权转让行为。为此 B 公司提交了相关的工商登记资料，无偿转让股权的合同等证据。对此，债务人的法定代表人表示，其并非无偿转让，而是因此前拖欠的第三人的款项及利息无力偿还，所以用其持有某公司的股权进行了抵偿，并出示了在工商登记备案中未有体现的《抵偿协议》。

1. 从律师代理普通民事案件角度

就上述案件，如假定为律师代理债务人所为的普通民事案件，则代理律师一定会从证据博弈的角度来处理本案，即本证与反证的区辩。在原告即负举证责任的人就本证已成功举证，则相对方应对该待证事实之“相反事实”提出证据反驳，以动摇法官原对待证事实所形成的确信。比如，代理律师必然会将债务人所持有的系以股抵债而非无偿转让的相关证据提交法庭，并向法庭阐明该事实的原委，以辩驳债权人 B 公司有关撤销的诉请；同时从律师代理普通民事诉讼案件的角度衡量，一定会关注该股权转让行为的时间点，以确认法定的撤销权期间是否经过，并以此作为答辩的事由。尽可能地使法官产生确信并驳回该债权人 B 公司请求撤销股权转让行为的诉请，最大限度地保护所代理的债务人之利益。

2. 从管理人代表破产企业参加诉讼角度

管理人作为债务人的代表参加诉讼时，是否应当与债务人持有相同的观点，并根据债务人的要求直接提交相反事实的证据材料，请求法庭驳回债权人

B 公司的诉请呢？显然，对于站在须全面平衡并保护各方利益舞台上的管理人来讲，按照债务人的陈述和现有的表面证据应诉是严重有失管理人之职能和责任的。

首先，债权人 B 公司所提出的撤销诉讼，实则是给管理人提供了一个十分有价值的债务人财产线索，管理人应当对该股权的转让行为、与第三人的以股抵债行为、第三人与债务人之间是否系真实的债权债务关系、资金的最终流向、第三人与债务人是否存在关联关系等事宜，与所聘请的破产审计机构共同进行有效的调查、落实，力求事实真相的完整还原。在上述事实真相未调查清楚时，应当向法庭做真实的阐述，释明管理人正在调查待证事实，请求法庭给予适当的合理期限，并在庭审中不轻易发表未经落实的意见。

其次，如经调查，发现该笔债权的确存在可撤销、应撤销之情形，则笔者认为，此时管理人作为诉讼代表应当适用民事诉讼中当事人之真实义务，如实向法庭陈述并列举证据，尤其是在该股权转让行为的时间点早于人民法院受理破产申请前一年，管理人不能依据《企业破产法》第三十一条规定提起撤销权之诉时，更应当在事实充分、证据确凿的情况下，协助法庭支持债权人所提请的该撤销行为，将已转让的股权还原并变现后，纳入破产财产，以此增加全体债权人的受偿比例，保护债权人利益。

（三）职工提起的劳动合同纠纷

在笔者参与的破产企业劳动合同纠纷中，遇见过这样一个案例，该破产企业的特殊性在于其为政策性破产，由政府机构人员组成的清算组担任管理人，职工人数众多，职工问题异常繁杂，其中一名已病退的职工 C，约 20 年前，在其工作期间身患重疾需要器官移植，破产企业根据当时的政策及法律法规，为其报销了企业应承担的全部医疗费用，另外根据所属市的帮扶解困政策，又按比例向该职工多支付了一部分医疗费。但 C 职工仍然认为企业拖欠其医疗费用，于是向劳动人事争议仲裁委员会申请劳动争议仲裁，仲裁委以超过仲裁申请时效为由，作出不予受理其仲裁申请的决定书。之后企业进入破产程序，该职工向法院就此事提起诉讼。

1. 从律师代理普通民事案件角度

就上述案件，如假定为律师代理债务人所为的普通民事案件，则代理律师需要提出的观点很明确：第一，根据《最高人民法院关于审理劳动争议案件适用法律若干问题的解释（一）》的规定，C 职工的诉讼已经超过仲裁时效，应当予以驳回；第二，根据劳动部办公厅、全国总工会办公厅转发卫生部、财政部《关于器官移植医疗费用报销问题的复函》（劳办险字〔1989〕4 号）以及地方性政策法规等规定，企业只需承担其应当承担部分，没有承担全部医疗费的法定义务；第三，企业已经足额支付了其应承担部分的费用，另外根据帮扶解困的政策，又多支付了部分医疗费，所有支付行为均有完整的财务资料证明。就本案而言，从代理律师角度而言，对方并未对其诉讼提交任何有效的证明材料，而我方的证据充分，能够扎实地证明企业不存在拖欠的事实，对于案件结果几乎没有悬念，无特殊情形无须调解。

2.从管理人代表破产企业参加诉讼角度

本案的管理人由政府机构人员组成的清算组担任，从管理人的诉讼角度而言，在处理此类案件时，向法庭阐明事实、列举证据、表明己方观点只是其中一方面。从中央政府三令五申，维护社会稳定和保障职工利益的维度出发，到各级政府为兜底民生所作出的一系列倾斜性政策可知，作为此类破产企业的管理人，案件的胜诉显然不是其履行职责的最终目的。切实从职工利益角度出发，平复职工情绪，尽可能地做好法律和政策层面的解释工作，让职工内心产生理解和信服，才是重中之重的另一面。该案件最终通过党委政府的大力支持和管理人的不懈努力，双方达成一致意见，C职工主动放弃了诉请，并对管理人的工作表示理解和支持，有效避免了无理上访事件的发生。

在破产程序中，管理无小事，桩桩件件都需要管理人充分衡量各方利益，在法律的框架下审慎且用心的履行管理职责。

三、结语

实务中，笔者发现在许多案件里，律师作为管理人代表参加衍生诉讼时，并未跳出代理普通民事案件的思维圈层，仍然是从债务人代理人的角度运用诉讼技巧、发表质证意见、进行庭审抗辩，仅仅维护债务人一方的利益，而忽略了破产程序之目的是使各方利益均衡实现。这在破产程序中会导致许多负面因素的发生，比如管理人失去了债权人的信任而使破产进程难于推进；或者因管理人没有正确认识自身的诉讼地位，不能及时的发现债务人的违法行为，从而使自身受到牵坠；又或者在对待职工的问题上，为维护债务人的利益，仅从法律和证据上进行思辨，未从大局观上考虑和解决问题，从而引发难以预计的不稳定事件；等等。所以，笔者以为，欲达到均衡实现破产关系中债权人利益和债务人利益与社会公共利益相互平衡之目的，作为管理人代表破产企业参加诉讼时，一定要和律师代理普通民事案件区别开来，挪移代理人、法定代表人的位置角度，以诉讼担当人的身份实施诉讼权。唯独立才能清澈，登高方可及远。

以上为笔者的在实务操作中的浅见认知，待批评，盼质证！

参考文献

[1]王欣新:《破产法》,中国人民大学出版社 2001 年版,第 207 页。

[2][英]D. J. 海顿:《信托法》,法律出版社 2004 年版,第 24 页。

[3]张军:《论破产管理人的法律地位》,《武汉大学学报》2012 年第 4 期。

[4]吴兴武:《浅议破产管理人的民事诉讼地位》,《洛阳理工学院学报》(社会科学版)2011 年第 10 期。

[5]苏号朋:《民法总论》,法律出版社 2006 年版,第 156 页。

[6]李峣:《破产管理人的诉讼地位》,《北京政法职业学院学报》2017 年第 2 期。

[7]姜世明:《举证责任与真实义务》,厦门大学出版社 2017 年版,第 363 页。

(本文获 2019 年山东省律师协会论文三等奖)

论业务过失犯罪立法的正当根基

胡　月

“社会生活状况决定法律的立、改、废，法律只有立足于社会发展的客观实际，才有生命力，刑法也不例外。”[1]当今，工业经济对社会现代化的发展起着越来越重要的作用。但是，伴随着行业经济的发展，人们逐渐认识到其发展的机遇与风险并存。行业科学技术的滥用、误用，导致许多重大事故频发，威胁着人们的生产与生活，有必要设立业务过失犯罪来预防与惩罚这些行为。“中国的业务过失犯罪的立法，并没有采用专章的形式，而是通过具体的法益，将业务过失犯罪进行分类，将其分配到刑法分则的各章之中。”[2]

根据罪刑法定原则，只有刑法规定为犯罪的这些业务中存在业务过失犯罪。然而，社会中的业务种类繁多，刑法为何仅将这些业务中的过失行为单独立法，使之成为相比一般过失犯罪处罚更重的业务过失犯罪呢？因此，不得不寻找业务过失犯罪立法的正当根基，综合考虑业务的本体要求、共同的社会心理、严重的社会危害性、刑事政策的要求。法谚云：“法律一经制定就已经落后于时代了。”社会生活总要向前发展，新的行业也会不断地涌出，研究业务过失犯罪立法的正当根基可以更好地回应社会现代化的需求，体现我国业务过失犯罪立法的前瞻性。

一、正当根基之一：符合业务本体的要求

刑事立法将一门行业中的过失行为规定为业务过失犯罪，最重要的因素就是业务本体的要求，它是立法的经济根基。具体来讲，业务本体包含了业务的风险性、业务的目的性、业务规范的健全性、业务环境的安宁性等四个方面。只有在这四个维度上符合了刑法特定的要求，才将其规定为业务过失犯罪。

（一）业务的风险性

现代刑法学的理论，将业务过失行为规定为业务过失犯罪通常是因为该行

业的风险性较大,立法者认为在巨大的风险性面前,从事业务的人员应该有更加谨慎的特别注意义务。正如林亚刚教授所言:“现代科学技术条件下,在生产和生活日益现代化的活动中具有的危险源越来越多,危险性也越来越大,从事这些业务活动违反注意义务造成的损害后果,是普通过失无法相比的。”[3]所以刑法把风险性较大行业的过失行为与普通过失犯罪区别开来,予以单独立法加重处罚。从预防业务过失发生的角度,其目的在于提示从事特定业务的人员更加谨慎、小心地履行职责。从惩罚业务过失的角度,其目的在于处罚严重的社会危害后果,达到罪行均衡。

“事实上,只有那些具有危险性的业务活动才具有刑法意义。教师的教学活动,作家的写作活动也是一种业务活动,但不影响他人的人身安全和财产利益,不能构成业务过失犯罪。所以,刑法意义上的业务不仅具有社会性,还具有一种危害性。”[4]但是现代社会的业务活动或多或少的都带有风险性,仅仅从宏观的角度把风险性作为业务过失犯罪的立法根据不免显得过于抽象。所以,“应当在行业专家的指导下,就严重的风险性这一首要的制罪因素,将特定的业务过失行为具体化、技术化,运用数理统计学等技术手段,并联系过失发生后对社会政治、经济、文化的危害,通过质与量两个方面的比较得出罪质与罪量两方面的结论。”[5]

业务的风险性属于未然之罪的范畴,发生事故后风险性被实现,进而转化为实害性,未然之罪通过业务过失行为转化为已然之罪。所以,风险性应当从业务过失行为发生后可能造成的后果以及波及的范围来认定。对于业务过失行为发生后,从后果上来说可能造成重伤及死亡后果或者特别重大的经济损失;从范围上来说波及社会的公共利益,可能造成大量受害人的业务过失行为,才将其规定为业务过失犯罪。例如,我国《刑法》第一百三十一条规定的重大飞行事故罪,危及的是公共利益,一旦飞机坠毁,可能会造成大量人员的伤亡,因此刑法将其单独立法,作为业务过失犯罪。虽然很多行业具有危险性,但过失行为发生后不会造成重大的危害后果,这种情况就不宜设立业务过失犯罪。

(二)业务的目的性

正当的业务活动的目的性从宏观上来说,都是推动人类文明的进步、社会生活的发展。但是,在宏观目的之下,每个业务所承担的具体任务则不尽相同。按照业务的目的性,可以将业务分为生产类型的业务、服务类型的业务、文娱类型的业务。生产类型的业务,目的是满足人们生存的物质需要,是人类生存和发展的基石,因而格外具有业务过失犯罪立法的品质。在基本的生产作业中一旦发生业务过失行为,危害结果轻则影响一个地区,重则危及整个国家。因此,重大环境污染事故罪、重大责任事故罪、重大劳动安全事故罪就应运而生了。

服务类型的业务，目的是帮助人们更加便捷的适应高速发展的社会。由于服务类型的行业多采用现代科学技术，发生业务过失行为的概率较大，造成的后果通常也比较严重，因而也具有业务过失犯罪立法的品质。因此，立法将重大飞行事故、铁路运营安全事故、医疗过失行为上升为犯罪。文娱类型的业务活动作为较高的需求阶层，目的是满足人们的精神生活。文化与艺术活动多属于此类范畴，娱乐类型的业务活动常因缺乏风险性而欠缺业务过失犯罪立法的品质，因而被排除在刑法的大门外。例如，教学活动、竞技体育运动、保健推拿等社会活动。

业务过失犯罪的立法应当考虑的业务类型的目的性，生产性的业务活动以及服务性的业务，可能因过失造成严重后果的行业，应当进行业务过失犯罪的立法。对于文娱性的业务活动则不宜如此，防止矫枉过正，影响行业的发展。

(三)业务规范的健全性

业务规范的健全性是业务过失犯罪立法的具体的因素。从现行刑法条文来看，业务过失犯罪要求行为人必须违反行业的规章、规范、管理规定。所以，业务过失犯罪的立法对于行业规范的健全性有很高的要求。正如高铭暄教授所言："在 1979 刑法起草过程中，直至第 22 稿，还只有交通肇事一种业务过失犯罪。因为当时我国国民经济还不发达，生产设备条件差，经验不足，规章制度也不健全，不少责任事故与这些客观因素有联系。在这样的情况下，出了重大事故，就当作犯罪处理，未免失之过重，并且有扩大打击面的危险。"[6]因此，业务过失犯罪中的行业规范必须具备完整性、具体性及可操作性。

在行业规范的完整性方面，要求业务的操作准则必须覆盖业务的方方面面，组成严密的行业规范体系，不能存在任何业务项目的空白，从而引起未知的危险。在行业规范的具体性方面，规范规定的内容不能是抽象、概括的原则，而是具体、明确的操作准则。以《医疗机构从业人员行为规范》为例，其中包括各个医疗主体的具体的行为规范。例如，医师有适度医疗、不隐瞒、误导、夸大病情、不隐瞒、涂改、毁弃医疗文件的责任。在行业规范的可操作性方面，要求行业规范要切合实际，不能赋予从业者超出人类极限的特别注意义务。法律不强人所难，不能对尚未发现以及难以预防而造成的危害进行处罚。所以，可操作性的前提条件是从业人员有能力履行业务规范的要求。

另外，业务规范的健全性还体现在对于行业从业人员的准入与培训。具有刑法品质的业务对其从业人员的资质都有专门的规定。为了保证从业人员的专业知识和相应技能，设置有学历与职称、考试与考核、岗前培训等严格的准入条件。一般在成为从业人员之前必须具备专业的业务知识，并且通过了专业、严格的从业资格考试。例如，医师资格、注册会计师资格、机动车驾驶资格等。

正如有学者所言:"在规定只有合法业务才能构成业务过失犯罪条款中,要求行为人具有一定的专业知识和业务技能、须经过合法审批主体资格的观点在司法实践中得到普遍认同。"[7] 所以,只有那些规章完整、具体、可操作,发展成熟健全的行业才具有业务过失犯罪的立法品质,刑法对于这些行业中的过失行为才能规定为犯罪行为。

(四)业务环境的安宁性

"人创造环境,同样环境也创造人。"[8] 在业务过失犯罪立法的过程中,从业环境也是立法不得不考虑的因素。从业环境的状况按照开放程度可以分为"封闭从业环境"以及"开放从业环境"。封闭的从业环境,因为拥有密闭的工作空间、安静的从业时间,常常被选为高危行业的工作地点。开放式的从业环境,因为工作空间开放、从业时间嘈杂,往往被选为普通行业的工作地点。在业务过失犯罪立法的过程中,刑法只关注具有刑法品质的业务类型,而这些业务类型因为带有较高的危险性,需要从业人员可以一直保持高度的注意义务,一边谨慎小心地防止危险的产生,一边完成业务,所以其行业人员的从业环境通常是封闭的。

刑法设置了医疗过失罪,而医师的医疗环境是相对密闭的,特别对于关乎当事人的手术治疗,必须在手术室中完成。密闭的环境可以尽最大可能地保证从业人员免受外界环境的干扰,集中注意力防止危险的发生,成功完成业务。所以,业务的从业环境如何,也是业务过失犯罪立法的正当根基之一。

随着时代的不断进步,经济不断地发展。新的业务也会如潮水般不断涌出。而刑法只有先从业务的本体出发,考虑业务过失犯罪立法的经济根基才能跟上时代的变化。"相信起草法典的立法者已经全盘考虑过了,如果这种业务过失行为确实有害或者邪恶到应被定罪的程度,业务过失行为才能被刑法赋予其品质而成为犯罪行为。"[9]

二、正当根基之二:契合普遍的社会心理

荣格尔所言:"从思维方面看人类,每个个人都是独立、具体、分散的单位,但稍加深入地到达无意识阶段,人类的观念、思维、情感本质上相同。没有自己生命的理念原型独立于个体思维活动之外。"[10] 因此,在业务过失犯罪立法过程中,人们普遍的社会心理是立法的文化根基,应当考虑的是人们面对业务的安全与信赖心理。

(一)契合安全心理

"个人使用原始意向表达的过程中,是在同时用千万个人的声音说话,他把我们个人的命运转变为人类的命运。"[11] 当人们在现实中仍然对某种事物的安

全具有隐忧心理的时候，它依旧会受到人们的密切关注，那么这种事物的消亡就是不可能的，废除就是不合理的。

在业务过失犯罪立法的过程中，安全心理是一个重要的因素。对于高危行业，人们总是充满了担忧，生怕危害的发生。“刑法的目的性是预防与惩罚的统一，立法存在的本身一般预防的意义大于个别预防，法院审判阶段一般预防与个别预防意义相当，执行阶段个别预防的意义大于一般预防。”[12]在立法阶段的一般预防，不仅应当尽可能地预防犯罪行为的发生，在一定程度上平息人们对于安全的担忧也是其应有之意。刑法一方面强调从业者的特别注意义务，使其更加谨慎小心的从事业务。另一方面，也是以此昭示社会免除人们的担忧。此外，人们的安全心理还为未来刑法业务过失危险犯的立法提供了正当的社会心理依据。安全的社会心理，应该是交通安全、劳动安全、环境污染等足以使公共安全遭受紧迫即发的危险行业的立法的正当根基。因此，将部分过失危险行为犯罪化既符合罪刑法定原则，又符合预防减少业务过失犯罪的客观需要。[13]

(二)契合信赖心理

信赖原则体现在“行为人实施某种具有危险性的行为之时，基于合理的理由相信被害人可以采取适当的行为避免危险，但由于被害人自身的原因导致危害结果的发生，行为人不应当承担责任”[14]。如果从反方向解释信赖原则，其含义还应当包括：被害人也基于正当的理由相信危险行为人能够遵守相关的规定，尽最大的努力阻止可以预防的危险之发生，因而放心的从事社会活动。就这一点来说，虽然信赖原则以“被允许的风险”为理论基础，两者互为表里。[15]但是从功利主义的角度出发，对于实施风险行为的人来说，有道义保证被允许的风险不发生；更有义务防止“被允许的风险”上升为“不被允许的风险”。

在业务过失犯罪立法的过程中，刑法对于业务过失犯罪的正当根基也源自信赖原则。刑法之所将业务过失行为规定为业务过失犯罪的很重要的方面，是因为行业从业者辜负人们的信任，是因为行业的从业人员违反了公民对其职业操守、风险防范义务的信任，而使公民对参与正常的社会活动心生恐惧。例如，交通肇事罪的设立契合了公民信赖的心理，机动车驾驶人应当谨慎小心地驾驶机动车，防止交通事故的发生，增加人们对于交通安全的信赖，放心出行。

“最后决定刑法条文能否维持最低限度的社会利益的是人们的社会心理。法律的形成，在民主制度中，源自社会成员的共识。刑事立法无法超越社会的共识，只能表述社会的共识。”[16]业务过失犯罪立法的过程中，也应当考虑到已经存在于社会之中的共同心理，将这些共同的社会心理作为业务过失犯罪立法的正当根基，更好地发挥法律的作用。

三、正当根基之三:基于严重的社会危害性

意大利法学家贝卡利亚言:“衡量犯罪的唯一和真正的标尺是对国家造成的损害。”[17]严重的社会危害性在刑法中是犯罪的重要特征之一。所以,业务过失犯罪立法过程中严重的社会危害性是立法的犯罪根基,具体体现在制罪与制刑两个方面。

(一)严重的社会危害性是制罪的正当根基

1984年博帕尔化学品泄漏事故,造成2万多人死亡,6万多人住院治疗。2005年BP得克萨斯炼油厂爆炸事故,致15名工人当场死亡,180名路人受伤,直接经济损失超过15亿美元。如在本文第一部分提到的,刑法关注具有较大风险性的业务,赋予这些业务以刑法品质使其成为业务过失犯罪,其正当的理由是因为一旦风险化为实际危害,其危害的程度深、范围广。所以,从具有风险性层面说,刑法设立业务过失犯罪是为了预防未然之罪;从具有危害性层面说,是为了处罚已然之罪;美国著名律师德肖微茨(Dershowitz)教授说:“从错误到正确,从人类对痛苦的过去的经验。为了避免重蹈覆辙,人类创造和积累的权利系统抵御邪恶的侵袭。因为人类不断反思错误,权利就变成了动态发展的过程。”[18]人类经历如此严重的安全事故,付出了如此之大的代价,业务过失犯罪才应运而生,来预防事故的再次发生,处罚对生命、安全漠视的过失行为。所以,严重的社会危害性是业务过失犯罪立法的犯罪根基。

(二)严重的社会危害性是法定刑升格的正当根基

严重的社会危害结果,使业务过失犯罪在刑罚的力度上强于一般过失犯罪。刑法特别设立结果加重犯,加重造成严重结果的业务过失犯罪行为的处罚力度,使罚当其罪。“刑法并非越重越好,也并非越轻越好。适度的刑罚,犯人能够接受,人民群众能够理解,刑罚过轻难以预防初犯与再犯,使他们不再畏惧犯罪;刑罚过重则会增强犯罪人对刑罚的忍耐力,最终让犯罪人得不到处罚,并且在本质上不符合人道主义原则。”[19]基于罪行均衡的原理,严重的社会危害性是重刑的正当根基。

但是,在我国立法的过程中有人提出业务过失犯罪的刑度应当轻于普通的过失犯罪,其理由大概有以下几点:“第一,业务活动对整个社会的发展有益,业务过失是工作失误,过重的处罚不利于社会发展。第二,业务活动的高风险性的客观因素,让风险随时可能发生,一旦发生不能完全苛责于行为人。第三,业务从业人员拥有特别注意义务,使他们承受着严重的心理负担,如过重处罚偶尔的工作失误,会加大从业人员的心理压力,不利于业务活动的开展、劳动生产的提高。”[20]

上述为业务过失犯罪轻刑化的辩护理由具有一定的道理，但在其严重的社会危害性以及归责性方面欠缺必要的认识。第一，违反罪刑均衡原则。业务过失对社会发展有益，很多行业关乎社会的命脉，一旦出现实害结果损害巨大，量刑从轻不能使业务过失犯罪的行为人罚当其罪，承担应有的刑事责任。第二，将意外事件作为处罚的根据。业务活动具有很高的风险，但是只要遵守规章制度，即使风险发生了也不可归责于行为人，应当作为意外事件处理。第三，心理压力不能作为法定轻刑化的事由。业务的特别注意义务源于成文规范，包括法律、法规、规章制度和具体操作准则。[21]这些规范都是以从业人员的注意能力为基础，并非脱离人类的注意能力凭空而生。所以纵使有心理压力，只要在注意能力包含合理的范围内，就不能作为法定轻刑化的事由。

四、正当根基之四：满足刑事政策的要求

“刑事政策是刑法立法政治根基，其变化要求刑法应当做出相应的调整。”故业务过失犯罪立法的过程中必须满足国家刑事政策的要求。具体讲，业务过失犯罪立法必须体现“宽严相济”的刑事政策；必须体现“主体平等，区分责任”的刑事政策。

（一）体现“宽严相济”的刑事政策

“宽严相济”的刑事政策作为业务过失犯罪立法的指导政策的最重要的价值应当落脚于刑法的谦抑性之上，要求必须对业务过失犯罪行为的“过失”本质做出正确的剖析，在对业务过失行为严重的社会危害性做实证分析的基础上，对刑罚的作用以及刑罚的效果有明确、理性的认识。“合理地把业务过失犯罪的犯罪圈控制在适当的范围内，既不会遗漏，也不会扩大打击面。既强调要保障人权，又要防卫社会，‘宽’是趋势、潮流，‘严’是补充、手段。”[22]

在宽严相济的刑事政策指导下的业务过失犯罪立法之“严”体现在，立法时要综合考量业务过失行为对社会、环境、经济造成的不良影响，对那些造成伤亡人数多，经济损失大、社会影响广泛的业务过失行为坚决作犯罪化处理。对于造成重大危害结果的业务过失行为应当加重处罚的力度，维护无产阶级的统治和良好的社会主义秩序。同时，随着社会的发展、经济的增长以及行业的完善，刑事政策之严在未来发展的态势可能使我国的立法出现“严格责任”。具体来说，在以后的业务过失犯罪立法中，只要具有了犯罪的特定的因素，就不考虑从业人员主观的认识因素，从而将刑事责任直接赋予行为人。“在英美法等国家中有许多这样的犯罪类型，定罪无须根据主观意图，只需根据行为与后果。如环保、食品、电器、药品等公共福利犯罪。”[23]

在“宽严相济”的刑事政策指导的下的业务过失犯罪立法之“宽”体现在两

个方面：其一，对于业务过失犯罪的犯罪圈的限缩中。对于一些风险性与危害性较小的行业（教师的教学等行业），以及虽然有一定的风险性、危害性，但不宜犯罪化的行业（竞技体育领域等行业），坚决作非罪化的处理。避免刑法之恶对这些行业不当的干预，影响其发展。其二，对于刑事程序法的推进中。如上文所述，对于业务过失犯罪毕竟有很多正当的理由减轻业务过失犯罪的刑度。所以，应当吸取这些合理意见，将业务过失犯罪中未造成严重后果的纳入刑事和解程序，不仅把宽严相济的刑事政策作为刑事实体法立法的根基，也作为刑事程序法立法的根基。

（二）体现"主体平等，区分责任"的刑事政策

虽然"宽严相济"的刑事政策是我国的基本刑事政策，作为业务过失犯罪立法的正当根基起到的是宏观指导作用。但是，还需要对具体的刑事政策微观地细化。所以，在微观领域的业务过失犯罪，刑事政策要求"主体平等，区分责任"。

业务过失犯罪中危害结果通常不仅是单个从业人员的过失引发的，涉及的其他责任人员较为复杂，犯罪的主体较多。在司法实践中，通常由直接操作人员业务过失、管理人员的管理过失、监督人员的监督过失混合造成事故的发生。因此，考虑过错的强弱、事故的成因、主体的职责、危害的结果，区分主体之责任理所应当。在立法时对于业务过失犯罪适用的主体不应当仅仅限于事故的引发人，更应该将背后的管理人员、监督人员作为主体。例如："1994 年 12 月 8 日发生在我国新疆维吾尔自治区的克拉玛依大火案，主要责任人员赵某某应当承担监督过失责任，是对管理者的物质配备、人事制度的不完善本身及引发结果之间的关系而成立过失的监督过失。"[24] 如果不让其承担责任，从刑法的报应与预防的角度都不免失之。所以"主体平等，区分责任"的刑事政策应当成为业务过失犯罪立法的正当根基。

每个业务过失犯罪立法的正当根基只是业务过失犯罪立法的必要条件，只有四个要件完全满足，才具备了业务过失犯罪立法的充分条件。业务的本体要求是立法的经济根基，共同的社会心理是其文化根基，刑事政策的要求是其政治根基，严重的社会危害性是其犯罪化根基，四者不可偏废。

"立法，应当以审慎刻意的方式制定法律，作为人类所有发明中充满最严重后果的发明之一被人类所关注，具有比火的发现和火药的使用更加深远的作用。立法赋予了人类以一种工具，一种强大无比的工具。人类为了实现某法治所需要的工具，但是为了不产生大恶，人类必须学会控制它。"[25] 所以，立法者需要在纷杂的社会中找寻业务过失犯罪立法的正当根基，满足社会发展之需要，契合人们的社会心理，使我国业务过失犯罪的立法竟至完善。

参考文献

[1]陈兴良:《规范刑法学》,中国政法大学出版社 2003 年版,第 9 页。

[2]林亚刚:《犯罪过失的理论分类中若干问题的探讨》,《法学评论》1999 年第 3 期。

[3]林亚刚:《犯罪过失的理论分类中若干问题的探讨》,《法学评论》1999 年第 3 期。

[4]姜伟:《论普通过失与业务过失》,《中国人民大学学报》1994 年第 3 期。

[5]马荣春:《刑法立法的正当性根基》,《中国刑事法杂志》2013 年第 3 期。

[6]高铭暄:《中华人民共和国刑法的孕育和诞生》,法律出版社 1981 年版,第 157 页。

[7]崔正军:《与业务过失犯罪主体有关的几个问题的探讨》,《法商研究》2002 年第 1 期。

[8]《马克思恩格斯选集》第 1 卷,人民出版社 1995 年版,第 92 页。

[9][美]保罗·H.罗宾逊:《刑法的分配原则》,沙丽金译,中国人民公安大学出版社 2009 年版,第 212 页。

[10][瑞士]荣格:《心理学与文学》,冯川、苏克译,三联书店 1987 年版,第 48 页。

[11][瑞士]荣格等:《人及其表象》,张月译,中国国际广播出版社 1997 年版,第 98 页。

[12]黄荣坚:《基础刑法学》(上),(台北)元照出版有限公司 2004 年版,第 20～21 页。

[13]参见赵秉志、李慧织:《业务过失犯罪处罚问题研究》,《当代法学》2009 年第 1 期。

[14][日]西原春夫:《交通事故和信赖原则》(日文版),(日本东京)成文堂 1969 年版,第 14 页。

[15]参见[日]藤木英雄:《过失犯——新旧过失论争》,(日本东京)学阳书房 1982 年版,第 95 页。

[16]黄荣坚:《基础刑法学·第三版》(上),中国人民大学出版社 2008 年版,第 20 页。

[17][意]切萨雷·贝卡利亚:《论犯罪与刑罚》,黄风译,北京大学出版社 2008 年版,第 20 页。

[18][美]艾伦·德肖维茨:《你的权利从哪里来?》,黄煜文译,北京大学出版社 2014 年版,第 8～9 页。

[19]陈兴良:《刑法哲学》,中国政法大学出版社2004年版,第405～406页。

[20]姜伟:《论普通过失与业务过失》,《中国人民大学学报》1994年第3期。

[21]参见聂立泽、乐丹:《过失犯罪中注意能力的判断标准及业务过失的判断基点》,《学术研究》2004年第10期。

[22]陈心歌:《宽严相济刑事政策的展开》,《北京政法职业学院学报》2006年第2期。

[23]梁根林:《刑事法网:扩张与限缩》,法律出版社2005年版,第110～111页。

[24]陈兴良:《过失犯论的法理展开》,《华东政法大学学报》2012年第4期。

[25][英]弗里德里希·冯·哈耶克:《法律、立法与自由》第1卷,邓正来、张守东、李静冰译,中国大百科全书出版社2000年版,第113页。

（本文获2015年山东律师优秀论文二等奖）

作者简介

胡月,民革党员,2009年毕业于山东大学,获学士学位。山东博翰源律师事务所执业律师,四级律师。2013年在济南市司法局"庆祝建党92周年演讲比赛"中获三等奖;2014年度中国人民大学律师学院刑辩班第五期优秀学员;2015年度获济南市律师优秀论文一等奖、山东律师优秀论文评选二等奖等。擅长刑事辩护、合同纠纷及公司法律业务。具有扎实的法学理论功底和丰富的实务工作经验。工作态度严谨,热心公益事业,办理多起法律援助案件,为全国青年"刑辩人才计划"成员。曾参与办理槐荫区政协原主席杨某贪污受贿案;何某某故意杀人罪二审及死刑复核案;青岛贩毒第一案;济阳"传销第一大案"孙某某等人组织领导传销活动罪一案等多起具有重大影响力的案件。为山东省信息产业服务有限公司等多家国有企业提供常年法律顾问服务。

破产企业留守人员权益问题刍议

韩新明　张海侠

一、破产企业留守人员的涵义

(一)留守人员的概念

自1986年《中华人民共和国企业破产法(试行)》(以下简称"旧破产法")颁行至2007年《中华人民共和国企业破产法》(以下简称"新破产法")实施以来,其间虽有涉及破产企业留守人员的法律规定,但迄今并无关于留守人员的明确概念,对留守人员的性质亦无明确界定。

破产实务界一般认为,留守人员是指在企业破产后所留用的用以帮助清算组或管理人处理与企业破产清算事务相关工作的部分原企业职工,清算组或管理人向其支付一定的工作报酬,该类留用的人员通称为破产企业留守人员。[1]之所以留用该部分人员,不外乎他们或掌握企业的重要信息,或保管占有企业的破产财产,抑或对企业负有法定责任等。由此可知,管理人聘用留守人员的目的,不是为了解决其就业问题,而是因为他们自身承担的更多的作为企业人员的责任和义务,要求他们需要根据管理人的安排配合破产清算工作。[2]

在这里需要注意的是,实务界经常会将清算组成员误认为是留守人员的范围,实际两者系属于两个不同的概念,最明显的区别在于两者的形成时间及人员组成的不同:留守人员系在企业破产后所留用的部分企业原职工,清算组成员则是在成立清算组以前,由人民法院商同级人民政府从企业上级主管部门、政府财政、工商行政管理、计委、审计、税务、物价、劳动、人事等部门和专业人员中用公函指定的清算成员,非企业原职工。[3]

(二)留守人员的分类

依据新、旧破产法及相关司法解释等规定,留守人员可分为法定的指定留守人员和非法定的指定留守人员。

在旧破产法实施阶段，留守人员一般是在企业被宣告破产后由人民法院指定和清算组决定。《最高人民法院关于贯彻执行〈中华人民共和国企业破产法(试行)〉若干问题的意见》(以下简称“旧破产法意见”)第四十九条规定，由人民法院指定的必须留守的人员包括“破产企业的法定代表人和财会、统计、保管、保卫人员”；由清算组决定的无须人民法院许可的其他需要留守的人员是指除人民法院指定必须留守的人员以外的其他必要工作人员。新破产法实施后，企业破产管理人在经过人民法院的许可下可以聘用必要的工作人员，包括留守人员及其他必要的工作人员。以上，由人民法院指定的必须留守的人员即为法定的指定留守人员，因系由法律明确规定必须留守，故人民法院和清算组均无权撤换。相对于非法定的指定留守人员，则系由清算组和管理人指定或聘用，人民法院有权决定撤换。[4] 在本文中，笔者主要针对非法定的指定留守人员作相关阐述。

二、留守人员与清算组、管理人之间的关系及争议的解决

非法定的指定留守人员因系由清算组或管理人直接聘任，双方之间的关系及争议诉讼的解决在很长一段时间便成为大家关注和争论的焦点，主要集中在两点：(1)留守人员与清算组或管理人之间的关系是劳动关系还是劳务关系？(2)在企业破产程序中，留守人员因争议提起诉讼时，系作为单独案件另行起诉，还是应当在破产案件审理程序中一并处理？留守人员提起诉讼时的被诉主体是破产企业，还是管理人或清算组？以下笔者将逐一阐述之。

(一)留守人员与清算组、管理人之间的关系

1.肯定说

肯定说，也称劳动关系说。实务中有少部分观点认为，清算组具备用人单位的主体资格，其与聘用留守人员的关系属于劳动关系。依据是《最高人民法院关于贯彻执行〈中华人民共和国民法通则〉若干问题的意见(试行)》第六十二条第二款规定：“对于涉及终止的企业法人债权、债务的民事诉讼，清算组织可以用自己的名义参加诉讼。”旧破产法第二十四条第一款明确规定：“清算组可以依法进行必要的民事活动。”而支持管理人与留守人员之间成立劳动关系的理由，则是认为管理人是因法律的拟制或者是司法的介入使得管理人成为一类特殊的用人单位主体。[5]

2.否定说

否定说，也称劳务关系说或雇佣关系说。大部分司法实务观点认为，清算组、管理人与聘用的留守人员之间的关系属于临时性的聘用关系、劳务关系。

理由是破产清算组虽作为法院指定的管理人，也是依法成立的组织，可以在法院的许可下聘用人员，但是其并不符合劳动法等法律规定的组织，也非用人单位的分支机构或受用人单位的委托机构，且依据《中华人民共和国企业破产法》第四十一条第（三）项之规定，管理人聘用留守人员的费用系列为破产费用之范围，而非作为工人工资列入第一顺序清偿，显然，聘用留守人员的费用属于劳务费而非工资报酬。故破产清算组或管理人与留守人员之间建立的仅是一种临时性的劳务关系。[6]

笔者赞同第二种观点。关于破产清算组或管理人与留守人员之间是否能够成立劳动关系，关键是需要分析劳动关系的主体资格，即破产清算组或管理人是否符合劳动合同法规定的用人单位的特征或具备用人单位的条件。依据我国《企业破产法》之规定，管理人是为保障债权人利益、完成特定职责而经法院许可“设置”的一个“临时岗位”，并非以组织生产要素、追求营业利润的市场主体。管理人执行职务的活动具有过程性和临时性，不符合劳动关系所具有的稳定性、长期性等特点，管理人聘用留守人员只是为了完成特定的任务，双方之间的内部组织架构亦不符合劳动关系所要求的隶属服从性和长期稳定性的特征。[7]即管理人缺乏用人单位的必要条件，不符合用人单位的主体资格，管理人或破产清算组与留守人员之间的关系只能成立临时性的劳务关系，不能成立劳动关系。

（二）留守人员争议的解决

1. 留守人员争议案件的受理原则

留守人员的争议一般集中为追索留守期间的劳动报酬及社保待遇等纠纷，该类争议案件一般以在破产案件审理程序中一并处理为主要原则，以另行起诉为灵活辅助原则。

最高人民法院对此类争议掌握的一般原则是：留守人员主张的其在留守期间产生的工资报酬及劳动保险费用属于“破产费用”范围，因破产费用具有优先支付性和随时支付性，故应当由破产企业的财产随时清偿，并认为“破产费用”之纠纷不具有单独诉讼的法定依据，故认为该类争议纠纷应在已经受理的企业破产清算案件中提出一并解决，而不应另行单独起诉，否则，对此类案件将裁定不予受理。[8]

笔者以为，最高人民法院对留守人员争议案件所掌握的受理原则不无道理，原因有三：一则基于对留守人员权益的保护考虑，认为留守人员所主张的权益系属于优先受偿的范围，破产清算组或管理人从破产财产中优先清偿留守人员是应尽的职责；二则向受理破产案件的法院提起诉讼，更便于该法院更好地行使对管理人或破产清算组的督促履职；三则防止该类争议出现不予处理或拖延处理的情形而可能导致影响破产案件的审理以及其他合法债权人的利益。

诚然，在司法实践中，并非所有的关于留守人员的争议案件均由受理破产案件的法院审理。如受理破产案件的法院为中级人民法院，而现实中，确实大部分企业破产案件均集中在中级人民法院审理，这是由企业破产案件自身的特殊性、复杂性、长期性等多方面的因素所决定的，同时也造成了中院审理企业破产案件数量繁多、案件积压、法官小案压力巨大的客观现实。

笔者认为，为避免案件积压过度，可灵活掌握该类案件的受理原则，即在由中级人民法院向省高级人民法院、最高人民法院逐级请示后，可适当允许基层法院受理留守人员所提起的单独诉讼，以便以分流的形式减缓案件的积压、拖延，缩短案件的审理时间，提高案件的审理效率，做到及时息诉、息访，达到维护社会稳定的良好效果。而待到案件判决后，如支持留守人员的，则留守人员可以直接持生效裁判文书随时向管理人或清算组来主张。

2.留守人员争议案件的性质及被诉主体的确认

如上所述，留守人员与管理人或清算组之间建立的关系属于劳务关系，双方之间的争议属于劳务合同纠纷，不属于劳动争议的性质。

但在笔者代理的诸多案件中，因留守人员自身的特殊性，作为破产企业曾经的职工，当其在留守期间产生争议时，留守人员或其委托代理人往往会错误的以破产企业为被告提起劳动争议之诉。在这里，即需要注意留守人员争议案件与破产衍生诉讼案件的区别。

所谓破产衍生诉讼案件，是指因人民法院受理破产申请以及在破产案件的审理过程中产生的、以审理结果作为破产程序进行依据的、非以破产程序审理的民事诉讼。[9]根据我国目前的法律规定，在破产衍生诉讼中，一般将债务人（破产企业）列为当事人，由清算组或管理人作为债务人的代表参加诉讼。这是因为不管是破产清算组还是管理人，其均属于破产企业内部的一个特殊监护机构或代表机构或执行机构，但均不是一个离开破产企业而独立存在的组织或机构，清算组和管理人均无属于自己的独立财产，在破产清算过程中，对外不应有民事主体资格，故应当以破产企业为被告。[10]

对于留守人员的争议案件，因留守人员系清算组或管理人直接聘用的人员，双方之间产生的追索留守期间的劳动报酬或其他社保待遇等争议属于劳务纠纷，双方系属平等的民事主体，故留守人员应当以管理人或清算组为被告提起劳务合同纠纷之诉，而不应当以破产企业为被告提起劳动争议之诉。

三、留守人员的权益问题

（一）留守人员的报酬及社会保险费用问题

在旧破产法实施阶段，旧破产法第三十四条第一款第（一）项规定了“聘任工作人员的费用”属于破产费用，应当从破产财产中优先拨付；旧破产法意见第六十六条则对前条规定的“费用”作了明确解释，即包括“破产企业留守人员的工资和劳动保险费用以及清算组的必需费用”。

新破产法第四十一条第（三）项则规定：“人民法院受理破产申请后发生的管理人聘用工作人员的费用为破产费用。”但该条规定中的“费用”具体包括哪些项目，并无相应的法律或政策规定，是否如旧破产法及旧破产法意见规定的也包括留守人员的工资和劳动保险费用？

笔者以为，随着新破产法的实施，旧破产法及旧破产法意见已失效，新破产法既无关于管理人要为留守人员缴纳社会保险费的直接规定，即表明管理人没有必须为留守人员缴纳社会保险费的法定义务。至于《企业破产法》第四十二条第（四）项关于“人民法院受理破产申请后发生的为债务人继续营业而应支付的劳动报酬和社会保险费用以及由此产生的其他债务为共益债务”之规定，则限于为债务人继续营业而应支付的社会保险费用作为共益债务处理。

（二）留守人员的失业保险待遇问题

1. 留守人员在留守工作期间不享受失业保险待遇

留守人员在清算组或管理人聘用前，一般与破产企业先解除或终止劳动合同关系，然后再从事破产程序的辅助工作，即属于重新就业。依据我国《失业保险条例》第十四条及《关于破产企业留守人员是否享受失业救济的复函》（劳办发〔1996〕160号）之规定，破产企业留守人员在终止留守工作前，因其未中断就业，故在留守期间，破产企业留守人员不能享受失业救济。

2. 留守人员在终止留守工作后，如果符合失业保险待遇的条件，可以享受失业保险待遇

在实务操作中，留守人员在留守工作完成或终止后，如其在留守工作期间，已按照规定参加了失业保险，清算组或管理人和其本人已按照规定履行缴费义务满1年的，并符合《失业保险条例》第十四条其他之规定条件的，该留守人员可以享受失业保险待遇。

3. 政策性国有破产企业留守人员在支付一次性安置费后，不再享受失业保险待遇

按照原劳动部《关于对破产企业职工安置问题的复函》（劳办函〔1997〕159

号)文件规定,破产企业职工在领取了一次性安置费后,不能再领取失业保险金。2001年5月,劳动保障部办公厅在给河南省劳动厅的《关于破产企业职工自谋职业领取一次性安置费后能否享受失业保险待遇问题的复函》(劳社厅函〔2001〕133号)中再次重申,根据《国务院关于在若干城市试行国有企业破产有关问题的通知》(国发〔1994〕59号)和《国务院关于在若干试行国有企业兼并破产和职工再就业有关问题的补充通知》(国发〔1997〕10号)精神,优化资本结构试点城市安置国有破产企业职工时,可以根据当地实际情况,对自谋职业的发放一次性安置费,以鼓励和帮助职工尽快实现再就业。实行这项政策,应坚持职工自愿原则,规范操作。按照《失业保险条例》的规定,在职人员不享受失业保险待遇。

但是,如果领取一次性安置费自谋职业后,不久又失业了,能否领取失业保险待遇?对此,国家并没有明文规定,个别地方政府在操作中也限定不允许享受。但对于有些地方,基于对留守人员权益的维护,则作了相对比较宽松的规定,允许符合享受失业保险待遇条件的留守人员可以享受失业保险待遇。如笔者参与处理的中国济南化纤总公司政策性破产案件中,四户政策性破产企业的留守人员,在其已领取一次性安置费后从事留守工作,如再次失业符合失业保险待遇条件的,仍然可以享受失业保险待遇。对此,笔者认为,这种做法不仅有利于保障企业破产工作的顺利进展,更有利于维护社会的和谐与稳定,真正实现良好的社会效果。

(三)留守人员的经济补偿问题

1.留守人员要求支付其留守期间的经济补偿没有法律依据

在新、旧破产法实施期间,均未规定留守人员在完成其工作或其他原因不再进行留守工作时的经济补偿问题。因留守人员与管理人或破产清算组之间成立的系劳务关系,故并无要求按劳动关系解除或终止后需要支付留守人员经济补偿金的法律规定,这在实务中已形成统一原则,即对于留守人员要求管理人在终止或解除劳务关系后支付其留守期间的经济补偿金的主张不予支持。[11]

2.留守人员要求支付留守前、在破产企业原工作期间应当支付而未支付的经济补偿金,管理人或破产清算组应当负责发放

(1)留守人员在破产企业如工作一直延续到其完成留守工作,中间无中断,而破产企业一直未与其解除或终止劳动合同并支付经济补偿的,应当以企业破产宣告之日为终止劳动合同的时间点,并按其在企业破产宣告前的工作年限支付经济补偿,对其在破产宣告后的工作时间不支付经济补偿。

(2)留守人员在破产企业从事留守工作之前,如已与破产企业因原劳动合同期满终止或其他原因解除,而破产企业未支付经济补偿,后被聘用从事

留守工作的，则应当依据我国劳动合同法等相关的政策、法律规定，按其终止或解除原劳动合同之前的具体工作年限，决定是否支付及支付相应的经济补偿。[12]

四、小结

破产清算实务中，不乏大量的破产企业留守人员的争议案例出现。因破产企业留守人员作为企业原职工的特殊性，其与破产企业、管理人或破产清算组之间的关系极易产生混乱，而关于留守人员的权益问题在实务中亦存在诸多争议。本文意在以笔者所经办、参与的破产清算实务案件及其他有典型意义的裁判为例，试图厘清留守人员与各方之间的关系以及产生争议或诉讼时的解决途径，并仅作抛砖引玉，以与大家共同探讨学习。

参考文献

[1]参见葛俊杰:《关于对破产企业留守人员聘用协议性质的认识》，http://www.yunqingsuan.com/news/detail/7904，2017-5-20。

[2]参见《企业破产，留守人员何去何留?》，http://www.yunqingsuan.com/news/detail/12873，2017-5-20。

[3]最高人民法院关于贯彻执行《中华人民共和国企业破产法(试行)若干问题的意见》第五十条规定。

[4]参见高潮:《破产企业留守人员能否以国家工作人员论》，《人民检察》2005年第8期。

[5]参见《认定破产管理人与聘用人员是否构成劳动关系需厘清的几个问题》，http://blog.sina.com.cn/s/blog_80511b610102uxbl.html，2017-5-21。

[6]参见王林清:《劳动纠纷裁判思路与规范释解》，法律出版社2014年版，第11～13页。

[7]参见《论破产管理人在劳动法上的地位》，http://www.chinadmd.com/file/s66cpsipprsiax6ztu3euvvv_3.html，2017-5-21。

[8]“刘宝才申诉、申请再审案”〔2016〕最高法民申2749号民事裁定书，载于中国裁判文书网。

[9]参见《浅议破产案件中的衍生诉讼》，http://www.qlfz365.cn/Article/kjww/201211/20121115154036.html，2017-5-21。

[10]参见“荆州市拉管厂破产清算组劳动争议一案”〔2016〕鄂民终943号二审民事裁定书，中国裁判文书网。

[11]参见“陈承海与浙江天电通科技股份有限公司劳动争议纠纷上诉案”〔2015〕浙民终字第13号裁定书，中国裁判文书网。

[12]参见“辽宁省烟草专卖局与王秀娟、岫岩雪茄烟厂破产清算组劳动争议纠纷案”〔2015〕鞍民一终字第00254号民事判决书，中国裁判文书网。

（本文荣获2017年山东省律师优秀论文三等奖）

浅议上市公司信息披露合规问题

季　猛　高　静

近年来，中国证券监督管理委员会（以下简称“证监会”）秉持“依法、全面、从严”的监管政策，不断加大对各类证券违法违规行为的打击力度。其中，上市公司信息披露的违法违规行为仍然是证券违法行为中重点打击的对象。

上海大智慧股份有限公司控股股东及实际控制人张长虹先生因涉嫌违规披露、不披露重要信息罪被证监会于 2016 年给予《行政处罚决定书》（〔2016〕88 号）。2019 年 4 月 26 日，张长虹先生被公安机关拘留，接受调查。

2019 年 3 月 11 日，由于北京华谊嘉信整合营销顾问集团股份有限公司披露的上市公告中存在虚假记载，2013、2014 年度报告中对公司董事长兼总经理刘伟持股比例存在虚假记载，证监会对该公司给予警告并处于 40 万元罚款，同时刘伟也被给予警告并处于 20 万元罚款。

2019 年 3 月 12 日，上海加冷松芝汽车空调股份有限公司董事长陈福泉，因短线交易公司股票，被证监会给予警告并处以 10 万元罚款；因内幕交易公司股票行为，其被证监会采取终身证券市场禁入措施。

从上述处罚案例中我们可以看出，信息披露合规问题已成为上市公司合规治理和风险防范的核心问题。虽然上述案例中的受处罚对象主要为上市公司相关人员，但是对于从事证券服务的中介机构，督促上市公司信息披露的合法合规同样重要。所以，我们有必要将上市公司信息披露的法律法规体系进行梳理，明确各责任主体的信息披露义务，才能更有效地帮助企业防范合规风险。

一、上市公司信息披露合规性概述

（一）上市公司信息披露合规性概念分析

1. 信息披露的概念分析

信息披露，也被称为信息公开，是指通过某种传播途径，将公司财务状况和经营成果以及其他各种资料同一定的格式公布于众。合规的信息披露在减少市场投机和防范市场操纵方面发挥着至关重要的作用。

上市公司信息披露是市场经济和信息经济发展的必然结果。由于市场信息的不对称,各利益相关者在作决策时所得到的信息是不完全一致的,这就潜藏着利益相关者所得信息不及时、不完整、不真实的情况,从而导致其作出错误选择。上市公司进行信息披露,有助于利益相关者及时准确地知晓上市公司的经营情况和财务状况,帮助其规避风险,减少损失。

2.合规性概念分析

学界对市场各种行为的合规性研究十分丰富,但笔者经过对各种相关文献的检索和阅览,发现并无对"合规性"这一概念进行专门研究的内容,甚至未找到对该名词的专业界定,而是以和其他词汇组合的方式出现,例如"合规性评价""合规性审计"等。究其缘由,概因其寓意浅显,仅从其字面则可领会。但考虑到本文研究内容与其相关,故有必要为其下个定义。

合规,就其字面理解为"合乎规范";"性",与此处相匹配的意思应为"人或事物本身所具有的能力、作用、性能等"。组合起来,合规性的内涵即为某人、某事或某行为本身所具有的合乎规范的能力。但其外延的界定则体现在对主体和客体的范围上,这也是其需要与其他概念进行结合使用的原因。

综上,笔者认为,上市公司信息披露合规性是指上市公司所进行的信息披露行为与我国现行的法律、行政法规、部门规章等相一致的情形。

(二)我国上市公司信息披露制度概述

1.我国上市公司信息披露制度的法律体系

我国的证券市场经过十多年的发展,已逐步形成了以《公司法》《证券法》《股票发行与交易管理暂行条例》为主体,以《会计准则》《公开发行股票公司信息披露实施细则试行》、证监会发布的《上市公司信息披露管理办法》及上海证券交易所(以下简称"上交所")与深圳证券交易所(以下简称"深交所")制定的自律性规则为具体规范的上市公司信息披露法律体系,形成了由首次披露招股说明书、募集说明书与上市公告书;定期披露年度报告、中期报告和季度报告;临时披露重大事件报告三部分组成的信息披露内容,初步规范了上市公司的信息披露行为。

2.信息披露制度的原则

根据《上市公司信息披露管理办法》第二条规定可以得出,上市公司信息披露应当遵循真实、准确、完整、及时、公平的原则。

(1)真实性原则。上市公司披露的信息应当能如实反映客观情况,应当以客观事实为基础或判断依据,不得有不实陈述,更不能有虚假记载。

(2)准确性原则。上市公司披露的信息不得使用包含宣传、广告、赞美或者夸张等词汇,不得误导投资者。上市公司应该使用清晰明确、简明扼要的词汇进行信息披露。

上市公司应当合理、谨慎、客观的披露预测性信息。

(3)完整性原则。上市公司披露的信息不得有重大遗漏,应当要内容完备、文件齐全,格式符合法规规定。

(4)及时性原则。对于所有可能对公司股票及其衍生品种价格产生影响的信息,上市公司都要在规定的期限内披露。

(5)公平性原则。上市公司应当确保所有投资者可以平等地获取同一信息,上市公司应当同时向所有投资者公开披露相关信息,禁止提前或私下向特定对象单独披露、透露或者泄露相关信息。

3.信息披露的基本类型

上市公司信息披露有两种基本类型,即强制性信息披露和自愿性信息披露。

强制性信息披露指上市公司按照法律、行政法规、部门法规、规范性文件,在规定的时间,用一定的格式,必须披露的信息。强制性信息披露是上市公司的法定义务,如违反则属于违规行为。

除强制性披露信息之外的行为均可以成为自愿性信息披露。比如,上市公司为维护公司形象、履行环境保护和社会责任等披露的相关信息。

4.信息披露的特定情形

根据上交所制定的《上市公司信息披露暂缓与豁免业务指引》规定,上市公司信息披露有暂缓披露、豁免披露两种特定情形。

如果上市公司拟披露的信息存在不确定性、属于临时性商业秘密,按时披露可能损害公司利益或者误导投资者,同时拟披露的信息尚未泄漏;有关内幕人士已书面承诺保密;公司股票及其衍生品种的交易未发生异常波动的,上市公司就可以考虑申请暂缓披露。申请暂缓披露应该说明暂缓披露的理由和期限,暂缓披露的期限一般不超过 2 个月。申请未获交易所同意、暂缓披露原因已经消除或者暂缓期限届满的应及时将相关信息披露。

如果上市公司拟披露的信息属于国家秘密、商业秘密或者证券交易所认可的其他情形,履行信息披露义务可能会违反国家有关保密的法律法规或损害公司利益的,可以向证券交易所申请豁免披露。

二、上市公司信息披露的责任主体

根据《证券法》《股票上市规则》等相关规定,上市公司信息披露涉及的主要信息包括：股票停牌与复牌、重要交易及关联交易、短线交易、重大诉讼和仲裁、内幕交易及操纵证券市场等内容。关于上述内容的信息披露的责任主体包括上市公司，上市公司董事、监事、高级管理人员，上市公司股东、实际控制人、收购人等相关信息披露义务人。

（一）上市公司

定期报告和临时报告属于上市公司的强制性信息披露内容。证监会和交易所为此专门制定了格式准则和相关备忘录。

1. 定期报告

每个会计年度结束之日起 4 个月内需披露年度报告；每个会计年度的上半年结束之日起 2 个月内需披露半年度报告；每个会计年度前 3 个月、9 个月结束后的 1 个月内编制完成并披露季度报告。但是，第一季度报告最早可以与上一年度报告同时披露。

2. 业绩预告

除特殊情况外，上市公司可以自愿披露业绩预告。当上市公司预计年度经营业绩出现净利润为负值、净利润与上年同期相比上升或者减少 50%以上、实现扭亏为盈、期末净资产为负值、年度营业收入低于 1000 万元时，应当在会计年度结束后一个月内进行业绩预告。

3. 业绩快报

虽然我们现行法律法规鼓励上市公司发布业绩快报，但是业绩快报仍是上市公司自愿性的信息披露。业绩快报可以披露当期和上期的营业收入、营业利润、总资产、净资产等主要财务数据和指标。

如果在定期报告披露前业绩被提前泄露；因业绩的相关信息导致公司股票及其衍生品种交易异常波动的；拟发布第一季度报告业绩预告但其上年年报尚未披露的；方向一致，但盈亏金额同向差异超 50%时，上市公司应当及时披露业绩快报。

业绩快报发布后，如果实际业绩与业绩快报存在重大差异，应当及时发布业绩快报修正公告。

4. 重大事项的临时报告

《上市公司信息披露管理办法》第三十条明确规定了重大事项的临时报告属于上市公司强制披露的范畴。

当董事会或者监事会就该重大事件形成决议时；有关各方就该重大事件签署意向书或者协议时；董事、监事或者高级管理人员知悉该重大事件发生并报告时应当及时公布重大事项的临时报告。同时，当某重大事件难以保密；已经泄露或者市场出现传闻或公司证券及其衍生品种出现异常交易情况时，应当及时披露相关事项的现状、可能影响事件进展的风险因素。

(二)上市公司董事、监事、高级管理人员

上市公司董事、监事、高级管理人员应当及时、公平地披露信息,并保证披露的信息内容真实、准确、完整,不存在误导性陈述或者重大遗漏。若公告内容不能被保证为真实、准确、完整的,应当在公告中作出相应陈述并说明理由。

上市公司董事、高级管理人员应明确表示是否同意定期报告的内容,并对定期报告签署书面确认意见;监事会应当以监事会决议的形式对董事会编制的定期报告进行审核,说明定期报告编制和审核程序是否符合法律、行政法规和证监会的相关规定,内容是否能够真实、准确、完整地反映上市公司的实际情况。董事、高级管理人员不得以任何理由拒绝对定期报告签署书面意见。

对于重大事项的临时报告,上市公司董事、监事、高级管理人员在知悉重大事件后应当立即报告董事长,董事长接到报告后应当立即报告董事会,董事会秘书负责组织协调相应的披露工作。

(三)上市公司股东、实际控制人

上市公司的股东、实际控制人发生下列事项时,应当通知上市公司董事会:(1)实际控制人或者持有公司5%以上股份的股东,其控制权或持有公司股份的情况发生较大变化;(2)法院裁决禁止控股股东转让其所持股份,任何股东所持公司5%以上股份被质押、冻结、司法拍卖、托管、设定信托或者被依法限制表决权;(3)拟对上市公司进行重大资产或者业务重组。

三、上市公司信息披露违规问题分析

在我国上市公司信息披露的整个过程中,公司内部监督部门、证监会、证券交易所、中介机构等都起到了非常重要的监督作用。从表面来看,上市公司违规进行信息披露的可能性相当小。然而,事实并非如此,笔者发现近几年由证监会、证券交易所所作出的处罚公告不但没有减少,反而在不断增加。

(一)上市公司信息披露违规出现的问题

1.部分上市公司按照监管的底线进行披露,存在着重形式轻内容、披露格式化等问题,对信息披露与合规的重视程度明显不足。上市公司常常不能深刻领会监会的实质,而只是会按照相关内容与格式指引进行相关的信息披露,且多数只进行强制性的信息披露,属于被动性的履行信息披露义务。

2.财务规范监管主体关系尚无完全理顺。财务信息作为上市公司信息披露中的主干部分,处于信息披露的核心地位。上市公司的获利能力、偿债能力、经营效率和成长能力等重要信息均可以从其披露的财务信息中获知,而这些信息一般都会在财务报表中以直接或者间接的方式展示出来。正因为如此,某些上市公司不惜通过财务数据造假的方式误导投资者,以达到自身的不法目的。

3.信息披露方面违规的公司重复违规概率高。对于上市成功但经营业绩不理想的企业而言,披露不理想的经营数据会让投资者或潜在投资者敬而远之,融资困难会增大企业改善经营现状的难度,持续性的不利状况使得企业面临退市风险。因此对这类企业而言,为避免一系列危机的发生,可能会不择手段,甚至冒着违法违规的风险进行财务数据造假,企图通过此类方法粉饰自身经营业绩,改变投资者的看法。与此同时,上市公司经营业绩不佳在多数情况下并非偶然,而是隐含着某些深层次的原因。因此,一旦公司做出违规行为,在没有足够强大的惩戒情况下,其再次违规的概率较高。

(二)上市公司信息披露违规的原因分析

1.惩治结构不合理

在我国证券市场中,证监会(包括其派出机构)、证券交易所为有权力对上市公司信息披露违规情况作出处罚的机构。证监会的惩治措施主要包括两类:(1)监管措施,主要包括责令改正、监管谈话、记入诚信档案并公布、认定为不适当人选和其他监管措施等;(2)行政措施,主要包括警告、没收违法所得和罚款等。

证券交易所的惩治措施主要包括两类:(1)监管措施,主要包括约见谈话、限制交易、撤销任职资格证书、书面警示等;(2)通报批评、公开谴责和公开认定其不适合担任相关职务等。

证监会作为后台监管机构,不仅拥有较多方式的处分权,还拥有其作为行政机构所特有的行政处罚权。但其作为统管证券市场的行政机关,其惩治决定往往具有较为明显的滞后性。证券交易所作为坚守在市场第一线的管理者,其被授予的惩治权力相当有限。

2.信息披露违规人员自身因素

(1)上市公司的利益导向和治理结构出现偏差。我国上市公司对于公司高管的激励方式一般都与公司的经营绩效相挂钩,但人一般都是利己的。会计信息是财务部门的工作最终体现,而管理层对于这部分的工作存在一定的掌控权,这样就容易出现披露信息的失真、不充分或不规范的现象。按照现代企业管理制度,股东大会是权力机构,董事会是执行机构,监督机构属于第三层,但监事会、独立董事、审计部门的权力由于各种各样的原因往往不能充分发挥作用。

(2)由于证券市场规定了较为严格的退市机制,加上吸引投资者的冲动,由大股东组成的治理层很可能对管理层相应人员设定更高的业务要求,当这种要求超出合理范围后,相关人员会通过信息造假来释放自身压力。

(3)上市公司多数工作人员在上市之前对资本市场的专业知识并不了解，而是在上市材料制作、申报和上市后的实践操作中逐渐熟悉的，缺乏对专业知识的系统学习。在涉及信息披露违规方面，主要表现为在不知情或不认真的情况下造成的诸如重大遗漏、延迟披露等违规行为。

四、上市公司信息披露合规建议

信息披露是资本市场健康发展的基石。信息披露能够让上市公司尽可能全面地展现在社会公众面前，能够为投资者在二级市场买卖股票提供重要依据。一旦出现上市公司信息披露不及时、不准确、造假等违法违规行为时，不仅会影响资本市场的健康稳定，给投资者决策带来方向性误导；而且更容易滋生各类违法违规行为。由此看来，要让上市公司信息披露落到实处。

(一)理顺证券监管权力分配关系

为了配合证券监管部门在实践中提升工作效率，可以考虑以法律形式明确确立证券监管部门、上市公司等市场主体向国务院财政部门申请解释存在争议的会计准则的工作程序或制度安排。

如果在首次公开发行信息披露或者上市公司定期信息披露过程中，出现了有关财务会计问题的争议，证券监管部门可以按照提前规定的整套程序及时请求国务院财政部门对争议事项进行解释，如此方有助于提高证券市场中证券监管和会计解释之间的默契，才能加快纠正上市公司信息披露违规行为，也更有利于将违规行为进行处罚对整个市场的震慑力发挥到最大功效。

(二)完善法律环境，监管与需求相结合，加大违法惩罚力度

法制上市公司信息披露是最基础的环境，同时也是上市公司信息披露最重要的外部环境，所以要逐渐优化。政府在监管过程中也要对自身的工作进行优化完善，立足于法律维护的同时也要关注投资者的需求，并将其纳入监管过程中，对于违法乱纪行为严惩不贷；还要将监管结果进行信息公开，为广大投资者负责。

(三)上市公司需转变和完善公司治理理念，建立和完善内部控制制度

对于上市公司的公司治理不应当仅仅理解为符合法律、法规或有关监管部门的监管。良好的公司治理不仅仅是一种符合监管要求的形式主义，良好的公司治理应当更加有利于公司的运营效率，防止滥用权利，并在遵守监管要求的同时防范各种业务风险。内部控制制度是上市公司可持续发展的基石，将内部控制制度转化成内生需求，必将对上市公司生产经营和战略目标起到积极的作用。如果仅仅是为了满足监管部门的要求，相应的内部控制支出将毫无意义，甚至可能会影响上市公司的正常业务秩序。因此，认真落实内部控制制度，将

是上市公司长期发展的不竭动力。

（四）强化上市公司相关人员的专业素养与合规意识

上市公司应当建立明确清晰的责任机制和处罚机制，上市公司的董事、监事及高级管理人员应当勤勉尽责、恪尽职守，遵守相关法律法规的规定，及时、准确、真实、完整、公平的进行信息披露。除强制性信息披露的内容，上市公司也应当积极、及时地披露可能对利益相关者决策产生实质影响的信息，以保证各利益相关者能够及时、全面的了解上市公司的相关情况。上市公司也应自觉接受中证中小投资者服务中心有限责任公司的监督，认真回复投服中心质询，切实履行信息披露义务。

笔者建议，可以建立上市公司信息披露专业知识和法律知识定期培训制度，并进行定期考核，按照比例淘汰不合格者，以增强上市公司相关人员的专业素养和合规意识。

（五）强化会计师事务所、证券公司等中介机构责任

会计师事务所及其注册会计师被称为资本市场的"看门人"，是市场约束机制最为重要的一环。会计师事务所及其注册会计师在实践中应审慎接受业务委托，重视审计风险。切实履行审计职责，扩大监管范围，遵循审计准则，以风险为导向，发现问题、警示风险，防范上市公司信息披露违规行为。证券公司等证券机构应当基于诚信原则，建立违法违规操作的"防火墙"。要消除内部管理混乱，合规控制失效和频繁违规等问题，提高证券公司员工的法律合规意识，对员工进行法律、法规和职业道德相关的培训，让勤勉尽责成为每一位证券人员的核心工作理念。

（六）引导投资者科学决策

我们应该要充分释放市场的活动，增加其对上市公司信息披露的监管作用。社会各方应采取措施提升投资者的信息分析能力和辨别能力，使投资者真正利用上市公司所披露的信息进行投资，而非基于感觉进行投资，只有这样才能引导社会资金实现优化配置。理性投资、科学决策的投资者能够在很大程度上调动经济市场的积极性，迫使上市公司信息披露的合规运作。

（本文为 2019 年全国律协企业合规法律服务专项工作组交流论文）

作者简介

季猛律师，毕业于山东大学法学院，获法学学士、法律硕士学位。山东博翰源律师事务所高级合伙人，二级律师。2006年被评为“泉城十佳青年律师”、2008年获得“律师党员示范岗”荣誉称号。现为山东省消费者协会律师团成员、济南市律师协会民事委员会委员、济南市进城务工青年法律服务团成员、济南市青联委员。季律师的主要业务领域为公司、企业改制上市、并购业务、证券业务、金融业务等。季律师自从事专职律师工作以来，先后担任十余家机关、企事业单位的常年法律顾问，代理了五百余起经济、民事、行政案件以及仲裁案件，办理了数十起公司、企业的改制、重组、并购、投资、融资项目的专项法律顾问服务。季猛律师办理的代表性非诉讼业务有：山东金泰(600385)恢复上市项目，ZTKC(000957)短期融资券发行项目，山东某有限公司短期融资券及公司债券的发行项目，山东富宇化工有限公司公司债项目，菱花集团有限公司10亿元绿色公司债项目，利华晟雷克萨斯等多家公司的股权转让、股权投融资项目，山东金泰重大资产重组项目。

高静律师，2016年6月毕业于西南政法大学，获硕士学位。现为山东博翰源律师事务所执业律师。具有证券从业资格，基金从业资格、银行从业资格。曾在《经济法论坛》《生态经济》等杂志上发表多篇论文。高律师主要从事民商事诉讼法律业务及公司首发上市(含新三板)、股票发行、并购重组、债权融资、私募基金全流程事务等非诉讼法律业务。高律师主办了山东富宇化工有限公司公司债项目、菱花集团有限公司10亿元绿色公司债项目、中通客车银行间短期融资券项目、山东惠民中泰天然气能源装备有限公司天然气收费权ABS项目等多家公司的债券融资项目；山东山大鸥玛软件股份有限公司定增项目、浪潮(山东)电子信息有限公司收购济南浪潮元通信息科技有限公司等六家公司项目、济南科金投资管理有限公司收购山东赛蒙斯生物技术有限公司项目、山东金泰重大资产重组项目等多家公司投融资业务；东营玲珑金山投资管理有限公司、济南财金投资管理有限公司、济南历山股权投资管理有限公司等7家公司的私募基金管理人登记项目。

法国困境企业保护制度研究及借鉴

种　林

法国现行的困境企业保护制度是以 20 世纪 80 年代以来的相关法律为框架建立起来的。1984 年,《企业困境预防与和解清理法》规定当法院、会计监察人员或者企业工会发现存在构成对企业继续经营的威胁时应当启动破产预警程序,在企业困境预防组织等机构的帮助下尽早采取应当措施避免企业状况恶化。1985 年,《困境的企业司法重整和司法清算法》规定了法院任命和解人主持债权人和债务人谈判的和解制度,以期达成和解协议帮助企业摆脱困境、提高普通债权人债权得到清偿的可能性。作为鼓励企业重组的重要制度措施,2005 年,《企业保护法》规定了困境企业保护程序,在程序启动条件、企业经营管理权等方面较之以前都有较大的修改。法国困境企业保护制度经验对于中国依法处置"僵尸企业"、破产工作统一协调机制制度化以及完善和发展中国破产法律制度有很强的借鉴意义。

企业救治和退出机制的建立是衡量市场经济体制完善的重要标志。中国在 2006 年公布的《企业破产法》虽然按照市场经济原则设计了和解、重整和破产清算制度,但没有关于困境企业保护的专门制度。为了更好地发挥破产制度在企业退出和产能兼并重组方面的重要作用,不仅有国内学者呼吁建立专门的困境企业保护制度,而且最高人民法院也提出人民法院要成为"生病"企业的"医院",建立企业破产预警、困境企业识别机制。[1] 建立困境企业保护制度既涉及运用破产法律程序处置"僵尸企业"、有效化解过剩产能,又关系到修复现有产业和企业动力进而推进供给侧改革,具有重大的现实意义。因而,有必要考察国外比较成熟的困境企业保护制度的立法和实践,并研究其对我国建立该制度的借鉴意义。

破产法(droit de la faillite)在法国有比较悠久的发展历史。1536 年,佛朗索瓦一世颁布的法令中已经开始使用"破产"这个法律术语,1673 年的《科尔伯特法典》(l'ordonnance de Colbert)已对破产法律制度进行了比较详尽的规定。构成现行法国破产法律制度基础的是1985年1月25日第85～98号《困境企业司法重整和清算法》,该法律和其他相关法律经过法典编撰成为法国《商法典》第六卷“企业困境”。2007年以来受金融危机影响,法国有大量企业经营困难,其中仅2008年就有超过5万家企业进入破产程序。如著名摄影机制造商阿通(Aaton)、彩电制造商汤姆逊公司、知名成衣公司摩根(MORGAN)都遇到经营困难,并申请破产保护。立法者围绕增强破产保护、破产重整等司法处理程序的吸引力继续进行快速保护程序、简化破产重整制度创新,在实践中重视破产预防和非司法处理方式。本文结合《商法典》规定及有关重要判例分析法国困境企业风险预警、和解程序和保护程序及其对我国相关制度的借鉴意义。[2]

一、困境企业风险预警

破产风险预警是破产预防的前提,只有尽早发现企业存在的现实或者潜在困难才可能采取预防和应对措施来避免企业状况进一步恶化。从20世纪80年代开始,破产风险预警受到法国立法者的重视。1984年3月1日第84～148号《企业困境预防与和解清理法》是关于破产预警程序的一部重要法律,规定了尽可能早的发现企业现实或者潜在困难的途径和措施。当企业相关方掌握如果放任将会导致企业进入更困难处境的信息时,立法者赋予该相关方启动预警程序的权力。在该法律基础上,1994年6月10日法律规定了旨在提高预警程序效率的措施。经过法典编纂,以上法律内容现成为法国现行《商法典》“破产风险预警程序”部分。

法国立法者以企业类型和负有信息报告义务的人对破产预警程序启动做了不同规定。概括起来,可以分为由法院启动破产预警程序、会计监察人启动破产预警程序和企业工会(如企业没有建立工会由职工代表负责)启动破产预警程序三种。如果法院通过诉讼、文件或者其他方式发现企业存在影响到继续经营的困难时,就应该启动破产预警程序。具体做法是法院以秘密的方式约谈企业领导人,提醒他注意企业所存在的困难并采取措施。如果企业领导人置之不理,法院不能直接介入,而是再次约谈。有关会计监察人启动破产预警程序的法律规定绝大多数是针对股份公司的。我们以启动股份公司破产预警程序为例作简要说明。会计监察人发现存在威胁企业继续经营的情况时,应该通知公司管理人员并可以要求管理人员对《商法典》L234—1条规定的问题进行解释。如果管理人员不回复或者回复不令人满意,会计监察人可以通过书面形式要求企业负责人在董事会或者监事会上进行专题讨论,同时将该情况告知法院。如果会计监察人认为通过以上两个步骤都无法得到合理的回复,可以要求召开股东大会进行专门讨论。针对不同企业的启动标准是统一的,即是否存在构成对企业继续经营的现实或者潜在威胁。该标准比较原则从实务角度来讲,判断这个标准主要考虑导致企业出现困难的原因性质和该原因形成的时间两个因素。法国最高法院相关判例指出,和企业运行相关的诸多信息都可以用来确定是否存在对企业继续经营的现实或潜在威胁。比如企业能否正常纳税,能否按时交纳包括职工养老金在内的社会费用,有无大规模裁员行为,是否反复出现亏损等。

二、和解程序

法国《商法典》第六卷“企业困境”第一编《企业困境的预防》是和解程序的基本法律依据。该编内容主要由 1985 年 1 月 25 日“关于处于困境的企业司法重整和司法清算的法律”、2003 年 8 月 1 日第 2003—721 号有关破产预防联合组织的法律、2005 年 7 月 26 日第 2008—1345 号法律经过法典编撰构成。此外,其他法典如《农村及海洋渔业法典》等也有涉及和解程序的内容,行政机关也制订了不少与和解程序实施相关的规定。立法者希望债权人和债务人在法院任命的和解人的主持下达成和解协议,以帮助企业摆脱困境。应当强调的是,和解程序本身不属于集体清偿程序,而是集体清偿程序的“补充程序”或“前置程序”,是“预防进入集体清偿程序的程序”。2008 年以来,有 90%的法国破产程序最终以破产清算方式终结诉讼。在破产清算程序中,普通债权只能在具有优先权或者有担保的债权优先清偿后才可以进行清偿,实际获得清偿的概率非常低。如果启动和解程序并能达成和解,普通债权人的债权得到清偿的可能性会大大增加。因此不少债权人同意和解程序,并为债务人摆脱困境而免除部分债务。近年来,法国立法者也修改了关于和解程序的规定,鼓励当事人选择适用和解程序。

法国法律对和解程序的启动采用申请主义,司法机关不得依职权启动和解程序。依照法国《商法典》第 L611—6 条规定,只有困境企业法定代表人可以申请启动和解程序。如债务人从事商业活动或手工业活动,有管辖权的法院为商事法院;其他情况有管辖权的法院为大审法院。困境企业法定代表人要向法院说明企业的经济、社会、财务情况和资金方面的需求以及解决这些问题的措施。在 2005 年法律修改之前,法律规定法院院长[3]对和解申请进行审查。为了了解企业的实际情况,法院院长可以约见企业法定代表人,要求金融机构、会计监察人以及职工代表等其他有关人员提供企业相关信息。法院院长还可以任命专家制作企业经济、社会、金融情况的报告。法律规定,向法院院长提供企业信息的人员对此事件有保密义务。法院在了解企业情况后,可以作出以下几种决定:驳回启动程序请求的裁定,该裁定可以上诉;指定特别管理人;如发现停止支付的期间已经超过 45 日,裁定启动破产保护、重整或者清算程序。2005 年法律修改前,司法机关对于和解申请的审查包括形式审查和实质审查两方面内容。2005 年法律修改后,删除了法院院长对于和解申请审查的规定,仅仅规定和解程序的实行由法院院长作出决定。一般认为,法院对和解申请审查力度降低,只要债务人提出符合形式要求的书面申请且能证明停止支付的期间未超过 45 日,法院就应当裁定启动和解程序。[4] 如债务人向法院申请和解,而债权人向法院申请破产重整或破产清算,法院认为企业满足启动和解程序条件的,裁定和解。

法国《商法典》第 L611—4 和 L611—5 规定了和解程序的适用范围。依据上述规定,和解程序不仅仅适用于商法人,还适用于一切私法人、手工业者和从事独立职业活动的自然人。法国《商法典》第 L611—5 条特别指出:“和解程序适用于法律有专门规定的自由职业者。”[5] 但享有《农村及海洋渔业法典》第 L351—1 条和 L351—7 条规定之程序利益的农业生产者不适用《商法典》规定的和解程序,而是适用《农村法典》第 L351—1 条规定的特别程序。相比重整程序,和解程序的适用对象更加广泛。法国《商法典》第 L611—4 条规定了和解原因,依照该规定,和解原因是“债务人在法律、经济或者财务方面存在已被证实或者可以预见会发生的经济、司法或者财务困难”。和解原因是和解程序适用所依据的特定法律事实,属于破产程序开始的实质要件。首先,债务人困难的性质。按照 1985 年《困境的企业司法重整和司法清算法》的规定,债务人必须存在财务困难。现行法律规定除了财务困难外,司法困难和经济困难都可以是启动和解程序的条件。现行法律规定的债务人困难的性质范围更为广泛。其次,债务人困难的种类。可预见的困难是指债务人情况将继续恶化。比如诉讼虽然尚在进行中,但可以预见诉讼结果对债务人来说非常不利,直接影响企业的存续。有学者批评“可预见的困难”这个标准难以具体界定,而事实上立法者正是通过标准的不确定性来扩展和解程序的适用范围。最后,债务人困难程度。一般而言,要求债务人处于存在足以影响其继续经营的困难,但尚未停止支付到期债务。不过,为了尽可能扩大和解程序的适用范围,法国《商法典》规定债务人虽然已经停止支付到期债务,但其停止支付的状况没有超过 45 日的,债务人仍可以申请适用和解程序。

和解协议本身没有强制执行力,必须由法院的确认或者认可才能赋予和解协议强制执行效力。经法院认可或确认的和解协议在程序和实体方面产生如下效力:执行期间不得提起以实现求偿和解协议规定范围内的债权为目的的新的诉讼;进行中的诉讼中止;到期债务停止利息计算。除协议中指明的权利外,作为协议当事人的债权人享有的其他各项权利的期间中断。[6]法院认可和解协议后,禁止债务人签发支票禁令解除。需要注意的是,法律没有绝对禁止债权人的个别求偿行为。比如法国《商法典》第L611—10—1第三款规定:“对于虽然受邀请参与和解但并没有在和解协议上签字的债权人以实现和解协议规定范围外的债权为目的提起的诉讼,债务人可以请求法官适用《民法典》第1244—1条至第1244—3条的规定给予债务清偿宽限期。负责和解程序的法官在听取执行和解协议的委托代理人的意见并考虑执行和解协议的条件基础上,裁量是否同意。”债务人的共同债务人、担保人也可以根据《民法典》第1244—1条至第1244—3条规定的条件以及得到确认或认可的协议的规定,主张债务人享有的债务清偿宽限期。法国《商法典》第L611—10—3条规定了撤销和解协议的条件。经法院确认或认可的和解协议的签字当事人之一提出请求,法院经审查如认定协议规定的内容没有得到履行,宣告撤销该协议。法院在裁定撤销和解协议时,也可以宣告取消按照第L611—7条第5款或者第L611—10—1条第二款之规定,而给予的所有债务清偿宽限期。和解协议撤销具有溯及力。和解协议一旦撤销,所有的债权人均恢复其全部债权与担保,但应减去其已经受领的款项,债权人已经受领的款项不再返还。

三、保护程序

根据适用对象的不同,法国困境企业法规定了普通保护程序、快速保护程序和金融快速保护程序。2005年7月26号第2005—845号《企业保护法》和有关该法适用的2005年12月28日行政法令构建了企业保护普通程序,2010年10月22日第2010—1249号法律第57—1条确立了金融快速保护程序。在总结金融快速保护程序经验的基础上,2014年3月12日法律规定了适用范围更加广泛的快速保护程序。企业实施保护程序的目的是为企业重组创造条件,故破产保护程序开始的条件比重整程序更加灵活。依照现行法国《商法典》的规定,保护原因为“企业存在无法单独克服的困难”。2005年法律要求,该困难将导致不能支付到期债务。2008年法律修改时删除了这一规定,不再将破产保护程序开始的条件和停止支付关联,债务人只需向法庭证明处于困境之中且存在自身无力克服的困难的情况。法院综合企业规模、效益和困难程度等条件来判断是否宣告破产保护。凡尔赛法院在2006年1月9号曾作出一个关于从事照相胶卷冲洗业务债务人破产保护宣告的裁定。该债务人原来设有280多处店铺和2000多名职工,由于数码技术的高速发展,其传统业务受到巨大冲击,出现经营亏损,故必须改变经营活动。但改变经营活动需要大量的投资,债务人无力筹集资金。凡尔赛法院认定本案中债务人存在无法单独克服的困难。利害相关方 Euler Hermès 公司对此裁定提出异议，并上诉至最高法院，最高法院商事庭于 2007 年 6 月 26 日第 1004 号裁定支持了凡尔赛法院的意见。[7]

作出保护宣告的判决产生观察期开始的效力。普通保护程序的观察期一般为 6 个月，法院根据管理人、债务人或者检察院的申请可以将观察期延长6 个月。和企业保护普通程序的一般规定不同，除了尚未停止支付但存在无力克服的困难的债务人外，停止支付到期债务 45 日内的债务人也可以申请快速保护程序。快速保护程序由处于和解程序中、已经制订企业继续经营方案的债务人提出请求。请求启动快速保护程序的申请人必须是证明其已经制定可以确保企业继续经营方案，并且其账目已经经过独立审计证明清楚无误的，人数众多、营业额或者资产负债总额较大的企业。依照有关行政法规的规定，“人数众多、营业额或者资产负债总额较大”的具体含义是指企业具有至少 150 名职工，企业年度营业额 2000 万欧元以上。2011 年 4 月 11 日颁布的 Warsmann 法律规定计算集团公司的母公司的营业额和职工人数时应包括集团所有公司的营业额和职工人数。法院经审查认为，债务人提交的保护方案能够获得受此种程序影响的债权人充分、广泛的支持且能在较短期限内通过，裁定启动快速保护程序。申请快速保护程序的债务人必须在三个月内提出保护方案草案，申请金融快速保护程序的债务人原则上必须在一个月（经申请可再延长一个月）内提出保护方案草案。如果困境企业和金融债权人无法在法定期间内通过保护方案，法院应裁定结束程序，以防止恶意债务人滥用该程序。

停止部分亏损部门的活动对于企业重组是必要的，但如果企业的所有活动均终止，基本不可能实现拯救企业的目的。因此要保护企业就要尽可能保证该企业可以继续经营。为了鼓励企业继续经营，法国法律经过几次修改还是确定观察期间的企业经营管理由其领导人负责。除法律有特别规定外，困境企业有权单独实施各种债权、债务处分行为。困境企业领导人的日常管理行为对于善意第三人有效。最高法院商事庭在 2001 年 11 月 27 日的一份判决中指出，从事建筑、销售活动的债务人公司出现商品房的行为属于日常管理行为。订立劳动合同不属于日常管理行为(最高法院社会庭，2001 年 5 月 30 日)。管理人则承担监督债务人的活动或者协助债务人的全部或部分管理行为的职责。管理人监督、协助职责的具体内容由法院确定，债务人实施日常管理之外的处分行为、为了企业继续经营个别清偿保护程序宣告之前的债务、设立抵押权、质押权或者和解行为均需得到法院批准。

四、法国困境企业风险预警、和解程序与保护程序的借鉴价值

经过几个世纪的发展，法国困境企业法律制度规定已经非常系统和详尽，

并仍随着法国经济、社会情况的变化而不断发展中。总体来看,法国困境企业法立法和实施情况令人满意。引人注目的《解放报》(Libération,法国第三大报纸,左翼最大报纸)和欧洲隧道公司(Eurotunnel,连接英国多佛港与法国加来港,海底段世界最长的铁路隧道)分别于2006年10月4日、2006年8月2日申请进入保护程序,并成功摆脱了困境。欧洲隧道公司于2007年转亏为盈,2013年净利润已超过1亿欧元。

“破产”“破产法”等词语虽然在学者的论文中仍不时出现,但也已经很少出现在法国现行法律条文中,替而代之的是“集体清偿(债务)程序”(la procédure collective)、“困境企业法”(le droit des entreprises en difficulté)、“不能支付法”(le droit de l'insolvabilité)等概念。法律术语的变化反映了立法思想从优先考虑债权债务关系清理到重视债权人、企业、职工和社会利益的综合考虑的转变。法国困境企业法强调尽早诊治困境企业,以避免企业经营困难扩散到运行良好的其他企业。研究法国困境企业法律制度经验得失对于完善中国相关制度有重要的参考价值。

(一)关于依法处置“僵尸企业”

依法处置“僵尸企业”是推进供给侧结构性改革的重要举措。山东省国资委则按照“生产经营活动已经处于停顿状态、经营活动停止半年以上和企业利润不足支付信贷利息”作为判断“僵尸企业”的标准并确定448家“僵尸企业”。[8]

“僵尸企业”是一个经济学概念,美国学者彼得·科伊认为是指没有恢复希望,但依靠贷款或政府的支持而继续存在的负债企业。[9]王欣新教授认为,“僵尸企业”是指丧失市场自我生存能力,但通过非市场化措施(如政府补贴或银行不当续贷)而免于倒闭的资不抵债企业。工业和信息化部副部长冯飞认为“僵尸企业”是指长期亏损、扭亏无望但难以顺利退出的企业。[10]笔者认为,“僵尸企业”的概念过于狭窄,很难贯彻2015年12月中央经济工作会议提出的“尽可能多兼并重组,少破产清算”的理念。采用“困境企业”的概念更有利于盘活企业资产,淘汰落后产能,推动供给侧改革。

从法律上界定“困境企业”的概念是困难的,但可以尝试从“企业”和“困境”两个要素对其进行理解。关于“企业”的本质,经济学界有“企业是价格机制的替代物”(美国学者罗纳德·科斯)、“企业时合约选择的形式”(张五常)、“企业是团队生产”(A.阿尔奇安和H.德姆塞茨)等几种主要观点。法国法学家拉马奇·托马斯(Lamarche Thomas)认为“企业”是拥有人力和物质要素,自主进行经济活动的经济、社会单元,也是伴随一定经济风险的经济过程;“困境”是指影响企业继续经营且债务人无法克服的困难。[11]欧盟委员会认为处于以下四种情况的企业属于“困境企业”：企业自有资金或者股东、债权人投入的资金不足以清偿债务；企业处于破产保护、破产重整或者破产清算程序中；亏损总额超过注册资本金的一半以上且最近12月内亏损超过1/4的公司；最近12个月内损失1/4资产（fonds）且损失总额超过资产1/2的公司。[12]可以将“困境企业”理解为指依靠企业自有收入以及所有人、出资人投入资金或者债权人出借的资产无法应对亏损，也不存在公共机构外部干预的必要，基本可以确定在短期或者中期内将经济死亡的企业。应当在对困境企业准确定性、识别的基础上，坚持差异化处置的思路。对虽存在财务或经营困难但存在运营价值的“僵尸企业”应依法适用保护程序并积极开展重整；对技术水平低、没有发展前景、资源消耗大、污染严重的“僵尸企业”应果断进行破产清算，使企业依法有序退出市场，化解产能过剩。为此，发展、完善困境企业预警、和解、保护、重整、清算机制在内的相互衔接的法律体系势在必行。

（二）破产工作统一协调机制的制度化和完善

不少地方在处置破产企业的过程中建立有破产处置联动组织。比如浙江温州成立全市企业破产协调处置领导小组，帮助法院协调解决企业破产疑难问题。山东济南市中级人民法院与济南市国资委牵头于2012年8月31日成立破产终结联动办公室，土地、房管、工商、税务、人社、公安、财政、工会、信访等单位也指定专门联络人员定期召集联席会议，共同处理破产企业涉及的职工安置、信访维稳、资产处置等方面的难题。跨部门协同办公的方式，能够加强司法机关和政府相关职能部门的沟通协调，推动破产程序的顺利进行。应当总结各地破产处置联动组织的经验并制度化，赋予破产处置联动组织在企业困境预防和困境治理方面更多的职权。建议在中国《企业破产法》中增加关于企业困境预防组织的规定。企业困境预防组织负责为企业提供咨询，帮助企业分析并认清其面临的经济环境、财务和法律状况，及时提出避免企业状况继续恶化的具体预防措施。加入企业困境预防组织并不表明企业状况已经或者必然出现问题。但考虑到有可能对企业信誉造成负面影响，法律规定企业根据自愿原则加入企业困境预防组织，后者有为企业保密的义务。按行政区域企业困境预防组织设立全国、省级和市三级组织。企业困境预防组织根据成员提交的有关经济、财务与资金情况进行分析，如发现企业经营存在困境迹象，则将此事实告知企业主，并可向其推荐一名专家鉴定人参与对企业状况的分析。中国人民银行和其他相关商业银行机构依请求对加入预防性组织的企业财务状况提出意见。企业困境预防组织可以自己的名义与信贷机构、金融公司以及保险公司等机构签订有利于本组织成员的协议。国务院经济主管部门和地方行政机关对企业困境预防组织提供资金、政策等方面支持和帮助。

(三)政府参与"僵尸企业"处置要注意竞争法限制

目前各地广泛采用并购重组、扶持发展、托管经营等方式解决"僵尸企业"问题,中央政府还设立规模达1000亿元的专项资金支持"僵尸企业"退出市场。[13]基于稳定经济发展、保持就业的职责,政府援助困境企业有其必要性和合理性。但是从竞争法角度来看,政府干预存在影响市场自由竞争、破坏公平竞争的危险。欧盟委员会长期坚持政府干预损害市场正常运行的观点,在1999年颁布的对所有成员国有约束力的指令中规定了成员国政府对于困境企业的保护和重整过程的援助必须遵守以下条件:政府援助困境企业的形式限于提供担保或者借款;担保或者借款的最长期限为6个月,特殊情况允许延长6个月;政府对困境企业的援助不得损害市场的整体利益;禁止可能出现垄断的政府援助;政府援助必须直接适用于困境企业的重整计划本身;为防止政府援助滥用,政府援助只能实施一次。[14]欧盟委员会2004年7月7日关于《困境企业重整和保护中政府援助指导纲要》提出更为严格的条件,原则上除非经过欧盟委员会同意,成员国不得对困境企业进行公共干预。受欧盟为了保证经济自由国家干预应保持最低限度的要求,法国政府对困境企业干预的情况已经明显减少。为了避免因为采取干预措施被认定为事实上的企业管理者而对企业债务承担民事责任,法国《商法典》第L650—1条还专门规定除非债权人欺诈、债权人明显参与和干预债务人的管理实务、债权人提供的协助和其获得的担保比例明显不合理等情况,债权人不对参与债务人重整或保护程序而造成的损失负责。为了减少国际贸易摩擦以及被诉诸世贸组织的可能性,政府采取处置"僵尸企业"措施要提前听取法律专业人士的意见,避免因不恰当的措施和方式遭到其他国家的指责甚至制裁。

(四)完善中国破产和解制度的建议

中国现行破产法规定了独立的破产和解制度,债务人可以直接向人民法院申请和解。按照现行法律规定,和解申请的原因是企业法人不能清偿到期债务且资不抵债或者明显丧失清偿能力可能。这一标准是申请破产程序的统一标准,为挽救困境企业,建议考虑企业困境的性质、程度和种类细化申请不同破产程序的标准,规定更为宽松的破产和解原因。另外,中国破产法没有规定和解程序最长期限。为了避免债务人滥用和解程序而故意拖延,建议立法规定和解程序的最长时限。

关于和解协议效力的内容和范围。学术界对于和解制度的法律性质存在不同学说,对于和解协议的效力也有不同主张。应当明确的是,和解协议本身没有强制执行力,法院的确认或认可赋予和解协议包括强制执行效力在内的实体和程序效力。除协议中指明的权利外,作为协议当事人的债权人享有的其他各项权利的期间中断。在和解协议执行期间，债权人不得提起以实现和解协议规定范围内的债权为目的的新诉讼。除法律有特别规定外和解协议应受合同法调整。依照合同效力相对性的规定，由债务人和主要债权人达成的和解协议只能在他们之间发生法律效力，而不得损害未在该协议上签字的其他债权人的利益。2016 年 3 月 14 日，最高人民法院院长周强在所作最高人民法院工作报告中肯定了济南市中级人民法院在“彩石山庄项目案”审判过程中运用调解和司法确认程序解决纠纷的做法。法国法律对于和解协议的认可和确认有比较详尽的规定，可以作为发展中国司法确认机制的参考。依照法国《商法典》的有关规定，双方当事人可以共同向法院院长提出共同申请（requête conjointe），要求法院对他们之间达成的协议予以确认（constater）并赋予该协议以执行力。法院院长根据债务人作出的经确认的能够证明其在订立协议时并未停止支付或者因该协议的订立停止支付状况已经终止且停止支付的期间没有超过 45 日的声明，进行审理。根据法国《商法典》第 L611—8 条、第 L611—10 条规定，法庭庭长确认和解协议的裁定无须进行公告，也不得对其提出上诉。确认和解协议的判决终止和解程序。如债务人需接受会计监察人对其账目的法定监督，经法庭认可的协议应传达给债务人的会计监察人。另外，法庭如认为具备以下条件，依照债务人的请求对其所达成的协议予以认可（homologuer）：首先，债务人并未停止支付；或者停止支付的状况因订立协议已经终止。对于认可的和解协议，法院负责调查、确认债务人的状况，债务人对此不再承担证明责任。其次，协议的各项规定能够保障企业持续从事活动。如果协议的内容不能帮助企业摆脱困境，那么不可能实现和解程序的目的。最后，所订立的协议不妨碍没有在协议上签字的其他债权人的利益。由于债务人和主要债权人达成一致就可以签署和解协议。和解协议条款有可能损害其他债权人利益，比如规定债务人优先清偿主要债权人的债务。法院在审查和解协议时如发现类似条款应当拒绝认可。法庭对和解协议作出的认可判决应进行公告，并交存至法庭书记室。任何利益关系人均可到书记室了解经法庭认可的协议。检察院可以对法庭作出的认可判决提出上诉。和解协议当事人外的第三人可以对认可和解协议的判决提出异议。法庭作出的拒绝认可协议的判决不进行公告，但可以对其提出上诉。债务人可以请求法院院长指定和解人作为执行经确认或者认可的和解协议的委托代理人。在发生妨碍其执行此种任务的困难时，该委托代理人应立即向法院院长或者法院提交一份报告；法院院长或者法院可以作出终止代理人任务的决定，并通知债务人。债务人也可以随时请求终止委托代理人的任务。

为了和解程序能够更顺利进行，可以设立和解人制度。和解人由法院从管理人名册中挑选，报酬由债务人支付。债务人可以推荐担任和解人的人选。为了确保和解人能独立公正履行职务，和解人不得和债务人或者债权人有利害关系。和解人主要任务是促成债务人与其主要债权人以及经常合同缔约人就旨在帮助企业脱困的协议达成一致。和解人为此可以要求债务人提供所需的各种信息，也有权知晓法院院长掌握的有关困境企业的具体情况。和解人可以就将来的破产保护程序的顺利实施、经济活动的继续、就业的维持提出建议措施。和解人任职期限一般以 4 个月为宜。应和解人请求，可以再延长 1 个月。如果在上述期限届满之前债务人与其主要债权人以及经常合同缔约人达成和解协议并向法院提交了认可和解协议之申请，和解人的任务以及和解程序均予延长，直至法院作出判决。在没有提交和解协议的情况下，和解人的任务及和解程序当然终止。为了防止债务人滥用和解程序而故意拖延必须严格限定和解程序的期间并且规定和解程序结束后 3 个月内不得开始进行新的和解程序。

(五)规定专门的破产保护程序

为了更好地为企业重组创造条件挽救有价值的企业，不应当将“停止支付”作为所有破产程序开始的必要条件。有必要针对存在导致停止支付的困难，但尚未出现停止支付的企业设立专门的破产保护程序。对于人数众多、营业数额较大要求的企业，法院在作出保护宣告的判决中应同时指定债权人代表和管理人。观察期阶段还要从企业职工中产生职工代表，从债权人中产生监督人共同参与。管理人负责制定一份能具体说明企业发生困难的原因、程度和性质的企业经济、社会和环境情况表，并分别报送债务人、职工代表、受案法院和检察院，债务人则负责制定企业保护方案的草案。企业保护方案的达成不需要债权人大会通过，只需要金融信贷债权人委员会和主要产品、服务供应商债权人委员会两个债权人委员会通过即可。债权数额超过全体供应商债权总额 3% 以上的债权人是主要产品、服务供应商债权人委员会的法定成员，其他供应商根据管理人的要求可以成为该委员会的成员。债务人必须就保护方案草案内容和上述两个债权人委员会充分沟通，并根据后者意见修改草案。金融信贷债权人委员会和主要产品、服务供应商债权人委员会在收到债务人提交的保护方案草案后 20～30 日内进行表决。企业保护方案的草案应当分析企业市场状况、可以支配的资金、企业从事活动的条件和可能性以说明企业重整前景，明确清偿债务的方式与条件，说明为了使企业能够继续从事经营活动的用工情况、用工前景和职工社会保障方面的措施；逐一列举并分析第三人针对企业的某一或者多个部门已提出的收购要约，对企业的哪些部门活动应当停止或合并提出建议。表决需经过参加投票的成员所持有的债权数额的 2/3 多数通过。如果上述两个债权人委员会或者其中之一没能通过保护方案，法院可以在观察期期限内根据管理人的请求确定新的表决时间。法院在综合各方面资料并听取债务人、管理人、债权人代表、监督人和职工代表意见后，认为保护方案充分保护了所有债权人的利益、确实可行，批准保护方案，并确定最长为10年的保护方案实施期限。批准保护方案的判决标志保护程序从观察期阶段进入保护方案实施阶段，债务人恢复全部财产处分权利。法院任命管理人或者债权人代表作为保护方案执行监督人，负责保障、监督保护方案执行、监督企业运作，为债权人集体利益提起诉讼。

（六）设立专门的快速程序

和分类处置"僵尸企业"的原则相呼应，建议在破产重整普通程序的基础上，设立专门的快速程序和简易程序。对于已经和多数债权人达成重组债务清偿一揽子协议的大型企业或者特殊企业设立专门的快速程序。对于中小企业，设立专门的简易程序以提高审判效率，消除银行、企业和债权人对于进入破产程序加重财产损耗和流失风险的顾虑。不少法院已取得了丰富的实践成果，浙江、山东和广东等地法院已经尝试简化破产案件审理，并就破产简化程序的适用范围、机构设置和审理规则等问题进行了大量的探索。应当在总结国外经验和国内司法实践的基础上，继续深化破产法理论和实务问题研究，发展符合中国实际的企业困境预防和处置法律制度。

参考文献

[1]2014年6月最高人民法院《关于人民法院为企业兼并重组提供司法保障的指导意见》。

[2]限于篇幅，对于法国困境企业法的重整程序和清算程序的研究另文阐述。

[3]因对法国司法机关设置的理解不同，有人译为"法庭庭长"，本文不作专门区分。

[4]依照法国《商法典》第L611—6条规定，债务人提交的和解申请应当包括其经济、社会和财务状况以及在资金方面的要求等方面内容。

[5]比如司法代理人、破产管理人、会计监察人等法国《商法典》第八卷规定的职业。

[6]法国《商法典》第L611—10—1条之规定。

[7]Arrêt n° 1004 du 26 juin 2007，Cour de cassation — Chambre commerciale，法国最高法院网站：https://www.courdecassation.fr/jurisprudence_2/chambre_commerciale_financiere_economique_574/arret_n_10589.html，2016-06-21。

[8]许阳：《多地摸底"僵尸企业"背后：地方经济被拖累》，《21世纪经济报道》电子版：http://epaper.21jingji.com/html/2016-01/12/content_29046.htm，2016-01-16。

[9]《清理"僵尸企业"需要断舍离》，http://finance.sina.com.cn/review/jcgc/20151013/015423454305.shtml，2015-11-16。

[10]赵毅波:《处置"僵尸企业"要多重组少破产》,http://finance.sina.com.cn/roll/2016-02-25/doc-ifxpvutf3365372.shtml,2015-11-26。

[11]Lamarche Thomas, La notion d'entreprise ,RTD com. 2006. 709s. sp. 719,no18.

[12]COMM. CE,JOCE C289,9 OCT. 1999.

[13]秦夕雅:《国家设专项奖补资金促僵尸企业退出:两年 1000 亿》,http://business.sohu.com/20160225/n438466667.shtml,2016-2-25。

[14]Comm. CE, JOCE C 288,9 oct. 1999, DICT. PERM. DIFFICULTES DES ENTREPRISES, Vis Aides financiers, no 13-c.

（本文获第二十五次山东省法学优秀成果一等奖）

作者简介

种林律师,中共党员,2012 年 12 月毕业于巴黎第二大学,法学博士,中国政法大学博士后。山东政法学院"一带一路"国别研究与协同创新中心主任,副教授,山东博翰源律师事务所研究室主任。济南市泉城特聘专家、法国外交部艾菲尔杰出奖学金获得者、中国国家优秀自费留学生奖学金获得者。曾任山东省某基层法院院长助理及某中级人民法院民二庭副庭长(挂职)。擅长公司法、债法、环境法、国际商法、金融法等领域的法律事务。全法中国法律和经济协会秘书长、副理事长,全法中国留学团体联合会副秘书长、山东省法学会经济法学研究会秘书长,山东省法学会企业重整与破产法研究会常务理事,中国欧洲学会欧洲法律研究会常务理事。2018 年以来,为多家山东企业非洲设立企业、投资(矿业、渔业)进行实地调研并出具法律意见,参与谈判并提供相关法律服务;为山东企业在欧洲收购企业(农业机械制造业、造船业)提供相关法律服务。参加二十余起重大破产案件、建筑工程案件、刑事案件处理,在法院工作期间评查上千件行政、刑事、民商事诉讼案件办案质量。在国内外一流法学期刊发表论文近二十篇,主持完成"蓝色经济区海洋生态刑事保护的对策研究""检察机关提起公益诉讼研究""供给侧结构性改革框架下僵尸企业处置法律制度完善研究""新旧动能转化背景下管理人制度改革研究""律师惩戒和维权制度研究"等省厅级课题近二十项。

第二编　刑事案件辩护意见

刘某文[①]涉嫌贪污罪案

案情简介

刘某文系济南老字号W董事长，该公司是粮油巨头Y集团济南地区独家代理商，供应了济南市场J品牌、H品牌等多个品牌粮油食品，经营网点7000余个，职工数千名，是济南市民生行业的龙头企业。

济南市槐荫区检察院于2015年3月18日将刘某文以涉嫌贪污刑事拘留，4月3日执行逮捕，6月1日侦察终结转为审查起诉。针对检察机关拟指控刘某文涉嫌“隐匿”改制资产构成贪污罪事宜，辩护人核对了公司财务资料及审计评估资料，发现了能够证明刘某文没有隐匿改制资产的相关证据，及时向检察机关做了报告与提交，并配合检察机关查明了事实真相。刘某文因此被无罪释放。

法律意见书

济南市市中区人民检察院：

山东博翰源律师事务所接受本案犯罪嫌疑人刘某文亲属的委托并征得他本人同意，指派我担任贵院正在审查起诉的刘某文涉嫌贪污罪一案的辩护人。

通过查阅本案材料及会见刘某文，现提出以下意见，供贵院在审查起诉时予以核查。

一、刘某文对其伙同孔某永涉嫌贪污的拟指控有异议

济南市槐荫区检察院济槐荫反贪移诉〔2015〕4号起诉意见书载明：“——犯

① 本书所涉及的人名和单位名称，均作简写或者谐音处理。以下不再一一注明。

罪嫌疑人刘某文在担任济南W商场(国有公司)总经理期间，于2002年7月伙同财务经理孔某永，利用各自职务便利，借济南W商场改制之机，将该公司下属公司济南L宾馆(土地及房产一处，位于天桥区四合街＊＊号)、济南F食品公司(土地一宗，位于历城区王舍人镇王舍人村＊＊号)的部分土地以及房产隐匿于改制资产之外——2008年5月刘某文将济南L宾馆天桥区四合街＊＊号土地变更至济南L宾馆有限公司名下，同年7月，该宗土地地上房屋产权过户至济南W商场有限公司；同年5月，刘某文将济南F食品公司名下历城区王舍人镇王舍人村＊＊号土地一宗过户至济南F食品有限公司名下。截止到2008年5月，济南W商场有限公司——刘某文股份占该公司51%；济南L宾馆有限公司——济南W商场有限公司占股份90%，李某占10%；济南F食品有限公司——刘某文占股份90%，李某占股份10%——原济南L宾馆名下天桥区四合街＊＊号土地及房产于2008年5月28日获得拆迁补偿款3,485,577元，该款全部转入刘某文个人公司(山东WY有限公司)账户中。原济南F食品公司名下王舍人村＊＊号土地一宗于2008年5月过户至济南F食品有限公司名下，该有限公司获得土地收益1,771,440元。通过隐匿以上两宗土地及房产，犯罪嫌疑人刘某文从中侵吞国有资产5,257,017万元——涉嫌构成贪污罪。”

辩护人多次会见刘某文，就侦查机关侦察认定的上述情形，刘某文表示与事实不符，他本人从未安排孔某永隐匿L宾馆四合街＊＊号土地及F食品王舍人村＊＊号土地，也从未指使或者授意任何人隐匿或者抽逃改制评估资产。

二、本案书证及相关财务资料证实刘某文没有隐匿资产

侦查机关以山东Z有限责任会计师事务所2002年12月12日鲁Z会字〔2002〕489号评估报告(详见卷宗材料第10卷P47-53)评估价值577.29万元作为W改制净资产依据，认为该评估报告涉及的资产范围未能包括W的全部改制资产，即刘某文与孔某永“——将济南L宾馆(土地及房产一处，位于天桥区四合街＊＊号)、济南F食品公司(土地一宗，位于历城区王舍人镇王舍人村＊＊号)土地以及部分房产隐匿于改制资产之外——通过隐匿以上两宗土地及房产，犯罪嫌疑人刘某文从中侵吞国有资产5,257,017万元——涉嫌构成贪污罪”，辩护人在查阅本案卷宗材料的基础上，对照W财务资料，证明了上述指控与事实不符。

1. 关于L宾馆四合街＊＊号土地

济南市S(集团)有限公司于1998年2月17日下发了〔1998〕济S字第6号文件《关于济南W商场对济南市L宾馆和济南市D公司实施兼并的意见》，载明“——济南L宾馆的人、财、物及债权债务，除四合街的土地房产以外，全部移

交济南 W 商场承担;四合街的土地、房产由总公司收回——"(详见卷宗材料第10卷 P136-138)。

济南市 S(集团)有限公司作为监交单位于 1998 年 2 月 22 日主导了双方财产交接,接收单位济南 W 商场对 L 宾馆资产进行了接收,各方代表均在移交明细表上盖章并由法定代表人签字,其中固定资产移交明细表注有"四合街平房"与"营业房"两项,L 宾馆财务移交明细表注有无形资产价值 13.5918 万元(详见卷宗材料第 10 卷 P1-4)。

山东Z有限责任公司会计师事务所 2000 年 12 月 31 日向济南市 W 商场出具了鲁 Z 会字〔2001〕649 号审计报告,W 全部资产无形资产汇总价值年初数 1318.3519 万元、年末数 1308.4549 万元(汇总表附注无形资产分项包括 W 商场 852.6101 万元＋N 贸易中心 442.253 万元＋L 宾馆 13.5918 万元＝1308.4549 万元)。同时,这印证了济南市 S(集团)有限公司 2000 年 6 月 30 日清查汇总结论 W 无形资产价值年初数 1318.3519 万元与上述审计报告结论完全相符,说明 1998 年 2 月 22 日 L 宾馆资产移交无形资产价值 13.5819 万元已全部进入 W 无形资产汇总价值年初数 1318.3519 万元、年末数 1308.4549 万元范围内[详见 W 财务留存的鲁 Z 会字〔2001〕649 号审计报告及山东 Z 会计师事务所鲁 Z 会字〔2000〕483 号《济南 S(集团)有限公司资产清查报告》]。

山东Z有限责任公司会计师事务所 2001 年 10 月 31 日向济南市 W 商场出具了鲁 Z 会字〔2001〕650 号审计报告,W 全部资产无形资产汇总价值年初数 1308.4549 万元、年末数 1311.4549 万元(汇总表附注无形资产分项包括 W 商场 852.6101 万元＋N 贸易中心 442.253 万元＋L 宾馆 13.5918 万元),因此,1998 年 2 月 22 日 L 宾馆资产移交无形资产价值 13.5819 万元仍在 W 全部无形资产汇总价值年初数 1308.4549 万元、年末数 1311.4549 万元范围内(详见 W 财务留存的鲁 Z 会字〔2001〕650 号审计报告)。

山东Z有限责任公司会计师事务所 2002 年 3 月 2 日向济南市 W 商场出具了鲁 Z 会字〔2002〕354 号审计报告,W 全部资产无形资产汇总价值年初数 1308.4549 万元、年末数 1311.4549 万元(汇总表附注无形资产分项包括 W 商场 852.6101 万元＋N 贸易中心 442.253 万元＋L 宾馆 13.5918 万元),再次说明 1998 年 2 月 22 日 L 宾馆资产移交无形资产价值 13.5819 万元仍在 W 无形资产汇总价值 1308.4549 万元范围内(详见 W 财务留存的鲁 Z 会字〔2002〕354 号审计报告)。

作为改制资产评估基础的财务审计,山东 Q 会计师事务所有限责任公司 2002 年 11 月 12 日为 W 改制评估出具了鲁 Q 会特审字〔2002〕地 189 号审计报告,载明 W 全部无形资产审计价值审定前 2885.2006 万元、审定后 2853 万元

(即W无形资产价值年末数1311.4549万元+2002年6月10日W兼并F食品无形资产价值1573.7457万元=2885.2006万元),进一步说明1998年2月22日移交L宾馆无形资产价值13.5819万元仍在W无形资产价值年末数1311.4549万元范围内(详见卷宗材料第4卷P275-284及审计报告资产负债表)。

山东Z有限责任会计师事务所2002年12月12日出具了鲁Z会字〔2002〕489号评估报告,评估范围和对象中载明"济南市W商场纳入评估范围的资产为该商场改制前的全部资产——无形资产评估前账面金额2853万元——上述资产负债已经山东Q会计师事务所有限责任公司审计",即该改制资产评估报告是在改制财务审计报告资产范围的基础上而作出,清楚地证实了1998年2月22日移交L宾馆无形资产价值13.5819万元一直在W无形资产价值年末数1311.4549万元范围内,不存在任何抽逃与隐匿(详见卷宗材料第4卷P257-263)。

至于L宾馆四合街**号土地,S集团是在改制资产评估后什么时间同意交给W的需进一步查实。在启动改制的山东Q会计师事务所有限责任公司2002年11月12日鲁Q会特审字〔2002〕第189号审计报告中,仍然引用了济南S集团1998年2月17日作出的〔1998〕济S字第6号文件,因该土地拟由S集团予以收回,审计资产范围中应当不包括四合街**号土地。由此可见,在W改制资产评估之前,S集团并没有将L宾馆四合街**号土地交给W。结合本案其他证据,L宾馆四合街**号土地同意留给W应当是在W改制之后,在W改制后办理所属土地过户手续时,S集团2006年4月2日向土地局、房管局出具了"证明",注有"济南L宾馆(纬三路**号)土地面积2199.5平方米及房产和天桥区四合街**号土地面积1681.8平方米及房产,济南F食品(王舍人镇王舍人村**号)土地面积3618.5平方米及房产和(北园大街**号)土地面积27335平方米及房产,以上四处土地及房产2003年改制后归济南W商场有限公司所有"的内容(详见W财务留存的证明复印件)。

综上,以2002年7月31日为基准日的改制资产审计及资产评估,W提供的财务资料是真实、完整、无遗漏的。其中涉及土地权益的无形资产数额,自始至终是连贯完整的,说明W无形资产自1998年2月22日至2002年7月31日期间的审计评估,不存在任何抽逃或者隐匿问题。L宾馆无形资产自1998年2月22日移交W至2002年7月31日财务基准日的改制资产评估,原始记载的L宾馆无形资产价值13.5819万元始终没有发生变化且在审计评估范围内。退一步讲,若该无形资产13.5819万元中涉及L宾馆四合街**号房产价值2.2966万元不包括土地价值,那么,L宾馆四合街**号土地在改制评估前根本就没有移交 W 商场；若该价值包含了 L 宾馆四合街 ＊ ＊ 号土地价值，那么，在改制过程中也根本不存在隐匿 L 宾馆四合街 ＊ ＊ 号土地资产的问题。

2. 关于 F 食品王舍人村 ＊ ＊ 号土地

济南市 S(集团)有限公司 2002 年 6 月 10 日下发了济 S 字〔2002〕20 号文件《关于对 W 商场、F 食品公司进行企业组织结构调整的实施意见》，载明“2002 年 6 月 10 日为两单位合并日——合并之日作为 F 食品公司人、财、物、债权、债务等事项的清查盘点日期，公司财务处参加财产会计事务的监交——”，F 食品公司由 W 兼并(详见卷宗材料第 10 卷 P133-135)。

济南市 S(集团)有限公司作为监交单位于 2002 年 6 月 10 日主导了财产交接，接收单位济南 W 商场对济南 F 食品全部资产进行了接收，各方代表均在移交明细表上盖章并由法定代表人签字，其中无形资产移交明细表上注有土地价值 1573.7457 万元是两宗土地价值的总和(北园大街 ＊ ＊ 号土地价值 1471.1394 万元＋王舍人村土地价值 102.6063 万元＝1573.7457 万元)，说明 F 食品无形资产价值 1573.7457 万元包含了王舍人村 ＊ ＊ 号土地价值(详见卷宗材料第 10 卷 P4-20)。

山东 Q 会计师事务所有限责任公司 2002 年 11 月 12 日为 W 改制评估出具了鲁 Q 会特审字〔2002〕地 189 号审计报告，载明 W 全部无形资产审计价值审定前 2885.2006 万元、审定后 2853 万元(即 W 无形资产价值年末数 1311.4549 万元＋2002 年 6 月 10 日 W 兼并 F 食品无形资产价值 1573.7457 万元＝2885.2006 万元)，即进入改制资产审计的无形资产价值审定前 2885.2006 万元、审定后 2853 万元中，包含了 F 食品王舍人村 ＊ ＊ 号土地价值 102.6363 万元(详见卷宗材料第 4 卷 P275-284)。

山东 Z 有限责任会计师事务所 2002 年 12 月 12 日出具了鲁 Z 会字〔2002〕489 号评估报告，评估结论载明“无形资产账面价值 2853 万元，调整后账面价值 2853 万元，评估价值 3123.53 万元，调增值 270.53 万元”，该评估结论载明的账面价值 2853 万元即调整后价值 2853 万元显然包含了 F 食品王舍人村 ＊ ＊ 号土地价值 102.6363 万元(详见卷宗材料第 10 卷 P47-53)。

需要说明的是，山东 Z 有限责任会计师事务所鲁 Z 会字〔2002〕489 号评估报告，涉及无形资产附件土地证资料中并没有 F 公司王舍人村 ＊ ＊ 号土地证资料，济南市地产交易物业估价所 2002 年 7 月 27 日《济南 F 食品国有土地使用权收购价格评估报告》，仅附有对 F 食品北园路 ＊ ＊ 号土地估价为 1310.104 万元资料，没有附有 F 食品王舍人村 ＊ ＊ 号土地估价资料(详见卷宗材料第 10 卷 P91-96)。

如果评估机构因未能见到王舍人村 ＊ ＊ 号土地证资料而导致漏评，那么，也不应当归责于刘某文，因该土地证及房产证在兼并交接时并没有移交给 W，即该土地房产 1997 年 1 月 1 日因 F 食品公司与尹某恕签订租赁合同而实际由尹某恕占有，租赁合同约定的租赁期限为 45 年，租赁期限内由尹某恕保管并使用土地证与房产证，至 2006 年 8 月 16 日刘某燕向尹某恕借用王舍人村 * * 号土地证与房产证之前，该证件一直在尹某恕处占有保管，刘某文根本没有条件也不可能“指使孔某永将 * * 号土地证从资产评估范围内抽出隐匿”，本案证据材料中收录了 F 食品与尹某恕租赁合同纠纷一案重审民事判决书，其中关于尹某恕要求返还 * * 号土地证的诉求即能够证实上述事实(详见卷宗材料第 9 卷 P90-111)。

本案中，以审计为基础的资产评估没有包含王舍人村 * * 号土地，刘某文也是被检察机关传唤后才得知的，如果评估机构因未能见到王舍人村 * * 号土地证而导致漏评，那么该 * * 号土地证及房产证均系承租人尹某恕占有保管，刘某文在 2006 年 8 月 16 日(W 会计刘某燕从尹某恕处借土地证与房产证)之前是不可能见到该土地证的，因此也就不可能存在实施抽逃与隐瞒的问题。

综上，以 2002 年 7 月 31 日为基准日的改制资产评估，W 提供的财务资料是真实、完整、无遗漏的。其中涉及土地权益的无形资产数额，自始至终是连贯完整的，说明 W 无形资产自 1998 年 2 月 22 日至 2002 年 7 月 31 日期间，不存在任何抽逃或者隐匿。F 食品无形资产自 2002 年 6 月 10 日移交 W 至 2002 年 7 月 31 日财务基准日的改制资产评估，W 接收 F 食品记载的无形资产价值 1573.7457 万元已全部进入了审计范围内，刘某文没有隐匿王舍人村 * * 号土地资产。

三、侦查机关讯问的孔某永关于刘某文指使其隐匿评估资产的证言是虚假的，明显与本案书证矛盾

卷宗材料同案犯孔某永供述“——在济南 W 商场改制期间所有上报国资委、审计评估事务所的改制资料都是国资委和审计评估事务所的人跟我联系，告诉我需要什么材料，我准备好后先向刘某文汇报，刘某文同意我提供后我才把相关资料提供给国资委和审计评估事务所——历城区王舍人村 * * 号及天桥区四合街 * * 号没有纳入改制资产——当时 W 商场是全部资产(包括济南 L 宾馆和济南 F 食品的全部资产)已经大大超过零资产改制的范畴，我跟刘某文汇报了这件事，刘某文说超出的资产就得由改制后告诉股东出钱买——让我把济南 W 商场、济南 L 宾馆和济南 F 食品的所有土地及房产明细及相应价格都提供给他，他看了后就选了两块地及房产，即历城区王舍人村 * * 号及天桥区四合街 * * 号，并跟我讲不把这两块资产纳入改制范围——没有向国资委和审

计评估事务所提供这两块资产的相关资料——”该供述是证明刘某文在改制过程中有抽逃或者隐匿 W 资产行为的唯一主观证据(详见卷宗材料第 2 卷 P33-59)。

但本案的客观证据证实,W 在改制过程中提供的财务资料是真实、完整、无遗漏的。其中涉及土地权益的无形资产数额,自始至终是连贯完整的,说明 W 无形资产自 1998 年 2 月 22 日至 2002 年 7 月 31 日期间,不存在任何抽逃或者隐匿。L 宾馆无形资产自 1998 年 2 月 22 日移交 W 至 2002 年 7 月 31 日财务基准日的改制资产评估,原始记载的 L 宾馆无形资产价值 13.5819 万元始终没有发生变化且在审计评估范围内。L 宾馆四合街 * * 号土地,至 2002 年 12 月 12 日改制资产评估之前并没有交给 W,W 就 1998 年 2 月 17 日兼并 L 宾馆及同年 2 月 22 日接收 L 宾馆无形资产价值 13.5819 万元,至改制财务审计及资产评估,该无形资产 13.5819 万元自始至终在 W 提供的资产范围内;F 食品无形资产自 2002 年 6 月 10 日移交 W 至 2002 年 7 月 31 日财务基准日的改制资产评估,刘某文代表 W 签字接收的 F 食品无形资产价值 1573.7457 万元(北园大街 * * 号土地价值 1471.1394 万元+王舍人村土地价值 102.6063 万元=1573.7457 万元))全部在审计范围内,刘某文不存在隐匿王舍人村 * * 号土地的问题。

四、评估机构未能履行法定职责

根据国务院 91 号令《国有资产评估管理办法》第十七条规定:“评估机构应当对委托单位的资产、债权债务进行全面核查的基础上,核实资产账面与实际是否相符,经营成果是否真实,据以作出鉴定。”

首先,在本案中,W 提供给评估机构山东 Z 有限责任会计师事务所 W 无形资产账目中,清楚地显示了四合街 * * 号及王舍人村 * * 号这两块土地的账面价值,完整无遗漏,因评估机构没有履行“核实资产账面与实际是否相符”的法定职责,导致“漏评”(详见卷宗材料第 10 卷 P47-53)。

再者,卷宗材料中收录的资产评估报告有资产评估结果汇总表,其中注明的无形资产账面值 2853 万元,与审计机构对无形资产“审定后 2853 万元”的结论相同,说明审计与评估依据的账面及账目记载是完全一致的,不存在证人孔某永证明“没有向国资委和审计评估机构提供这两块资产的相关资料”的问题,孔某永的证言明显与本案书证矛盾。

总之,尽管侦查机关调取了部分书证及孔某永等证言,拟证明刘某文在 W 改制过程中有抽逃隐匿国有资产的行为,但本案客观证据证实,刘某文代表 W 签字接收的 L 宾馆及 F 食品全部资产,均全部无遗漏地提交给了审计评估机构，自始至终没有安排孔某永隐匿L宾馆四合街＊＊号土地及F食品王舍人村＊＊号土地，也从未指使或者授意任何人隐匿或者隐瞒评估资产。

上述意见，敬请采纳。

律师：杜　鹃

2015年6月11日

作者简介

杜鹃律师，中共党员，毕业于华东政法学院。山东博翰源律师事务所高级合伙人，合伙人会议副主席，二级律师。曾获济南市“十佳”律师、山东省“三八红旗手”、个人二等功与全国党员律师示范标兵等荣誉。杜律师擅长刑事辩护、商事代理、公司法律服务等，曾为外资并购、资产重组、企业改制等非诉讼法律事务提供专项法律服务。兼任山东省律师协会纪律委员会副主任、济南市党代表、济南市妇联执委、济南仲裁委员会仲裁员等职。曾先后承办过2002年国内有较大影响的泰安胡建学等特大受贿案，2006年轻骑集团高管人员涉嫌贪污案，2008年胶济铁路“4·28”特大交通事故案，2016年全国政协原副主席苏荣受贿、滥用职权、巨额财产来源不明等案件。曾承办过德国西门子公司与国内企业股权并购、德国碧彩公司与国内企业资产并购、普利思集团企业改制、山水集团股权之争等非诉讼项目。

洪某成、洪某超诈骗案

案情简介

被告人洪某成、洪某超在辽宁省大连市注册有大连某置业有限公司、大连某物资有限公司等十余家公司，在大连市开发房地产项目中，长期以高额利息向他人借款数亿元，其注册的公司长期处于亏损或未经营状态。2014 年间，被告人洪某成、洪某超为了偿还欠款及高额利息，谎称在大连市花园口开发房地产及修建宾馆，要用银行汇票做抵押收购一家担保公司，可支付高额利息，先后骗取洪某某现金 1.75 亿元，洪某某索回借款 5700 万元，被告人洪某成、洪某超支付利息 1947.89 万元，至案发尚有 9852.11 万元无力偿还。

辩护意见

审判长、审判员：

山东博翰源律师事务所接受洪某彬的委托，指派高建军律师、孙发财律师担任被告人洪某成、洪某超诈骗一案中被告人洪某超的辩护人，现根据案卷材料以及庭审情况，结合现行法律及刑事政策，提出如下辩护意见，望请采纳！

一、关于本案的定罪问题，辩护人发表如下辩护意见

起诉书指控洪某成、洪某超以非法占有为目的，虚构事实，隐瞒真相，在没有实际还款能力的情况下，以高额利息为诱饵，骗取被害人洪某某巨额借款 9852.11 万元并无力归还，数额特别巨大，其行为已构成诈骗罪，不能成立。

博翰源理

1.洪某超没有诈骗的主观故意和客观行为。案卷中的证据显示得很清楚，向被害人洪某某借款的是被告人洪某成，将借款用于归还自身债务的也是被告人洪某成，被告人洪某超没有向被害人洪某某借款，被告人洪某超更没有将借款用于偿还自己的债务。对债权债务本身，被告人洪某超不是当事人，而是案外人，这就决定了被告人洪某超不可能具有非法占有的故意。无论是根据案卷中涉案人员的供述、陈述，还是涉案人员的当庭供述、陈述，被告人洪某超从来没有向被害人洪某某虚构事实、隐瞒真相。他既没有向被害人洪某某谎称过在花园口有房地产项目需要用钱，也没有向洪某某谎称过要转让担保公司需要用银行承兑汇票作担保，更没有承诺过不将银行承兑汇票兑现。最后，他没有用高息为饵，骗取被害人洪某某巨款，以致无力偿还。因为，这些钱他根本就还不着。起诉书不加区分，把洪某超、洪某成并称，这种指控与事实不符，与在案的证据材料相矛盾。

2.被告人洪某超不仅没有起诉书所列举的虚构事实、隐瞒真相、高息为饵等骗取行为，而且对于这些骗取行为不明知，对于洪某成的亏空状况不明知。在其不明知的情况下，因其为被告人洪某成记账，参与过向被告人洪某成的债权人转账而将其追诉，属于客观归罪。

根据本案最重要的知情人洪某某的陈述，他只是说过被告人洪某成谎称在花园口开发房地产项目骗其1.35亿元，谎称要转让担保公司用银行承兑汇票作担保骗其4000万元，但他从没说过被告人洪某超谎称，更没说过洪某超知情。而被告人洪某成自始至终也没说洪某超知道其从洪某某处借款，也没有说过洪某超知道所谓的虚构。被告人洪某超供述也从来没有说过自己对此知情。事实上，被告人洪某成到2014年由于债主轮流催讨，已经焦头烂额，每天都有大量的往来，洪某超只是帮他转账、记账，洪某超无法区分，也不必要区分哪些是正常借贷的钱，哪些是虚构事实骗来的钱。

另外，洪某超对于洪某成是否存在巨大亏空也不知情。公诉机关认为洪某超知情的最重要的证据是U盘，但该盘的所有人是洪某成，洪某超根据洪某成的陈述记账。根据洪某成当庭供述，洪某成有些大额的账目往来没有告诉洪某超，U盘里的数据并不是洪某成完整的账目往来。且洪某超记的是洪某成现金收支的流水账，洪某成的资产并没有在记录中显示，对于洪某成究竟有多少资产、债权或者有多少资产在他人名下，洪某超并不知情。加上洪某超不是公司的会计，不参与公司的记账，对于洪某成所控制公司的资产负债也不了解，洪某超不知道真正的资产负债，就不可能知道洪某成是否存在亏空，有多大的亏空，因而不可能知道洪某成是否是在无力归还的情况下骗取。

在直接证据都不支持被告人洪某超是明知的情况下，仅仅因为他是洪某成的弟弟，或他参与了资金往来的某些环节就将其入罪，达不到刑事案件事实清楚、证据确实充分的证明标准，属于客观归罪！

3.在所谓的骗取1.35亿与4000万银行承兑汇票的两起款项中，被告人洪某超参与的阶段、程度是有明显区分的，这一点起诉书没有注意，导致在犯罪数额上做了同一认定。

在所谓的骗取4000万中，贴现款中的39,035,460元是由贵州进泰亨建材于2014年10月30日付至大连某物资有限公司的，洪某成在确认款项到账后，通知洪某超将两张背书转让的银行承兑汇票交给万慧举。这里需要说明的是，大连某物资有限公司名义上的法定代表人是洪某超，但其是洪某成为贷款需要而决定设立的。洪某超既没有出资，对公司也无控制权，公司的实际控制人是洪某成。为了此次承兑汇票的办理，洪某成与洪某某合谋于2014年10月5日签订虚假的酒泉市洪洋商贸有限公司与大连某物资有限公司的产品购销合同，在上面法定代表人处签字的是洪某成而非洪某超。所以，证据事实很清楚，大连某物资有限公司是洪某成实际控制的，此次办理银行承兑汇票是在洪某成的控制下达成的，洪某超不过是按洪某成的指令行事。在这个过程中，洪某超接受指令取得汇票，并按指令将汇票交给万慧举是在款项打入洪某成实际控制的大连某物资有限公司账户之前，所以洪某超的介入是在款项为洪某成占有之前。

但在骗取1.35亿元中的情形就不同了。前已述及，洪某成是否虚假陈述，与洪某超无关，洪某超也未参与。接着，洪某某的打款，无论是洪某某、吴某某、洪某宝、洪某土，还是他们实际控制公司的款项，都是直接打入洪某成所有的0812个人账户，没有经过任何中间环节的转手。如果认定为诈骗，此时诈骗已遂。而洪某超所有的转账行为都是在所谓的诈骗行为完成之后，何况洪某超对款项的性质并不知情，参与转款的并不止洪某超一人。显然，将洪某超不知情、未参与的诈骗行为强加到他头上，于法于理都是不能接受的。

4.按洪某某陈述，他之所以把钱交给洪某成，是因为受到洪某成的欺骗，但洪某某说法的真实性是有相当大的疑问的，是不能排除合理怀疑的。

洪某某说1.35亿元是洪某成谎称房地产项目骗取的，4000万元是谎称转让担保公司需要汇票作担保。对于1.35亿元，洪某成于2015年9月23日便说“我说我要用钱，他就借我了”，否认虚构事实，当庭继续坚持此说。究竟谁说得更符合事实？我们知道，洪某某、洪某成都做房地产生意，都应该知道房地产行业利润率10%算可以，15%很高，20%就高得离谱了。事实上，2015年上半年，万科、绿地、保利、招商地产的平均净利润率不过8.4%，小房企可想而知。而洪某成给洪某某的利息以年利率算高达25.2%，洪某成以做房地产项目向洪某某借钱，给的利息比房地产净利都高，洪某某会相信吗？换句话说，洪某成会蠢到编这个谎话吗？所以，洪某某借钱给洪某成，不为别的，就为高息。至于洪某成拿钱干什么，他并不关心，洪某成也没必要谈，这个虚构应该不存在。

再看4000万元的银行承兑汇票，这里面有一个重要事实，汇票是2014年10月29日从浦发酒泉银行办出，但就在这之前10天左右，也就是2014年10月17日至10月21日之间，洪某成打给洪某某4500万元。按洪某某的陈述，办这个汇票是因洪某成要转一家担保公司，需要4000万元的银行承兑汇票抵押。那这里就有个问题：还有比现金更好的抵押物吗？如果真的需要抵押，洪某成完全可以不把4500万元打给洪某某，直接办张存单质押就好了，何必这么大费周折地把钱给对方，对方办了银行承兑汇票再给我，何况还要扣掉近100万元的费用，有必要这么做吗？而且，在办理银行承兑汇票的手续中有一份作为基础材料的购销合同，一方为酒泉市某商贸有限公司，盖有公章且有洪某某的签字；一方为大连某物资有限公司，盖有公章且有洪某成的签字，合同签订的日期为2014年10月5日。就是说，在洪某成给洪某某4500万元之前就在为汇票做准备了。这更是何必呢？有4500万元的现金，还要汇票干吗？

案卷材料显示，洪某某办的这笔汇票需要提供50%的保证金、50%的抵押物，事实上，洪某某用了2000万元存单、部分房产作担保办理了汇票。也就是说，洪某某收了洪某成4500万元，但是存2000万元，就可以给洪某成办理4000万元的汇票，相当于洪某某不但向洪某成出借了4000万，而且额外获取了2500万元的流动资金。显然，这个做法更符合洪某某的利益，其动议人应该是洪某某，而不是洪某成。所以，洪某某所说洪某成为转包担保公司而请求洪某某为其办理4000万元的承兑汇票不符合情理，所谓的虚构事实不能成立。

5.起诉书指控洪某成、洪某超无力归还借款金额为9852.11万元，以此认定犯罪数额，缺乏法律依据。

根据洪某成、洪某某的往来流水，2014年间，洪某某向洪某成借款共计1.75亿元，洪某成向洪某某返还本金9700万元，支付利息1981.84万元(公诉机关指控的是1947.89万元，辩护人是根据卷28洪某某借款及利息补充说明中第42页的洪某成偿还洪某某的借款利息算出此金额)，以此计算无力归还的借款金额是5818.16万元，而不是起诉书指控的9852.11万元。形成这个差额的原因在于起诉书称4000万元是返还过去的借款，但这一点并无书证予以支持。实际上，洪某成给洪某某所打欠条中有3000万元是在2014年6月3日之前还款，4500万元没有还款期限，7000万元是在2015年2月14日前还，即至少4500万元可随时催收，3000万元是要在2014年6月3日之前还，而洪某成于 2014 年 6 月还款 500 万元，2014 年 8 月还款 2500 万元，2014 年 9 月还款 1000 万元，都可以对应这些借款，并不能说这就是在归还以前的借款。

更重要的，根据《最高人民法院关于审理诈骗案件具体应用法律的若干问题的解释》第九条规定："对于多次进行诈骗，并以后次诈骗财物归还前次诈骗财物，在计算诈骗数额时，应当将案发前已经归还的数额扣除，按实际未归还的数额认定。"按这一司法解释，案发前已归还的数额是应当扣除的，只能按最终实际未归还的数额认定。这样，2014 年诈骗总金额为 1.75 亿元，实际归还本金 9700 万元，支付利息 1981.84 万元，都要相应扣减，而不是按被害人意图，将实际归还的数额认定为 5700 万元。这样认定，既不符合司法解释，也对被告不公平。

综上所述，起诉书对洪某超的指控无论是在诈骗犯罪主客观认定、共同犯罪认定、犯罪数额认定上都存在偏误。依现有证据，不足以认定被告人洪某超为诈骗共犯，并据此定罪量刑。

二、关于本案的量刑问题，辩护人发表如下辩护意见

1. 辩护人同意公诉人对于被告人洪某超在共同犯罪中属于从犯的认定。需要说明的是，被告人洪某超作为从犯，只有帮助行为，基本没有参与造意与实施，在整个犯罪过程中所起的作用较小。另外，被告人洪某超没有因此诈骗行为获得任何利益，也没有将诈骗的金额用来偿还个人债务以及个人消费，有别于分赃型的诈骗共犯。

2. 被告人洪某超在被告人洪某成因涉嫌诈骗罪于 2015 年 2 月 8 日被刑事拘留后，就于当天主动到公安机关如实供述自己所知道的案件事实，积极配合公安机关查清案件情况，其被采取取保候审强制措施是在 2015 年 2 月 11 日，其行为属于主动投案、如实供述，依法构成自首。

公诉人认为被告人洪某超前期虽如实供述，但后期以及庭审过程中存在不如实供述的情况，但事实上在本案的关键情节上，洪某超供述基本属实。如其对于虚构事实、隐瞒真相骗取被害人洪某某款项的过程，其在供述中一直强调其没有参与，并不知情；被告人洪某超对于按照被告人洪某成的指示进行相关的转账行为，并将被告人洪某成的部分账目往来情况记录在 U 盘之内的事实，对于其参与了承兑汇票的转交，一直予以承认；对于被告人洪某成的资产负债情况，被告人洪某超是确实不知情的，这一点在庭前和庭上洪某超都是这样陈述的，只是由于侦查人员一直强调其对于洪某成的资产负债情况知情，导致了洪某超对此问题的供述出现了不稳定的情况。被告人洪某超在庭审过程中对于上述情况都做出了如实的供述和澄清。因此，被告人洪某超应当被认定为自首。

综上所述，如果法庭认定洪某超构成诈骗罪，其具备自首和从犯两个法定的从轻、减轻情节，望法院在对被告人洪某超定罪量刑时予以充分的考虑。

以上意见供合议庭参考。

辩护人：高建军　孙发财

2016年3月29日

作者简介

孙发财律师，中共党员，2014年6月毕业于西北政法大学，获法学硕士学位。山东博翰源律师事务律师，三级律师。孙律师擅长刑事辩护涉及的法律事务，执业后先后为近百余起刑事案件嫌疑人、被告人、被告单位担任辩护人，具有较强的刑事法学的法学理论功底，其对待工作高标准、严要求，工作作风扎实、严谨，具有较强的沟通能力和业务研究能力。

易某涉嫌非法买卖弹药罪案

案情简介

2016 年至案发，被告人易某通过 YIFQING 微信号（昵称为“AAA 精品”）向他人出售气枪配件及铅弹，共计 18,984 发。平阴县人民检察院以平阴检公刑诉〔2017〕212 号起诉书指控易某犯非法买卖弹药罪，于 2017 年 11 月 2 日向平阴县人民法院提起公诉。

辩护意见

审判长、审判员：

山东博翰源律师事务所接受易某的委托，指派本律师为被告人易某提供辩护。辩护人接受指派后了解了相关案情、多次会见了被告人易某，认真查阅了相关案卷，现结合法庭调查及有关证据，依据事实和法律发表如下辩护意见：

一、公诉方指控被告人易某构成非法买卖弹药罪，辩护人认为，该指控不能成立

不成立的理由如下：

1.（济）公（刑）鉴（视听）字〔2017〕07 号声纹鉴定意见书和（济）公（刑）鉴（视听）字〔2017〕5 号声纹鉴定意见书应不予认可，依法排除。

鉴定的前提条件需要“鉴真”，即送检的检材必须真实。案卷中没有材料说明在扣押的易某两部手机中发现有微信聊天语音，所以可以排除易某的手机中有与柯某、徐某的微信聊天语音，根据（济）公（刑）鉴（视听）字〔2017〕07 号声纹鉴定书所述：办案民警在犯罪嫌疑人柯某手机中提取微信语音 5 段，送检检材存储在光盘（ST-2017-07-01）内，但办案民警如何将录音提取到光盘内，提取是否合法，提取过程中是否破坏了语音文件，柯某手机保管是否完善均不得而知。案卷中犯罪嫌疑人徐某与“AAA 精品”的微信聊天截图共 12 张，微信语音 15 段，但根据（济）公（刑）鉴（视听）字〔2017〕5 号声纹鉴定意见书所述：送检检材为储存在光盘（ST-2017-5-1）内的 12 段音频文件，据此可以说明有 3 段语音没有送检，原因不得而知，无法排除作案者另有其人的合理怀疑。若检材不能保证真实性，那么鉴定意见就没有任何意义。

根据徐某、柯某等被告人的讯问笔录可知，他们没有 个人见过交易者本人，与其通电话也不接，余某春的笔录中也有“对方十分小心，一般不回话”的叙述。由此可知，卖方是个极为谨慎的人，具有一定的反侦查能力，这样一个心思缜密的人发送微信语音时不大可能用自己的原声，大概率会用到变声器等设备。辩护人在会见被告人易某时，向其详细询问了有关被告人柯某和徐某的手机微信中语音的问题，被告人易某明确表示这些语音确实不是出于自己之口，与其无关。在两份语音同一性鉴定意见书上，被告人易某也都拒绝签字。易某向辩护人透露，因为语音鉴定的问题，办案单位提审其三四次，每次提取五六十条语音，样本数量并没有鉴定意见书中所述的那么少，鉴定后仅有部分样本与检材匹配。

辩护人认为，（济）公（刑）鉴（视听）字〔2017〕07 号声纹鉴定意见书和（济）公（刑）鉴（视听）字〔2017〕5 号声纹鉴定意见书因检材的提取是否合法、保管是否完善等问题无法排除合理怀疑，应不予认可，依法排除。若合议庭认为检材没有问题，能够确保真实性，那么我方申请重新鉴定。

2. 微信号“YIFQING”和“LIQIANGHAO2018”在不同时间段的实际使用人不能确定。

被告人易某经营 YS 快递公司。自公司成立之日，就开展了代收业务，服务对象多为一些开设网店或微商的个体户或其他组织，为了提高网上买家对他们的信任程度，需要借用快递公司的账户进行转账结算。代收业务的双方因需要经常查账核对款项并结算，有的客户只需要公司银行卡号，盖公司行政章；有的客户却必须要公司微信号绑定公司银行卡。被告人易某为方便客户结算代收款事项，根据客户需求，令手下员工注册了多个微信号或 QQ 号给客户，并绑定了不同银行卡。客户可以随时登录微信并随时转账收款（为方便记忆，支付密码全部为数字键盘前两列 147258）。上述代收业务的这种模式虽然存在巨大风险，但为了招揽客户，YS 物流有限公司在宜宾八县两区的加盟商都是这样操作的，上述事实合议庭完全可以去调查。涉案的两个微信号“YIFQING”和“LIQIANGHAO2018”全都是因开展代收业务而注册的微信号，都曾给代收业务客户登录使用过，甚至还不止一位客户，且根据余某春第一次讯问笔录第 4

页所述:“经过我查询我手机支付宝记录,对方户名叫于某涛,农业银行的账号的尾号是9172”就完全可以印证这一点,也就是说真正的犯罪嫌疑人完全有可能就是利用他人微信号及银行卡来实施犯罪,躲避追捕的。以微信号“YIFQING”的注册人为被告人易某及绑定尾号“11084”的工商银行卡交易记录就认定此微信号上有关气枪铅弹的交易行为系易某所为,与事实不符,无法排除合理怀疑。

3.寄送邮件过程存在疑点。

根据被告人柯某、徐某等的讯问笔录,从最早的柯某自2016年四五月份开始,这些买家与微信号“YIFQING”成交的笔数不下十几笔,需要发出大量的邮件。而易某在2016年11月之前是很少到公司的,基本属于“甩手掌柜”,其没有寄送大量邮件的客观条件。退一步讲,就算是易某寄送的或者说是委托他人寄送的,其公司员工不可能没有印象(YS快递一般寄送大件物品,根据余某春、徐某等人的笔录可知,其收到的货物都是小包装),但在陈某龙、申某兰等员工的询问笔录中均没有提及此事。

4.在被告人易某的住所、公司和车内没有搜到任何铅弹或模具。

根据侦查人员在对易某的YS快递店、住所以及车辆(川QXY006)搜查笔录可知,侦查人员未搜到一颗气枪铅弹及任何与制作铅弹有关的模具等物品。根据余某春的讯问笔录,其向微信号“YIFQING”还购买过铅弹模具,如此大数量的气枪铅弹及制作材料不易隐藏,一定有迹可循,但办案机关却没有任何证据予以证实。这也从侧面证实了易某不是本案罪犯的事实。

5.王某胜存在重大嫌疑。

根据被告人易某的讯问笔录,其与王某胜第一次见面是在2016年四五月份,与被告人柯某笔录中与微信号“YIFQING”的第一笔交易时间吻合。王某胜在易某的YS快递公司办理代收业务后,必然掌握了公司的一个微信号,且在业务开展期间,王某胜和同行人员丁某也邮寄过大量小件包裹,2017年3月还被查出有一件货是铅弹。种种迹象表明,王某胜属于本案的关键性人物,存在重大作案嫌疑。被告人易某也曾向翠屏公安局提供过王某胜的身份证复印件和银行卡复印件,此人不可能是虚构出来的。若王某胜不到案就定易某之罪,必然无法排除一切合理怀疑,达到内心确信的程度。根据疑罪从无的原则,应判决被告人易某无罪。

二、若合议庭认为被告人易某有罪,辩护人认为本案基准刑定为十年有期徒刑或以下为宜

根据《人民法院量刑指导意见(试行)》,量刑的基本步骤为:首先,根据基本

犯罪构成事实在相应的法定刑幅度内确定量刑起点；其次，根据其他影响犯罪构成的犯罪数额、犯罪次数、犯罪后果等犯罪事实，在量刑起点的基础上增加刑罚量确定基准刑；最后，根据量刑情节调节基准刑，并综合考虑全案情况，依法确定宣告刑。

根据我国《刑法》第一百二十五条之规定："非法制造、买卖运输、邮寄、储存枪支、弹药、爆炸物的，处三年以上十年以下有期徒刑；情节严重的，处十年以上有期徒刑、无期徒刑或者死刑。"

本案中，起诉书指控易某涉嫌买卖的铅弹数量为 18,984 发，根据《最高人民法院关于审理非法制造、买卖、运输枪支、弹药、爆炸物等刑事案件具体应用法律若干问题的解释》第二条的规定，属于情节严重的，量刑起点为十年以上。一般来说，基准刑还应该在起点上根据增加的颗数再适度增加相应的年数。但是，辩护人认为公诉机关指控的气枪铅弹数量远高于实际数量，且本案所涉的子弹为气枪所用铅弹，其与一般意义上的子弹有本质区别，所以本案的基准刑，仍应以十年甚至于低于十年来确定为宜。

1. 买家实际收到的气枪铅弹数量与约定的数量相差巨大，且质量较差。

根据柯某、余某春等人的讯问笔录可知，每次收到的气枪铅弹数量都与预定数量相差巨大，且有些铅弹的质量很差，甚至无法使用。办案单位现场搜查到的气枪铅弹数量也远少于柯某、余某春等人供述的数量，上述买家供述对此给出的解释为有些铅弹已经打完了，或被孩子弄丢了。基于此，本案对买卖气枪铅弹具体数量的认定只有被告人柯某、余某春等人的口供，属单一证据，并且口供中也为大概数字，含混不清，不可能最后具体到个位数，不足为信。但有一点可以确定，就是每次交易的铅弹数量会比约定少很多且质量很差，在多人的供述中均提到了这一点。辩护人认为，本案罪名是以数量量刑的，在涉案铅弹数量的问题上一定要慎重，应以办案人员实际查获扣押且经有关部门鉴定为合格的铅弹数量为准。办案单位应当对涉案铅弹的质量和性能进行鉴定，计算残次品数量，得出科学鉴定意见。本案买卖气枪铅弹的具体数量应综合考虑到差额率和残次率，采用统计学方法合理计算得出，而不应只是单纯根据几名被告人的口供简单相加得出。由于没有采用科学有效的计算方法，起诉书指控的买卖铅弹的数量必然远高于实际数量。

2. 气枪铅弹的所用材料、制造工艺条件、制造难度等方面和火药为动力的子弹完全不同。

铅弹的主要原料是铅丝。这个原料可以说在五金市场随处可买，也是作为日常生活必备品而存放的。不像一般的子弹所用的火药属于危险品，购买难度大，而且很危险。

在制造工具上，也不需要复杂设备，不需要专业人员，只要购买一个小熔炉和一个模具，把铅丝烧化浇进模具即可。可以说是五分钟培训即可毕业出师了。铅弹的以上特点使得不管是制造成本还是便利性都是与一般的子弹有巨大差异的。在我国，枪支弹药管制异常严格，私人持有视为不合法，本案所涉的铅弹天生具有多发性犯罪的基因。

3.气枪铅弹的用途、杀伤力和社会危害性与一般子弹相比差别巨大。

一般子弹令人致命，这个大家都有共同的认知，但是铅弹一般用来打鸟或野兔等体积较小的动物。当然，对于没有用气枪打过鸟的大多数人而言，气枪的杀伤力到底多大，可能还都很陌生。辩护人从网上搜索了两个案例，可以让大家对此有个大概的了解。

第一个是 2011 年 11 月 12 日搜狐教育网上刊登的文章，标题为："小学生六楼阳台持仿真气枪狙击行人。"文中报案人马女士如此叙述："子弹打我身上时保安看见了，幸亏我穿着厚棉背心。小孩不懂事，家长应管好小孩，像气步枪不应让孩子拿着打人。"

第二个是在 2017 年，阳朔一名醉汉因嫌广场舞音响太吵，在距离球场四五十米远的一栋房子里向跳舞的大妈射击，造成人员受伤，后经法医鉴定，伤者均为轻微伤。

从这两个案例来看，气枪铅弹的杀伤力和子弹是不能相提并论的。不然，被打到的人不可能只是轻伤那么简单，基本应该是当场毙命了；如果瞄准致命部位，那至少也可能是致残、致死的。但是，这显然应当就此将铅弹和一般子弹在社会危害性上作较为原则性的区别。

4.本罪的严苛程度超出百姓或一般人员的思想认知。

我国管控枪支严苛是众所周知的，在一般人的意识里，气枪的危害性必然轻于一般枪支；弹药的危害性轻于枪支，铅弹就属于危害性最低的。前些年查的没有这么严格时，许多人都用气枪打过鸟、野鸡、野兔等，所以在社会大众的意识中，甚至都搞不清楚持有气枪算不算犯罪，搞不清楚买卖铅弹算不算违法。

辩护人认为，在老百姓普遍思维如此的情况下，刑法处罚将本罪轻于一般的火药子弹区别对待，也更符合老百姓的通常认知，会有相对更好的裁判效果。

5.最高法院曾以个案核准的方式确认了铅弹的特殊性。

同样是气枪铅弹，按现有法律规定，制造买卖一千颗的话，可能量刑为三四年，甚至可以缓刑。但是如果是走私的话，按刑法及最高人民法院司法解释：属情节特别严重，是要判处无期徒刑或者死刑，并处没收财产的。

《楚天都市报》等多家媒体曾转载了《法制日报》（现为《法治日报》）的一篇文章，文中所述，武汉一名高级工程师在基于兴趣的情况下从美国邮寄了

1000 颗铅弹，在没有任何减轻处罚情节的情况下，武汉中院却最终在法定刑下量刑，判处其有期三年缓刑三年，并且经最高法院裁定核准了。为什么法定刑和最后的宣告刑两者悬殊如此之巨大，中院和湖北省高院及最高法院无非也是考虑到铅弹与一般子弹的区别而已。

辩护人认为，最高法院对此案件的核准，实际上也是提示各法院在对铅弹的判刑上要加以区别对待。本案也完全可以借鉴此判例，在十年以下从轻确定基准刑。

综上所述，辩护人认为本案存在诸多疑点，有许多矛盾之处，无法排除合理怀疑，被告人易某无罪。本案被告人易某曾因盗窃罪服刑四年有余，出狱后改过自新、发奋图强，响应国家号召自主创业，积极融入社会，加盟 YS 快递公司，成为一名实业派，恳请合议庭查明案件事实，慎重定案。若合议庭认为被告人易某有罪，请综合考量各种因素，对其从轻处罚。

辩护人：李　凯

2018 年 2 月 24 日

作者简介

李凯律师，中共党员，2014 年 7 月毕业于海南大学，获学士学位，山东博翰源律师事务所执业律师，商河县沙河镇中心小学法治副校长。李律师擅长公司、合同、建筑工程等民商领域的诉讼和非诉讼法律事务以及刑事诉讼领域的法律事务。李律师在公司合同纠纷、民商与企业破产清算等律师实务中代理过众多案件，均取得了良好的效果。李凯律师为故意伤害致人死亡案被告人于某乐依法辩护，争取到判处其有期徒刑的结果。

张某某涉嫌合同诈骗罪案

案情简介

被告人张某某涉嫌合同诈骗罪一案，共经历一审、二审、重审一审、重审二审四次审理。杨润刚律师作为其辩护人参与了全部诉讼程序。某人民法院于2017年11月24日作出一审刑事判决，判处被告人张某某有期徒刑14年，并处罚金人民币10万元，犯罪所得270万元予以追缴，退赔被害人韩某某。某中级人民法院于2018年8月1日作出二审刑事裁定书，以原判事实不清，证据不足为由发回重审。重新审理后，某人民法院于2018年12月29日作出重审的一审刑事判决，以被告人张某某犯合同诈骗罪，判处有期徒刑14年，并处罚金10万元，犯罪所得270万元予以追缴，退赔被害人。某中级人民法院于2019年6月21日作出重审二审刑事裁定书，撤销原刑事判决，发回重审。后某检察院作出《不起诉决定书》，张某某无罪释放。

重审二审辩护意见

尊敬的审判长、审判员：

我是上诉人"张某某合同诈骗案"（重审二审程序）中张某某的辩护人。张某某合同诈骗案，经历了某人民法院作出一审有罪判决、贵院二审以"事实不清，证据不足"为由裁定"撤销原判，发回重审"、某人民法院再次以原有证据作出再审一审的有罪判决。本案历经三次审理后，再次来到贵院，我希望并相信贵院能本着"以事实为根据，以法律为准绳"的法律原则，本着司法人员应有的良知审判本案，纠正一审错误判决，改判上诉人张某某无罪。

辩护人认为，本案历经三次审判，尽管一审判决认定的案件事实仍存在若干错误之处，但客观审视全案证据，仍可以发现本案的真实情况。为使法庭更好地了解本案事实，辩护人在阐述辩护理由之前，先根据本案控辩双方所提交的证据材料，将本案事实进行梳理，也可使法庭方便与检察机关的起诉书指控事实和一审判决书认定事实作出比较，更准确地认定本案事实。故本辩护意见书的内容将分为四个部分，即第一部分——本案基本事实梳理，第二部分——张某某的行为不构成合同诈骗罪，第三部分——一审判决应该撤销的理由，第四部分——辩护人的诉求。这个表达方法有点不同寻常，还请法庭谅解。

第一部分　本案基本事实梳理

一、张某某与韩某某的股权转让是完全合法的民事法律行为

张某某是重庆人，早年在湖北省某县收购了一家煤矿，后改名为“某煤矿有限责任公司”(以下简称煤矿)，自任公司董事长，并将股权分配给家人持有。至2011年8月8日时，公司经工商登记的股东有4人，股权结构为：张某某45.6%，易某某(女婿)20%，张某(儿子)20%，张某兵(侄子)14.4%。其时，煤矿因为进行技改(由年产3万吨改为年产9万吨)处于停产状态。

2011年初，张某某考虑到自己年纪已大，身体不好，子女辈们缺乏经营煤矿的经验，决定通过对外转让股权的方式引进投资人共同经营煤矿，遂以煤矿的名义在互联网上发布了招商信息，信息中包含了“企业属独资企业”“可采储量360万吨”等内容。2011年2月，山东省某市人韩某某带人到煤矿来考察，与张某某洽谈收购煤矿股权事宜。经过半年考察后，同年8月8日，韩某某及王永某(韩某某表哥)与张某某签订了《煤矿资产出售合同》(以下简称合同)及《补充条款》(以下称补充条款)。合同约定的主要内容包括：(1)煤矿资产为6800万元，张某某以3468万元将51%的股权转让给韩某某，付款时间为2011年8月30日前；(2)张某某应于合同签订后7日内与韩某某办理资料交接，6个月内完成工商、税务变更登记。补充条款则约定，因正进行技改，只能提供采矿许可证、营业执照、税务登记证、矿山储量资源核查报告，储量以核查报告为准。

合同及补充条款签订后，经张某某任命，韩某某带来的王永某担任法定代表人兼总经理、葛某某任常务副总经理、郑某某担任副总经理、李志某负责财务工作，另外还有许某等人即在煤矿上班履行职责(其中，葛某某、郑某某在公安机关调查时不承认是韩某某带来的)。

但是，韩某某在付款2470万元后未再支付余款(后来了解到系因韩某某涉嫌犯罪被公安机关调查)。2011年11月23日，张某某、韩某某为此签订了《投

资变更的补充条款》，约定：经双方同意暂缓营业执照等相关手续的变更，张某某同意韩某某在2012年1月20日补足应投煤矿建设资金，在此期间由张某某垫付；韩某某到期不能支付资金，将从已付资金中扣除。但到了2012年初，韩某某不仅未补足资金，反找张某某退股退钱，张某某不同意，但同意帮其借款。2012年4月，经张某某之子张某介绍，苏某同意借钱给韩某某。为此，韩某某与苏某签订了借款协议。协议约定：苏某借款1000万元给韩某某，月息20‰，并承担违约金；如果韩某某到期不能归还，则从韩某某投资款(股权转让价款)中扣除。韩某某另外出具了承诺书。公司股东会决议由公司为韩某某担保，并签订了担保协议。韩某某收到了苏某借款1000万元。

2013年7月25日，煤矿技改完成通过验收，技改资金均由张某某个人筹措支付。技改完成后，煤矿实际总投资达到8920万元。因韩某某仍未补足资金，其实际支付的股权转让价款(投资款)仍然只有2470万元，占煤矿总投资的比例从51%(对应3468万元)下降为27.7%(对应2470万元)。

韩某某向苏某的1000万元借款到期后，韩某某未予偿还。为解决韩某某向苏某还款问题，韩某某遂与各方于2013年7月18日按约定签订文书，将借款1000万元及利息和违约金500万元，总计1500万元从韩某某的投资款中扣除(即用韩某某的投资抵付)，用于偿还苏某借款及利息和违约金。扣除后，韩某某的实际投资余额为970万元，占股10.9%(970万元占8920万元的比例)。为此，韩某某与各方分别签订协议，由张某某以16.8%(1500万元占8920万元的比例)的股权抵付的方式代为偿还，即由张某某转让16.8%给苏某。具体操作时，系从张某某名下让出2.4%，从张某某的侄子张某兵名下让出14.4%。苏某则指定由王某某受让。随后，各方办理了工商变更登记，张某某名下2.4%、张某兵名下14.4%股权转移登记到了王某某名下，至今仍由王某某持有。韩某某因被公安机关调查，不愿将余下的10.9%的股份由自己持有，遂与张某签订代持协议，将10.9%的股份由张某代持。

至此，煤矿的注册资本金为5000万元，资产总值8920万元，股权结构为：张某某32.3%，张某兵0%，易某某20%，王某某16.8%，韩某某10.9%(从张某某持股中减出，由张某代持)。其时，煤矿正常经营，后因环保问题被当地政府纳入了关停范围而停产。

从上述事实可以看出，张某某和韩某某之间的股权转让行为，完全符合股权转让的法律规定，是地地道道的、合法合规的民事行为。韩某某受让股权的比例，以支付资金额度占煤矿资产总额的比例为标准，并随着韩某某支付资金额度的减少和煤矿资产总额的增加而调整。韩某某将其股权委托张某代持而成为隐名股东，亦符合公司法的规定。

二、张某某合法的股权转让行为被当作合同诈骗犯罪被追究

2013年10月18日，身在家中的张某某突遭山东省某市公安局经侦大队警察抓捕，随后被押回某市关押。10月19日，张某某被以诈骗罪刑事拘留。张某某被抓，是因为某市公安机关在办理一起涉及韩某某的挪用某公司公款案件中，认为韩某某投入煤矿的股权投资款2468万元系挪用公款所得，并进而认定系被张某某诈骗。某市公安局和检察院认定张某某诈骗金额达3468万元（即协议股权投资款总额），实际诈骗2555万元（即韩某某实际支付给张某某的资金总额，含韩某某汇给其财务人员李志某的85万元）。

2013年10月22日，张某某家人按公安机关要求筹措了1200万元汇入办案人员指定个人账户。当日，某市公安局为张某某办理了取保候审手续，张某某被释放。据检察机关提供的材料，某市公安局将该1200万元分别支付给某工贸有限公司499万余元，山东某律师事务所110万元，某机械制造有限公司590余万元。

2016年4月，张某某找到某市公安局，要求退还1200万元。

2016年5月9日，张某某被某市公安局监视居住；2016年8月12日，张某某被移送某市人民检察院审查起诉；2016年9月7日，某市人民检察院将张某某向某市人民法院移送起诉；2017年11月24日，某市人民法院作出一审判决，以合同诈骗罪判处张某某14年有期徒刑，并处罚金10万元，追缴270万元犯罪所得；2018年8月1日，某市中级人民法院以事实不清，证据不足为由，裁定撤销一审判决，发回重审；2018年12月29日，某市人民法院再次以合同诈骗罪判张某某14年有期徒刑，并处罚金10万元，追缴270万元犯罪所得。

上述事实的叙事方式，虽然与起诉书和判决书不完全一致，但均有检察机关和辩护人举示的证据为证，并无一丝虚假。

第二部分　上诉人张某某的行为不构成合同诈骗罪

判断上诉人张某某的行为是否构成合同诈骗罪，离不开对法律规范的考察以及以法律规范为依据来评价行为人的行为。

一、上诉人张某某的行为不符合合同诈骗罪的构成要件

我国《刑法》第二百二十四条是关于合同诈骗罪的规定，条款中规定了合同诈骗罪的罪状和构成合同诈骗罪的五种行为。

对照本案事实，张某某的行为不符合合同诈骗罪的构成要件：

1.张某某没有非法占有的行为

《刑法》第二百二十四条之“非法占有”，是指没有合法依据而取得他人财产或对他人财产实施控制。

张某某占有、控制韩某某支付的资金，有合法依据。

第一，根据张某某和韩某某签订的《煤矿资产出售合同》，韩某某有合同义务向张某某支付3468万元(实际只支付了2470万元)，张某某有权占有、控制韩某某支付的3468万元(实际收到2470万元)。

第二，根据韩某某和苏某签订的借款协议及韩某某签订的承诺书，及张某某以自己和张某兵的16.8%的股权代韩某某偿还借款的事实，张某某有权占有、控制韩某某剩余股权投资款970万元。

相反，本案中明显是韩某某违反合同约定，未在约定时间内足额支付股权转让价款，并且在韩某某明确表示无力支付剩余股权转让价款的情况下，张某某同意变更合同约定，以满足韩某某的要求。双方股权转让行为是合法行为，是应受到法律保护的行为，张某某的行为是“合法占有”，而不是“非法占有”。

2.张某某没有非法占有的故意

从一开始，张某某就是以股权换取对价，而不是心存非法占有他人财产的故意。在煤矿总资产为6800万元时，张某某以51%的股权为对价换取韩某某3468万元；在煤矿总资产增加到8920万元时，张某某以36.32%的股权为对价换取韩某某2470万元；在韩某某以16.8%的股权(从张某某、张某兵的份额中让出)归还1500万元借款本息后，张某某以10.9%的股权为对价换取韩某某970万元。

特别要强调的是，如果张某某已经“非法占有”了韩某某的财产，他又为韩某某借款1000万元，并以自己及张某兵的16.8%的股权为韩某某还债，这又是如何体现张某某“非法占有”的故意呢？

3.张某某转让股权的行为未侵犯任何社会主义市场秩序

张某某以自有和家人所有的股权换取股权转让价款，是符合民法通则、合同法、公司法的行为，是符合社会主义市场秩序的应受法律保护的行为。相反，韩某某不履行合同约定义务，才是破坏社会主义市场秩序的行为，才是不应受到法律保护的行为。追究张某某的法律责任，是颠倒了是非。

二、上诉人张某某的行为不属于《刑法》第二百二十四条第(五)项的“兜底”条款

《刑法》第二百二十四条规定的合同诈骗罪的罪状为“以非法占有为目的，在签订、履行合同过程中，骗取对方当事人财物”，五种行为分别为“以虚构的单位或者冒用他人名义签订合同的；以伪造、变造、作废的票据或者其他虚假的产权证明作担保的；没有实际履行能力，以先履行小额合同或者部分履行合同的方法，诱骗对方当事人继续签订和履行合同的；收受对方当事人给付的货物、货款、预付款或者担保财产后逃匿的；以其他方法骗取对方当事人财物的”。在五种行为中，前四种是明确的，第五种则是“兜底”条款。根据《刑法》第二百二十四条的规定，没有具体的行为指向，也就没有罪状的认定。

辩护人在此处强调张某某的行为不属于《刑法》第二百二十四条第（五）项的“兜底”条款，是因为在本案起诉书和判决书中，适用的法律都只有笼统的第二百二十四条，而未指明该条第几项。很明显，张某某的行为不属于《刑法》第二百二十四条第（一）（二）（三）（四）项规定的行为，因为公司是真实存在并且现在仍然合法存在的，股权是真实存在的，韩某某是取得了股权并参与煤矿经营的，张某某并没有获得韩某某资金逃跑、藏匿。唯一可能的就只有第（五）项的“兜底”条款了。但起诉书和判决书都没有指明适用第（五）项，实际上，“兜底”条款的适用也不是由一级检察机关和法院有权直接适用的。从以往的刑法解释来看，对“兜底”条款的适用，都是由最高人民法院采用司法解释的方式解释。起诉书和一审判决书未指明本案应适用《刑法》第二百二十四条的第几项，正可反证张某某的行为不属于《刑法》第二百二十四条的任何一项行为。

第三部分　一审判决应该撤销的理由

辩护人认为，某市人民法院的一审判决应该撤销。

查看一审判决书，长达 32 页的篇幅，基本上是重复原一审判决书的内容，判决理由则只有不足 1 页。辩护人将这不足 1 页的判决理由进行归纳、提炼，不难发现，所有判决理由均不能成立。

一、判决书关于“张某某利用在互联网上发布夸大煤矿可采储量的手段，骗取韩某某出资 2470 万元购买煤矿股份”的判决理由不能成立

1. 所谓张某某夸大煤矿可采储量，不过是煤矿发布的招商信息中对煤矿基本情况介绍中提到的信息。该信息的发布只起到“要约邀请”的法律效果。该信息即使含有不准确、夸大的成分，也只是“要约邀请”，随后的“要约”、交易的协商谈判并非以此为准。无论是起诉书，还是判决书，也都没有认定煤矿发布“招商信息”，就是张某某实施“合同诈骗”的“犯罪预备”。

2. 张某某与韩某某达成的股权交易的定价依据，是在订立合同时煤矿的资产价值，而不是煤矿的可采储量。判决书认定：张某某和韩某某签订的合同和

补充条款约定，煤矿的资源储量以地质队的矿产资源储量核查报告为准。换句话说，“招商信息”中所述煤矿可采储量并不是交易的基础。这是正式写入双方签订的合同和补充条款中的内容，双方是以地质队的矿产资源储量核查报告为基础事实签订的交易合同，而不是以在此之前煤矿在网上发布的融资信息为交易的基础事实。判决书认定了这一事实，却又无视了这一事实的法律意义。

二、判决书关于“张某某在实际占有煤矿 45.6%股份的情况下，与韩某某签订出售煤矿 51%的股份协议，骗取韩某某出资 2470 万元购买煤矿股份”的判决理由不能成立

1.判决书认定，煤矿的股东是一家人，与韩某某签订合同和补充条款时，煤矿股权结构为：张某某 45.6%，易某某（女婿）20%，张某（儿子）20%，张某兵（侄子）14.4%，且庭审查明（判决书未写），易某某、张某、张某兵的股权都是张某某分给他们持有的，他们并没有支付对价，张某某有权支配他们的股权。所以，张某某虽然名下只有 45.6%的股权，但能够转让超过 45.6%的股权。

2.张某某事实上以张某兵的 14.4%的股权（及自己的 2.4%的股权）抵付了韩某某因不能偿还苏某 1000 万元借款本息和违约金 500 万元而对应的 16.8%的股权，并且将该 16.8%的股权转移登记到了债权人苏某指定的持股人王某某的名下，证明张某某事实上确实能够支配其他股东的股份。

3.张某某还将自己的 10.9%的股份（韩某某 970 万元股权投资款对应的股份）通过协议方式转给了韩某某，并由韩某某与张某签订代持协议，由张某代持韩某某的该 10.9%股权，证明张某某事实上与韩某某进行股权交易。

可见，一审判决书只以张某某形式上只持有 45.6%的股份，就认定其转让 51%的股份属于“虚构事实，隐瞒真相”，是完全不能成立的。

三、判决书关于“张某某在实际履行合同过程中并未给韩某某煤矿的股份及办理股份变更的工商登记手续，骗取韩某某出资 2470 万元购买煤矿股份”的判决理由不能成立

1.判决书在叙述事实时采用“在实际履行合同过程中”的表述，实际上已经承认了张某某和韩某某存在股权投资合同，这是区分刑法上的合同诈骗犯罪和民法上的股权投资合同关系的重要标志，即双方存在实际的股权交易，而非“虚构事实、隐瞒真相”的“合同诈骗”。按照判决书的说法，也仅仅是张某某“在实际履行合同过程中”，未履行合同约定义务（办理股权变更登记）而已，这根本就与合同诈骗无关。

2.张某某在实际履行合同过程中给了韩某某煤矿的股份。判决书认定，韩某某本应以3468万元购买51%的股份，但韩某某最终只支付了2470万元，对应的股份为27.7%；韩某某因借款未还而被以16.8%的股份抵付，所余股份为10.9%。请注意两点事实：(1)钱是韩某某借的，但用于抵付的股份是张某某出的(张某某出2.4%，用张某兵的14.4%)，意味着张某某实际转让给了韩某某16.8%的股份；(2)韩某某剩余10.9%的股份由张某代持，是通过韩某某与张某签订代持协议方式实现的，张某名下10.9%的股份属于韩某某。如果要问为什么韩某某要让张某代持？可以从韩某某的供词中找到答案：韩某某当时正被某市公安局以挪用公款罪立案侦查，让张某代持不过是韩某某掩盖其拥有煤矿股份的手段而已。一审法院不可能连这一点也不能理解。

3.未给韩某某办理股权变更登记，是基于韩某某与张某某签订的补充条款和韩某某自己的决定，一审判决不应据此认定张某某没有转让股权给韩某某。这里包括两点：(1)判决书认定2011年11月23日韩某某和张某某签订了关于投资变更的补充协议，“双方约定同意暂缓营业执照等相关手续的变更”，明显包括了暂缓办理股权变更。从该补充协议的其他内容可以看出，其时韩某某出资金额尚未确定，对应的股份也未确定，暂缓变更是有合理原因的。(2)韩某某10.9%的股份可以变更登记到自己名下，但因为韩某某涉案刑事案件，是韩某某自己决定由他人代持而不是登记到自己名下的。这两点事实表明，判决认定事实中“由于张某某没有按照协议办理股权变更等原因，韩某某未再付款”，不符合真实的事实、逻辑。(3)我国公司法是认可“隐名股东”的，只是其权利的行使受到一定的限制。韩某某委托张某代持10.9%的股份，从而成为公司的“隐名股东”，符合法律规定。现在韩某某仍合法持有公司10.9%的股份。

四、判决书关于张某某在实际履行合同过程中“未按照协议约定办理煤矿资产、财务交接”的判决理由不能成立

1.判决书的这一判决理由意在强调张某某没有履行合同义务。如前所述，判决书在此已经承认了张某某和韩某某之间的股权转让法律关系。同时，判决书的这一说法与判决书认定的事实不符。判决书在阐述这一理由时，仿佛忘掉了判决认定的这一事实：“同日双方签订补充条款，约定张某某只提供采矿许可证、营业执照、税务登记证……张某某只能提供地质队的矿产资源储量核查报告”(判决书第6页第9～12行)。明明双方当事人约定了张某某应提供的材料，判决却偏偏在双方的合同和补充条款之外，强加给张某某合同中已经修改、变更了的义务，这究竟是什么样的审判逻辑？

2.尽管张某某无法提供“煤矿资产、财务交接”，但韩某某派出的总经理、财务负责人也在煤矿上班，在合同履行过程中，韩某某本人也从未提过要求办理

“煤矿资产、财务交接”。辩护人只能理解，判决书的这一理由应该是为了打造韩某某的“被害人”身份而为韩某某强出头。

五、判决书关于张某某“将韩某某购买股份的款项用于购买理财、奢侈品等个人挥霍”的判决理由不能成立

判决书在判决理由中认为，张某某“将韩某某购买股份的款项用于购买理财、奢侈品等个人挥霍”，并以此认定张某某构成合同诈骗。但是，既然韩某某支付给张某某的款项是“韩某某购买股份的款项”，其所有权就归属于出让股份的人，张某某如何使用其出让股份所获得的款项，与他人何干？怎么张某某使用转让股权所获得的款项的方式、用途，就成了构成合同诈骗罪的判决理由呢？

判决理由如此强说，无非是为了将“挥霍”诈骗的财产这一合同诈骗罪的选择性情节强加附会于张某某而已。

第四部分　辩护人的诉求

法官是社会公正的最后守护者，法庭是珍藏我们法律人信仰和灵魂的殿堂，法院坚守的法律信仰和公平正义，不能使有罪的人逃脱法律追究，也不能使无罪的公民蒙受冤屈。

辩护人希望，法庭能以事实为根据，以法律为准绳，本着不使无罪的人受到法律追究的司法良知，宣判上诉人张某某无罪！

以上辩护意见，请合议庭采纳。

辩护人：杨润刚

2019 年 4 月 11 日

作者简介

杨润刚律师，中共党员，1995年7月毕业于西南政法大学法律系，学士学位。山东博翰源律师事务所高级合伙人、山东博翰源（日照）律师事务所主任。现为司法部“全国千名涉外律师人才”入选律师；西南政法大学咨询委员；西南政法大学国际法专业咨询委员；山东省律协国际投资与合作委员会委员；中国国际商会山东商会涉外法律专业委员会委员；山东财经大学“一带一路智库”法学专家委员；济南市律协环境资源委员会主任委员；济南市历城区人民政府、财政局、商务局法律顾问；济南市税务局历城分局法律顾问；济南仲裁委仲裁员；海口仲裁委仲裁员。其业务领域有刑事诉讼、民商事法律（合同、金融、公司）、涉外法律服务（跨境投资、并购及国际商事仲裁、诉讼）。他提供法律顾问服务的企业：中国工商银行股份有限公司山东省分行、中国建设银行股份有限公司山东省分行、中国银行股份有限公司山东省分行、中国华融资产管理股份有限公司山东省分公司；美国高盛投资（中国）有限公司；融德（中国）资产管理公司；戴纳斯基金投资有限公司；山东大众报业集团、济南高新发展股份有限公司、山东中通集团有限公司、马来西亚种马矿业有限公司（Zhongma minning co. ltd）；DG&K Lawfirm（马来西亚）、明佳尔矿业有限公司（澳大利亚）、嘉驰国际投资有限公司（老挝、毛利坦尼亚）等。

蒋某利用未公开信息交易罪案

案情简介

2016年，证监会在调查中发现蒋某在担任H基金公司的基金经理期间，其丈夫王某玉控制的证券账户所交易的股票与蒋某管理的行业精选基金所交易的股票存在较大比例的趋同，因该行为涉嫌构成“利用未公开信息交易罪”，证监会进行了移送处理。此后，该案经青岛市中级人民法院审理查明，蒋某在2010年7月3日至2013年8月22日担任H基金公司行业精选基金的基金经理期间，将利用职务便利获取的基金投资信息透露给其丈夫王某玉、其父蒋某法，由王某玉、蒋某法等人利用该信息从事证券交易，趋同交易股票188只，累计成交金额29.96亿元，非法获利1.14亿元。一审判决蒋某犯利用未公开信息交易罪，判处有期徒刑6年零6个月并处罚金1.14亿元、没收违法所得1.14亿元。

蒋某不服一审判决上诉至山东省高级人民法院，委托山东博翰源律师事务所杜鹃、宿扬帆律师担任其二审辩护人。现本案已审理终结，二审将蒋某量刑改判为有期徒刑五年。

辩护意见

审判长、审判员：

山东博翰源律师事务所接受本案上诉人蒋某亲属的委托，指派我们担任蒋某涉嫌利用未公开信息交易罪案件的二审辩护人。

辩护人查阅了本案卷宗材料，会见了在押上诉人蒋某并征得了她本人同意，辩护人认为：

一审认定的涉案交易与违法所得数额错误:(1)认定的涉案交易包含助理沈某圆曾代其他基金经理下单、因助理考核独立下单、研究部考核以助理名义下单等部分交易,应当将助理沈某圆、楼某强下单交易部分予以剔除;(2)蒋某父亲蒋某法操作的黄某新账户与王某海、王某玉操作的账户组在中联重科、西山煤电等10只股票上的盈利方向相反,应当将该交易部分予以剔除;(3)王某海、王某玉操作的账户组从事南玻A、金科股份等29只股票交易活动的初始时间早于蒋某获取未公开信息的初始时间,对应的获利数额应从认定的非法获利数额中予以剔除;(4)认定的188只趋同股票中,存在因行业精选基金执行"混合买入"指令导致涉案9个账户的交易"被动趋同"的情形,应当将该交易部分予以剔除。鉴于涉案账户购买的股票存有明显低于理论与市场平均趋同度的情形,一审认定的部分案件事实存有事实不清、证据不足的情形。蒋某自动投案,能够如实供述案件事实,蒋某对其行为性质的辩解不应当影响自首的成立。

辩护人围绕上述观点,结合本案证据,提出辩护意见如下:

一、一审判决认定蒋某涉案交易与违法所得数额错误

一审认定:自2010年7月3日至2013年8月22日,蒋某担任行业精选基金经理期间,其父亲蒋某法、其丈夫王某玉等控制使用的他人证券账户,先于、同期或稍晚于行业精选基金买卖相同股票188只,累计成交金额29.96亿元,非法获利1.1356亿元。其中,蒋某法、王某玉使用的账户与行业精选基金在89只股票交易中存在趋同,累计成交金额2.49亿元,非法获利0.0534亿元;王某玉、王某海使用的8个证券账户买卖相同股票,累计成交金额27.47亿元,非法获利1.0822亿元。

一审判决对上述非法获利的数额认定有误,即认定蒋某涉案交易与违法获利数额中,包含不属于蒋某委托交易及明显不属于"明示或者暗示"导致的交易,应当予以剔除。

1.认定的涉案交易包含助理沈某圆曾代其他基金经理下单、因助理考核独立下单、研究部考核以助理名义下单等部分交易,应当将助理沈某圆、楼某强下单交易部分予以剔除。

行业精选基金的基金助理所下达的交易指令(下单)中除受蒋某委托外,还包含了受行业精选的其他基金经理委托下单、受公司研究部委托下单及自主决策下单等情况。

通过对蒋某与助理沈某圆、楼某强在行业精选基金的下单进行汇总统计得知,自2010年7月3日至2013年8月22日,沈某圆及楼某强下单数量合计3,751笔,同期蒋某下单数量为7,261笔,助理下单数量为蒋某的51.66%;沈某

圆及楼某强成交金额合计 671.75 亿元，同期蒋某成交金额为 1,068.98 亿元，助理累计成交金额为蒋某成交金额的 62.84%。（详见表 1）

表 1　　蒋某、沈某圆及楼某强下单情况统计表(2010.7.3 至 2013.8.22)

序号	姓名	下单数量(笔)	累计成交金额(元)	下单数量占比	成交金额占比
1	蒋某	7,261	106,897,855,461.91	65.94%	61.41%
2	沈某圆	3,277	61,061,679,245.13	29.76%	35.08%
3	楼某强	474	6,113,109,786.35	4.30%	3.51%
合计		11,012	174,072,644,493.39	100.00%	100.00%

上述统计数据来源：H 基金公司 2010～2013 年行业精选基金的交易流水和交易指令明细（卷宗材料第 64～65 卷）。

(1)行业精选的基金经理助理，存在代蒋某以外的其他基金经理下单的情形。蒋某在行业精选基金担任基金经理期间（2010 年 7 月 3 日至 2013 年 8 月 22 日），同时任职的基金经理还有任某强、范某兵、李某三人。（详见表 2）

表 2　　行业精选基金经理任职明细(2010.7.3 至 2013.8.22)

期间起始日	期间终止日	在任基金经理
2010 年 7 月 3 日	2010 年 9 月 3 日	任某强　范某兵　蒋某
2010 年 9 月 4 日	2012 年 1 月 18 日	任某强　蒋某　李某
2012 年 1 月 19 日	2013 年 2 月 7 日	任某强　蒋某
2013 年 2 月 8 日	2013 年 7 月 24 日	蒋某
2013 年 7 月 25 日	2013 年 8 月 22 日	范某兵　蒋某

上述统计信息来源：行业精选基金 2010 年至 2013 年的基金公告。

本案证据能够证明，行业精选的基金经理助理存在替蒋某以外其他经理下单的情况：

任某强证言称“——行业精选基金的基金助理是沈某圆，从公司的角度说，基金经理助理是配给整只基金的——我和李某很少用沈某圆，偶尔抽不开身，可能会让沈某圆帮忙。”（卷宗材料第 117 卷第 6 页）；“——行业范某兵组合(903)在 2010 年 7 月至 2010 年 12 月是李某管理的，这一期间的沈某圆下单应该是李某授权的——”（卷宗材料第 117 卷第 7 页。详见表 3）。

沈某圆证言称“——和蒋某共同管理这支基金的还有李某和任某强，按照基金经理的不同，行业精选基金划分为三个组合，我担任这支基金的助理，这期间我下的单都是相应的基金经理授权我下达的——"(卷宗材料第117卷第16页)。

表3　　沈某圆在行业范某兵组合(903)的下单记录(部分选取)

日期	组合名称	下达人	证券名称	指令数量	成交数量	成交金额(元)
2010年7月14日	行业范某兵组合	沈某圆	鲁阳股份	160,000	160,000	2,273,770.44
2010年7月14日	行业范某兵组合	沈某圆	中国北车	682,781	682,781	3,660,404.35
2010年7月29日	行业范某兵组合	沈某圆	康缘药业	2,092	2,092	41,594.96
2010年7月30日	行业范某兵组合	沈某圆	数字政通	5,600	5,600	274,119.00
2010年9月8日	行业范某兵组合	沈某圆	工商银行	20,000,000	20,000,000	81,745,694.04
2010年9月16日	行业范某兵组合	沈某圆	哈药股份	2,027,743	603,430	13,162,473.20
2010年9月16日	行业范某兵组合	沈某圆	三精制药	2,679,327	99,229	2,005,037.50
2010年9月16日	行业范某兵组合	沈某圆	星湖科技	4,229,064	4,229,064	54,905,677.10
2010年9月20日	行业范某兵组合	沈某圆	冠福家用	1,000,000	1,000,000	13,331,856.20
2010年9月20日	行业范某兵组合	沈某圆	中国神华	2,176,363	2,176,363	49,433,254.65
2010年9月20日	行业范某兵组合	沈某圆	工商银行	16,945,243	12,072,912	48,061,245.13
2010年9月20日	行业范某兵组合	沈某圆	山东黄金	600,000	599,910	26,650,413.34
2010年9月20日	行业范某兵组合	沈某圆	山东黄金	300,000	300,000	13,574,908.56
2010年9月20日	行业范某兵组合	沈某圆	工商银行	10,000,000	200,000	792,000.00
2010年9月20日	行业范某兵组合	沈某圆	三精制药	1,451,732	308,744	5,964,203.37
2010年9月20日	行业范某兵组合	沈某圆	平煤股份	1,911,977	1,911,977	32,273,107.51
2010年9月20日	行业范某兵组合	沈某圆	神火股份	487,113	487,113	9,380,677.91
2010年9月20日	行业范某兵组合	沈某圆	中信银行	2,659,166	2,659,166	13,791,153.15
2010年9月20日	行业范某兵组合	沈某圆	山东黄金	100,000	100,000	4,500,991.36
2010年9月21日	行业范某兵组合	沈某圆	中国卫星	300,000	299,999	7,328,673.60
2010年9月21日	行业范某兵组合	沈某圆	中国神华	2,000,000	2,000,000	45,036,863.43
2010年9月21日	行业范某兵组合	沈某圆	中国卫星	500,000	499,938	12,274,349.33
2010年9月21日	行业范某兵组合	沈某圆	东方明珠	5,000,000	5,000,000	48,832,541.61
2010年9月21日	行业范某兵组合	沈某圆	山东黄金	1,000,000	1,000,000	44,617,454.03
2010年9月21日	行业范某兵组合	沈某圆	楚天高速	4,360,000	860,000	4,990,441.85

续表

日期	组合名称	下达人	证券名称	指令数量	成交数量	成交金额(元)
2010 年 9 月 21 日	行业范某兵组合	沈某圆	山东高速	4,000,000	2,165,757	10,033,682.05
2010 年 10 月 8 日	行业范某兵组合	沈某圆	南宁糖业	1,500,000	342,000	6,768,554.40
2010 年 10 月 8 日	行业范某兵组合	沈某圆	南宁糖业	1,000,000	1,000,000	19,939,844.41
2010 年 10 月 8 日	行业范某兵组合	沈某圆	云南铜业	1,500,000	200,000	4,656,171.21
2010 年 10 月 8 日	行业范某兵组合	沈某圆	兰花科创	800,000	128,200	4,127,630.00
2010 年 10 月 8 日	行业范某兵组合	沈某圆	兰花科创	300,000	299,999	9,764,797.43
2010 年 10 月 8 日	行业范某兵组合	沈某圆	南宁糖业	500,000	499,929	10,062,676.53
2010 年 10 月 8 日	行业范某兵组合	沈某圆	山东黄金	300,000	299,931	18,349,314.27
2010 年 10 月 21 日	行业范某兵组合	沈某圆	冠福家用	500,000	500,000	5,748,339.00
2010 年 10 月 21 日	行业范某兵组合	沈某圆	冠福家用	500,000	500,000	5,751,572.00
2010 年 11 月 10 日	行业范某兵组合	沈某圆	招商银行	3,990,000	3,990,000	58,795,849.54
2010 年 11 月 10 日	行业范某兵组合	沈某圆	招商地产	4,467,604	4,467,604	80,740,122.50
2010 年 11 月 10 日	行业范某兵组合	沈某圆	浦发银行	3,439,904	3,439,904	48,831,540.89
2010 年 11 月 10 日	行业范某兵组合	沈某圆	浦发银行	4,000,000	4,000,000	56,345,100.75
2010 年 11 月 10 日	行业范某兵组合	沈某圆	先河环保	170,000	169,960	6,023,183.26
2010 年 11 月 10 日	行业范某兵组合	沈某圆	金发科技	500,000	500,000	8,884,906.90
2010 年 11 月 10 日	行业范某兵组合	沈某圆	深天健	2,000,000	2,000,000	27,662,769.36
2010 年 11 月 10 日	行业范某兵组合	沈某圆	云南白药	1,000,000	990,824	69,260,956.40
2010 年 11 月 10 日	行业范某兵组合	沈某圆	东阿阿胶	500,000	499,980	26,577,823.71
2010 年 11 月 10 日	行业范某兵组合	沈某圆	片仔癀	500,000	319,145	19,933,565.98
2010 年 11 月 10 日	行业范某兵组合	沈某圆	康美药业	1,000,000	999,976	22,345,734.38
2010 年 11 月 10 日	行业范某兵组合	沈某圆	同仁堂	1,000,000	999,993	38,339,764.94
2010 年 11 月 12 日	行业范某兵组合	沈某圆	金地集团	10,000,000	10,000,000	63,558,105.09
……	……	……	……	……	……	……

上述统计数据来源：H 基金公司 2010～2013 年行业精选基金的交易流水和交易指令明细(卷宗材料第 64～65 卷)。

(2)基金经理助理存有代 H 基金公司研究部下单的情形。辩护人于 2019 年 7 月 3 日向沈某圆调查核实有关情况，沈某圆证实自 2010 年 7 月至 2013 年

8月期间，其在行业精选基金的下单中包含受研究部委托下单的部分："——公司为了考核研究部工作，在行业精选中拨出一定金额，由研究部委托我下单——由于行业精选的规模比较大，公司安排行业精选辟出一部分资金，供研究部实盘操作。由研究员提出操作要求，行业精选来完成。我记得当时代替研究部下单的主要是行业精选的基金经理助理。"（详见附件中沈某圆 2019 年 7 月 3 日调查笔录）

辩护人丁 2019 年 8 月 4 日对时任 H 基金公司投资部、研究部的负责人员郭某飞、孙某分别进行了调查核实，前述人员对该问题的陈述与沈某圆的陈述相吻合。郭某飞、孙某均证实 H 基金公司对公司研究部存在实盘考核，由于研究部没有管理的基金与额度，也没有下单权限，因此研究部实盘考核均委托基金经理助理在行业精选范围内进行下单交易。

郭某飞陈述"——公司对研究部有考核，由于研究部没有下达交易指令的权限，因此会委托基金经理助理代其下达交易指令。"（详见附件中郭某飞 2019 年8 月 4 日调查笔录）

孙某陈述"——研究部及研究员都没有下达交易指令的权限，实盘考核的部分都是需要占用基金的投资额度，由研究部这边委托基金的基金经理助理下达交易指令。"（详见附件中孙某 2019 年 8 月 4 日调查笔录）

（3）行业精选基金经理助理存在自主下单的情形。因 H 基金公司对基金经理助理进行实盘考核，故助理有权在行业精选范围内独立下单交易，该部分下单系助理自主决策及交易，不应认定在趋同交易及获利数额的范围内。

任某强证言称"——实际操作中，助理主要按照基金经理指令进行下单，助理也有可能独立下单的——"（卷宗材料第 117 卷 P6 页）；

沈某圆证言称"——H 基金公司没搬家之前，助理的下单权是开放的，不用取得授权，我就可以下单——"（卷宗材料第 117 卷 P16 页）；

沈某圆陈述"——前期助理权限比较松的时期，其实无须授权助理也有交易权——在这个时期，有过一个小额的助理实盘组合。在那个组合内，是不需要蒋某事先指令的——"（详见附件中沈某圆 2019 年 7 月 3 日调查笔录）；

郭某飞陈述"——公司存在对基金经理助理的实盘考核，助理在自己额度内也可以独立下达交易指令——"（详见附件中郭某飞 2019 年 8 月 4 日调查笔录）。

助理沈某圆、楼某强在行业精选的下单，无论是从数量上还是成交金额上均超出蒋某同期交易量的一半，如此大的占比如果都是受蒋某委托下单，明显与本案相关证人证言所陈述的"蒋某在出差时授权助理进行下单交易"的情况不符。

辩护人据此认为，在本案现有证据无法明确区分行业精选基金的基金经理助理沈某圆、楼某强每笔下单究竟应归属于"替蒋某下单？替其他基金经理下单？替研究部下单？还是自主决策下单?”的情况下，应本着有利于被告人的原则，将蒋某助理沈某圆、楼某强的下单予以剔除(同期任行业精选基金经理助理蔡某荣因其有独立实盘操作而将其下单交易剔除)，以证监会移送函中认定的获利数额 6,487.56 万元作为认定获利数额的基础范围。

2.蒋某父亲蒋某法操作的黄某新账户与王某海、王某玉操作的账户组在中联重科、西山煤电等 10 只股票上的盈利方向相反，这与“蒋某法、王某玉均利用从蒋某处获取的未公开信息进行股票交易并非法获利”的认定相矛盾，因此，账户组交易上述 10 只股票的获利应从认定的非法获利数额中予以剔除。

根据一审判决认定，蒋某的父亲蒋某法、丈夫王某玉均利用从蒋某处获取的未公开信息进行股票交易，由于蒋某法、王某玉的信息来源相同，因此他们交易同一只股票时，虽然在盈利数额上会根据投入资金量的多少而有所差别，但在盈利方向上应具有一致性(同亏同赢)。然而，经辩护人统计，在中联重科、西山煤电等 10 只股票的交易中，蒋某法操作的黄某新账户均为亏损状态，而王某玉、王某海操作的账户组在相同股票的交易中均取得盈利。(见表 4)

表 4　　黄某新账户与账户组交易获利对比表

序号	证券代码	证券名称	黄某新账户获利数额(元)	账户组获利数额(元)
1	000157	中联重科	－9,400.09	8,307.63
2	000983	西山煤电	－13,346.91	9,408.87
3	002013	中航精机	－25,959.44	13,715.30
4	002450	康得新	－114,256.79	920,115.12
5	300300	汉鼎股份	－13,239.01	26,683.34
6	600170	上海建工	－807.81	129,802.37
7	600256	广汇能源	－105,121.12	3,275,103.05
8	600456	宝钛股份	－1,238.86	108,586.57
9	600537	亿晶光电	－12,817.72	235,839.88
10	601666	平煤股份	－2,827.31	35,581.38
合计		——	－299,015.06	4,763,143.51

上述统计数据来源：L 会计师事务所《司法鉴定意见书》(L 综字〔2017〕京 A2006 号)(卷宗材料第 12～14 卷)。

上述情况与一审认定事实相矛盾，结合王某玉、王某海为具有丰富证券投资经验的职业投资人的情况，能够进一步印证王某玉、王某海在进行上述证券投资过程中系依赖自身专业判断作出投资决策，而非利用从蒋某处获取的未公开信息。因此，账户组在该10只股票的获利4,763,143.51元应从认定的非法获利数额中予以剔除。

3. 王某海、王某玉操作的账户组从事南玻A、金科股份等29只股票交易活动的初始时间早于蒋某获取未公开信息的初始时间，对应的获利数额应从认定的非法获利数额中予以剔除。

(1)账户组从事南玻A、招商地产等22只股票交易活动的初始时间均早于蒋某担任行业精选基金经理的初始时间(2010年7月3日)，在蒋某任职前所从事上述股票的交易行为不仅没有"利用未公开信息"，亦不违反相关法律、法规及规范性文件的禁止性规定，由此所获得的财产权益应受法律的保护。(见表5)

表5　　账户组初次买入时间早于蒋某任职时间证券明细表

序号	证券代码	证券名称	账户组初次买入时间	账户名称	账户组获利数额(元)
1	000012	南玻A	2009年5月5日	贠某茹	−1,992.70
2	000024	招商地产	2009年10月22日	贠某茹	−612,048.19
3	000665	武汉塑料	2010年6月8日	贠某茹	−953,816.59
4	000776	广发证券	2010年3月12日	贠某茹	103,325.45
5	000877	天山股份	2010年4月22日	陈某	−74,138.71
6	000926	福星股份	2010年3月17日	陈某	−797,655.38
7	000937	冀中能源	2010年1月13日	贠某茹	188,022.92
8	002155	辰州矿业	2010年4月28日	陈某	−205,718.66
9	002241	歌尔声学	2009年7月15日	贠某茹	1,071,376.55
10	002304	洋河股份	2010年6月18日	贠某茹	3,383,765.30
11	002375	亚厦股份	2010年6月30日	陈某	18,708,902.02
12	600000	浦发银行	2009年8月28日	贠某茹	1,017.37
13	600029	南方航空	2010年3月10日	陈某	9,681.21
14	600030	中信证券	2009年7月22日	贠某茹	91,161.48
15	600031	三一重工	2010年5月12日	陈某	154,175.78

续表

序号	证券代码	证券名称	账户组初次买入时间	账户名称	账户组获利数额(元)
16	600048	保利地产	2009 年 5 月 18 日	贠某茹	166,618.46
17	600123	兰花科创	2010 年 5 月 28 日	贠某茹	−9,887.55
18	600383	金地集团	2009 年 6 月 4 日	贠某茹	−46,185.16
19	600693	东百集团	2010 年 6 月 30 日	陈某	266,751.34
20	600887	伊利股份	2010 年 6 月 1 日	陈某	554,019.87
21	601166	兴业银行	2009 年 10 月 15 日	贠某茹	0.00
22	601666	平煤股份	2009 年 11 月 10 日	贠某茹	35,581.38
合计			——	——	22,032,956.19

上述获利数据统计来源:L 会计师事务所《司法鉴定意见书》(L 综字〔2017〕京 A2006 号)(卷宗材料第 12～14 卷)。

王某海、王某玉在蒋某任职时,不可能预见到蒋某管理的行业精选基金在未来一段时间内(2010 年 7 月 3 日至 2013 年 8 月 22 日)会投资上述股票,从而有意避免上述股票的交易。因此,就这 22 只相同的投资标的,王某海、王某玉在延续前序交易行为的过程中和行业精选基金的交易发生趋同存在较大的概率及一定的必然性。同时,由于采用先进先出法计算获利数额时未考虑2010 年 7 月 3 日之前的交易情况及相关证券的期初余额,因此存在一审认定的非法获利数额的计算结果会对账户组合法财产权益产生影响的可能性,在上述合理怀疑不能排除的情况下,应本着有利于被告人的原则,将账户组交易上述 22 只股票的获利 22,032,956.19 元予以剔除。

(2)账户组从事金科股份、五粮液等 7 只股票交易活动的初始时间均早于业精选基金的买入时间(超出证监会前五的趋同认定标准),其中,金科股份、五粮液、贵州茅台的交易初始时间更是早于行业精选基金一年以上,远早于未公开信息的形成时间。因此,王某玉、王某海对上述投资标的的选取与未公开信息无关,该部分获利 7,923,625.49 元亦应予以剔除。(见表 6)

表 6　　账户组初次买入时间早于行业精选买入时间(超出前五)证券明细表

序号	证券代码	证券名称	行业精选初次买入时间	账户组初次买入时间	账户名称	账户组获利数额(元)
1	000656	金科股份	2011 年 7 月 21 日	2010 年 7 月 20 日	陈某	111,146.33
2	000858	五粮液	2013 年 1 月 15 日	2010 年 11 月 23 日	杨某珍	0.00
3	002049	晶源电子	2011 年 3 月 21 日	2011 年 3 月 13 日	贠某茹	—286,829.43
4	002450	康得新	2011 年 9 月 9 日	2011 年 7 月 26 日	陈某	920,115.12
5	300027	华谊兄弟	2011 年 5 月 16 日	2011 年 5 月 5 日	杨某珍	7,330,876.86
6	600486	扬农化工	2011 年 3 月 22 日	2011 年 3 月 14 日	陈某	12,551.31
7	600519	贵州茅台	2013 年 1 月 8 日	2010 年 11 月 23 日	杨某珍	—164,234.70
合计			——	——	——	7,923,625.49

上述获利数据统计来源:L 会计师事务所《司法鉴定意见书》(L 综字〔2017〕京 A2006 号)(卷宗材料第 12～14 卷)。

4. 一审认定的 188 只趋同股票中,存在因行业精选基金执行“混合”买入指令导致涉案 9 个账户的交易“被动趋同”之情形,应予以剔除。

本案现有证据显示,行业精选基金所交易趋同股票中的“兴业证券(证券代码 601377)”在涉案期间(2010 年 7 月 3 日至 2013 年 8 月 22 日)仅与黄某新账户在 2013 年 1 月 15 日发生一笔买入趋同。(见表 7)

表 7　　2013 年 1 月 15 日黄某新买入证券明细

交易日期	证券代码	证券简称	股东代码	账户名称	买入股数	买入金额(元)
2013/1/15	601377	兴业证券	D890764024	行业精选	145,000	1,764,791.40
2013/1/15	601377	兴业证券	A465481972	黄某新	60,000	726,550.00

上述统计数据来源:卷宗材料第 13 卷,第 66 页。

根据行业精选基金交易指令流水显示,2013 年 1 月 15 日行业精选基金当日仅有两笔成交记录,下达人均为“楼某强”,所下达交易指令的证券代码及名称均为“混合”,该两笔买入操作成交金额合计为 473,060,032.60 元。(见表 8)

表 8　　2013 年 1 月 15 日行业精选基金成交记录明细

日期	组合名称	下达人	证券代码	证券名称	委托方向	指令数量	当日成交数量	当日成交金额(元)
2013/1/15	行业沈某圆组合	楼某强	混合	混合	买入	31,246,800	0	0.00
2013/1/15	行业沈某圆组合	楼某强	混合	混合	买入	31,449,600	0	0.00
2013/1/15	行业沈某圆组合	楼某强	混合	混合	买入	31,434,900	31,208,343	284,885,504.38
2013/1/15	行业沈某圆组合	楼某强	混合	混合	买入	20,892,600	20,664,079	188,174,528.24

上述统计数据来源:卷宗材料第 65 卷,第 52～53 页。

根据行业精选基金交易成交回报流水(按日汇总买入、卖出)—2013 年 1 月 15 日的记录显示,该日楼某强两笔"混合买入"指令实际买入股票 291 只,成交金额合计为 473,060,032.60 元,上述买入股票中包含"兴业证券(601377)",成交金额为 1,764,791.40 元。(见表 9)

表 9　　2013 年 1 月 15 日楼某强"混合"指令买入证券明细

序号	证券代码	证券名称	成交数量	成交金额(元)	序号	证券代码	证券名称	成交数量	成交金额(元)
1	1	平安银行	241,000	4,197,213.56	14	338	潍柴动力	85,600	2,091,440.53
2	9	中国宝安	99,900	918,827.23	15	401	冀东水泥	50,400	709,251.72
3	12	南玻 A	123,000	1,113,355.00	16	402	金融街	227,100	1,545,987.55
4	24	招商地产	65,400	1,952,159.53	17	422	湖北宜化	66,600	752,085.08
5	39	中集集团	68,400	897,173.15	18	423	东阿阿胶	49,100	2,148,628.76
6	46	泛海建设	128,800	645,079.00	19	425	徐工机械	116,500	1,352,894.86
7	59	辽通化工	58,600	403,080.00	20	528	柳工	75,500	748,979.15
8	60	中金岭南	136,200	1,254,228.44	21	538	云南白药	32,669	2,252,218.63
9	61	农产品	100,800	609,815.16	22	559	万向钱潮	74,900	353,676.64
10	63	中兴通讯	184,900	1,889,079.12	23	562	宏源证券	55,500	1,048,660.00
11	69	华侨城 A	342,200	2,502,016.75	24	568	泸州老窖	66,500	2,389,132.00
12	100	TCL 集团	802,900	1,877,206.00	25	581	威孚高科	37,000	1,218,803.66
13	157	中联重科	417,800	3,756,349.90	26	596	古井贡酒	10,600	400,341.76

续表

序号	证券代码	证券名称	成交数量	成交金额（元）	序号	证券代码	证券名称	成交数量	成交金额（元）
27	623	吉林敖东	69,100	1,252,724.42	58	933	神火股份	91,600	710,683.23
28	625	长安汽车	177,800	1,196,131.40	59	937	冀中能源	66,000	1,021,269.71
29	629	攀钢钒钛	399,700	1,657,539.56	60	960	锡业股份	43,100	896,717.37
30	630	铜陵有色	68,100	1,297,928.04	61	961	中南建设	32,900	449,260.88
31	651	格力电器	226,640	6,198,113.28	62	968	煤气化	24,600	301,206.00
32	686	东北证券	27,100	453,494.00	63	969	安泰科技	46,600	506,760.00
33	703	恒逸石化	30,300	353,289.00	64	970	中科三环	39,400	1,249,068.77
34	709	河北钢铁	407,400	1,108,942.00	65	983	西山煤电	148,300	2,063,740.77
35	718	苏宁环球	79,900	596,624.68	66	999	华润三九	36,800	1,027,060.77
36	725	京东方A	581,900	1,353,499.00	67	2001	新和成	34,900	655,882.20
37	728	国元证券	91,600	1,003,911.05	68	2007	华兰生物	28,000	718,208.26
38	729	燕京啤酒	115,100	651,906.00	69	2024	苏宁电器	414,500	3,037,246.00
39	750	国海证券	51,900	646,249.00	70	2038	双鹭药业	21,100	855,315.12
40	758	中色股份	42,800	850,111.22	71	2069	獐子岛	25,600	464,060.00
41	768	中航飞机	121,800	1,262,723.20	72	2073	软控股份	54,600	465,709.00
42	776	广发证券	281,300	4,300,457.72	73	2081	金螳螂	29,100	1,242,897.49
43	778	新兴铸管	86,300	553,525.00	74	2092	中泰化学	90,300	653,193.23
44	780	平庄能源	36,600	353,107.11	75	2106	莱宝高科	37,900	715,388.60
45	783	长江证券	156,700	1,456,191.50	76	2122	天马股份	52,300	302,610.00
46	792	盐湖股份	59,645	1,617,641.38	77	2128	露天煤业	37,200	502,348.00
47	800	一汽轿车	75,300	599,121.97	78	2142	宁波银行	109,300	1,149,005.97
48	807	云铝股份	84,500	450,532.59	79	2146	荣盛发展	69,500	1,053,686.75
49	825	太钢不锈	219,100	806,735.00	80	2155	辰州矿业	50,300	999,402.49
50	839	中信国安	89,000	553,308.70	81	2202	金风科技	147,800	897,968.23
51	858	五粮液	180,200	5,139,733.24	82	2236	大华股份	25,684	1,229,025.80
52	869	张裕A	12,800	597,755.30	83	2241	歌尔声学	32,400	1,295,974.07
53	876	新希望	47,100	663,146.00	84	2299	圣农发展	44,200	559,345.00
54	878	云南铜业	65,700	998,671.88	85	2304	洋河股份	30,700	3,089,667.28
55	883	湖北能源	20,900	152,112.00	86	2310	东方园林	11,500	709,767.42
56	895	双汇发展	30,800	2,019,325.57	87	2344	海宁皮城	15,300	399,103.16
57	898	鞍钢股份	168,500	702,311.00	88	2353	杰瑞股份	17,255	1,004,911.28

续表

序号	证券代码	证券名称	成交数量	成交金额（元）	序号	证券代码	证券名称	成交数量	成交金额（元）
89	2378	章源钨业	7,700	201,653.00	120	600066	宇通客车	46,575	1,197,141.02
90	2385	大北农	37,900	918,832.61	121	600068	葛洲坝	197,000	1,108,935.60
91	2399	海普瑞	15,500	300,779.00	122	600085	同仁堂	60,500	1,219,439.10
92	2405	四维图新	39,600	552,501.64	123	600089	特变电工	150,400	1,087,392.00
93	2415	海康威视	37,200	1,167,408.60	124	600096	云天化	37,500	504,976.72
94	2422	科伦药业	22,572	1,450,319.84	125	600100	同方股份	150,900	1,155,838.74
95	2431	棕榈园林	13,300	305,156.00	126	600104	上汽集团	314,200	5,460,991.12
96	2500	山西证券	91,400	654,491.96	127	600108	亚盛集团	123,700	856,667.00
97	2570	贝因美	25,000	596,277.03	128	600109	国金证券	35,700	651,447.00
98	2594	比亚迪	28,190	663,370.38	129	600111	包钢稀土	137,000	4,932,734.55
99	2603	以岭药业	9,700	253,390.70	130	600115	东方航空	215,600	764,116.00
100	2673	西部证券	21,100	300,212.75	131	600118	中国卫星	41,200	664,823.10
101	600000	浦发银行	1,060,900	10,958,948.87	132	600123	兰花科创	63,500	1,418,474.16
102	600005	武钢股份	383,900	1,123,320.00	133	600125	铁龙物流	87,100	599,396.00
103	600009	上海机场	91,800	1,150,185.41	134	600132	重庆啤酒	28,100	451,856.78
104	600010	包钢股份	240,000	1,305,139.55	135	600143	金发科技	176,600	956,712.73
105	600011	华能国际	397,600	2,622,889.00	136	600150	中国船舶	53,300	1,293,400.00
106	600015	华夏银行	324,900	3,403,569.82	137	600153	建发股份	128,100	892,039.00
107	600016	MS银行	2,132,500	18,271,060.95	138	600157	永泰能源	63,000	678,998.00
108	600022	山东钢铁	182,000	403,316.00	139	600160	巨化股份	66,200	652,736.00
109	600027	华电国际	169,300	655,534.00	140	600166	福田汽车	135,800	903,783.00
110	600028	中国石化	402,400	2,856,249.69	141	600169	太原重工	159,100	612,765.67
111	600029	南方航空	325,400	1,322,082.49	142	600170	上海建工	64,400	507,156.00
112	600030	中信证券	651,400	8,913,177.68	143	600177	雅戈尔	123,700	1,002,066.67
113	600031	三一重工	287,700	2,909,223.01	144	600188	兖州煤业	55,700	1,005,133.69
114	600036	招商银行	1,339,329	18,461,973.82	145	600196	复星医药	107,700	1,175,296.44
115	600037	歌华有线	58,500	403,204.00	146	600208	新湖中宝	234,400	1,006,119.76
116	600048	保利地产	406,600	5,695,318.74	147	600216	浙江医药	25,200	560,629.58
117	600050	中国联通	806,400	2,859,500.00	148	600219	南山铝业	106,900	753,145.48
118	600058	五矿发展	40,600	697,762.00	149	600221	海南航空	116,400	504,100.95
119	600062	华润双鹤	31,600	808,030.86	150	600256	广汇能源	195,400	3,389,430.31

续表

序号	证券代码	证券名称	成交数量	成交金额（元）	序号	证券代码	证券名称	成交数量	成交金额（元）
151	600259	广晟有色	12,200	744,604.45	182	600546	山煤国际	18,900	407,079.50
152	600266	北京城建	41,800	597,196.62	183	600547	山东黄金	67,100	2,502,155.16
153	600267	海正药业	48,200	752,376.00	184	600549	厦门钨业	25,200	1,001,796.00
154	600271	航天信息	51,700	808,287.00	185	600550	天威保变	61,000	459,145.99
155	600276	恒瑞医药	58,100	1,742,653.58	186	600582	天地科技	47,000	565,608.00
156	600309	烟台万华	101,600	1,660,275.28	187	600583	海油工程	182,700	1,050,294.20
157	600315	上海家化	28,900	1,499,192.58	188	600585	海螺水泥	189,300	3,429,281.60
158	600316	洪都航空	42,600	700,019.00	189	600588	用友软件	43,100	453,431.23
159	600331	宏达股份	74,500	507,797.71	190	600598	北大荒	67,200	553,000.00
160	600340	华夏幸福	34,500	938,545.50	191	600600	青岛啤酒	32,600	1,093,288.68
161	600348	阳泉煤业	113,200	1,607,225.06	192	600637	百视通	53,200	850,648.29
162	600352	浙江龙盛	92,100	621,657.00	193	600642	申能股份	272,100	1,200,603.34
163	600362	江西铜业	78,100	1,940,800.80	194	600649	城投控股	135,900	762,022.84
164	600369	西南证券	111,300	1,004,915.04	195	600655	豫园商城	110,500	808,810.00
165	600372	中航电子	26,600	510,973.31	196	600660	福耀玻璃	130,750	1,168,612.52
166	600376	首开股份	70,200	894,093.77	197	600664	哈药股份	93,100	601,440.00
167	600383	金地集团	426,400	2,998,166.00	198	600674	川投能源	90,800	800,465.14
168	600395	盘江股份	47,200	809,726.98	199	600690	青岛海尔	153,008	2,157,941.02
169	600406	国电南瑞	89,300	1,583,659.14	200	600694	大商股份	27,600	944,792.58
170	600415	小商品城	126,000	853,024.77	201	600703	三安光电	67,200	965,578.00
171	600432	吉恩镍业	38,200	497,385.76	202	600718	东软集团	82,900	654,025.18
172	600456	宝钛股份	21,700	397,301.50	203	600739	辽宁成大	127,500	1,904,120.50
173	600489	中金黄金	137,400	2,248,489.66	204	600741	华域汽车	97,300	1,048,750.92
174	600497	驰宏锌锗	62,700	900,069.65	205	600770	综艺股份	70,700	455,602.00
175	600498	烽火通信	23,000	554,893.52	206	600779	水井坊	33,600	649,464.21
176	600508	上海能源	27,600	452,124.14	207	600783	鲁信创投	19,900	248,189.52
177	600516	方大炭素	57,800	555,352.00	208	600795	国电电力	819,400	2,171,594.84
178	600518	康美药业	143,100	2,090,680.97	209	600804	鹏博士	128,200	871,392.86
179	600519	贵州茅台	39,200	8,202,148.86	210	600809	山西汾酒	25,000	1,050,577.68
180	600528	中铁二局	70,100	500,635.00	211	600811	东方集团	129,800	703,408.59
181	600535	天士力	29,800	1,703,815.47	212	600827	友谊股份	74,600	655,509.00

续表

序号	证券代码	证券名称	成交数量	成交金额（元）	序号	证券代码	证券名称	成交数量	成交金额（元）
213	600832	东方明珠	153,000	851,317.62	244	601168	西部矿业	182,800	1,450,890.00
214	600837	海通证券	765,700	7,906,575.13	245	601169	北京银行	499,000	4,635,826.20
215	600839	四川长虹	336,900	702,092.00	246	601179	中国西电	167,500	603,000.00
216	600859	王府井	22,500	551,624.78	247	601186	中国铁建	290,200	1,847,583.62
217	600863	内蒙华电	73,500	549,285.10	248	601216	内蒙君正	39,600	253,692.75
218	600873	梅花集团	76,700	398,776.00	249	601233	桐昆股份	24,800	198,449.00
219	600875	东方电气	64,000	954,644.49	250	601238	广汽集团	16,200	99,224.07
220	600881	亚泰集团	178,300	898,987.00	251	601258	庞大集团	47,800	248,942.00
221	600886	国投电力	134,000	796,740.00	252	601288	农业银行	2,383,500	6,769,140.00
222	600887	伊利股份	151,600	3,739,136.11	253	601299	中国北车	387,800	1,801,476.19
223	600893	航空动力	52,600	818,056.16	254	601318	中国平安	315,500	14,931,195.17
224	600895	张江高科	75,000	552,277.00	255	601328	交通银行	1,853,700	9,375,650.44
225	600900	长江电力	463,500	3,266,967.38	256	601333	广深铁路	269,900	794,552.67
226	600970	中材国际	41,600	498,516.00	257	601369	陕鼓动力	48,300	450,228.85
227	600971	恒源煤电	46,000	605,400.00	258	601377	兴业证券	145,000	1,764,791.40
228	600997	开滦股份	59,500	650,794.12	259	601390	中国中铁	477,100	1,613,861.15
229	600999	招商证券	222,600	2,317,528.88	260	601398	工商银行	1,494,600	6,396,655.08
230	601001	大同煤业	64,100	604,594.00	261	601555	东吴证券	57,300	451,641.00
231	601006	大秦铁路	560,700	3,909,164.54	262	601558	华锐风电	74,600	493,060.00
232	601009	南京银行	195,100	1,796,871.91	263	601600	中国铝业	269,700	1,401,535.41
233	601018	宁波港	354,900	901,446.00	264	601607	上海医药	90,900	1,125,412.54
234	601088	中国神华	311,567	7,760,931.27	265	601618	中国中冶	468,000	1,057,680.00
235	601098	中南传媒	53,500	501,986.12	266	601628	中国人寿	142,300	3,106,082.34
236	601099	太平洋	81,900	457,996.00	267	601633	长城汽车	36,838	977,474.63
237	601101	昊华能源	43,700	606,756.00	268	601666	平煤股份	110,800	954,654.00
238	601106	中国一重	247,000	702,964.00	269	601668	中国建筑	1,423,300	5,419,432.37
239	601111	中国国航	233,800	1,357,186.82	270	601669	中国水电	364,800	1,349,760.00
240	601117	中国化学	186,200	1,427,647.99	271	601688	华泰证券	209,900	2,015,056.06
241	601118	海南橡胶	114,400	654,548.82	272	601699	潞安环能	86,600	1,972,021.48
242	601158	重庆水务	91,400	511,154.54	273	601717	郑煤机	79,300	861,068.40
243	601166	兴业银行	720,400	12,488,832.94	274	601766	中国南车	334,100	1,691,887.00

续表

序号	证券代码	证券名称	成交数量	成交金额（元）	序号	证券代码	证券名称	成交数量	成交金额（元）
275	601788	光大证券	127,300	1,763,753.32	284	601918	国投新集	53,500	504,832.00
276	601800	中国交建	106,100	550,224.90	285	601928	凤凰传媒	68,800	504,750.00
277	601808	中海油服	55,000	905,595.60	286	601933	永辉超市	21,500	550,634.00
278	601818	光大银行	1,143,000	3,499,830.00	287	601958	金钼股份	90,100	1,071,094.00
279	601857	中国石油	332,500	3,004,041.70	288	601988	中国银行	638,500	1,902,393.11
280	601866	中海集运	215,300	552,462.00	289	601989	中国重工	421,500	2,114,373.00
281	601888	中国国旅	25,400	748,423.00	290	601992	金隅股份	118,400	894,025.53
282	601898	中煤能源	172,600	1,355,946.00	291	601998	中信银行	257,600	1,111,804.00
283	601899	紫金矿业	740,600	2,852,763.00	成交金额合计		——	——	473,060,032.6

上述数据来源：电子数据光盘 27-8 行业精选基金交易成交回报流水（按日汇总买入、卖出）-2013 年 1 月 15 日交易记录。

以上证据可以清楚地显示，行业精选基金“混合买入”指令的交易标的并非对应某只具体股票，而是“一篮子股票”。此种“一篮子”买入的主要决策依据系基于对市场走势整体状况的认识，而并非对某只个股内在价值或交易价值的判断；相应的，“混合买入”所对应的信息不仅不符合法律所规定的“未公开信息”的内涵，涉案账户对某只个股的买卖行为也明显不属于利用该信息所进行的交易。

根据趋同交易“前五后二”的认定标准，只要涉案的 9 个账户在 2013 年1 月 8 日至 2013 年 1 月 17 日期间的任意一个交易日买入了上述 291 只股票中的任意一只，都会被动纳入趋同交易的范围之内。

经辩护人统计，因行业精选基金 2013 年 1 月 15 日“混合买入”操作而被纳入趋同交易的证券共 6 只，涉及交易账户 7 个，涉及趋同交易金额 65,592,097.02 元。（见表 10）

表 10　因行业精选基金 2013 年 1 月 15 日混合买入而被动趋同交易明细

序号	账户姓名	趋同日期	行业精选混合指令下达日期	证券代码	证券名称	趋同量（股）	趋同金额（元）
1	黄某新	2013/1/8	2013/1/15	600519	贵州茅台	5,000	1,029,308.00
2	黄某新	2013/1/15	2013/1/15	601377	兴业证券	60,000	726,550.00

续表

序号	账户姓名	趋同日期	行业精选混合指令下达日期	证券代码	证券名称	趋同量(股)	趋同金额(元)
3	罗某霞	2013/1/8	2013/1/15	600519	贵州茅台	17,300	3,596,670.00
4	杨某茹	2013/1/11	2013/1/15	600519	贵州茅台	10,000	2,103,398.00
5	杨某珍	2013/1/8	2013/1/15	600519	贵州茅台	31,100	6,441,582.00
6	贠某茹	2013/1/8	2013/1/15	600518	康美药业	498,110	6,832,270.60
7	贠某茹	2013/1/8	2013/1/15	600519	贵州茅台	37,243	7,659,034.78
8	黄某新	2013/1/11	2013/1/15	000858	五粮液	15,000	430,050.00
9	黄某新	2013/1/14	2013/1/15	000858	五粮液	5,000	139,590.00
10	林某梅	2013/1/16	2013/1/15	002038	双鹭药业	383,141	16,111,474.76
11	黄某新	2013/1/16	2013/1/15	002038	双鹭药业	15,000	629,894.90
12	陈某	2013/1/17	2013/1/15	002038	双鹭药业	143,966	6,240,873.28
13	贠某茹	2013/1/17	2013/1/15	002038	双鹭药业	170,100	7,440,608.00
14	黄某新	2013/1/17	2013/1/15	002038	双鹭药业	61,600	2,677,017.00
15	黄某新	2013/1/8	2013/1/15	002241	歌尔声学	30,000	1,067,367.00
16	杨某茹	2013/1/8	2013/1/15	002241	歌尔声学	45,500	1,630,035.94
17	陈某	2013/1/8	2013/1/15	002241	歌尔声学	20,000	719,912.76
18	黄某新	2013/1/15	2013/1/15	002241	歌尔声学	3,000	116,460.00
合计		——	——	——	——	1,551,060	65,592,097.02

上述统计数据来源：上海及深圳证券交易所对涉案账户与基金账户趋同匹配及盈利计算结果(卷宗材料第11卷)。

综上，涉案9个账户的上述交易被纳入一审所认定的趋同交易范围，系鉴定机构及交易所依赖简单的数据筛选及机械性运用标准计算趋同、未经人工甄别所导致的“被动趋同”，应予以剔除。(见表11)

表 11　2010 年 7 月 3 日至 2013 年 8 月 22 日期间行业精选基金“混合”指令明细

日期	组合名称	下达人	证券代码	证券名称	指令数量	成交数量	当日成交金额(元)
2012/3/30	行业沈某圆组合(注销)	沈某圆	混合	混合	11,572,600	11,461,918	98,493,953.53
2012/4/10	行业沈某圆组合(注销)	沈某圆	混合	混合	11,331,400	10,751,125	95,910,289.42
2012/5/8	行业沈某圆组合(注销)	沈某圆	混合	混合	11,130,649	10,974,022	104,715,232.81
2012/5/9	行业沈某圆组合(注销)	沈某圆	混合	混合	5,643,640	5,365,931	51,730,927.27
2012/5/16	行业沈某圆组合(注销)	沈某圆	混合	混合	10,905,400	10,792,643	97,791,028.12
2012/5/17	行业沈某圆组合(注销)	沈某圆	混合	混合	11,078,900	10,947,998	97,541,131.30
2012/5/17	行业沈某圆组合(注销)	沈某圆	混合	混合	5,538,900	5,468,300	49,096,845.57
2013/1/15	行业沈某圆组合(注销)	楼某强	混合	混合	31,246,800	0	0.00
2013/1/15	行业沈某圆组合(注销)	楼某强	混合	混合	31,449,600	0	0.00
2013/1/15	行业沈某圆组合(注销)	楼某强	混合	混合	31,434,900	31,208,343	284,885,504.38
2013/1/15	行业沈某圆组合(注销)	楼某强	混合	混合	20,892,600	20,664,079	188,174,528.24
2013/2/21	行业沈某圆组合(注销)	沈某圆	混合	混合	32,143,511	31,899,342	289,988,756.99
2013/5/30	行业沈某圆组合(注销)	沈某圆	混合	混合	26,373,147	25,998,367	237,047,333.20

续表

日期	组合名称	下达人	证券代码	证券名称	指令数量	成交数量	当日成交金额(元)
2013/7/12	行业沈某圆组合(注销)	沈某圆	混合	混合	27,280,648	26,587,393	208,756,721.85
合计	——	——	——	——	268,022,695	202,119,461	1,804,132,252.68

上述统计数据来源:行业精选基金交易指令流水(卷宗材料第64~65卷)。

5.关于涉案账户购买的股票低于市场理论趋同度(市场平均趋同度)对认定案件事实的影响。

蒋某管理的行业精选基金为规模超过百亿的大型基金,而蒋某任职期间又主要偏好于投资中小创股票(体量相对偏小),因此,对于该基金重点投资的部分股票存在交易频繁的特征;在此种情况下,按照证监会确定的"前五后二"的趋同认定标准进行计算,会导致投资该部分股票与行业精选基金发生趋同的概率畸高,在某些时间段甚至达到100%,成为一个"必然事件"。表12以亚厦股份(002375)的交易为例。

表12　亚厦股份(002375)趋同交易概率统计(2010.8.26至2010.12.16)

日期	星期	可交易情况	行业精选基金交易情况	当日交易该股票是否构成趋同
2010/8/26	星期四	交易日	无	是
2010/8/27	星期五	交易日	无	是
2010/8/28	星期六	休市	无	非可交易日
2010/8/29	星期日	休市	无	非可交易日
2010/8/30	星期一	交易日	无	是
2010/8/31	星期二	交易日	无	是
2010/9/1	星期三	交易日	无	是
2010/9/2	星期四	交易日	交易	是
2010/9/3	星期五	停牌	无	非可交易日
2010/9/4	星期六	休市	无	非可交易日
2010/9/5	星期日	休市	无	非可交易日
2010/9/6	星期一	交易日	无	是

续表

日期	星期	可交易情况	行业精选基金交易情况	当日交易该股票是否构成趋同
2010/9/7	星期二	交易日	无	是
2010/9/8	星期三	交易日	无	是
2010/9/9	星期四	交易日	无	是
2010/9/10	星期五	交易日	交易	是
2010/9/11	星期六	休市	无	非可交易日
2010/9/12	星期日	休市	无	非可交易日
2010/9/13	星期一	交易日	无	是
2010/9/14	星期二	交易日	交易	是
2010/9/15	星期三	交易日	交易	是
2010/9/16	星期四	交易日	交易	是
2010/9/17	星期五	交易日	无	是
2010/9/18	星期六	休市	无	非可交易日
2010/9/19	星期日	休市	无	非可交易日
2010/9/20	星期一	交易日	无	是
2010/9/21	星期二	交易日	交易	是
2010/9/22	星期三	休市	无	非可交易日
2010/9/23	星期四	休市	无	非可交易日
2010/9/24	星期五	休市	无	非可交易日
2010/9/25	星期六	休市	无	非可交易日
2010/9/26	星期日	休市	无	非可交易日
2010/9/27	星期一	交易日	交易	是
2010/9/28	星期二	交易日	无	是
2010/9/29	星期三	交易日	无	是
2010/9/30	星期四	交易日	交易	是
2010/10/1	星期五	休市	无	非可交易日
2010/10/2	星期六	休市	无	非可交易日
2010/10/3	星期日	休市	无	非可交易日
2010/10/4	星期一	休市	无	非可交易日
2010/10/5	星期二	休市	无	非可交易日
2010/10/6	星期三	休市	无	非可交易日

续表

日期	星期	可交易情况	行业精选基金交易情况	当日交易该股票是否构成趋同
2010/10/7	星期四	休市	无	非可交易日
2010/10/8	星期五	交易日	无	是
2010/10/9	星期六	休市	无	非可交易日
2010/10/10	星期日	休市	无	非可交易日
2010/10/11	星期一	交易日	无	是
2010/10/12	星期二	交易日	无	是
2010/10/13	星期三	交易日	交易	是
2010/10/14	星期四	交易日	交易	是
2010/10/15	星期五	交易日	交易	是
2010/10/16	星期六	休市	无	非可交易日
2010/10/17	星期日	休市	无	非可交易日
2010/10/18	星期一	交易日	交易	是
2010/10/19	星期二	交易日	无	是
2010/10/20	星期三	交易日	无	是
2010/10/21	星期四	交易日	无	是
2010/10/22	星期五	交易日	无	是
2010/10/23	星期六	休市	无	非可交易日
2010/10/24	星期日	休市	无	非可交易日
2010/10/25	星期一	交易日	无	是
2010/10/26	星期二	交易日	无	是
2010/10/27	星期三	交易日	无	是
2010/10/28	星期四	交易日	交易	是
2010/10/29	星期五	交易日	交易	是
2010/10/30	星期六	休市	无	非可交易日
2010/10/31	星期日	休市	无	非可交易日
2010/11/1	星期一	交易日	交易	是
2010/11/2	星期二	交易日	交易	是
2010/11/3	星期三	交易日	交易	是
2010/11/4	星期四	交易日	交易	是

续表

日期	星期	可交易情况	行业精选基金交易情况	当日交易该股票是否构成趋同
2010/11/5	星期五	交易日	交易	是
2010/11/6	星期六	休市	无	非可交易日
2010/11/7	星期日	休市	无	非可交易日
2010/11/8	星期一	交易日	无	是
2010/11/9	星期二	交易日	无	是
2010/11/10	星期三	交易日	无	是
2010/11/11	星期四	交易日	交易	是
2010/11/12	星期五	交易日	无	是
2010/11/13	星期六	休市	无	非可交易日
2010/11/14	星期日	休市	无	非可交易日
2010/11/15	星期一	交易日	交易	是
2010/11/16	星期二	交易日	交易	是
2010/11/17	星期三	交易日	无	是
2010/11/18	星期四	交易日	交易	是
2010/11/19	星期五	交易日	交易	是
2010/11/20	星期六	休市	无	非可交易日
2010/11/21	星期日	休市	无	非可交易日
2010/11/22	星期一	交易日	无	是
2010/11/23	星期二	交易日	无	是
2010/11/24	星期三	交易日	交易	是
2010/11/25	星期四	交易日	无	是
2010/11/26	星期五	交易日	无	是
2010/11/27	星期六	休市	无	非可交易日
2010/11/28	星期日	休市	无	非可交易日
2010/11/29	星期一	交易日	无	是
2010/11/30	星期二	交易日	无	是
2010/12/1	星期三	交易日	无	是
2010/12/2	星期四	交易日	无	是
2010/12/3	星期五	交易日	交易	是

续表

日期	星期	可交易情况	行业精选基金交易情况	当日交易该股票是否构成趋同
2010/12/4	星期六	休市	无	非可交易日
2010/12/5	星期日	休市	无	非可交易日
2010/12/6	星期一	交易日	无	是
2010/12/7	星期二	交易日	交易	是
2010/12/8	星期三	交易日	无	是
2010/12/9	星期四	交易日	交易	是
2010/12/10	星期五	交易日	交易	是
2010/12/11	星期六	休市	无	非可交易日
2010/12/12	星期日	休市	无	非可交易日
2010/12/13	星期一	交易日	无	是
2010/12/14	星期二	交易日	交易	是
2010/12/15	星期三	交易日	无	是
2010/12/16	星期四	交易日	无	是

从上述统计可以看出，市场上任何亚厦股份的投资者，只要在 2010 年 8 月 26 日至 2010 年 12 月 16 日进行了该股票的交易，与行业精选基金发生趋同的概率就为 100%。一审将账户组在该时间段的全部交易都纳入趋同交易及非法获利的计算中，明显不具有合理性。

本案证据显示，账户组对亚厦股份的投资时间早于蒋某任职初始时间，对于一只处于正常且长期交易状态的股票，如果突然在长达四个月的时间里停止一切交易，反而才更能说明是利用了基金的交易信息去刻意规避趋同交易。因此，账户组对亚厦股份的交易与行业精选基金发生趋同具有必然性和合理性，不应全部纳入趋同交易及非法获利的计算范围。

涉案期间，行业精选基金对亚厦股份的交易时间段为 2010 年 7 月 5 日至 2013 年 8 月 22 日，可进行交易的天数共计 758 天，按照“前五后二”的标准计算，在其中的 510 天进行交易都会构成与行业精选基金趋同，市场平均趋同概率（理论趋同度）高达 67.28%；在这种情况下，王某玉、王某海所操作的账户组与行业精选基金发生趋同的实际比率仅为 56.34%，低于市场平均趋同概率，这与“王某玉利用从蒋某处获取的未公开信息进行股票交易”的认定相矛盾，也进一步说明一审认定的结果及数额不具有准确性。

存在上述情形的股票还有金螳螂(002081)、蓝色光标(300058),本案一审证据材料“蒋某基金及王某海8个账户股票交易大数据分析”对此曾有详细说明(卷宗材料第6～7卷)。

二、王某海、王某玉均系证券研究与股票操作方面的专业人士

王某海自1993年开始从事证券行业,先后担任X证券公司交易部经理、西安南大街证券营业部经理、H证券深圳园岭中路营业部经理、B证券西安友谊东路营业部经理等。自2005年起至今一直从事证券投资,先后投资经营J资产管理有限公司、H资产管理有限公司、B资产管理有限公司等。

王某玉自1998年开始从事证券行业,先后担任Z投资管理公司证券分析师、D研究所证券分析师与业务董事、Z上海公司证券投资部副经理等。

关于王某海控制和使用的涉案8个账户与行业精选基金购买的股票出现较高重合度与趋同的问题,客观上存在着王某海、王某玉都是证券研究与股票操作方面专业人员的事实。

因蒋某管理的基金额度高达150亿元,其建仓时间长、交易时间跨度大,根据证监会“前五后二”方式计算,任何一个股票交易者只要购买行业精选基金投资的股票,与该基金在交易时间上的理论趋同度必然相对较高。

众所周知,基金公司公布的前十大重仓股是投资者必须高度关注和研究的,特别是基金公司长期持有的重仓股,这也是资深股民的股票选择与大基金公司持有的重仓股极容易出现重合的重要原因,王某海交易的股票与H基金公司交易的股票出现趋同有一定的必然性。

蒋某在2010年至2013年担任H基金公司基金经理期间,整个市场分化严重,业绩突出的中长期股票数量有限,主要集中在中小板和创业板,被专业人士称为“结构性市场”。无论是基金公司还是资深股民,只有集中投资这些在市场占比只有20%的中小板和创业板股票上,才能获得好的投资收益,因此投资也主要集中于这20%股票上,这类股票数量少、成交量小,选择这类股票投资的投资者与选择这个投资方向的基金公司所交易的股票难免会出现较大幅度的重合。

王某海、王某玉作为证券专业人士必然高度关注这些成长股、绩优股,王某海控制和操作的股票账户不仅与行业精选基金重合度高,同时与广发基金、南方基金等七只具有相同投资风格的基金都出现了大幅度的重合现象,这种重合与当时股市主板市场(上证指数)低迷,绩优股有限,创业板、中小板指数一枝独秀的结构性市场大背景是密不可分的。

在《蒋某基金及王某海8个账户股票交易大数据分析》中选取亚夏股份、金螳螂和蓝色光标三只股票进行分析,任一股票投资者买卖该三只股票,与行业

精选基金在交易时间上的理论趋同度为67%、52%、46%。如蒋某明示或者暗示王某海或者王某玉操作这三只股票，那么，这三只股票在交易时间上的实际趋同度应当在70%或者80%以上，应当明显高于理论或者市场平均趋同度。

本案中，王某海控制的账户就亚夏股份、金螳螂和蓝色光标股票的实际买卖情况与行业精选基金在交易时间上的趋同度只有56%、46%、51%，一审判决认定上述交易均受到蒋某明示暗示所为，客观上不具有合理性。

三、关于一审认定的部分案件事实存有事实不清、证据不足的问题

本案认定案件事实主要依据以下文件与信息：

1. 中国证监会出具的《关于蒋某等人涉嫌利用未公开信息交易案有关问题的认定函》证实，行业精选基金交易股票的投资信息属于“未公开信息”，涉案9个证券账户与蒋某管理的行业精选基金在股票交易品种及时间上存在关联。

2. 上海证券交易所法律部出具的《涉案9个证券账户与行业精选基金趋同交易统计表》与深圳证券交易所市场监察部出具的《涉案9个证券账户与行业精选基金趋同交易统计表》。

3. L会计师事务所出具的〔2017〕京A2006号司法鉴定意见书，拟证明自2010年7月3日至2013年8月22日期间，涉案9个证券账户与行业基金精选趋同交易股票情况及获利情况。

一审对上述文件与信息的使用，除存有认定涉案交易与违法所得数额不客观、不准确的情形外，本案其他主观证据也存有明显瑕疵与不足，在关于蒋某是否知道王某玉炒股？是否通过“明示或者暗示”指使王某玉炒股等主要方面存有事实不清、证据不足的情形。就此，一审辩护人在为蒋某代书的刑事上诉状中已经予以了详细阐述，在此不再赘述。

四、蒋某系自动投案，能够如实供述案件主要事实

蒋某已主动上交违法所得8000万元，蒋某亲属愿意按照二审查明确定的违法所得数额予以全部退赔，并代为缴纳全部涉案罚金，蒋某基于对其行为性质理解有误而进行的辩解，不应当影响自首的成立。就蒋某自动投案、如实供述案件事实、是否构成自首的问题，判决书载明“——蒋某主动投案后，仅如实供述了将行业精选基金投资信息告知其父亲蒋某法进行股票交易的犯罪事实，但对于指控的其他主要犯罪事实至庭审时一直予以否认，认罪悔罪态度较差，依法不成立自首——”的认定与事实不符。

1. 蒋某于2017年3月14日主动向青岛市公安局H派出所投案，不仅如实供述了其曾将行业精选投资部分信息告知其父亲蒋某法进行股票交易，还如实供述

了其曾将公司电脑和部分资料带回家时并不回避其丈夫王某玉，如实供述了其2012年底发现其丈夫王某玉炒股后未能及时制止，如实供述了在日常生活中延续了其与王某玉研讨上市公司基本面与股票信息等习惯——蒋某“自书”材料中对其违反规定未能履行基金公司经理的审慎义务、导致王某玉帮助王某海炒股获利等事实行为、明确表述并认可“客观根源在我身上”的案件主要事实。

2. 蒋某对其向父亲推荐股票的行为构成利用未公开信息交易罪的定性及事实均没有异议，蒋某对自己违反规定未能履行基金经理审慎义务，在向其父亲推荐股票与沟通上市公司调研成果时并不回避其丈夫王某玉，在日常生活中延续了其与王某玉研讨上市公司基本面与股票信息等习惯，特别在2012年底发现王某玉有股票操作行为时也没有及时制止等，蒋某仅就其上述行为性质是否属于“明示或者暗示”？是否构成利用未公开信息交易罪存有一定辩解。

3. 蒋某的亲属在一审中曾经主动上交违法所得8000万元，案件进入二审程序后，蒋某对其行为性质有了更加明确的认识，真诚认罪悔罪，并委托亲属积极筹资退赔违法所得与罚金，蒋某的亲属愿意按二审查明确定的数额代为退赔全部违法所得与代为缴纳全部罚金，恳请二审法院能够对蒋某予以从轻或者减轻处罚。

辩护人查询了“裁判文书网”同罪案例，北京市高级人民法院于2016年8月26日二审终结的罗泽萍利用未公开信息交易罪案件显示，因被告人对其行为性质的辩解不影响自首的成立，被告人二审中退还全部违法所得与主动缴纳罚金而改判认定为自首，并对被告人予以了减轻处罚。

本案中，蒋某自始至终能够如实供述案件事实，明确认可其违反规定未能履行基金公司经理的审慎义务、导致王某玉帮助王某海炒股获利“客观根源在我身上”，蒋某仅就其行为性质是否构成利用未公开信息交易罪存有一定辩解，符合上述案例情形。

综上所述，鉴于一审认定部分案件事实错误，应当将涉案交易与违法所得数额中不客观、不准确的部分予以剔除，以准确对被告人蒋某定罪量刑；蒋某自动投案，能够如实供述案件事实，蒋某对其行为性质的辩解不应当影响自首的成立。敬请二审法院依法予以改判，切实保障公平公正。

上述辩护意见，敬请合议庭予以采纳。

辩护人：杜　鹃　宿扬帆

2019年8月9日

作者简介

宿扬帆，2012年6月毕业于南京大学法学院，现为山东博翰源律师事务所合伙人、执业律师。宿律师除具备律师行业的相关经验外，还具备证券以及基金行业的从业资质；主要执业方向为资本市场/证券、商事争议解决、公司合规等领域的诉讼与非诉讼法律服务，在公司多种类型权益融资、股权及项目收购等方面积累了较为丰富的经验。

执业期间曾为中通客车控股股份有限公司(SZ000957)、山东山大华特科技股份有限公司(SZ000915)、浪潮国际有限公司(HK00596)、济南高新发展股份有限公司(SH600807)、山东高速集团、济南市轨道交通集团有限公司、山东省土地发展集团有限公司、新鸥鹏地产集团等公司提供日常及专项法律服务。

王某某、朱某某、齐某等组织、领导、参加黑社会性质组织，敲诈勒索，强迫交易，寻衅滋事案

案情简介

起诉书指控王某某、朱某某犯组织、领导黑社会性质组织，敲诈勒索，强迫交易，寻衅滋事罪，齐某犯领导黑社会性质组织、敲诈勒索、强迫交易罪，蔡某等八人犯参加黑社会性质组织、敲诈勒索、强迫交易罪。

本案系兖州区在扫黑除恶行动中起诉的第一起黑社会性质组织犯罪，由区检察院检察长出任公诉人，区法院院长任审判长。本案于2018年底开庭，后经补充侦查，2019年底召开庭前会议，并第二次开庭。王某某、朱某某、齐某均不认罪，辩护人也进行了无罪辩护。其余被告人及辩护人均否认参加黑社会性质组织的指控，对于敲诈勒索、强迫交易两罪多数选择了罪轻辩护。

2019年11月25日，兖州区法院作出一审判决，判决组织、领导、参加黑社会性质组织罪证据不足，指控罪名不成立。王某某、朱某某敲诈勒索、强迫交易、寻衅滋事罪名成立，判处有期徒刑15年并处罚金；齐某敲诈勒索、强迫交易罪名成立，判处有期徒刑13年并处罚金；蔡某等人敲诈勒索、强迫交易罪名成立，判处有期徒刑4年6个月至8年不等，并处相应罚金。上述被告均不服提出上诉，现本案正在济宁中院二审。

辩护意见

审判长、审判员：

山东博翰源律师事务所接受闫某的委托，指派我担任组织领导黑社会性质组织罪、寻衅滋事罪、强迫交易罪、敲诈勒索罪一案被告人王某某的辩护人。经过阅卷、会见被告人、出席庭审，现在辩护意见已经形成，发表如下，供合议庭参考。

起诉书指控煤炭运输协会（以下称“车友会”）和B公司为犯罪组织，在王某某、朱某某、齐某的领导下，利用齐某的影响力，多次有组织地实施强迫交易、敲诈勒索等违法犯罪活动，称霸一方，迫使物流公司接受其提出的条件，逐步形成对C煤矿煤炭运输市场的非法控制和垄断，对C煤矿煤炭运输行业形成重大影响，严重破坏了当地的社会和经济秩序。同时，在把持、独占运输市场的过程中，攫取巨额经济利益，涉嫌强迫交易数额1.2998余亿元，提取管理费390余万元；敲诈勒索物流公司人民币603余万元。2013年4月9日，王某某、朱某某为阻拦D公司自提煤炭，伙同他人将D公司运煤车辆堵在C煤矿，致道路堵塞十余小时，煤炭无法外运，人车无法通行，造成恶劣影响。

对此，辩护人辩护意见有四项：

(1)王某某不构成组织、领导黑社会性质组织罪；

(2)寻衅滋事罪事实不清，证据不足，不能成立；

(3)强迫交易罪事实不清，证据不足，定性错误，不能成立；

(4)敲诈勒索罪定性错误，不能成立。

一、王某某不构成组织、领导黑社会性质组织罪

本案有其特定的历史背景和地缘因素。2005年初，某某矿务局C煤矿正式投产，当时的分工是C煤矿负责生产，某某矿务局运销公司负责销售，兖州交通局C镇交通管理所（以下简称“交管所”）负责运输组织，具体工作内容包括运费洽谈、车辆组织、秩序维持、运费结算，并在扣除税费后提取运费的3%作为管理费，每张派车单加收一元钱。煤矿采煤造成地面塌陷，使当地农民无法种地，只能另谋生路，很多人选择了从事煤炭运输。当地政府为维持地方稳定，以文件形式要求当地煤只能由当地车主来拉，保证这些车主有口饭吃。C煤矿设计年产量105万吨，即日均产煤在3000吨以内。而运煤大车的核载是30吨，以每车一天运输一趟计算，100辆车即可满足全部运量的运输。交管所根据煤炭产量和运量，确定从事运输的车辆，登记造册编号，每天按顺序发派车单、轮流运输。这就形成了一个由当地车辆主导的煤炭运输市场。由于这些车辆完全

可以保证C煤矿的煤炭运输，实际上也没有外来车辆前来运煤。后来，交管所以文件形式将运输车辆数目限定在140辆左右(当地人称封户)，不再扩大，并明确必须有交管所核发的进矿证才能进C煤矿拉煤，强化了当地车运当地煤的运输格局。

2013年4月，D公司因嫌当地车辆运费高，在与交管所没有谈妥、没有进矿证的情况下，带领30名保安，手持镐把，派车到C镇自提煤炭，以闯矿的方式，挑战交管所治下的运输秩序。这一行动遭到交管所、当地车主的抵制。后来在当地政府的协调下，交管所与D公司达成一致，当地车辆免费为D公司拉一车煤，运费每吨下调2.5元钱，保证了D公司的利益，D公司不再自提煤炭。当地政府在这一事件中实际上维持了当地车主运输当地煤炭的旧有格局。D公司事件后，当地车主意识到需要联合一致维护自身利益，遂商议成立了煤炭运输协会即车友会。协会成立当日邀请了镇政府、交管所、派出所、C煤矿领导参加。

2013年下半年，C煤矿开始出精煤，且数量越来越大。由于当地车辆不适合精煤长途运输，买方要求自提精煤，但这必然导致当地车主购买的车辆闲置，损害当地车主的利益，使当地政府对当地车主的承诺落空。这样，交管所确定精煤可以由外来车辆运输，当地车辆提供导短服务，买方每吨支付当地车主8元的费用，作为补偿。由此可见，当地车主运输当地原煤、外地车辆在交费的前提下运输精煤以及在运费中收取管理费的做法都是在交管所时期已经成为定制，这一做法有其历史和地缘背景，C煤矿也从未对此提出异议，车友会并没有随意创设收取费用。

2014年，随着政府职能转变，交管所不再履行煤炭运输市场托运管理职能。5月7日，交管所召集车友会、物流公司等相关利益方开会，宣布这一消息。会上，车友会联合B公司提出运输业户和B公司签订挂靠经营合同，由B公司监管煤炭运输，按原来的运输模式走下去，物流公司的代表则表示保证税收不流出C镇，保持现在的运输模式不变，其共同点在于不让外地车辆参与运输，但在具体的管理方式上双方没有达成一致。5月9日，由于交管所退出，由谁具体负责运输组织悬而未决，运输秩序陷入混乱，大车车主不知道如何运输、为谁运输、由谁结算，派车、入矿、出矿、结算程序不明，煤炭运输停滞。经C煤矿、车友会、物流公司三方紧急协商，确定由车友会接管并负责运输组织，次日运输秩序恢复。这之后，出现了几个月车友会的派车单和物流公司的进矿单并列的局面，但大车车主不认可物流公司的单据，最后变成了车主只凭车友会的派车单进矿拉煤。

C镇煤炭运输的格局是C煤矿管生产，交管所管运输，物流公司掌握客户资源。在交管所退出后，无论是C煤矿还是物流公司想控制运输都心有余而力不足。他们没有人员、机构也没有车辆来从事运输和组织，而增加这方面的力量和设置，无论从时间上还是从成本上都是不可取的。这时车主代表的车友会作为独立的力量出来组织煤炭运输有其必然性，而交管所也有意于此，在退出之前他们专门就如何管理对车友会人员进行了培训，这无疑会使车友会成员认为这种管理有当然的合法性。车友会成员组织起来，以一个声音同以物流公司为代表的客户协商运价，就决定了它必然有议价能力，可以有效地维护自己的利益。但这种地位是在C镇由于采矿导致地陷，政府对当地农民利益提供特殊保护的历史背景下形成的，而不是靠暴力、威胁劫夺来的，谈本案绝不能脱离开这一点，否则就是盲人摸象。

为什么车友会及B公司不是黑社会性质组织，而王某某不构成组织领导黑社会性质组织罪？

黑社会性质组织必须具备组织特征、行为特征、经济特征、非法控制特征，四个方面缺一不可。其中，在行为特征上，以暴力或以暴力相威胁始终是黑社会性质组织实施违法犯罪活动的基本手段，并随时可能将这一手段付诸实施。这一点，在“两高两部”2018年指导意见中说得非常明确，即黑社会必须是以暴力开道树威，为非作恶，欺压良善，所以黑社会性质组织的犯罪活动总是会伴随故意伤害、聚众斗殴、非法拘禁、聚众打砸抢、故意毁坏财物等暴力性犯罪。在刑事案件审理实务中，黑社会的四个特征中的组织特征、经济特征、非法控制特征都可以有争议，但黑社会性质组织必须具备严重暴力倾向这一点上是最没有争议的。是黑社会就会伴生严重暴力性犯罪，黑社会必然会有血债！或者说，没有暴力就没有黑社会，这是一定的。

但本案最突出的一个特征是遍观全案，没有一起打架斗殴，没有一起伤人毁物。上次庭审中被反复提及的与李某和李某某的冲突都是发生在车友会对运输秩序的管理过程中，李某是偷单运煤，李某某是私拉煤泥，均过错在先。任何承担运输管理职能的组织都不可能对这种行为不闻不问，而且冲突不过是在言词的层面，没有任何的暴力冲突。

被认定为被害人的物流公司的负责人，没有一人受到过任何暴力或以暴力相威胁，更没有因为暴力行为而被心理强制，栾某某声明他不怕车友会，不仅如此，他同车友会人员一起办公，一起吃饭，每年都把酒言欢。郭某某夫妇有7辆车在车友会，精煤服务费、运费他们都有份。赵某某的精煤运费是最低的，他还同王某某、朱某某一起做生意。朱某国的公司负责给D公司运煤，其运费更是逐年降低。

栾某某称车友会以停运为由要挟提高运费，但是，栾某某的物流公司运了数万吨煤，同车友会签了多份合同，没有一份是在车友会以停运施加压力下签订的。根据在卷的证据材料，大规模的停运只有一次，即2014年5月9日因为运输管理出现空档，大车车主不知道如何运输、为谁运输、由谁结算，停止了运输，时间只有一天，之后再也没有过停运，何来以停运来要挟提高运费？归根到底，停运也好，罢运也罢，这都是车主处分自己权利的行为，不是暴力行为。把停运等同于暴力或者认为与暴力等量齐观，这都是对法律的扩大解读，是对立法原意的违反。

再看车友会的相关成员的证词。除李某、李某某之外，共有9名车主、两名司机称车友会对他们停运、罚款，让他们送礼，等等。但这些人无一人被暴力攻击，或者被暴力威胁，也没有证明他人受到了车友会其他成员的暴力攻击或暴力威胁。在庭审中，我已经说过，除王某星称自己每年都要被停运二至三次之外，有6人称自己被停运过一次，有4人称自己被车友会罚过款，假定这些都属实，在车友会管理C煤矿煤炭运输秩序的4年期间，平均一年发生4.5次停运，一次罚款，这根本就是可以忽略不计的小概率事件。何况，停运属于维持运输秩序的必要手段，而且多数的停运都是在C煤矿指出有关车主的违规行为后发生的，无可厚非，更不能以此引申车友会欺压良善。

上次庭审时，我说过本案没有一点暴力行为，甚至暴力色彩都没有。时隔10个月之后，有了现在的补充侦查材料。侦查机关可以说“掘地三尺”，找了那么多车友会成员，那么多曾经与车友会有过冲突的人员，搜寻有关被告人实施暴力的材料，甚至把被告人的车是否加过塞、是否有过会长的特权都要找出来。总之，把被告人所有言行都要拿到放大镜甚至显微镜下来看。但结果呢？即使补充侦查的材料全部属实，即使把2013年4月和2014年5月两次停运都算上，在所有冲突中，被告人的行为无非是骂了几句，踢了两脚，推了一把，这连民事侵权都算不上，更不要说暴力犯罪。一次街头斗殴的暴力色彩都比本案的行为多。何况那个指证被告人骂人的证人至今没有到庭！这也叫黑社会吗？如果这是黑社会，遍地都是黑社会！如果这在兖州会被认定为黑社会，兖州的黑社会数量一定会破全国纪录！我相信在座的都是审判经验丰富的资深法官，都应当知道黑社会的暴力是怎样的一种暴力。即使不是谈审判经验，以我们的社会阅历，也应当知道这根本不是什么黑社会！

公诉意见认为车友会有关成员实施的是一种软暴力，认为这也属于黑社会的行为特征。但是，这种观点是错误的。的确，当黑社会性质组织发展到一定阶段后的暴力色彩会有所减弱，往往会更多采用滋扰恫吓、造势摆场等非暴力、软暴力手段来达到不法目的。正因为如此，司法实践中也逐渐产生了一种模糊认识，认为黑社会性质组织不需要实施暴力性的违法活动也可以形成非法控制。对于这种认识,在全国部分法院审理黑社会性质组织犯罪案件座谈会纪要的理解与适用中,最高法院早就做过阐述,即无论行为方式最终如何变化,暴力或以暴力相威胁的手段是黑社会性质组织能够对社会公众形成心理控制的重要原因。即使在发展到较为成熟的阶段以后,暴力性也依然是黑社会性质组织行为方式的基本特点,一旦需要便随时可能付诸实施。因此,如果涉案犯罪组织在整个发展过程中没有较为明显的以暴力或以暴力相威胁的手段实施违法犯罪活动,那么,对该组织定性时就要相当慎重。显然,黑社会性质组织的软暴力是以硬暴力为基础,并具备实施硬暴力的现实可能性才谈得上软暴力。没有能够脱离硬暴力的软暴力。

车友会所有成员都是C镇的农民,他们不是平时横行乡里,欺压良善的流氓恶棍,他们没有一人有前科劣迹。他们从来没有实施过硬暴力,所以根本谈不上在形成恶名让人害怕之后由硬暴力而软暴力。他们能够在一段时间内成为C镇煤炭运输市场的主导,首先是缘于当地政府对农民的体恤和优惠政策,或者也可以说是一种歉意,这些农民因为煤炭开采而遭受了损失,政府愿意也应该给予他们一定的补偿。其次是因为他们在车辆上真金白银的投入,最后靠的是地利和人和,而不是暴力,这就决定了他们不可能是黑社会。他们靠劳动挣钱糊口,只不过想利用煤矿开在自家门口的优势多挣一点,只不过想在商业博弈中抱团取暖,不被各个击破,这也许有点狭隘,但绝不是犯罪。

再谈非法控制特征。所谓非法控制,是指黑社会性质组织通过实施违法犯罪活动,称霸一方,在一定区域或行业内,形成非法控制或重大影响,严重破坏经济、社会生活秩序。但车友会相关成员显然不具备这个特征。

现在来看,案件中公诉方指控的所谓非法控制主要有三个方面:

其一,C煤矿人员陈述因为车友会抬高运价,导致他们的煤不好卖,造成积压、滞销,但他们只是在说,却没有证明究竟怎么滞销了,连销量下降都没能证实。相反,根据审计报告,2016年车友会在3～9月是按每吨6元收取精煤服务费,这六个月精煤销售了5.4万吨,但在2016年10～12月精煤服务费上升到了12元,三个月就销售了5.4万吨。到了2017年,精煤服务费大部分时间都在12元的高位运行,这一年精煤销量居然达到了30多万吨,是上一年的3倍。不是车友会抬升运价导致滞销吗,怎么运价越高,销量越大呢?所谓抬高运价导致C煤矿煤不好卖的说法也就不攻自破。公诉人说煤炭销量会受多种因素影响,与运价之间没有必然的联系,既然这样,那就不能说收取精煤服务费导致了滞销。至少从数据上说,精煤服务费与煤炭销量是正相关关系,而不是负相关关系,不存在破坏经济秩序的情形。

其二,五家物流公司称车友会的垄断,造成他们经营困难。首先,车友会从来没有用停运作为定价的手段，证人只是泛泛地说，但从来没能具体地说出哪一笔合同是在车友会以停运要挟的情况下签订的。物流公司也不能证明车友会在C煤矿的运价高于其他煤矿。事实上，如果到其他煤矿拉煤运价更低，又没有市场准入的限制，物流公司拉其他煤矿的煤即可，没有必要非与车友会签约，车友会没有也不可能不让物流公司到别处去签约运煤。归根到底，物流公司和车友会签约还是有利可图。正如栾某某等人所说，他们是少赚钱了，不是不赚钱，四年间物流公司从无到有，没有一家物流公司干不下去，这可以证明所谓的非法控制不存在。

还有一种关于存在非法控制的说法是因为C镇原煤运输市场被车友会控制，外来车辆不能进入C镇拉原煤，但这种因果关系并不存在。事实是，在交管所管理期间，外面的车就不来拉原煤，现在车友会不存在了，物流公司管理的运输秩序之下仍然没有外来的车辆到C煤矿拉原煤。如果因为车友会非法控制C镇煤炭运输市场导致外面的车不来拉原煤，那么，在车友会不存在之后，外面的车辆自然就会进入C镇煤炭市场。但事实恰恰相反，始终没有外面的车前来运输，恰恰证明了这一运输局面是自发形成的，而不是在非法控制下形成的。

因此，作为认定黑社会性质犯罪必不可少的行为特征、非法控制特征在本案中根本不存在，所谓组织、领导黑社会性质组织罪不能成立。

二、强迫交易罪事实不清，证据不足，定性不当，不能成立

强迫交易罪是以暴力威胁手段，强买强卖，强迫他人提供或接受服务，强迫他人参与或退出特定的经济活动的犯罪活动。起诉书将车友会2014年以来代表车主与各物流公司签订的运输合同全部认定为强迫交易，确定强迫交易数额为1亿2998万，令人不解。

前面我们已经说过，本案中不存在以暴力或以暴力威胁迫使相对方签订合同的情形，那么，有没有其他形式的威胁？起诉书称在交管所退出的会议上，各物流公司要求开放市场，自主经营，会后各物流公司代表到矿上要求自主进矿拉煤，王某某、朱某某等人得知后，决定所有车友会车辆停止进矿拉煤，封堵进矿道路，以此迫使物流公司就范。但是，根据交管所2014年5月7日的会议纪要，物流公司的代表并没有提出放开市场，反而提出保持现在运输模式不变，并且同意不让外来车辆参与运输，只是不想让车友会挂靠B公司管理运输秩序而已。在王某某、朱某某是否决定所有车友会车辆停止进矿拉煤的问题上，所有的被告人的当庭供述均予以否认，而车友会其他成员的证言中多数也否认王某某、朱某某做出过停运的决定。2014年5月9日，C煤矿保卫科值班记录也没有记载矿门被堵或进矿道路被封堵的情况。综合上述证据，我们认为当时的现

实情况是由于交管所退出后形成的权力真空，车主不知道谁的派车单是有效派车单，不知道找谁去换领货运单，干了活可能白干，当然会停运观望，根本不需要人为地制造停运，更谈不上威胁对方就范。事实上，停运也不符合车主的利益。所以，在矿上、物流公司、车友会就管理模式达成共识之后，运输马上就恢复了。2014 年 5 月 10 日的矿保卫科值班记录记载，北门派车单已协商好，恢复正常发煤，也可以看出不能发煤的原因在于派车单未商定，而不是在能够正常运输的情况下强行停运。

车友会在接管了煤炭运输组织职能之后，租赁了办公场地，雇用了人员，为车主提供了包括运费洽谈、运输车辆管理、运费结算服务，这些服务是有价值的，应当获取相应的对价。根据车友会与 B 公司的挂靠经营合同，其所获取的 1.5%的服务费来自运输车辆的运费，取之于车主，用之于车主。车友会是全体车主自发形成的运输组织，车主对于从运费中拿出 1.5%作为管理费是达成合意了的，并无怨言，何来强迫？

现在，物流公司认为由于车友会的存在，他们只能同车友会的车辆签订原煤运输合同，而且车友会在谈判中处于强势地位，损害了他们的利益。但是，从 2014 年到案发，在长达四年的时间里，物流公司同车友会签订了几十份合同，没有任何证据证明他们当时受到了暴力、威胁，他们为什么还要签订这些合同？归根到底，物流公司有利可图，他们能够挣钱，能够获取利润。他们虽然对合同内容有所不满，但从根本上不违背他们的利益，所以也就不违背他们的意志。在任何的商业谈判中，处于优势地位的一方都会利用优势为自己争取最大的利益，而相对方当然会感到不舒服，但只要有利可图，他们最终还是会选择妥协。商业谈判的实质就是妥协，谁也不能完全达到自己的目的，但这不等于违背其意志，更不等于强迫交易。这是一种博弈，在谈判中，车友会利用了自己的地利和人和，但物流公司也可以运用自己的优势：客户资源。不用车友会的车物流公司无法拉煤，但物流公司不来订煤，车友会的车辆也没有用武之地。双方既是竞争关系，又是共生关系，何况物流公司有的老板的车辆也在车友会内。物流公司之所以会与车友会维持合同关系，是因为用车友会的车运费虽然比他们最理想的状态要高一些，但仍然比去其他地方买煤合算。归根到底，用当地车运当地煤是最经济的。退一万步讲，如果说 2014 年 5 月运输秩序的混乱影响到物流公司当时正在履行的煤炭买卖合同，他们想尽快结束混乱来减少损失从而接受了车友会对运输秩序的管理的话，那么至多只会影响当时正在履行的合同，他们完全可以不与车友会方面签订后续的运输合同。公诉方将其后的合同金额都认定为强迫交易罪的数额是对强迫交易罪的无限扩大化，造成的后果就是 2014 年至 2018 年车友会代表车主与物流公司签订的运输合同的运费 1 亿

2998万元全部变成了非法所得，并有可能成为追缴的对象。但是这1亿2998万元的运费所有权人是每位车主，车友会仅仅是代收代付，这些运费的大部分用作了油费、过桥过路费、司机工资、车辆维护保养的支出，最后体现为大车车主的劳动和投资所得，把这些价值都予以否定，说明强迫交易罪的认定出现了偏误，应当予以纠正。

三、敲诈勒索罪定性不当，不能成立

敲诈勒索是指以非法占有为目的，对被害人使用威胁或要挟的方法，强行索要财物的行为。起诉书认为车友会骨干成员以不交费就不能进场拉煤相要挟，迫使物流公司交纳入矿服务费或者叫作精煤服务费，但没有提供任何报务。

这里必须说明，精煤允许外来车辆自提并交纳一定的费用，这是交管所管理期间就形成的惯例。有了政府行为的“背书”，车友会成员自然愿意萧规曹随，首先，他们也没有意识到这种从政府行为延续下来的做法是违法的。其次，精煤服务费在不同的时期对应的服务内容一直在变化，先是由车友会司机进行倒短，将精煤拉到某楼煤厂，之后是车友会司机引领外来车辆入矿。最后是外来车辆司机持车友会的派车单入矿拉精煤。在这三个过程中，车友会的成员都要负责车辆安排、派车单打印、车辆出矿后的结算，这都是服务，都有成本的付出。另外，通过收取入矿服务费，当地车辆将通过精煤运输获利的机会让渡给了外地车辆，获得相应的回报有其合理性。资格机会都有价值，都可以成为交易的对象。这种资格可以是买来的，可以是通过关系得到的，或者是利用独占的地位得到的。但只要是有价值的，出售这种资格就是一种交易，而不是敲诈。另外，在精煤服务费的定价过程中，不仅仅是物流公司和车友会商谈，C煤矿作为利益相关方也介入了谈判，这进一步证明这是三方协商一致定价，而非以威胁、要挟强行索要财物。

另外，本案中收取精煤服务费的行为具有明显不同于敲诈勒索的特征，具体地讲：

1. 敲诈勒索的实施者总是主动向被害人发出威胁，被害人避之唯恐不及，不会主动给予敲诈勒索的实施者机会。但本案恰恰相反，物流公司一次一次地主动来找车友会，与之签订精煤运输合同并交纳精煤服务费，没有这样的敲诈者和被敲诈者。

2. 敲诈勒索的被害方在面临敲诈时，要么失去金钱，要么失去健康、名誉或者安全，他们必须在损失之间进行权衡，而不可能通过被敲诈而获益。但本案中，物流公司是交纳入矿服务费从而获利，这就决定了其不是被敲诈。

3. 敲诈勒索最终是一场零合游戏，敲诈方得到多少，就意味着被敲诈方失去多少，其总效益为零。但在本案中，当地车主获得了精煤服务费，物流公司获得了盈利，总效益为正，这也不符合敲诈勒索的特征。

归根到底，对物流公司而言，交纳精煤服务费而能够自提精煤，这笔买卖合算时，他们才会去做。如果精煤服务费不是6块、12块，而是60块、120块，他们无利可图，自然不做。所以，每吨6～12元的精煤服务费在市场博弈中形成，也随市场行情波动，尽管这不是一个充分竞争的市场，但这不是漫天要价，不是强拿硬要。

最后，车友会对于精煤服务费只是代收代付，精煤服务费是同车号挂钩的，最终一部分分给了全体140余名车主，另一部分支付给了卖掉车号的车主，用于车友会全体成员。构成敲诈勒索罪必须具有非法占有的目的，即起诉书指控的8名车友会成员必须非法占有了精煤服务费，他们才可能构成该罪。但事实上，他们只是经手人，不是占有人。敲诈勒索罪的被告人应当是利己的，而不是像本案中这样是利他的。这就决定了敲诈勒索不能成立。

四、寻衅滋事罪事实不清，证据不足，不能成立

其一，根据法庭调查，我们可以清楚地看到，酿成2013年4月9日冲突的不是别人，正是D公司。事发的前提是D公司嫌原来交管所确定的运费过高，不能接受，与交管所谈判，在没有谈妥的情况下，决定自行派车前来运输。按照当时C镇政府的文件，任何车辆来C镇拉煤，都要有交管所发给的进矿证，作为进矿依据，严禁私拉扰乱运输秩序。D公司与交管所没有谈妥，故D公司必然没有交管所发给的进矿证，D公司的相关证人都回避了这一点，但是没有一个证人证明他们是带着进矿证来拉煤的。由此，我们就能理解为什么C煤矿保卫科人员说等到第一轮车进矿后，第二轮迟迟不进，他却并不去问，这说明矿上也不同意D公司前来拉煤，否则他应当去进行询问或者直接同意他们进。D公司既没有交管所核发的进矿证，也没有得到矿上的许可就来拉煤，这是D公司在扰乱当时的运输秩序。不仅如此，D公司预感到有可能发生冲突，还带着保安，拿着镐把来现场，这是D公司闯矿，D公司过错在先。

其二，现有证据不能证明王某某伙同朱某某阻拦D公司运输，因为王和朱当时根本不认识。王某某不仅和朱某某没有意思联络，和其他人也没有意思联络，没有证据证明王某某是这个事情的召集者，这个事情有可能是自发的。王某某的车辆没有参与堵路，王某某没有打人骂人。车友会相关成员的证言也不能证明王某某参与了堵路、打人、骂人或者其他符合寻衅滋事特征的行为。指证王某某的D公司的证人已经陷入自相矛盾和互相矛盾，他们在到达的原因、车辆的位置、徐某学是否返回、车辆损坏情况上无法自圆其说。保安万某在其

他方面和其他证人证言出现偏差，这说明他的记忆并不可靠，但他就独独记得六年前见过王某某，还绘声绘色地说出他当年威胁人的话，这不符合记忆规律，也不符合他在证言笔录中所显示的记忆力，所以我们对万某的证言以及公安机关给他制作的辨认笔录表示强烈的怀疑，我们也在庭前要求这个证人出庭。这个证人明显符合最高人民法院以审判中心的改革的指导意见中的情形，即该证人庭前证言不能查证属实，其应当出庭作证，如果不出庭，其证言不能采信。而这是唯一有效指证王某某的证人。这一证言不能采信，将直接导致指控不能成立。

综合以上，辩护人认为：

(1)王某某不构成组织、领导黑社会性质组织罪；

(2)寻衅滋事罪事实不清，证据不足，不能成立；

(3)强迫交易罪事实不清，证据不足，定性错误，不能成立；

(4)敲诈勒索罪定性错误，不能成立。

以上意见，请合议庭予以考虑。

辩护人：高建军

2019年10月10日

第三编　民商案件代理意见

姜某文诉赵某笑进出口代理合同纠纷案

案情简介

2004～2007年，原告姜某文委托被告赵某笑代为办理中国淡水龙虾仁在美国的进口相关手续。赵某笑在办理受托事项过程中对姜某文实施了欺诈行为，谎称因反倾销税率发生变动需为货物购买保险，骗取姜某文135万美元。

姜某文得知实情后索要款项无果，向美国加利福尼亚州洛杉矶县高等法院提起了诉讼，要求被告赵某笑返还135万美元。该案件经历3年(2007～2010年)的审理，经法务会计的审计，认定赵某笑除了135万美元外，另行侵占了姜某文152余万美元的货款。最终，加利福尼亚州洛杉矶县高等法院审判令赵某笑向姜某文赔偿2,873,732美元加各种费用，并对赵某笑进行了50万美元的罚款。该案中赵某笑向法庭隐瞒事实，做出了诸多虚假陈述，法官当庭对其陈述的真实性和其社会诚信提出质疑。

以下为摘自美国加利福尼亚州洛杉矶县高等法院案件宣判笔录译文:“法官:那么赵，我不知道当我判决的时候你要不要你的父亲在这个房间里，如果你想你父亲出去，可以。如果你想坐在这里听我如何评说你，可以。我难以相信，在我当法官之前多年，我都在处理大的欺诈案，我的意思是洗钱及诸如此类的事。然后我当了法官。我从未见过这样的事。我从未见过一个对法庭撒谎像你这样的。显然这就是你的生活方式。你是一个说谎的人，骗子。那就是你。你生活中一直这样，你需要按你的方式做的时候，你就决定去做，你这样对姜是他和Y&Z和你先生生意开始时出了问题。我记不清是哪一年，记录里有，可能是1996年货1998年刚开始时。”

由于我国不承认该案判决，该案不能在中国直接进入执行程序。原告姜某文再次向青岛市中级人民法院提起诉讼，请求法院判令赵某笑及其丈夫姚某斌(第二被告)连带返还135万美元，并赔偿其自2005年1月6日起到本案判决生效之日止的同期银行贷款利息。由于案情复杂，该案于2010年在青岛中院立案后，历时4年才做出一审判决，支持了原告姜某文的诉讼请求。赵某笑、姚某斌不服一审判决，提起上诉。山东省高院维持了一审判决。

代理意见

尊敬的合议庭：

山东博翰源律师事务所接受本案被上诉人姜某文的委托作为二审代理人参与了本案的审理，结合对全案证据的分析和参与庭审举证质证，现提交代理意见如下：

被上诉人姜某文与上诉人赵某笑、姚某斌进出口代理合同纠纷上诉一案，一审判决认定事实清楚，适用法律正确，二审法院应当驳回上诉，维持原判。理由如下：

一、涉案货款归属姜某文，具有本案的主体资格

1.姜某文在涉案货物的贸易关系中的身份为中间商，涉案货款归属姜某文。

涉案货物贸易各方之间的关系如图1所示：

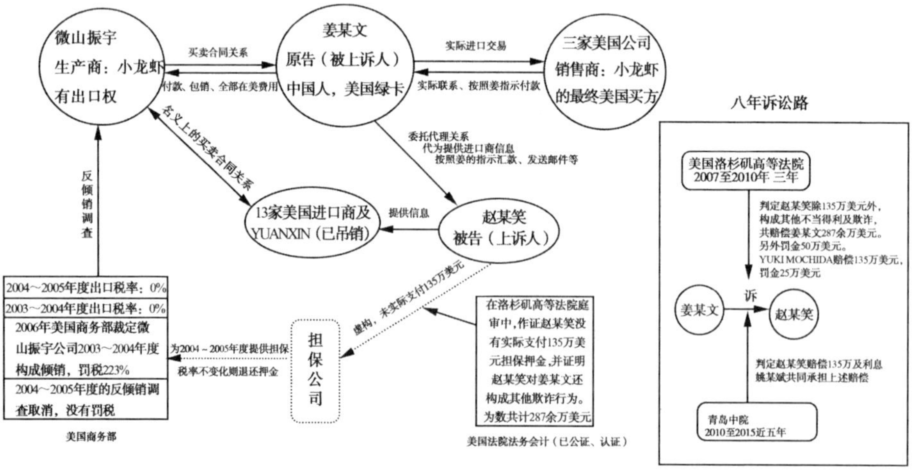

图1　涉案货物贸易关系

姜某文是案外人微山振宇公司在美国市场的包销商，姜某文从微山振宇公司购买了货物小龙虾后再销售给美国的客户。因此，姜某文与微山振宇公司之间是买卖合同关系，与美国三家小龙虾仁客户之间也是独立的买卖合同关系，美国三家客户支付的货款应当归属姜某文。微山振宇公司作为涉案货物的最初所有人确认了以上事实：微山振宇公司只与姜谈产品规格、价格、数量等合同条款；微山振宇公司从未与美国方面的三家最终买家、赵某笑、13 家进口商等公司联系过；微山振宇公司确认涉案货款属于姜某文。

在美国加利福尼亚州洛杉矶县高等法院的审理过程中，美国买方负责人 Nathan Torch 和 Eltonb Ernard 确认美国买方 Gentral、Eltonb Ernard 的供货方是姜某文，买方只与姜某文谈价格、数量，向姜某文发送订单，根据姜某文的指示汇款，买方汇款到 YUANXIN 等公司的款项都归属姜某文，而赵某笑只是协助提供登记进口商并转账代为收款等。买方从没有同赵某笑及其进口商打交道，也没有与微山振宇公司打过交道。

以上事实与本案邮件证据相佐证：姜某文及其助手和赵某笑之间的往来邮件、姜某文与 Gentral、Eltonb Ernard 之间的电子邮件中体现的正是上述事实。同时，赵某笑也确认 YUANXIN、KANG JI 等公司收到的三家买方的货款不属于其自己、不属于 YUANXIN、KANG JI 等公司。

因此，结合涉案货物关联各方的陈述，涉案货款归属姜某文，姜某文有权作为原告提起诉讼维护合法权益。

2. 虽然形式上涉案货物的进口商名字是 13 家美国进口商，但 13 家进口商是被赵某笑借用资质用于美国进口清关，就涉案货物从中国向美国进口的过程中，赵某笑是涉案货物的进口代理人，而姜某文是被代理人和委托人，同时也是涉案货物的实际权利人。

我国《合同法》第四百零二条规定，受托人以自己的名义，在委托人的授权范围内与第三人订立的合同，第三人在订立合同时知道受托人与委托人之间的代理关系的，该合同直接约束委托人和第三人。根据以上法律规定，结合本案案情分析，实际的权利人姜某文作为委托人，不必然出现在进出口买卖合同关系中，受托人可以以自己的名义与第三人订立合同；而 13 个进口商虽然在美国进口了微山振宇公司的货物，但这些进口商和赵某笑仅仅是进口代理人，并非进口货物的实际权利人。

二、赵某笑是本案的适格被告

姜某文委托赵某笑作为涉案货物的美国进口代理人，赵某笑骗取姜某文 135 万美元是独立于正常贸易关系之外的个人行为，赵某笑是本案的适格被告。

1. 本案贸易关系简要归纳为：

本案贸易关系发生在微山振宇→姜某文→美国 Central Seaway 等三家买方之间，是一个连环买卖关系。姜某文是整个贸易关系的中间商，赵某笑仅仅是 YUANXIN 公司的工作人员，是姜某文的美国进口代理人，并非贸易的主体。

2. 13 个进口商不是对姜某文承担偿还责任的主体。理由如下：

赵某笑对自己在贸易过程中的身份问题存在多种矛盾陈述：在美国加利福尼亚州洛杉矶县高等法院提起的诉讼中，赵某笑主张 YUANIN 是微山振宇公司在美国的代理公司；本案一审中赵某笑主张 YUANXIN 是 13 家指定进口商的代理商，其自己是 YUANIN 的一名雇员；二审上诉状中赵某笑主张其是美国 13 家公司的代理人从微山振宇公司进口小龙虾尾肉。赵某笑的主张本身相互矛盾。

首先，现有证据表明，赵某笑认可其从未与 13 家进口商的股东或管理人联系过，13 家进口商的股东或管理人在本案涉及的贸易关系中也从未出现过，13 家进口商实际是由赵某笑提供公司名称等信息，借用资质办理进出口手续。

其次，美国买方确认供货方是姜某文，从没有同赵某笑及其进口商打交道。美国买方支付货款时并不是按照名义上的货物买卖关系一一对应地支付到哪个公司账户，而是根据姜某文的指示，按照有利于反倾销的原则支付货款。

3. 赵某笑是姜某文的涉案货物在美国的进口代理人。

微山振宇公司的证词、美国最终买方的证词、赵某笑本人的陈述、赵某笑与姜某文及其助理的往来邮件均表明，姜某文与赵某笑就涉案货物的发货、收款、发票、转款、保证金等事宜直接联系；赵某笑听从姜某文的指示办理相关事宜，定期向姜某文发送对账单；姜某文承担赵某笑及其助手的工资、差旅费及整个 13 个进口商、YUANXIN、KANGJI 的办公费用。因此，赵某笑是姜某文的进口代理人。

详见证据第 56 页倒数第一段："你应该为我的辛苦工作给我付钱，我值不值得这个工资？我认为我超过了这个价值，我为你的生意赚了多少钱，你比任何人都知道，许多公司要我去帮助他们，并且要给我更高的工资，但我愚蠢的丈夫说，只要他是你的一个朋友，我就不能去帮助其他的小龙虾公司，然后我同意了。"

4. 赵某笑从其收到的美国最终买方支付的货款中扣收的 135 万美元已经脱离了被借用收款的 YUANXIN、KANGJI 等公司的账户。赵某笑骗取姜某文 135 万美元是欺诈行为，是独立于正常贸易关系之外的行为，应当由其个人负责将款项偿还给姜某文。

涉案 135 万美元款项属于美国最终买方支付给姜某文的贸易货款的一部分，美国买方已经实际支付后，被赵某笑扣留，已经脱离了被借用收款的 YUANXIN、KANGJI 等公司的账户。因此，涉案 135 万美元纠纷发生在赵某笑和姜某文之间，而不是如上诉人抗辩的发生在姜某文和 13 个进口商等之间。

赵某笑对姜某文谎称必须取得反倾销保险才能向美国进口小龙虾货柜，而要取得反倾销保险必须交付担保公司 120 万美元押金及她朋友 15 万美元的好处费，实际这是赵某笑杜撰的谎言，目的是为了骗取姜的 135 万美元，姜某文信以为真，同意赵某笑从美国最终买方回款中支付 135 万美元。然而赵某笑并未向担保公司交付 120 万美元及其朋友 15 万美元好处费，款项去向不明。赵某笑的欺诈行为是独立于正常贸易关系之外的，双方的正常贸易关系自始至终得以顺利进行，没有任何纠纷。因此，即使认为赵某笑是以 YUANXIN 的职员身份或 13 个进口商的代理人身份来操作本案涉及贸易事宜的，其欺诈行为也应当由其个人承担，

三、一审法院认定赵某笑实际收取了 135 万美元是客观公正的

1. 证据清单 25 项的邮件是一份姜某文和赵某笑之间的阶段性对账单，对账单中明确赵某笑已经扣除 115 万美元。

2. 证据清单 34 项是赵某笑给姜某文的 Excel 对账单，其中注明 115 万美元扣除，20 万美元扣除，赵某笑在美国庭审形成的笔录中已确认该两笔是其记载的。由此证明，赵某笑已经从应当转付给姜某文的货款中扣收了 135 万美元。

3. 证据清单 28 项是姚某斌给姜某文的电子邮件，称“押金”已经交给保险公司了，亦能证明赵某笑已经从货款中扣收了所谓的保险押金，即涉案款项。

4. 赵某笑所谓“上诉人没有收取 135 万美元，而是质押了 13 箱货物作为担保，后将该 13 箱货物转给了姜某文的妻子在美国的公司”说法并非事实。首先，赵某笑提供的公证认证材料本身存在形式上的瑕疵问题，也没有提供其收到的邮件系 M. M Feld 和 Sean Harmon 发出的公证认证材料，邮件附件中的证明文件无任何签字或盖章，而该证明材料必须有姜某文妻子公司的签字盖章才是有效的。其次，即使转货是真实的，也与本案没有关系，赵某笑扣收的 135 万美元是从货物卖给美国最终买方之后收取的货款中扣除的，而赵某笑所谓的转给姜某文妻子公司的货物是还没有卖掉的剩余货物，该批货物即使存在，其所有权本身也属于姜某文，不可能属于赵某笑。赵某笑给姜某文发送的 Excel 对

账单是货物卖给美国买方后收到货款、扣除各种费用、余额的明细表，不可能用于记录该批剩余货物的情况，赵某笑也确认记载在冷库一栏的是货物因存放在冷库而产生的费用。

四、上诉人反复提及的反倾销税率实际与本案无关

2004～2005 年度，美国涉案货物反倾销税率没有发生变化，姜某文本不需要购买保险。同时，由于赵某笑实际没有将 120 万美元交付保险公司购买保险，因此不论反倾销税率是否发生变化，保险合同根本不存在，该 135 万美元应当返还给姜某文。

证据清单 32 项表明因美国龙虾加工联盟撤销了申请，美国政府取消了对微山振宇公司 2004 年 9 月 1 日至 2005 年 8 月 31 日期间小龙虾仁的反倾销行政复审，税率在该年度没有发生变化。反倾销核查是根据美国龙虾加工联盟每年度的申请进行的，2003～2004 年度的变化并不能影响到下一年度。

按照赵某笑的说法，赵某笑委托她的朋友与担保公司签订了合同，姜某文的 120 万押金需要交给担保公司，如果担保公司不损失任何钱，那么在收到海关的清算确认后，他们将把押金返还给姜某文。实际情况是赵某笑并未将该资金交付担保公司，而是欺骗了姜某文，私自扣留了该笔款项。因此，不论反倾销税率是否发生变化，保险公司都不会发生损失，该 135 万美元都应当返还给姜某文。

五、赵某笑和姚某斌属于夫妻关系，根据中国的《婚姻法》及其司法解释的规定，两被告应当承担连带清偿责任

《婚姻法》司法解释二第二十四条规定，债权人就婚姻关系存续期间夫妻一方以个人名义所负债务主张权利的，应当按夫妻共同债务处理。但夫妻一方能够证明债权人与债务人明确约定为个人债务，或者能够证明属于婚姻法第十九条第三款规定情形的除外。姚某斌没有证明该债务不属于夫妻共同债务，姚某斌发送给姜某文的电子邮件证据表明，其夫妻二人的工作和生活都是相互关联的，充分证明该债务为共同债务。

综上所述，赵某笑虚构了支付担保押金的事由，骗取姜某文 135 万美元款项。姜某文于 2007 年 10 月 26 日向美国加利福尼亚州洛杉矶县高等法院提起诉讼，根据法务会计的审计认定，赵某笑既没有将 135 万美元用于支付担保押金，还侵占了姜某文 1,523,732 美元的货款。美国加利福尼亚州洛杉矶县高等法院于 2010 年 10 月 28 日最终判定赵某笑应赔偿姜某文 2,873,732 美元，加各种费用及 50 万美元罚款。赵某笑服从该判决，该判决在美国已经生效。

本案历经美国和中国法院的审理，漫长而艰巨的诉累严重影响了姜某文的合法权益。一审认定事实清楚，适用法律正确，程序合法，客观公正，请求二审法院驳回上诉，维持原判。

代理人：张倩茹

2015年8月9日

作者简介

张倩茹律师，2006年毕业于济南大学法学院，法学学士学位。山东博翰源律师事务所合伙人。山东博翰源律师事务所优秀共产党员；济南广播电视台优秀律师嘉宾、山东经济广播最具人气明星嘉宾；在山东省市场监管局和山东省消协举办的“2018山东最美消费维权人物”评选活动中获得全省十大最美消费维权人物称号。张律师擅长合同纠纷、民间借贷纠纷、婚姻家事纠纷及公司法律业务等领域的法律事务。主要社会兼职：山东立法学研究会理事；济南市家庭教育研究会监事；历城区特殊教育学校法务副校长；连续五年担任济南市司法局和济南广播电视台联合主办的《法理人生》周末特别节目法律嘉宾。

济南某商城管理有限公司与济南某酒店有限公司、邵某财产损害赔偿纠纷案

案情简介

案件涉及双方为济南某酒店有限公司、邵某在济南某商城管理有限公司管理的综合性商业广场租赁商铺经营餐馆。2015年1月22日早6时31分，济南某酒店有限公司、邵某经营使用的商铺发生火灾并引爆室内煤气罐，致其相邻商铺及商业广场严重受损。事故发生后，各方多次协商未果，济南某商城管理有限公司委托我所赵景莉、张倩茹律师向法院提起诉讼，参与了一审程序。济南某酒店有限公司、邵某在一审中提起反诉，主张济南某商城管理有限公司赔偿其因该事故造成的损失。本案经一审、二审，均驳回了济南某酒店有限公司、邵某的反诉请求，判决济南某酒店有限公司、邵某承担70%的责任，向济南某商城管理有限公司支付赔偿金。后山东省高级人民法院亦裁定驳回济南某酒店有限公司、邵某的再审申请。

代理意见

审判长、人民陪审员：

本律师接受原告济南某商城管理有限公司委托，作为其与济南某酒店有限公司、邵某财产损害赔偿纠纷一案诉讼代理人参加本次诉讼，根据法院庭审调查和质证情况、争议焦点以及相关法律规定，发表代理意见如下：

1.济南某酒店有限公司、邵某承租的商铺，在经营过程中因不能排除的电气线路问题引起火灾事故，应对该事故承担全部责任。

根据区公安消防大队作出的《火灾事故责任认定书》记载，案涉火灾事故发生于济南某酒店有限公司、邵某承租经营的位于商业广场三楼的店铺内，起火原因不排除电气线路问题。根据2013年7月的店铺《装饰工程室内设计方案深化图纸》显示，其室内消防系统、电气线路等均是自行设计、安装的，但在火灾事故发生后，正是因为其室内烟感报警、消防喷淋设施未发挥应有作用，致火灾引爆液化气罐，产生巨大损失，为此应承担全部事故责任。

2.消防验收只是一种行政管理措施，不是火种，亦不能积蓄可以引爆煤气罐的能量，济南某酒店有限公司、邵某将消防验收手续定义为一次火灾事故的决定因素，属偷换概念，明显是在逃避责任承担。

案涉商城在2010年投入运营前，在建筑电气防火设施安装、自动消防设施安装等方面已检验合格，因需要分区域出租，因此需要分区域办理消防验收。目前在商城经营的国美电器、银座商城等商户，均已办理了消防验收合理手续。对商城在消防验收方面的现状，济南某酒店有限公司、邵某是明知且认可的。根据《租赁合同》第六条管理规则第6.1款约定，济南某酒店有限公司、邵某应自行按照当地公安消防局要求办理消防报审手续及消防验收手续，并承担因此产生的全部费用。由此可见，事故发生地的消防验收手续的责任方在济南某酒店有限公司、邵某处。

原告管理着近八万平方米的商业广场，历来对消防安全极为重视，专设部门配备专业人员来保障消防安全。原告曾于2014年12月8日对济南某酒店有限公司、邵某经营店铺进行过安全检查，发现其存在诸多安全隐患，要求其限期整改，虽然其在当月的11号签字“已整改”，但原告于2014年12月16日再行检查发现店铺仍存在违反消防法规的行为。正是济南某酒店有限公司、邵某对自身消防安全的漠视和不负责任，才导致事故的发生。

如前所述，案涉事故发生于商城关门闭店的五点，起火店铺又位于商城中心区域，系济南某酒店有限公司、邵某的租赁处，夜间值班人员不可能随时进入该区域查看。监控录像上显示是在6点24分煤气罐爆炸，而原告于6点30分报警，已属于及时处理。

3.济南某酒店有限公司、邵某承担案涉事故的侵权责任即有法律依据又有合同依据。

济南某酒店有限公司、邵某所经营的店铺发生火灾事故，致原告财产损失，根据《侵权责任法》，应当承担侵权责任，而且双方的合同中亦有相关约定：

（1）租赁合同第五条第5.2款约定，济南某酒店有限公司、邵某负责租赁期内对商铺室内包括内墙、室内设施、设备等进行维护、维修和保养，若由于其或其雇员等故意或过失造成商铺或商业广场其他部位的损坏，济南某酒店有限公司、邵某负责赔偿。

（2）《租赁合同》第六条管理规则第6.8款约定，济南某酒店有限公司、邵某保证不在商铺内存放易燃、易爆、危险物品，因违规摆放物品致商铺或商业广场其他部位及附属设施受损的，应承担全部责任。济南某酒店有限公司、邵某承诺由于其行为、物品和人员造成火灾或其他意外事故，给原告或第三方造成的损失，将承担完全赔偿责任，赔偿范围包括因火灾或意外事故造成的一切直接及间接损失。

距离火灾事故的发生已有近两年的时间，这期间，原告曾多次组织协调解决事故善后事宜，但济南某酒店有限公司、邵某一直怠于承担责任，致损失不断扩大。综上所述，本着一种负责任的态度，代理人请求合议庭充分考虑，在查清事实的基础上依法判决，以维护原告的合法权益。

代理人：赵景莉　张倩茹

2016年12月20日

作者简介

赵景莉律师，中共党员，2006年毕业于山东财经大学。山东博翰源律师事务所合伙人、山东博翰源（日照）律师事务所副主任、党支部书记。济南妇女网维权咨询律师，济南市旅游局法律服务团成员、社会监督员（旅游啄木鸟），山东人民广播电台"周末说法"栏目特邀嘉宾，具有上海证券交易所独立董事资格。专业领域为金融、民商事纠纷、公司法律顾问、刑事辩护等，曾承办多起金融合同纠纷、破产企业纠纷案件等，具体有：中国工商银行股份有限公司某分行、中国华融资产管理股份有限公司某省公司法律顾问团成员；主办某信托投资有限公司与某股份有限公司等金融借款合同纠纷仲裁及执行案；承办某工行抵押权与融资租赁权冲突确权案；承办北京某保理有限公司及其关联公司多起借款合同纠纷案；承办全国首例管风琴走私案、全国特大宗走私濒危野生动物案；为某商业综合体建设及项目资产重组等提供专业法律服务；为省直机关部分建设项目提供法律服务；参与承办某房地产股份有限公司破产重整案。

ZHY公司与SK公司EPC总承包采购合同纠纷案

案情简介

ZHY公司作为某大型石化项目的EPC承包商，与SK公司签订《供货合同》，SK公司在履行合同时，存在供货延迟、所供货物数量不符、存在设计缺陷、未按ZHY公司指定厂家供货等情形，给ZHY公司造成巨大经济损失，ZHY公司未支付合同尾款。SK公司提起诉讼，要求ZHY公司支付合同尾款及逾期支付的利息。ZHY公司提起反诉，要求SK公司支付违约金及赔偿金。经审理，律师的代理意见得到采信，ZHY公司的反诉请求得到依法支持。

代理意见

审判长：

根据《中华人民共和国民事诉讼法》《中华人民共和国仲裁法》的有关规定，受被告ZHY公司的委托和山东博翰源律师事务所的指派，我们作为被告的代理人，依法参加本案的诉讼活动，现根据事实和法律，提出如下代理意见：

1. 原告SK公司逾期交货的事实清楚、证据充分，其应当依据双方供货合同的约定承担逾期交货的违约责任。

（1）双方对于逾期交货的违约责任约定明确，原告应当依约承担逾期交货的违约责任。

双方签订的《供货合同》第5.1条的约定："合同签字生效之日起5个月开始陆续交货，7个月内全部货物交付至项目现场指定地点。卖方必须保证供货不影响工程总工期，因供货原因造成工期延误，卖方承担责任。"《供货合同》第

15.1 条约定：“在合同执行期间，如果卖方延迟交货，则每延迟交货一(1)天(日历天数)罚合同总价的 0.3%(不满一天按全天计算)，但最高不能超过合同总金额的 10%。如果卖方延迟 6 周仍不能交货，买方有权终止合同，而卖方仍要向买方按时支付上述罚金。”根据上述约定，原告应当于 2009 年 5 月 8 日前完成交货，但根据被告提交的证据二(《发货登记表》及《货物交接单》)的内容可以认定，原告的实际完成交货的日期为 2010 年 1 月 10 日(原告在庭审中已认可)，共逾期交货 247 天。据此计算：14,315,000 元×0.003×247＝42,945×247＝10,607,415 元，大于合同总金额的 10%，原告应当支付合同金额 10%的违约金，即 143.15 万元。双方之所以在《供货合同》中约定按照合同总额来计算违约责任，是因为被告作为总承包人所承包的工程巨大，合同总额为将近 3 亿元人民币，原告所供货物只是该工程的一小部分，但如果原告供货延迟，会导致工程总工期的延误，被告将面临承担巨大违约责任的风险。所以双方在《供货合同》5.1 条约定：“卖方必须保证供货不影响工程总工期，因供货原因造成工期延误，卖方承担责任。”我们认为，意思自治是合同最基本最普遍的原则，在不违反法律、行政法规强制性规定及损害公共利益等情形的前提下，我们应当充分尊重当事人的自由约定，不能随意改变当事人缔约时的初衷，否则，就违背了合同法的基本原则和相关规定，合同的约束力将得不到保证，不利于保障缔约方交易的安全。在本案中，双方对于逾期交货违约责任的约定是经过充分协商的，原告也从未对此提出任何异议，应当遵守。

(2)双方于 2009 年 5 月 13 日签订的《PLC 增补合同》不能导致原告供货期限的顺延，原告不能以此为由免除延期交货的违约责任。

PLC 为 Programmable Logic Controller 的简写，汉译为可编程逻辑控制器，是控制各种类型的机械或生产过程的工业计算机。举例来讲，如果把原告所供设备比作电视机，PLC 就相当于电视机的遥控器，得电视机安装完毕方可用到。双方的《供货合同》并不包含《PLC 增补合同》的内容，被告本可另行采购。但是，由于原告当时已经供货逾期，又迟迟不予提供采购 PLC 所需的数据条件，被告为了原告能尽快供货，以免工程总工期的进一步延误，才与其签订了《PLC 增补合同》。由此可见，《PLC 增补合同》与《供货合同》所涉及的货物实际上是相互独立的，《PLC 增补合同》所约定的货物原告本就应当在其他货物供货到场后立即供货，并不影响原告的供货进度。而且，在《PLC 增补合同》第6.1 条关于交货日期的约定：“按照原合同有关 PLC 交货日期”条款要求运输至项目现场。针对的是 PLC 本身，并没有约定整个供货合同的顺延，更不能据此推定供货期限的顺延。退一步讲，即使按照原告在庭审中自认的 2009 年 12 月 13 的交货期限，其实际完成交货日期为 2010 年 1 月 10 日，也已逾期交货28天。

(3)被告不存在违约行为,亦未对交货日期进行变更,原告逾期交货的违约行为有充分的证据能予以证明。

双方于2009年12月17日签署的传真件所涉及的问题。第一,该传真件所载的内容所发生的背景是原告供货严重逾期,迟迟无法完成交货,被告派专人到原告处多次催交货物。该文件是对原告在已经严重逾期交货的情况下对完成交货日期的承诺和确认,并不意味着双方对《供货合同》中约定的交货期限的修改,更不意味着被告放弃追究原告逾期交货的违约责任的权利,该文件并没有约定上述内容。第二,该文件第三条和第四条约定的被告的付款义务已按时完成,被告不存在违约行为。被告已在2009年12月22日支付该文件第三条约定的货款139.65万元(被告提交的付款凭证可以证明),即此时被告已支付《供货合同》80%的货款。被告于2010年1月4日支付该文件第四条约定的货款101.325元(包括《供货合同》5%进度款及《PLC增补合同》除去10%质保金90%的进度款,有电汇凭证及收款收据可以证明)。原告完成交货后剩余未支付的212.975万元,即本案所请求的数额。第三,在签署该文件后,原告仍未按照该文件约定的日期交货,通过被告提交的证据第119页第103~106项可以看出,原告仍未按照该文件第一条和第二条的约定按时交货。可见,原告缺乏履行合同的诚意,屡屡违约,严重损害了被告的利益,应当承担逾期交货的违约责任。

2.原告应当赔偿因其错供、漏供、所供货物不符合合同约定等原因给被告造成的损失,被告提交的证据可以证明上述事实。

(1)被告提交的证据三在庭审质证过程中,原告也认可储运系统PLC确实存在问题,其对此提交的证据也能证明这一点。双方争议的焦点在于这是否由原告导致的。因为PLC改造是业主单位ZHY能源发展股份有限公司惠州石化分公司直接委托第三方完成,所以我们要求业主单位对储运系统PLC存在问题的原因出具了书面说明,该说明可以证明储运系统PLC存在的问题是由原告导致的。而且,被告提交的证据三证明,在该问题发生后需要改造时,被告致函给原告做了充分的说明,原告当时并未提出异议。综合以上证据和事实,原告应当承担17.93万元的改造费用。

(2)关于4—6#皮带的问题。在庭审中原告认可没有按照合同的约定提供青岛橡胶六厂的产品,对青岛橡胶六厂的询价没有异议,而且在原告提交的证据《关于ZHY能源发展石化公司在用北方重工堆取料机使用情况的说明》也证明部分皮带存在问题。目前,该皮带的问题仍未予以解决,业主单位一直要求更换。所以,我们认为原告应当支付皮带款27.5万元。

(3)关于原告错供、漏供、供货不符合合同约定等原因增加的材料款及施工、误工费的问题。在庭审中,原告认可材料款418,514.07元,施工费用34,300元。原告错供、漏供、供货不符合合同约定必然会导致施工费用或误工费用,二者是因果关系。既然原告认可418,514.07元的材料款,就应当认可该部分对应的施工费用。在施工过程中,原告大多时间未派员到现场,不予配合,多次拒绝在工程联系单上签字确认,为避免工期的进一步延误,施工单位只能继续施工。施工单位中国华西企业有限公司出具的说明,证明增加的施工费用及误工费用应当由原告承担。所以,我们认为被告要求原告支付施工费用及误工费用的请求应当予以支持。

综上所述,原告的违约行为严重损害了被告的利益,其应当承担逾期交货的违约责任及赔偿被告因其违约行为造成的经济损失。

以上意见,请参考并予以采纳。

代理人:敖鹏飞

2016年12月20日

作者简介

敖鹏飞律师,2004年7月毕业于西南民族大学,获法学学位,山东大学EMBA。山东博翰源律师事务所高级合伙人。敖鹏飞律师主要办理公司、矿产能源、商事纠纷等法律事务,为中海油石化工程有限公司等多家公司提供常年法律顾问服务,对能源投资、工程总承包、商事纠纷相关法律事务有深入的研究和丰富的实践经验。

托曼公司与浩佳集团及目标公司股权转让合同纠纷案

案情简介

委托人杭州托曼公司与浩佳集团有限公司及目标公司签订《股权及债权转让框架协议书》，约定杭州托曼公司将持有的目标公司100%股权以及其对目标公司所享有的全部债权以含税交易总价款人民币17,040万元转让给浩佳集团。协议签订后，浩佳集团以“在框架协议中披露的内容存在重大遗漏或隐瞒”为由，向杭州托曼公司发出解约函，要求解除双方签订的框架协议。通过律师代理，上海司法机关支持了杭州托曼公司维权的目标。

代理意见

尊敬的合议庭：

山东博翰源律师事务所接受杭州托曼公司的委托，指派何新华、单辉二位律师担任其与浩佳集团股权转让合同纠纷的代理人。通过开庭审理，结合相关证据，现提出代理意见如下，请合议庭予以考虑。

一、关于违约事实

1.杭州托曼公司与浩佳集团及目标公司在2017年6月12日签订的《股权及债权转让框架协议书》（以下称为《框架协议》），体现了各方当事人真实意愿，该协议合法有效。

2.按照《框架协议》第二条第二款约定：“除非乙方（浩佳集团）的尽职调查结果表明甲方（杭州托曼公司）向乙方披露的事实存在重大不实或故意隐瞒且

对双方的交易目的产生重大影响，则双方应在尽调结束后15个工作日内协商并签署正式的《股权及债权转让协议书》。”

3.没有证据证实杭州托曼公司向浩佳集团披露的事实存在重大不实或故意隐瞒，并且该事实能够对双方的交易目的产生重大影响，浩佳集团单方解除《框架协议》属于重大根本违约行为。以下分别陈述。

(1)杭州托曼公司就本次股权转让所披露的事实不存在重大不实和故意隐瞒。《框架协议》中已经载明的目标公司概况包括：

①目标公司合法成立并存续，注册资本1800万元已实缴，杭州托曼公司持有目标公司100%股权。

②目标公司已取得位于庐阳区产业园的一幅国有土地，面积为79,471.15平方米，土地使用性质为工业用地。项目地块上建设有约25,000平方米的钢结构厂房。该厂房已由目标公司对外出租。

③截至基准日2017年5月31日，目标公司的财务情况、员工及劳动关系情况、目标公司与政府间的主要往来函件、甲方(杭州托曼公司)对目标公司的债权清单及目标公司已开立的银行账户清单等。

通过对《框架协议》记载内容及尽职调查报告的对比，我们认为，杭州托曼公司在本次交易过程中所披露的事实不存在重大不实和故意隐瞒事项。

(2)不存在对双方的交易目的产生重大影响的事实。按照《框架协议》约定，双方的交易目的系杭州托曼公司向浩佳集团转让目标公司100%股权及杭州托曼公司对目标公司享有的债权。协议第四条进一步约定：“甲方转让给乙方的股权为不附带任何权利负担的、目标公司100%的股权及依照该等股权所享有的全部权益。”对于这一点，《法律尽职调查报告》已经做出了明确的结论性记载，即杭州托曼公司合法持有目标公司100%的股权，且目标公司的股权不存在出质、冻结等任何权利负担。

4.浩佳集团所提出的异议问题，皆非合同约定的“存在重大不实或故意隐瞒，并且该事实能够对双方的交易目的产生重大影响”的事实，而是属于双方能够按照合同约定妥善处理的事项。浩佳集团无权以该类问题为由解除《框架协议》。

(1)双方协议第四条第一款：“目标公司股权交割之前，目标公司名下的全部债权债务均剥离至甲方或甲方指定的其他第三方，由其享有或承担，与乙方无关。……如因甲方原因未完成剥离而导致乙方损失的，乙方有权从应支付给甲方的交易总价款中等额抵扣相应的金额，或向甲方追偿。”“本条所指的债务剥离，如难以逐一以债务转移的形式剥离，可由甲方对上述债务向目标公司作出经乙方同意的有效担保的方式予以解决。”

由此可见，双方在框架协议中对于目标公司名下债务的承担是有明确约定的，并且对于未完成剥离或难以剥离的债务也约定了向甲方追偿或由甲方提供担保的解决方式。

(2)浩佳集团所提出的异议问题大致可归纳为8亩土地闲置问题、项目地块可能存在延期开工、逾期竣工问题、未达到约定的投资强度问题及厂房出租问题。

首先，上述问题所涉及的全部合同、资料，我方已在框架协议中以附件的形式向对方作了完全披露，并无遗漏和隐瞒；其次，即便异议问题成立，也只是意味着我司存在承担相应违约责任的可能性，对于该情形，双方均可按协议第四条第一款的约定来处理；再次，我方在2017年7月10日回函中已经对异议问题逐一作出解释与说明，并再次承诺我司将会积极配合处理遗留问题、相应损失由双方协商承担。

任何公司正常经营中，都不可避免地存在违约或被违约的情形。本案争议合同，涉及标的额达1.7亿，双方在交易过程中遇到现实存在的分歧也是理所当然。浩佳集团提出的异议问题，或许有一部分系客观存在，但所有问题都可以按照框架协议的约定妥善处理。我们不认为，所有交易过程中发生的问题都能够称为“披露的事实存在重大不实或故意隐瞒，并且该事实能够对双方的交易目的产生重大影响”的事实。

5.在与浩佳集团交涉过程中，对方工作人员曾经透露，浩佳集团解约的根本原因，是在双方签订框架协议之后，国家对于房地产市场的调控政策以及网传的万达集团宣布退出房地产行业的事件，影响了其集团领导对市场前景的判断及投资方向的规划。

对此，我方并没有直接的证据予以证实，但是结合2017年7月万达集团的轻资产计划突然加速、同年8月10日万达在其微信公众号上发表的“万达彻底告别房地产”的文章来看，该类事件对于浩佳集团产生影响，直至促使其作出解除协议的违约行为，存在一定的可能性。

综上，浩佳集团没有充分的证据证实其擅自解除《框架协议》的合法性，其解约行为违背了商事活动中应遵循的诚实信用原则，应当承担相应的违约责任。

二、关于违约责任

《框架协议》第五条约定，协议签订生效后，浩佳集团应向双方设立的共管银行账户存入定金人民币1000万元。该款项已实际到账。

《框架协议》第七条约定：“任何一方无故擅自终止履行或解除本协议的……均视为重大根本违约，违约方应向守约方支付交易总价款30%的违约金。”

上述约定是双方当事人真实的意思表示，任何一方对于因自身违约行为将会承担的法律后果都是明知的。浩佳集团在采取解除协议的违约行为之前，也必然是对继续履行合同的收益与违约导致的后果进行了全面的权衡和取舍。商事行为，更应注重当事人意思自治，如果连可以预见的法律后果都无须承担，那么诚实信用的商业原则又如何能够坚守。

以上意见，敬请合议庭采纳并支持杭州托曼公司的诉讼请求。谢谢！

代理人：何新华　单　辉

2017 年 1 月 5 日

作者简介

何新华律师，1996 年 7 月毕业于中国政法大学，获法学双学士学位。山东博翰源律师事务所副主任，2014 年度获济南市司法系统先进个人荣誉。何律师擅长金融、保险、公司、合同、建设工程等民商领域的诉讼与非诉讼法律事务，现为济南市仲裁委金融仲裁院仲裁员及山东省法学会经济法学会研究会第四届理事会常务理事。曾在中国银行济南分行信贷管理处从事银行法律实务工作。2000 年 6 月起，从事专职律师工作已经接近 20 年，长期为省内外各金融、保险机构服务，具有丰富的金融、保险法律实务工作经验。

单辉律师，2005 年 6 月毕业于山东大学法学专业。山东博翰源律师事务所合伙人；任山东省律师协会女律师委员会委员，济南市律师协会保险委员会委员；擅长合同、金融、刑事辩护等领域法律事务。系山东省高级人民法院代理申诉值班律师，济南市历城区人民法院特邀调解员，具有上市公司独立董事资格，曾担任山东省人民检察院济南铁路运输分院人民监督员，日照市仲裁委员会仲裁员，并先后获得 2016 年山东省优秀人民监督员、2018 年山东省律师协会优秀代理申诉律师称号。单辉律师先后为几十家企事业单位担任法律顾问与代理案件。曾承办或协办多起涉合同纠纷的诉讼与执行、公司股权纠纷案件以及涉职务犯罪的刑事辩护案件等，为委托人提供了有效帮助。

泉城公司诉黑虎公司等五被告企业改制合同纠纷案

案情简介

济南珍珠公司系全民所有制企业，2007年改制，济南泉城投资公司(转让方)作出出资人以国有产权整体转让的方式，将珍珠公司的全部资产整体(含下属三家企业)出售给黑虎公司(受让方)。转让协议中约定：坚持按照职工就业跟着资产业务走的原则，依法维护职工的合法权益，保持企业和职工队伍的稳定、《职工安置方案》对新公司及其全体股东均有约束力，黑虎公司承诺确保新公司严格按《职工安置方案》对职工履行相应义务。在出售的珍珠公司的资产中，包括了珍珠公司下属公司——恒泉公司名下的一宗土地，改制的主要目的是通过开发或拆迁收储该宗土地的所得安置职工。之后，泉城公司履行协议，变更珍珠公司、恒泉公司股权，黑虎公司接受珍珠公司、恒泉公司的全部“人、财、物”以及经营管理的权利。黑虎公司、改制后的珍珠公司未与原珍珠司的职工重新签订劳动合同、转换职工身份、支付补偿，拒不为职工续缴“五险一金”，从而导致原珍珠公司广大职工的合法权益得不到保护，造成职工长期不断地到政府相关部门信访，诉讼事件经常发生。为维护稳定，泉城公司垫付了近5000万元款项。该等费用依约应由黑虎公司、改制后的珍珠公司承担，泉城公司遂起诉要求返还垫付的5000万元款项本息。案件当事人如下：泉城公司——原告；黑虎公司——第一被告；珍珠公司(改制后)——第二被告；恒泉公司(与珍珠公司整体改制的下属公司)——第三被告；A公司(与珍珠公司整体改制的下属公司)——第四被告；B公司(与珍珠公司整体改制的下属公司)——第五被告。

代理意见

尊敬的审判长、审判员：

山东博翰源律师事务所接受原告泉城公司的委托，指派尹义锋、赵延红律师代理其与被告黑虎公司（第一被告）、珍珠公司（第二被告）、恒泉公司（第三被告）、A 公司（第四被告）、B 公司（第五被告）合同纠纷一案，经庭前调查取证、开庭审理等工作，根据有关法律法规的规定，现提出如下代理意见。

1. 第一被告、第二被告应当共同偿还原告垫付款项 44，815，894.44 元并赔偿经济损失 652 万元（已计算至 2017 年 7 月 30 日，之后至判决生效日的经济损失另行计算）。

（1）第一被告是合同主体，根据合同约定当然承担安置职工义务并承担费用，〔2012〕济仲裁字第 001 号裁决书、〔2015〕济商初字第 002 号民事判决书及〔2016〕鲁民终 003 号民事判决书、〔2015〕鲁民提自第 004 号民事判决书足以证明该事实，且第一被告也自认已部分履行了安置职工的义务。

（2）第二被告虽未在产权转让协议上盖章，但因该协议是国有企业改制的国有产权转让，第二被告是改制的主体，其是实际的合同主体。转让协议也明确约定改制后的“新公司”承接原“纺针织品公司”的全部债权债务及职工的安置义务；同时，原告垫付的相关费用所涉及的职工的人事劳动关系均在第二被告，均属于第二被告的职工，第二被告当然地应当承担安置职工的义务并承担费用。

（3）转让协议第七条第一项约定：任何一方违反本协议的构成违约，违约方承担赔偿责任。〔2012〕济仲裁字第 001 号裁决书、〔2015〕济商初字第 002 号民事判决书及〔2016〕鲁民终 003 号民事判决书足以证明，第一被告、第二被告应当履行安置职工的义务而未全面履行，属于违约行为，因此导致原告垫付费用并形成利息损失，应当予以赔偿。原告主张的经济损失，是按照略低于同期银行贷款利率的标准计算的，符合法律规定，应当予以支持。

因此，第一被告、第二被告应当共同偿还原告垫付的款项 44，815，894.44 元并赔偿经济损失 652 万元（截至 2017 年 7 月 30 日）。

2. 第二被告整体国企改制，第三、第四、第五被告作为第一被告下属控股子公司，均在改制范围内，第三、四、五被告是该次企业改制的共同主体，其应当受到转让协议的约束，并与第一被告、第二被告上述还款义务承担连带偿还责任。退一步，也应当在各自占有或接收资产范围内与第一被告、第二被告承担连带偿还责任。理由如下：

（1）结合涉案国有企业改制的原则、目的及涉及国企改制中相关政府文件，第二被告是整体改制，包括其下属控股公司子公司即第三、四、五被告。根据国有企业改制的特殊性质，《国有产权转让协议》不仅仅是一份股权转让协议，它不是孤立存在的，改制时的资产评估报告、职工安置方案、国资委的相关批复文件即是产权转让协议的依据，也是协议的附件和组成部分，这一点在转让协议的“鉴于”条款中已明确约定。因此，受到转让协议及其附件约束的主体也不仅仅是在合同上盖章的原告和第一被告，第三、四、五被告作为被改制企业之一，转让协议及其附件、文件等对其也有法律约束力。况且，企业改制涉及的债权债务、资产、需要安置的职工等也有第三、四、五被告的。

(2)第一被告获得第二被告的100%股权(国有股权)，并进而取得第三、四、五被告各51%股权(间接持股100%，因第二被告持有被告三、四、五各49%股权)，追根溯源，第一被告的权利来源是国有企业改制行为及原告与第一被告签署的产权转让协议及其附件、相关文件的规定。

①改制时的评估报告——鲁光会评字第〔2006〕第001、004、005、006号资产评估报告书可以证明：第三、四被告名下的土地使用权均作为第二被告的资产进行了评估，其名下没有土地使用权资产，济南市国资委对评估报告依法进行了核准，第四被告企业据此进行了改制，原告与第一被告据此签署了的产权转让协议，并据此确定了转让价格。第五被告接收了第二被告名下的房产(评估价值182万元)。根据有关国有资产管理的法律法规规定，国有企业进行改制，资产评估、审计是必要程序和前提条件，是国有企业改制的重要依据。因此，若第三、四、五被告不参与企业改制，也不会有本次的评估，更不会有这次国企改制行为。

②〔2012〕鲁商终字第005号判决书、〔2013〕民申字第006号裁定书、〔2014〕鲁商终字第007号判决书证明：经生效法律文书判决，曾应泉应将挪用的土地收益返还给第二被告，第四被告名下土地使用权处置所获得的土地收益属于第二被告所有，并专项用于职工安置费用，不得挪作他用。

③〔2012〕济仲裁字第001号裁决书、〔2015〕济商初字第002号民事判决书及〔2016〕鲁民终003号民事判决书证明：在相关案件中，第一、二、三被告均主张因原告未履行协调第三被告名下的土地进行招拍挂并进而返还土地收益的合同义务而导致其不能履行职工安置义务，据此可以证明，第一、二、三被告均认可第三被告名下的土地使用权及其收益属于第二被告所有，并专项用于职工安置费用。

另外，第三被告名下的土地已收储进入招拍挂程序，但尚未成交，尚未获得收益；第四被告名下的土地已出让并转让给第一被告，已获得土地收益915万元之多，但未用于安置职工。

(3)转让协议中约定了职工安置跟着资产业务走,土地处置收益应当首先专项用于职工安置,且这一点各被告均同意和认可,同时也经过了生效的法律文书确认。

综上,涉案改制系四家国有企业整体改制,产权转让协议及其相关附件、文件对第一、二、三、四、五被告均具有法律约束力,第三、四被告名下的土地使用权及其收益属于第二被告所有,应当专项用于职工安置费用,第三、四、五被告应当对第一、二被告的偿还责任承担连带责任。

退一步讲,根据职工安置跟着资产业务走、土地处置收益应当专项用于职工安置不得挪用的约定,第三被告也应当在获得的土地收益范围内对第一、二被告的偿还责任承担连带责任;第四被告也应当在获得的土地收益 915.1856 万元范围内对第一、二被告的偿还责任承担连带责任;第五被告也应当在获得的接收资产 182 万元价值范围内对第一、二被告的偿还责任承担连带责任。

3. 被告以原告未履行协调土地进行招拍挂的义务导致其无法履行安置职工的义务为由进行抗辩不能不成立。

〔2012〕济仲裁字第 001 号裁决书、〔2015〕济商初字第 002 号民事判决书及〔2016〕鲁民终 003 号民事判决书等生效法律文书证明:北园路 594 号土地是否进入招拍挂并不是被告履行职工安置义务的前置条件和在先合同义务,且原告已经按照合同的约定协调土地进入了二次招拍挂程序,至于土地能否顺利成交属于相关政府职能部门问题,原告并不能左右,与原告无关。被告未按照转让协议的约定拒不按时、全面地履行职工安置的义务,并造成职工常年集体上访、信访,造成极大的不稳定因素,且获得土地收益后挪作他用,不用于安置职工,属于违约在先。因此,被告上述抗辩理由显然不能成立。

4. 被告辩称:原告未履行协调北园路 2007 号地块招拍挂的合同义务,因此,被告也不应偿还原告垫付的职工安置费,或者尚不到偿还的时间(以下简称"答辩主张")。被告的该答辩主张没有事实和法律依据,具体事实和理由如下:

(1)根据转让协议及职工安置方案的约定,安置职工并承担相关费用是被告的合同义务,并应当在产权变更完成后 30 日内完成,况且第一、二被告也已经履行了部分职工安置义务。职工安置义务及费用根本不存在需要原、被告进行结算的问题,应当全部由被告承担。关于 2013 年 12 月 13 日签署的备忘录,一是该备忘录仅仅是涉及职工五项内债的发放问题,不涉及其他费用;二是该备忘录中也没有任何关于"职工安置费用要在职工全部安置完成后再进行结算,确定由谁承担"的内容。

(2)转让协议中没有约定原告履行协调北园路 2007 号地块招拍挂的义务是被告履行职工安置义务的前置条件。

按照协议约定土地收益应当用于安置职工，但是这并不等于被告必须先获得土地收益的返还，然后再安置职工。根据转让协议约定，被告应当按照约定时间先行安置职工、承担安置费用，然后通过土地变性（4 宗土地为划拨转为出让）及土地变现（北园路 2007 号地块招拍挂）等方式，获得土地资产及现金，从而获得投资回报，收回已支付的职工安置费用。无论土地获得什么收益、获得多少收益，均不影响被告按时履行安置职工的义务。

（3）转让协议中也没有约定原告履行协调北园路 2007 号地块招拍挂的义务属于在先合同义务或同时履行的义务。

根据协议约定，被告应当严格履行经有关部门批准和职工代表大会通过的《职工安置方案》，而《职工安置方案》第五条明确规定：被告应当在股权变更后 30 日内完成安置职工的工作。安置方案第六条明确规定：完成职工安置工作同时在 30 内解决并处理有拖欠职工的各项费用（列举了 8 项费用）。被告纺针织品公司于 2008 年 12 月进行股权变更登记，被告仅履行了极少部分安置义务，绝大部分安置义务至今未履行。

（4）协议并没有约定原告履行协调北园路 2007 号地块招拍挂义务的具体时间。根据客观情况来讲，原告的该义务不可能发生在被告的义务之前或同时发生，因为只有股权变更完成后，才有可能发生处置土地的事宜，而北园路 2007 号地块招拍挂需要前期的土地收储、土地熟化、规划变更、拆迁安置补偿等一系列的工作，这些工作不可能短期内可以完成的，且其中绝大部分工作也不是原告能控制和决定的，而是济南市人民政府及相关土地、规划、拆迁办等相关部门的工作，这也是协议为什么约定原告仅仅是负责“协调”的原因。

（5）原告负责协调北园路 2007 号地块招拍挂的义务与被告履行职工安置义务之间的法律关系和逻辑关系，生效法律文书已有定论，被告的上述答辩主张均已被法院或仲裁机构驳回或不予采纳。

①〔2012〕济仲裁字第 001 号裁决书第 26 页中明确认定：原被告双方都应按照协议履行各自义务，被告以原告未及时返还政府收益从而导致职工不能得到安置的抗辩不能成立。该裁决书虽因不具备强制执行内容而不予执行，但并未撤销，其仍属已生效的法律文书。据此，该裁决书可直接证明被告在本案中的答辩主张不成立，无须其他证据。

②〔2016〕鲁民终 003 号民事判决第 26 页部分明确认定：原告不能仅以在土地招拍挂中负责协调为由推脱责任，被告（黑虎公司）亦不能以土地出让金未返而不全面履行协议中关于职工的就业安置问题。虽然转让协议没有解除，但不影响原告有权督促被告履行协议约定，做好职工安置工作。该判决非常明确地表明：原被告的各自合同义务各自应当全面履行，但并不存在互为前置条件

或一方享有先行履行抗辩权的关系。

③〔2015〕鲁民提字第004号民事判决书第15页部分明确认定：转让协议中未显示职工安置资金来源于土地收益的返还，被告也没有证据证明先土地出让金返还后安置职工。职工的安置与土地出让金收益的返还属于原被告双方各自的义务，因此对被告关于职工安置费用来自土地出让金返还的抗辩理由不予采信。原告也是该案件的当事人。

(6)现有证据及事实足以证明原告已经履行完毕了“协调”北园路2007号地块招拍挂的义务，不能以土地是否招拍挂成功来判断原告是否履行了“协调”义务，不能扩大原告的合同义务。

①2010年3月，被告黑虎公司作为唯一土地竞买人获得竞买资格并交纳了3000万元保证金。这证明北园路2007号地块已经按照二次公告处置的方式进入招拍挂程序，并进行了第一次公告。2011年，济南市土地储备中心、原告、第三被告签署了土地收回合同，证明原告已协调政府将土地收储。

②原告与北园路2007号地块上的被拆迁的31户居民签署了拆迁安置补偿协议；同时，原告与黑虎公司签署了安置房购房协议。原告时至今日仍在按月向被拆迁人垫付拆迁周转费用。这证明原告已履行收储合同项下的熟化土地的合同义务(这不属于转让协议中的“协调”北园路2007号地块招拍挂的义务)。

③被告自己提供证据四——《关于北园路2007号地块实行二次公告处置的请示》也证明原告已履行了协调义务，虽然是在改制完成接近两年，但这一事实证明，土地何时、何种方式进行招拍挂不是原告所能控制和决定的，而是政府及相关部门决定的，所以原告仅仅是“协调”义务。

④济南市人民政府〔2015〕27号会议纪要证明，是被告黑虎公司主动要求退出土地竞买人资格，市政府因此取消了两次公告程序，并退还了黑虎公司交纳的保证金。因此造成的法律后果(譬如重新招拍挂)应当由黑虎公司自行承担。

⑤第一被告黑虎公司与济南市国土局之间因北园路2007号地块招拍挂事宜发生纠纷，产生了3个行政诉讼案件，其中〔2013〕历行初字第008号案件认定国土局行政不作为。该事实证明土地招拍挂工作是政府行政行为，原告仅是“协调”义务，不能以土地最终未招拍挂成功而认定原告为履行协调义务。

⑥据悉，北园路2007号地块重新进行招拍挂程序，但是由于规划条件有较大变化，需要重新走相关规划程序，重新评估土地价格，重新编写招拍挂条件；另外，黑虎公司退出招拍挂程序，直接导致原拆迁安置方案和安置协议无法实施和履行。在重新进行土地招拍挂工作中，原告是否应当重新履行或是否重新履行了“协调”的工作，则与本案没有关联性。重新走招拍挂程序是被告黑虎公

司自己造成的。

综上，原告已按协议约定履行了“协调”义务，否则，土地不可能进入招拍挂程序，黑虎公司不可能获得唯一竞买人资格，政府不可能收储土地，原告也不可能对土地进行熟化。土地招拍挂工作是政府行政行为，涉国土、规划、建委等多个部门，不是原告所能控制和决定的，不能以是否招拍挂成功来判断原告是否履行了“协调”义务。

综上所述，原告的诉讼请求具有事实和法律依据，恳请贵院依法查清事实，支持原告的全部诉讼请求！

以上代理意见，敬请合议庭参考采纳。

代理人：尹义锋　赵延红

2017年10月9日

作者简介

尹义锋律师，1997年毕业于山东大学法学院，曾在中国农业银行山东省分行工作，现执业于山东博翰源律师事务所，为高级合伙人。2008年被评为济南市优秀律师；2011年度被评为济南市司法行政系统先进个人。擅长领域为：房地产、金融、建筑施工、公司法等法律业务。执业期间，尹律师发挥精通金融业务和会计知识的优势，先后办理金融机构借款纠纷30余起，涉及金额1.8余亿元，均取得理想结果。在此期间，努力拓展知识面，发展各方面处理案件的能力，先后协助并代理其他专职律师办理刑事案件8起，代理意见均被法院采纳，当事人均获得较轻处罚。先后担任几十家银行金融机构、房地产公司、出版社等企事业单位的常年法律顾问，为客户提供了高效、优质的法律服务。另外，还代理了润华集团与联大集团、华夏银行之间价值10亿元的股权争议等一批重大案件，取得了令当事人满意的效果。尹义锋律师扎实的法律知识和较高的综合能力受到同事及客户的一致认可及好评。

山东某公司诉上海某公司合作合同纠纷案

案情简介

山东某公司与上海某公司在签订战略合作协议后又签订了数份《采购协议》，由山东某公司购买上海某公司为实现《战略合作协议》而特别定制的终端设备。协议签订后，山东某公司支付了设备款800余万元，上海某公司也向山东某公司交付了终端设备。后山东某公司以上海某公司未履行《战略合作协议》约定的义务，存在根本违约为由，起诉解除《战略合作协议》及《采购协议》，要求返还终端设备采购款并赔偿损失合计1000余万元。

一审中，济南市高新区人民法院认为上海某公司根本违约，判决解除了《战略合作协议》。但又认为上海某公司已经交付了《采购协议》约定的终端设备，山东某公司实现了其在《采购协议》中的合同目的，故驳回了山东某公司解除《采购协议》返还设备采购款的诉讼请求。

山东博翰源律师事务所孙晖、黄利群律师接受委托，代理山东某公司上诉至济南市中级人民法院。代理律师认为《战略合作协议》与《采购协议》构成合同的联立，一审法院割裂了《战略合作协议》和《采购合同》的完整性和统一性，认定不当，应当判令解除《采购协议》。该观点被二审法院的采纳。济南市中级人民法院作出〔2018〕鲁01民终3600号《民事判决书》，判决因上海某公司根本违约解除《战略合作协议》与《采购协议》，上海某公司返还山东某公司全部货款并赔偿山东某公司损失共计1000余万元。

代理意见

审判长、审判员：

山东博翰源律师事务所依法接受本案上诉人山东某公司的委托，指派我们担任其与上海某公司合同纠纷一案的二审代理人。现依据事实和法律，发表如下代理意见。

1.《战略合作协议》及后续签订的四份《采购合同》系联立合同，共同构成了完整的交易整体，不应割裂其完整性和统一性，认定《采购合同》已经履行完毕。

《战略合作协议》明确约定了《采购协议》所涉的终端设备是广告平台的组成部分，且该终端设备“具有定制化与专用性的特点”，离开广告平台毫无价值。因此，《战略合作协议》中的广告平台离开《采购协议》的标的终端设备就不能组建完成；而《采购协议》则是因实现《战略合作协议》而签署的。故《战略合作协议》及后续签订的四份《采购合同》系合同联立，共同组成了一个完整的交易整体。山东某公司在该交易整体中的合同目的为加入并使用上海某公司的广告平台获得广告收益。因此，一审法院割裂了《战略合作协议》和《采购合同》的完整性和统一性，认定《采购合同》已经履行完毕，山东某公司实现了合同目的，驳回山东某公司要求解除《采购协议》的诉讼请求，显属不当。

2.山东某公司全面履行了《战略合作协议》及《采购合同》中约定的合同义务。

合同生效后，山东某公司按时按量支付了 WIFI 终端设备款，共计 775 万元；与公交运营公司、网络运营商、网络安全监管公司、设备施工公司签订了相关合同，进行公交线路推广和艾特平台商业推广，并支付相应资金 200 余万元。山东某公司全面履行合同义务，没有任何违约行为。

3.上海某公司未全面履行合同义务且单方面终止运营广告平台，已构成根本违约，应当赔偿山东某公司的损失。

(1)上海某公司提供的平台系统不成熟、不完善。根据山东省计算机中心出具的委托测试报告，上海某公司提供的艾特平台存在并线量低、App 无法下载、监管等功能后台不能实现、不能正常上网、用户体验感差等问题。这说明上海某公司虽提供了艾特平台系统，但平台系统的三个组成部分——App 软件、车载 WIFI 终端设备、后台服务器均不同程度地存在各种问题。上海某公司在收取了山东某公司支付的合同款项后，提供的标的物艾特平台系统是不成熟、不完善的，其履行义务不符合合同约定。

(2)上海某公司在山东某公司试运营期间单方停止了广告平台的运营，并擅自转让了平台项目，已构成根本违约。

①上海某公司主张从 2015 年 8 月 1 日起算运营服务费属错误，山东某公司至早应自 2016 年 1 月之后起算运营服务费。

上海某公司辩称停止服务是由于山东某公司没有交纳运营服务费，故确定运营服务费的起算时间成为本案关键。

依据《战略合作协议》，平台运营 12 个月后，山东某公司每年应向上海某公司支付平台运营服务费。上海某公司称运营服务费从 2015 年 8 月 1 日起算，而 2014 年 8 月 1 日是山东某公司与上海某公司签订《采购合同》的时间，合同约定上海某公司在收到首付款项之日起 40 个工作日内分批分期完成发货。2014 年 8 月 1 日刚签订合同，还没有提供 WIFI 终端设备，谈何运营？可见，上海某公司主张从 2015 年 8 月 1 日起算运营服务费属于违背生活常识。一审法院推断运营服务费起算时间时又把 40 个工作日当成了 40 日计算，也是错误的。

事实是，山东某公司在 2015 年 1 月才安装了符合网警要求的认证服务器，即自 2015 年 1 月后才具备合法运营的条件。再根据山东某公司与济南市公共交通总公司维修公司签订的《车载 WIFI 设备施工协议》第三条第（四）款"验收方式：起始日期 2015 年 1 月 5 日，结束日期 2015 年 1 月 12 日"的约定，以及山东某公司与济南市公共交通总公司签订的《济南公交车载 WIFI 项目合作合同》第四条"公交车载 WIFI 项目合作期限自 2015 年 1 月 10 日至 2020 年 2 月 28 日止，其中：2015 年 1 月 10 日至 2 月 28 日为设备安装调试期，调试期内不收取媒体位使用费；自 2015 年 3 月 1 日至 2020 年 2 月 29 日按照本合同收取媒体位使用费"的约定，山东某公司自 2015 年 1 月才可能完成设备的安装调试。而完成设备的安装调试是试运营的前提，故确定试运营服务时间至早也应当在 2015 年1 月之后，即山东某公司起算运营服务费至早应在试运营一年以后，也就是 2016 年 1 月之后。

②上海某公司在山东某公司试运营期间擅自停止了平台更新并擅自转让了平台项目，已构成根本违约。

上海某公司擅自于 2015 年 9 月 8 日停止艾特平台更新服务[见证据〔2016〕济齐鲁证字第 3066 号、第 3067 号公证书，证明艾特平台自 2015 年 9 月 8 日停止更新，App 下载网站停止服务]；于 2015 年 12 月全面停止服务；随后又将自营项目转让给北京一路，以行为表明不再继续履行《战略合作协议》，这种单方面终止履行合同的行为已构成根本性违约。

综上，山东某公司因上海某公司根本违约，致使合同目的不能实现，要求解除合同并赔偿损失的诉求符合《合同法》第九十四条、第九十七条的规定，应当予以支持。

4.山东某公司为履行涉案协议而支出的费用,属于上海某公司签订协议时能够预见的支出成本,上海某公司应当赔偿。

为履行《战略合作协议》,山东某公司支付给公交运营公司、网络运营商,网络安全监管公司、设备施工公司等资金投入是必要的支出,属于上海某公司在签订《战略合作协议》时应当预见到的资金投入。上海某公司单方面终止履行合同,致使山东某公司的以上资金投入不能产生效益而成为损失。根据《合同法》的相关规定,上海某公司应当赔偿山东某公司因此所受的全部经济损失。

5.上海某公司要求山东某公司支付其垫付的短信费及利息,其提交的证据不足以证明发生的短信费用是为山东某公司垫付的,事实不清,上海某公司的该项主张因证据不足,不能成立。

综上,请二审法院依法查明事实,支持山东某公司的上诉请求,并驳回上海某公司的上诉。

以上代理意见请审议。

代理人:孙　晖　黄利群

2018年8月13日

传媒公司与信托公司的信托纠纷案

案情简介

委托人传媒公司与信托公司签订《信托合同》《买卖合同》《质押合同》《担保合同》等一系列合同。但是，整个信托计划在履行过程中产生了诸多问题，信托计划最终落空。信托公司提起诉讼，要求传媒公司承担差额补足义务，并要求在出质作品中享有优先受偿权。

代理意见

审判长、陪审员：

山东博翰源律师事务所受被告传媒公司的委托，指派我作为其与原告信托公司信托合同纠纷一案的代理人。接受委托后，我详细了解了案情，调查收集了相关证据，结合庭审情况，现发表代理意见如下：

1.原被告之间存在信托与买卖两个既交叉又相对独立的法律关系，但信托计划落空。

依据原告设计的信托计划：原告的 30 幅书画作品与被告的 222 幅书画作品共同打包交给作为受托人的原告，利用原告承诺的平台优势对外展销这些书画作品，在信托计划结束时用卖画所得收入与剩下的书画按照优先与劣后次序进行清算分配。在实际履行中，原告收到 333 幅书画作品后，交给某文交所锁于库房。整个信托计划期间，原告身兼五重身份，为了其利益的最大化，坐享渔翁之利，即按照 2200 万元(实际支出 2178 万元)的年息 11.8%计算，两年收取 519.2 万元好处，怠于履行展销书画的职责，以致信托计划落空。

2.信托计划落空的原因在于原告。归纳如下：

(1)因为原告没有按照其设计的信托计划利用其平台公开对外募集扩大影

响。违反了《信托合同》第三条之约定。

(2)在本次庭审中,原告举证01号《信托合同》,被告才知道原告不对外募集自行认购2200万份,其既作为委托人又作为受托人且是唯一的受益人,违反了《信托法》第四十三条之规定。

(3)擅自扣留22万元购买书画作品款,把原告自己的缴纳基金的义务转嫁给被告,事实上也没有向基金公司缴纳过。原告该行为违反了《信托业保障基金管理办法》第十四条(二)之规定。

(4)没有将信托财产即书画作品进行展销、流通,违反了《信托合同》第三条之约定。

(5)被告在答辩状中所列举的原告诸多违约与不诚信做法等。

3.信托计划结束后,原告没有进行清算即要求被告补足差额的请求,不能得到法律上的支持。

结合原告的诉讼请求与庭审陈述,存在如下逻辑:原告与被告均投资2200万元的书画艺术品作为信托财产,原告受托将信托财产展销变现为收入。但原告不履行职责而致信托财产锁于库房没有变现,原告系列违规操作的目的就是既要享有高达519.2万元的固定收益,又要收回其投资款2200万元,还要控制高达7700万元的书画作品甚至通过诉讼财产保全控制被告的其他资产。那么,问题是原告作为受托人没有将信托财产变现,对投资的双方该承担什么责任呢?

被告认为,原被告之间的信托计划已经到期,原告应当对其没有尽到受托人义务展销的信托财产进行清算,出具清算报告。既然原告以实际行动拒绝履行信托义务,信托目的不能实现,而双方均实际履行了买卖合同。作为受托人的原告就应当对双方投资的书画作品即信托计划剩余财产进行清算分配,由委托人各自取回自己所有的书画作品,而不是要求被告补足没有基础事实的"流动性支持"。

综上事实与理由,在原告对双方的投资都怠于履行展销书画作品、毫无作为的前提下,没有形成流通却虚拟要求被告通过流动性支持缺乏基础事实为依据,原告在信托计划结束后要求补足差额的请求不符合《信托合同》第十四条关于"信托财产的清算"之约定,不应得到法律上的支持。

以上意见,请合议庭合议时予以综合考量并采信。

代理人:孟凡媛

2019年3月26日

作者简介

孟凡媛律师，2007年毕业于山东大学法学专业。毕业后于某科教文化股份公司工作六年，积累了丰富的公司运营管理经验。自2015年起担任专职律师，具备深厚的法学功底和丰富的庭审经验，擅长民商事、计算机软件开发合同、婚姻家事、公司法律顾问等诉讼与非诉讼法律业务。自2015年执业以来，担任多家软件开发类、信息技术类、物业公司类等企业法律顾问。在担任公司法律顾问期间，孟律师充分利用自己多年在公司工作的经验，发挥熟悉员工心理、公司运营流程及管理者心态的优势，为顾问公司圆满地解决了各类问题，尤其在处理公司与员工的劳动关系，劳资纠纷，员工入职、在职、离职的各个环节等方面有独到的见解，受到顾问公司的一致好评。孟律师掌握扎实地法学知识，办案稳健，认真负责，代理的案件胜诉率较高，因熟悉软件开发，尤其擅长处理软件开发类案件。孟律师扎实的法律知识和较高的综合能力受到律所主任及客户的一致认可和好评。

山东某制药公司与中国农业发展银行某支行确认合同无效案

案情简介

原告山东某制药公司通过破产拍卖程序取得了济南某机床厂破产企业财产，其中包含争议房产。2002年，被告济南某置业公司（甲方）作为转让方，被告中国农业发展银行某支行（乙方）作为受让方，双方签订《房地产转让协议》，约定甲方将上述争议房产出售给乙方。协议签订后，中国农业发展银行某支行占有、使用争议房产。原告山东某制药公司对两被告的房产转让行为不知情也不认可，向法院提起诉讼，请求确认转让协议无效，原告为房产实际权利人并要求中国农业发展银行某支行返还争议房产。本案案号为〔2018〕鲁0124民初660号，目前二审尚在审理中。

代理意见

审判长、人民陪审员：

山东博翰源律师事务所接受原告山东某制药公司的委托，指派高建军、张岳律师担任一审诉讼代理人。代理人结合庭审情况，对该案有了较为全面的了解。现发表如下代理意见，请合议庭予以考虑：

1. 两被告签订的《房地产转让协议》系双方恶意串通，损害了原告的合法权益，依据《合同法》第五十二条规定，应当认定无效。

（1）中国农业发展银行某支行称“诉争房产所有权人与济南某置业公司为行纪关系，其与济南某置业公司签订的《房地产转让协议》合法有效”没有事实和法律依据，有悖常理。

2001 年 6 月 18 日，原告购买济南某机床厂破产财产成为诉争房产实际权利人，原告从未与济南某置业公司签订过书面行纪合同或者作出委托该公司出卖诉争房产的意思表示，更没有将诉争房产出卖给济南某置业公司。中国农业发展银行某支行向法庭提交的证据“2018 年 9 月 6 日购房款支票”收款人也不是济南某置业公司。自两被告 2002 年签订《房地产转让协议》后，中国农业发展银行某支行欠付 46 余万元购房款长达 16 年，在未足额支付 270 万元购房款的前提下，某局领导张某违法为其办理了房产证和土地证。原告提起本案诉讼，向济南某置业公司公告送达法律文书后，中国农业发展银行某支行又主动向下落不明的济南某置业公司支付余款，该交易过程既不符合购房合同约定，也不符合交易习惯，明显是中国农业发展银行某支行为了证明支付了相应的对价而采取的补救措施。

(2)两被告对《房地产转让协议》签订过程的陈述前后不一，自相矛盾。

济南某置业公司在庭审中称房屋买卖是三方多次协商的结果(2019 年 4 月 11 日 9 时笔录的第 9 页)，房屋交接时也是三方共同参与(2019 年 4 月 11 日 9 时笔录的第 8 页)下完成。中国农业发展银行某支行却提出济南某置业公司未告知其房产权属信息，认为济南某置业公司与产权人为行纪关系。两被告对协议签订的背景和过程的陈述大相径庭，所做的陈述是不真实的。

(3)中国农业发展银行某支行占有使用诉争房产不符合善意取得的条件，不能取得诉争房产所有权。

不动产善意取得有条件限制，受让人取得财产必须基于善意，即不知道也不应当知道出让人无权处分财产且受让人没有重大过失。因此善意取得的前提在形式上至少应当有出让人具有所有权或处分权的表象。本案《房地产转让协议》载明诉争房产为“济南某置业公司收购济南某机床厂破产财产”获得，济南某置业公司应在协议签订前支付购房款并购买了破产财产，但根据不动产权属部门的复函及补充复函，该公司从未获得过诉争房产权属证书。原告购买破产财产后从未向济南某置业公司进行过书面授权，中国农业发展银行某支行当庭也自认未查验济南某置业公司具有所有权或处分权的手续，其作为具有较强法律风险防范意识的金融机构，在进行上述交易过程中显然具有重大过失，不是善意的。

中国农业发展银行某支行主张诉争房产已登记并提交不动产权属部门制作的第 860 号房产证及土地使用权证，原告对此不予认可。假证并非必须是社会上的不法分子制作，如果通过滥用职权的方式由权力部门作出的证书也是假证。根据证人张某的当庭陈述以及不动产权属部门的复函及补充复函，已证实上述证书的登记信息没有不动产登记簿予以支持，诉争房产并没有依据法律规定进行登记，均为张某利用职权制作的假证。

因此，中国农业发展银行某支行在签订《房地产转让协议》时具有重大过失，未向济南某置业公司支付合理价款，相关房产证与土地证均为假证，不符合善意取得的条件。两被告之间实际为恶意串通，侵占原告购买的破产财产，严重侵害了原告的合法权益，依据《合同法》第五十二条的规定，该协议无效。

2.原告诉请法院确认涉案房产所有权人为原告具有事实和法律依据，应予支持，中国农业发展银行某支行应将房产腾退给原告。

(1)原告是涉案房产的真实权利人。

2001年6月18日，原告同济南某机床厂破产清算组签订了《整体购买济南某机床厂破产后资产的协议书》，原告出资购买济南某机床厂全部破产资产，包括了涉案房产。法院以民事裁定书进行了确认，根据《物权法》第二十八条规定，原告是涉案房产的权利人。

(2)原告从未通过明示或默示的方式认可诉争房产归中国农业发展银行某支行所有。

中国农业发展银行某支行向法庭提交的2006年《地籍调查表》显示，指界人刘某书写的内容均认为与诉争房产相关的指界点本宗地邻宗地权利人均为"机床厂"，从未明示或默示诉争房产为中国农业发展银行某支行所有，所以没有证据证明原告同意中国农业发展银行某支行占有诉争房产或认可房屋买卖交易行为。

因中国农业发展银行某支行至今仍在占有使用诉争房产，但诉争房产仍登记在破产企业济南某机床厂名下。依据《物权法司法解释》第二条，当事人有证据证明不动产登记簿的记载与真实权利状态不符、其为该不动产物权的真实权利人，请求确认其享有物权的，应予支持。所以原告诉请法院确认原告为诉争房产所有权人有事实及法律依据，中国农业发展银行某支行应将非法占有使用的诉争房产腾退给原告。

综上所述，原告的诉求具有事实及法律依据，被告中国农业发展银行某支行、济南某置业公司提供的证据以及当庭陈述非但自相矛盾，不能达到其证明目的，反而印证原告的主张。因此，为了维护原告的合法权益，请合议庭依法公正判决。

代理人:高建军　张　岳

2019年6月26日

作者简介

张岳律师，2011年毕业于青岛大学，法律硕士，现为山东博翰源律师事务所合伙人，三级律师。曾任济南市律师协会青年律师委员会委员、现任济南市律师协会信息网络业务委员会委员，济南市律师协会青年律师领军人才训练营第一期学员，历城区人民法院特邀调解员、村居法律顾问服务团成员，多次被评为先进工作者、先进共产党员。张岳律师曾代理最高人民法院审理的历城区供销社金融借款合同纠纷案件，参与齐鲁化纤集团政策性破产项目等很多具有重大影响的案件，为中国移动山东分公司、山东福胶集团有限公司、神思电子股份有限公司、济南市槐荫区住房保障和房产管理局等企业或行政机关提供过常年法律顾问服务，主要的业务范围为知识产权及劳动争议，论文《浅析商标与商号权的冲突》在2013年被济南市律师协会评为三等奖。

郑某诉程某等房屋买卖合同纠纷案

案情简介

委托人郑某将其土地及其附属物卖给程某、叶某、严某，双方签订了《买卖合同》，但是对方迟迟未付清全款，涉案房地产一直未予过户。此外，对方在涉案土地上进行非法集会活动，受到国家安全部门的重点关注，地方政府找到原告了解有关情况，给原告造成了很大的心理压力。原告诉至法院，要求解除涉案合同。

代理意见

审判长、陪审员：

山东博翰源律师事务所受原告郑某的委托，指派我们作为其与被告程某、叶某、严某买卖合同纠纷一案的代理人。接受委托后，我们详细了解了案情，调查收集了相关证据，结合庭审情况，现发表代理意见如下：

1. 原、被告双方之间是合同关系，是房地产买卖合同关系。合同具有相对性，这是合同法的基本法律原则，是合同的根本属性之一。原、被告之间的合同关系及相互之间所享有和承担的权利、义务、责任等，与合同之外的人或组织无任何关联。

被告严某认为购买资金来源于“众教徒”的捐赠，所以买方是不确定众多教众，没有任何事实和法律依据，客观上也不能。难道过户时需要将房产、土地过户给不确定的众多教徒吗?!

就涉案房产转让协议而言，无论“众教徒”与三被告之间是什么关系，均不影响原、被告之间的合同法律关系，“众教徒”的行为或意见对原告而言没有任何法律约束力。如果“众教徒”认为三被告侵害了其合法权利，他们应另行向三被告主张，与本案争议无关，也不属于本案审理范围。假设如被告严某所述，该协议书是众教徒委托三被告共同签署，委托人具体是谁？有多少人？各自份额是多少？委托权限是什么？这一切都不能确定。况且，被告严某认可资金来源于教徒捐助，那么捐助后款项所有权不属于众教徒了，众教徒与三被告之间就不存在委托关系，只不过是众教徒指定了捐款的用途而已。

2.三被告共同作为买卖合同关系中一方当事人——买方，对作为卖方的原告来讲三被告是一个整体，是合同的一方，不是合同的三方。

对原告而言，三人中的任何一人均可以对合同进行处分，不存在少数服从多数或者三人一致同意才能作出有效处分决定的情况。根据法律规定，在作为买方的被告程某、叶某作出解除合同的决定且通知原告，原告也表示同意解除后，房产转让协议书便即行解除。被告严某一再强调"众教徒""临时活动点"的合同买方当事人，被告程某、叶某无权单方解除合同，这种观点既有违合同相对性原则，也没有任何法律依据。

此外，被告严某所谓的"教会"并非合法的组织：其未经宗教事务管理部门审查同意和备案，也未向民政部门申请登记，其自称自命的"教会"，完全是非法组织。被告严某提交的《关于设立某街道某基督教临时活动点的批复》(新民宗字〔2018〕20号，以下简称《批复》)仅是新泰市民族与宗教事务局批复同意设立临时活动点，该批复既未认可"众教徒"是一个组织，也没有认定"临时活动点"具有主体资格，更没有确认、也无权确认"临时活动点"房地产权属归谁所有。

3.《房产转让协议书》已于2014年3月6日解除。

如前所述，对合同一方的原告而言，作为合同另一方的被告程某、叶某作出解除合同的决定且通知原告，原告也表示同意解除后，房产转让协议书便即行解除。签订合同时是买卖双方之间的自愿、协商一致的行为。解除合同时，一方通知解除，另一方同意解除，也不违反法律法规的规定，即使双方协商一致解除合同，也不存在恶意串通的情形。至于作为共同买方的被告叶某、程某、严某之间存在何种争议或纠纷，与作为卖方的原告无关。

4.关于诉讼时效的问题。

涉案协议书在2014年3月6日解除后，原、被告之间虽就涉案房地产的返还时间、返还房款的具体金额、损失金额、违约责任承担等进行了多次协商，但一直无法达成一致意见，甚至因此在2017年9月引发了刑事案件，涉案房地产被被告霸占至今。因此，原告的诉讼请求没有超过诉讼时效。

5.关于剩余未支付的10万元转让款问题。

被告严某及其申请出庭的证人康某学、姜某军在庭审中称，在购买涉案房地产时，原告优惠了10万元，该表述与事实不符。事实上，原告从未表示过优惠10万元，而且被告严某提供的证据也无法证明原告有过该意思。当时，原被告双方达成的口头合意是：待房地产过户时再支付剩余10万元。

6. 双方签署的协议合法有效，被告单方擅自违约解除协议，应当承担违约赔偿责任，向原告支付房地产的使用费及占用费。原告按照8万元/年的标准计算费用，已经是远远低于市场租金标准的价格。

7. 被告严某出于自身私利考虑，为达到独自霸占涉案房地产及教徒捐助的其他款项的目的，恶意将一宗普普通通的房地产转让合同纠纷案件，极力地引向民族、宗教信仰争端，挑拨、怂恿、蛊惑不明真相的众多基督教信徒到国家司法机关——新泰市人民法院新汶法庭聚众静默、示威，人为地制造社会不安定因素，意图给审判机关及审判人员施加压力，既违反了相关法律规定，也完全违背了基督教的教义。在此，我们也恳请法院在依法、公平、公正地作出判决的同时，也向当地有关宗教管理部门、基督教三自爱国委员会发出司法建议，建议宗教局、基督教教会对严某的行为作出相应处理、处罚。

综上，原告的诉讼请求有事实和法律依据，请求依法予以支持。

以上代理意见，敬请法庭参考采纳。

代理人：尹义锋　吴兰征

2019年7月18日

作者简介

吴兰征律师，2006年毕业于山东大学，擅长房地产、建设工程及执行异议领域的案件，具有丰富的办案经验，其所承办案件的胜诉率较高。吴律师还参与了中国济南化纤总公司、山东业顺置业发展有限公司等多家公司的破产清算项目。现担任中共济南市委济南高新技术产业开发区工作委员会政法委员会、中国铁塔股份有限公司济南市分公司、济南市历下区龙洞街道办事处、山东网海世纪信息技术有限公司、济南市天桥区沃龙山化幼儿园、济南市天桥区泺口社区幼儿园等多家政府机关、企事业单位的法律顾问。

JK公司与ML公司项目管理合同纠纷案

案情简介

2009年9月30日、2010年6月14日，ML公司与JK公司分别签订了两份合同协议书，对ML公司需提供的相关管理服务内容及服务费金额作出了明确的约定。2014年1月8日，ML公司与JK公司签订了两份对账函，JK公司对尚未支付给ML公司的费用总额进行了确认。截止ML公司起诉之日，JK公司尚欠付555,514.5元管理费用。一审法院判决JK公司支付ML公司555,514.5元管理费用及利息（以555,514.5元为基数，自2014年1月9日起至实际清偿之日止按人民银行同期贷款利率计算）。

JK公司对一审判决结果不服，提出上诉。JK公司认为，2014年1月8日签订双方签订的对账函，仅确定了项目管理费的结算数额，ML公司在对账函中协商提出，希望JK公司在近期内付清所欠款项。约定的内容应视为双方对付款期限的初步约定，“近期内履行”的约定属于履行期限约定不明确。自2014年1月8日至起诉之日，ML公司没有向JK公司书面催收过剩余项目管理费用。所以，JK公司不应该自2014年1月9日至实际清偿之日按人民银行同期贷款利率支付利息。

本案二审已审理终结，判决驳回JK公司的上诉请求，维持一审判决。

代理意见

审判长、审判员：

山东博翰源律师事务所接受本案 ML 公司的委托，指派张俊玲、高静律师代理本案，代理人在充分了解本案事实的基础上结合庭审举证、质证情况发表如下代理意见供法庭参考：

一审法院认定事实正确，关于利息损失认定得当，应当依法予以维持一审判决结果，具体理由如下：

1.JK 与 ML 已经对合同款项及付款方式做出了明确的约定，JK 应按约定全面履行付款义务。

根据 JK 与 ML 于 2012 年 12 月 29 日就甲方（JK）支付乙方（ML）前期项目管理费及后期项目管理事宜签订的协议（一审证据 3）第一条和第二条的约定，JK 应当在 2013 年 3 月 31 日前全部支付前期拖欠的项目管理费及招标代理费。

根据 JK 与 ML 于 2012 年 12 月 29 日签订就甲方（JK）120 万吨/年焦化项目 2＃焦炉后续工程及零星工程的项目管理签订的协议（一审证据 4）第一条、第三条的约定，并结合工程实际进展情况，JK 应当在 2013 年 4 月 30 日前全部支付本次工程项目的管理费。

根据 JK 与 ML 于 2009 年 9 月 30 日签订的合同协议书、2010 年 6 月 14 日签订的合同协议书（一审证据 1、2）的第四条付款方式 4.2 约定工程结算审计在出具报告时收取。根据 ML 在 2014 年 1 月 8 日出具的《已完成工程项目的审计费用明细》（一审证据 5）可知，ML 在 2014 年 1 月 8 日之前就已经出具了相关审计报告，所以 JK 应在该时间之前支付全部审计费。

2.《对账函》是向 JK 进行所欠款项的催收，没有改变 JK 的付款期限，不存在付款期限约定不明的情况。

JK 通过 2014 年 1 月 8 日的两份《对账函》确认，其欠付被上述人审计费用 457,923 元、项目管理费和招标代理费 747,591.50 元。

《对账函》中虽写明“欠款时间较长，恳请贵公司近期内付清所欠款项”，但结合本案实际情况并根据交易习惯可以确定，这只是对 JK 长期拖欠款项事实的客观描述，表达的是再次催促 JK 全面履行付款义务的意思，并没有就付款期限与 JK 进行协商，更没有重新约定付款期限。

3.一审法院对本案利息损失的认定符合法律的规定。

JK 违背诚实信用原则，长期拖欠 ML 的款项，但本着友好合作、互谅互让的原则，ML 自愿从最后一次对账日（2014 年 1 月 8 日）的次日主张逾期付款利息，已经是作出了很大的让步。一审法院对本案利息损失的认定符合法律的规定，判决结果客观公正，应当依法予以维持。

综上，一审法院认定JK向ML偿还剩余合同款项并自2014年1月9日至实际清偿之日按人民银行同期贷款利率支付利息，认定事实清楚，证据切实充分。故请求法院依法驳回JK的上诉请求，维持原判。

以上代理意见，请法庭予以采纳！

代理人：张俊玲　高　静

2019年11月26日

作者简介

张俊玲律师，具有全国专利代理人资格，1996年毕业于甘肃工业大学，获工学学士学位，山东博翰源律师事务所合伙人。先后为济南市律师协会民事专业委员会、建设工程专业委员会委员、知识产权专业委员会委员，2008年被评为济南市"第三届泉城十佳青年律师"。擅长知识产权、公司、证券等领域的法律事务。现为济南市中级人民法院人民调解员、山东省高级人民法院申诉值班律师、山东省知识产权公共服务平台智库专家。张俊玲律师曾担任几十家企事业单位的法律顾问，代理多起专利（发明、实用新型及外观设计）、商标、著作权、商业秘密、不正当竞争等知识产权诉讼与非诉讼项目，在新三板挂牌及发行股票、企业并购重组、科技创新、股权纠纷及股东诉讼、投融资等业务领域均有业绩，有效维护了委托人的合法权益。

MS银行诉曲阜某公司、陕西某公司等金融借款合同纠纷案

案情简介

2014年11月，MS银行与买方曲阜某公司、卖方陕西某公司采用保兑仓的形式签订了《动产融资差额回购协议》，同时MS银行与曲阜某公司及其股东等签订了《综合授信合同》《银行承兑协议》《最高额抵押担保协议》。

2015年9月1日至2015年11月8日，依据上述《综合授信协议》，MS银行向曲阜某公司开具了近百张承兑汇票。2016年，承兑汇票到期后，曲阜某公司有价值2400万元的承兑汇票未及时补足保证金，导致MS银行损失。MS银行遂起诉各被告，其中依据《动产融资差额回购协议》要求卖方陕西某公司承担补足保证金差额的义务。

本案一审济南市中级人民法院支持了MS银行的诉讼请求。山东博翰源律师事务所孙晖律师接受陕西某公司的委托向山东省高级人民法院提起上诉。二审法院经司法鉴定确认MS银行提供的《银行承兑汇票收到确认函》《提货通知单（回执）》中卖方陕西某公司的印鉴和代理人签字不真实，一审法院未查清曲阜某公司与陕西某公司之间是否存在真实的基础交易，随撤销原判决，发回重审。本所律师继续代理陕西某公司参与该案的重审审理。截稿前，该案正在重审审理中。

代理意见

审判长、审判员：

山东博翰源律师事务所接受本案第四被告陕西某公司的委托，指派我作为其代理人参加了本案的全部审理，现根据事实和法律，结合庭审情况发表代理意见如下：

1. 原告主张第四被告为第一被告曲阜某公司的借款承担连带担保责任的诉讼请求没有事实及法律依据。

(1)原告主张第四被告为第一被告的借款承担连带担保责任的诉讼请求没有合同依据。

原告、第一被告、第四被告签订的《动产回购协议》不违反法律法规强制性规定，合法有效。原被告各方未在《动产回购协议》中约定第四被告承担连带保证责任；第四被告签订该合同的合同地位是卖方而非保证人。故原告要求第四被告承担连带担保责任没有合同依据。

(2)原告主张《动产回购协议》系虚假意思表示，原告、第一被告、第四被告的真实意思表示系第四被告为第一被告的贷款提供连带责任保证，没有事实依据。

根据《九民会议纪要》第六十八条规定，承兑汇票金额为买方向卖方支付的货款；卖方在保兑仓交易中对银行的保证责任是指卖方就保证金与承兑汇票差额部分向银行承担差额补足责任或者货物回购责任。而本案涉案合同《动产回购协议》第 3.1、3.2、3.3 项约定，只有在原告确认第一被告授信敞口已被覆盖后才会指示发货。因此，按照《动产回购协议》的设计流程，卖方向银行交付的保证金金额不会低于提货通知单确定的金额，即货款——承兑汇票的金额。因此，按照《动产回购协议》的约定，第一被告的保证金金额与承兑汇票金额间不存在差额，第四被告对第一被告贷款自然也就不存在对差额提供保证的意思表示。

2. 第四被告没有违反《动产回购协议》的约定，原告主张第四被告承担违约赔偿责任，没有事实依据。

(1)原告没有依据《动产回购协议》向第四被告交付承兑汇票。

原告所谓的《动产回购协议》项下的《煤炭购销合同》与第一被告和第四被告签订的《面煤购销合同》在合同名称、合同纸张大小、合同条款、合同总计数量、总计金额及第四被告同时期的用印，方面均存在显著差异；其所谓的《承兑汇票收到确认函》《提货通知单》回执、《厂商供货确认书》回执经原二审司法鉴定，确认并非第四被告真实用印，也非第四被告经办人真实签字。故，原告并非基于真实的基础交易出具承兑汇票，也没有按照《动产回购协议》的约定将《承兑汇票收到确认函》《提货通知单》回执交由第四被告签收。

原告所谓通过邮寄方式向第四被告交付数以亿计的承兑汇票的说法显然不符合生活经验法则,更何况原告也没有提交相关证据予以证实。在涉案《动产回购协议》项下的 125 张承兑汇票中,除 1 张出票金额为 20 万元的有张庆人名印鉴的汇票外,其余 124 张汇票中第四被告的印鉴都是伪造的。综上,原告未能证明其已依据《动产回购协议》向第四被告交付承兑汇票。

(2)《动产回购协议》对第四被告而言并未实际启动。

依据《动产回购协议》的约定,启动履行《动产回购协议》需要:第一被告向原告提交基础交易合同、《提货申请书》;由原告向第四被告交付承兑汇票,并交由第四被告签收《银行承兑汇票收到确认函》《提货通知单》回执。可见,第四被告按照《动产回购协议》的安排完全是被动的。所以,即使第四被告从第一被告处收到了 20 万元的承兑汇票,也因为该承兑汇票非原告向第四被告交付、第四被告亦未收到《银行承兑汇票收到确认函》及《提货通知单》,故无法证明该承兑汇票是基于《动产回购协议》出具,仅能证明第一被告曾用一张 20 万的承兑汇票向第四被告履行过基于某种法律关系的付款义务。综上,即使原告收到过一张 20 万元汇票,也无法证明《动产回购协议》对第四被告而言已经实际启动。

(3)原告的损失是由其过错导致。

第一被告自 2011 年以来,先后向原告申请承兑汇票金额高达约 5.4 亿元,其中在涉案《动产回购协议》项下,在不到一年的时间里就开具了 125 张承兑汇票,金额高达约 2.3 亿元。在如此大额、频繁的借贷过程中,原告没有认真审核第一被告向其提供的《煤炭购销合同》,没有进一步要求审查是否存在增值税专用发票;在原告说不清如何向第四被告交付承兑汇票的情况下(事实上并未交付),原告却莫名其妙地持有伪造第四被告印鉴的《承兑汇票收到确认函》;在第一被告没有向其提交《提货申请书》的前提下,原告又莫名其妙地制作了《提货通知书》,还持有伪造第四被告印鉴的《提货通知书》回执。这一系列的疏忽大意和莫名其妙均证明了原告对其损失有着不能推卸的过错。

综上,第四被告没有对第一被告的贷款向原告提供保证,没有基于《动产回购协议》收到承兑汇票;第四被告不存在违约情形;原告对其损失负有过错。原告诉请第四被告对第一被告偿还借款义务、承担连带责任、赔偿原告利息和律师费损失没有法律和事实依据。

以上代理意见请合议庭予以采纳。

代理人:孙　晖

2019 年 12 月 2 日

蒋某与张某第三人撤销生效判决纠纷案

案情简介

本案为第三人撤销之诉，诉请撤销的是一场虚假的民间借贷纠纷案的判决。原告蒋某与被告张某原系夫妻关系，二人婚后共同成立了天音公司（本案第二被告）。2016 年 7 月，张某从公司转账 20 万元用于购房。此后二人感情破裂，蒋某提起离婚诉讼。离婚诉讼过程中，天音公司向历城区法院起诉张某要求返还 20 万元“借款”，在蒋某未能参与庭审的情况下，经张某自认欠债，历城区法院做出〔2019〕鲁 0112 民初 5593 号判决，判令天音公司主张的借款关系成立，张某返还天音公司 20 万元本金及利息。张某将 5593 号判决书作为证据在离婚诉讼中，要求蒋某共同承担该笔债务。蒋某委托本所提起了第三人撤销之诉，要求撤销 5593 号判决。

由于立案迅速及时，离婚案件中将 5593 号判决书证据予以排除；历城区法院审理本案后，代理人的观点被法院采纳，历城区法院做出〔2019〕鲁 0112 民撤 2 号判决，撤销了 5593 号判决，认定涉案债务是张某和天音公司串通虚构，并做出对张某罚款 5 万元，天音公司罚款 10 万元，天音公司法定代表人（张某的姐姐）罚款 3 万元的处罚决定。

代理意见

审判长、审判员：

山东博翰源律师事务所接受本案原告蒋某的委托，作为代理人参与了本案的审理，结合对全案证据的分析和参与庭审过程中了解的情况，现提交代理意见如下：

博翰源理

1.关于本案诉讼主体资格问题:蒋某具有作为第三人撤销之诉原告的主体资格。

被告以蒋某不是5593号案件的当事人为由抗辩蒋某无权提起第三人撤销之诉。根据《中华人民共和国民事诉讼法》第五十六条规定,有独立请求权或没有独立请求权但案件处理结果同他有法律上的利害关系的第三人,因不能归责于本人的事由未参加诉讼,但有证据证明发生法律效力的判决、裁定、调解书的部分或者全部内容错误,损害其民事权益的,可以自知道或者应当知道其民事权益受到损害之日起六个月内,向作出该判决、裁定、调解书的人民法院提起诉讼。人民法院经审理,诉讼请求成立的,应当改变或者撤销原判决、裁定、调解书;诉讼请求不成立的,驳回诉讼请求。

在蒋某与张某的离婚案件中,张某以5593号民事判决为依据,要求认定该案所涉借款及利息为夫妻共同债务,因此该案处理结果与蒋某有法律上的利害关系,蒋某符合第三人撤销之诉的主体资格要求,也没有超过法定第六个月期限,有权提起第三人撤销之诉。

2.被告称涉案20万元为借款缺乏证据证明,本案不存在真实的借贷关系,天音公司要求张某还款无法律依据,也不应由蒋某承担共同还款责任。

(1)天音公司没有提交能够证明借款合意存在的证据。

天音公司虽然提供了2016年7月的借条和还款协议作为证据,然而经过法庭调查,该份证据是2019年1月制作的。基于张某与天音公司特殊的身份关系,为了诉讼而“补签”的借条和还款协议显然不能反映客观事实。

(2)从23万元款项交付给张某的过程上看,不符合民间借贷关系中借款交付的特征。

本案争议款项若真是借款,公司汇款的交易明细对该笔款项的标注应该是“借款”,公司的财务账簿中对该笔借款也会有所记载。但现有证据证明了天音公司的转账明细中标准的是“付款”,经蒋某提出调查取证申请和法庭的释明,天音公司也没有按照法庭的要求提交公司财务账簿,供法庭核实公司对该款项是如何建账记录的。

(3)天音公司与张某的资金往来频繁,转款前的股权转让也有悖常理,因此单独针对本案款项主张是借款显然不合理。

天音公司股权原本由张某和蒋某持有,二人是创始股东。在23万元转账的十日前公司股权转移至张某的姐姐张某芝名下。通过庭审中双方共同的认可,股权转让的目的在于蒋某的从业禁止,转让双方未约定股权转让价格,亦未就公司资产进行评估清算。张某也自认了股权转让时公司已有40余万元的利润没有进行相应的处分;天音公司向张某转账23万元后,仍然与张某银行账户之间存在大量的资金往来，仅凭蒋某在离婚诉讼中获取的张某在招商银行2018年9月至2019年2月的交易明细，天音公司向张某先后五笔转账27.4万元。事实说明，天音公司实际由张某控制，利润由张某使用。

天音公司无实际办公地点，公司股东、法定代表人和监事等人员也是张某的家庭成员，实际进行公司经营管理的就是张某本人，公司账户与张某个人账户存在严重混同，天音公司就是典型的“夫妻店”。2016年7月，张某使用天音公司的23万利润购买房屋，符合这类公司利润使用的常见方式。相反，若是23万款项认定为借款返还给天音公司，一来，公司未进行利润分配，将产生损害蒋某股东利益的纠纷；二来，两位新股东在没有支付股权转让对价、对公司也没有任何投入的情况下就获得23万元债权利益，有违公平原则和诚实信用原则。

3.天音公司与张某在多起案件中存在串通行为和虚假陈述。

(1)在5593号案件庭审笔录中，法庭询问张某与天音公司法定代表人张某芝的关系，天音公司的代理人称系朋友关系，张某回答“属实”，但张某芝与张某实为亲姐弟，双方恶意隐瞒近亲属关系。

(2)经法庭对5593号案件天音公司的代理人李某进行调查，李某承认是张某持天音公司公章及张某芝的身份证与其签订的《委托代理合同》并支付代理费用等，但天音公司在本案中仍然坚持是张某芝联系李某办理的委托代理手续。

(3)针对23万元购房款天音公司在5593号案件之前曾在槐荫区法院提起〔2019〕鲁0104民初339号民间借贷之诉(以下简称“339号案件”)，被告为张某、蒋某二人。天音公司在该案中也提交了借条和还款协议，蒋某对证据的真实性不予认可并当庭对文书形成的时间提起鉴定申请。在此情况下，天音公司辩称2016年的借条和还款协议已经丢失，向法庭提交的文本是2019年1月“补签”的。最终天音公司撤回了339号案件的起诉。但在5593号案件中却没有向法庭如实陈述借条和还款协议丢失和补签这一情节。

(4)在张某芝起诉张某和蒋某〔2019〕鲁0104民初338号股权转让纠纷案中，法庭经过审理判决认定张某芝与张某存在串通的情况，张某芝起诉主张种种损失是对诉讼权利的滥用，对蒋某辩称张某芝的起诉存在不正当诉讼目的的理由予以采纳。

综上所述，天音公司提交的证据不足以证明涉案20万元是借款，天音公司和张某的自述和提交的证据存在无法消除的矛盾，在诉讼前后的诸多行为违背常理，双方存在串通。本案并不存在真实借贷关系，系离婚诉讼发生后，张某为使蒋某在离婚财产分割时承担额外的所谓债务而提起的虚假诉讼。恳请本案法庭查明事实，严惩虚假诉讼行为，维护法律威严，维护蒋某的合法权益。

代理人：张倩茹

2019年12月15日

银都公司诉滕某芳损害公司利益责任纠纷案

案情简介

济阳银都国际商贸城是银都公司第三期开发建设的商业地产项目，面积约38,000平方米，地下一层，地上三层，共四层。除地下一层未售出外，地上三层分隔为数百个商铺，已出卖给买受人，并买受人与浙瓯公司签订委托经营及管理协议，同意售后返租。地下一层由浙瓯公司对外签订租赁合同1份，地上三层由银都公司对外签订租赁合同63份，由浙瓯公司对外签订租赁合同1份。另外，银都公司将会所对外出租，并签订了租赁合同。后银都公司依据上述66份租赁合同，起诉公司原董事长滕某芳违反会议纪要，擅自将物业以远低于周边同类房屋租金标准对外出租，要求滕某芳赔偿公司损失3000余万元，诉至济南市中级人民法院。山东博翰源律师事务所黄利群、王宗军二位律师代理滕某芳应诉。法院经审理认为，银都公司起诉证据不足，依法驳回银都公司的诉讼请求。银都公司不服一审判决，向山东省高级人民法院提起上诉。最终，二审法院判决维持原判，驳回上诉。

代理意见

审判长、人民陪审员：

山东博翰源律师事务所依法接受本案被告滕某芳的委托，指派我们担任其诉讼代理人。通过参与本案诉讼活动，代理人对案情有了充分了解。现依据事实和法律，发表代理意见如下：

1. 本案构成重复起诉，法院依法应予驳回原告起诉。

《最高人民法院关于适用〈中华人民共和国民事诉讼法〉的解释》第二百四

十七条规定:“当事人就已经提起诉讼的事项在诉讼过程中或者裁判生效后再次起诉,同时符合下列条件的,构成重复起诉:(一)后诉与前诉的当事人相同;(二)后诉与前诉的诉讼标的相同;(三)后诉与前诉的诉讼请求相同,或者后诉的诉讼请求实质上否定前诉裁判结果。当事人重复起诉的,裁定不予受理;已经受理的,裁定驳回起诉,但法律、司法解释另有规定的除外。”本案原告济南银都房地产开发有限公司(以下简称“银都公司”)于2019年7月向济南市济阳区人民法院起诉滕某芳损害公司利益纠纷案件,即济阳区人民法院〔2019〕鲁0125民初3460号,法院已裁定驳回原告的起诉,原告提起上诉,二审尚未审结。尽管前诉与本诉的诉讼理由不同,但实质的诉讼标的是相同的,赔偿损失金额都要求以实际评估鉴定结果为准,而且是相同的当事人,两诉的基础法律关系和法律事实是相同的。在现前诉尚在诉讼过程中,再次起诉构成重复起诉,提请法院依法裁定驳回原告起诉。

2.原告的诉讼请求不明确、不具体,不符合起诉条件,法院应依法驳回起诉。

《中华人民共和国民事诉讼法》第一百一十九条规定:“起诉必须符合下列条件:(一)原告是与本案有直接利害关系的公民、法人和其他组织;(二)有明确的被告;(三)有具体的诉讼请求和事实、理由;(四)属于人民法院受理民事诉讼的范围和受诉人民法院管辖。”而在本案中,原告要求被告赔偿房屋租金损失3000余万元(以实际评估鉴定结果为准)。3000余万元是原告单方以60余份租赁合同显示的租金价格,与想当然的自己估价进行比较的差额,计算依据不足,所谓经济损失不具有现实性,诉讼请求不明确、不具体,不符合法定的起诉条件,法院应依法驳回起诉。

3.原告在本案审理期间向济南市中级人民法院撤回对济阳区人民法院〔2019〕鲁0125民初3460号案件的上诉,二审法院裁定准许,故济阳区人民法院〔2019〕鲁0125民初3460号民事裁定书生效。一审法院已对银都公司起诉滕某芳损害公司利益纠纷一案进行了审理,认为原告诉讼请求不具体,依法驳回原告的起诉。本案属于原告对同一事实的二次起诉,裁判尺度应当统一。

4.原告提交的2016年11月22日的会议纪要,不具有董事会决议的属性,且存在原告变造证据的情形。

(1)该会议纪要不符合董事会决议的形式和实质要求,不属于董事会的决议。

从形式上看,该会议纪要上没有列明召集人、主持人、通知时间、表决事项、表决结果等内容,不具备董事会决议的形式要件;且参会主体混杂,超出银都公司董事会的成员范围。会议纪要的“参加人员”一栏中,有黄某敏、滕某芳、孙某明、陈某众，还有黄某贤、陈某中、邵某旺、章总。在落款签字处除了黄某敏、滕某芳、孙某明三人签字外，又增加了未在“参加人员”中列明的胡某榜、李某花。出席人员和签字人员包括银都公司人员、浙瓯公司人员，甚至还有既非浙瓯公司又非银都公司的人员“章总”。重要的是，这也不符合银都公司董事会决议的形成惯例。原告有比较成熟的董事会决议范本，形成过多份董事会决议，均称之谓“决议”，而非称为“会议纪要”。

从内容上看，会议内容是“浙瓯公司成立以来第一次会议有关商业的招商，地下超市问题”。其中“3.商场 1～3 层摊位出租价格。(明天继续)”，此处括号内“明天继续”，表明对出租价格需明天继续讨论。“摊位租金定于平均 0.8 元(一层 1.2 元、二层 0.8 元、三层 0.6 元)每平方米”，这里的“每平方米”是指每天每平方米，还是每月每平方米？没有关键性量词。还有，被划掉的“4.销售问题：销售公司章总表态从现在起到明年 5 月 1 日开业止，必须销售 150 套，不完成扣工资费用的 70%。5.原续签合同章总回去重新修改”。从以上内容看出，这都不是最终的结论，更不用提对结果进行表决了。

(2)会议纪要存在原告变造证据的情形。

原告是何时、因何故划掉会议纪要中第 4、5 条内容的，没有向法庭做出解释。划掉的内容是有关章总所属北京新文生辉公司的销售任务的，而对其他公司进行约束已超出董事会决议的议事范畴。被告有理由认为这是原告为使会议纪要从形式到内容更接近董事会决议而变造证据的行为。

5.被告没有实施违反董事忠实义务与勤勉义务的行为，也不存在公司利益受损的结果。原告起诉被告损害公司利益，并要求承担赔偿责任，缺少事实和法律依据。

损害公司利益责任纠纷案由的构成要件有四：第一，责任主体的身份为董事、监事、高管；第二，存在损害公司利益的行为；第三，存在公司利益受损的结果；第四，行为与公司利益受损之间存在因果关系。

(1)被告没有实施损害公司利益的行为。

根据 2015 年 8 月 28 日原告股东会会议纪要，原告与北京新文生辉投资顾问有限公司(下称“新文生辉公司”)签订了《山东济阳银都国际商贸城商业策划招商销售服务合同》，约定原告全权委托新文生辉公司进行项目的市场调研、营销策划，包括定位策划、业态分布、宣传推广策划、招商销售等。原告提交的 60 余份租赁合同就是由新文生辉公司负责制订项目租金标准、租金支付方式、租赁保证金、租户免租期及合同年限等相关事宜，为此，原告向新文生辉公司先后共支付销售佣金及招商佣金五六百万元。在与新文生辉公司合作过程中，黄某敏代表浙瓯公司签订的合同租赁价格还低于被告代表原告签订的合同租赁价格。被告与黄某敏的行为性质其实是一样的,他们都是代表公司对外签订合同,不是个人行为。黄某敏尽到勤勉、忠诚义务,被告也同样尽到,收取的租金收益全部归公司所有,个人没有为此获益。被告既是董事长,也是股东代表,与承租人之间非关联关系,不存在利益输送等损害公司利益的动机。租赁价格的高低是由市场决定的,浙瓯公司在先签订租赁合同,对整个商铺的租赁价格具有示范效应。因此,被告在代表公司对外签订租赁合同过程中,尽到了董事的忠实义务和勤勉义务。

(2)原告对外租赁有瑕疵,不存在公司利益受到损害的结果。

其一,本案存在商铺售后返租的事实,不论租金价格高低,均未损害原告的合法权益。

法院为查明案件事实,要求原告向法庭提交部分《商品房买卖合同》《补充协议》《银都商贸城销售明细表》等证据材料。其中,《补充协议》第十五条“其他条款”约定:“1.买受人拟将购买的本合同房产委托济南浙瓯商贸有限公司(浙瓯公司)进行商铺委托经营和管理,浙瓯公司以须向买受人支付的委托经营管理期间三年的租金(经营收益)支付给出卖人,以充抵买受人向出卖人应付的购房首付款。具体由买受人同浙瓯公司签订《委托经营及管理协议书》,与买卖合同同时签订。出卖人与浙瓯公司之间的结算关系,由双方另行约定。2.……买受人、出卖人双方均同意买受人向浙瓯公司就该委托经营管理期限内收取的租金收益直接抵扣买受人向出卖人支付的部分购房款。买受人同浙瓯公司签订《委托经营及管理协议书》约定,委托经营管理期限自 2016 年 12 月 31 日起算至 2019 年 12 月 30 日止,共计三年。在上述经营及管理期内,乙方(浙瓯公司)享有该商铺的经营权、管理权和相应的收益权,以及在不损害甲方合法权益的情况下的自主转租权。”

从上述合同约定可以看出,原告没有获得买受人的授权,故经营权、管理权和相应的收益权缺少权利来源。对商铺售后返租,正是新文生辉公司为原告策划实施的营销策略。这是在当时商铺销售市场行情不好的情况下,为吸引市场,加快资金回收,以回租促销售的有效手段。采取售后返租的经营模式后,数百个商铺很快销售出去,取得了预期的效果和收益。现在原告反以为售后返租部分构成损失,完全是对商铺商业经营模式的错误解读,缺乏基本的房地产销售常识。

其二,根据银都花园小区规划文件,银都花园 7 号楼与小区北门之间的两层楼房是会所。我国物权法规定,会所作为小区配套设施产权归全体业主共有,不属于原告自有物业,原告不享有所有权,自然也不享有收益权。

综上,代理人认为,原告提交的会议纪要仅是一次议事过程的记录,不属于董事会决议，也不具有法律约束力。同时，该会议纪要存在严重的内容大量涂改，属于变造的证据，不能作为定案依据。在售后返租商业模式下，租金价格高低只关系到公司盈利大小，谈不上公司利益受损问题。因此，原告起诉被告损害公司利益并提出损害赔偿的诉求，事实不清，证据不足，被告不应承担任何赔偿责任。提请合议庭依法驳回原告的诉讼请求。

以上代理意见请予审议。

代理人：黄利群　王宗军

2020 年 2 月 18 日

作者简介

王宗军律师，2004 年 7 月毕业于山东经济学院法学院，山东博翰源律师事务所合伙人。北海国际仲裁院仲裁员。王律师擅长民商法、公司法、刑事、行政法、合同法等领域的法律事务。先后担任山东省住房和城乡建设厅、历下区人民政府、历城区财政局、潍坊高新区税务局、济南产业投资发展集团有限公司等十余家行政机关、企事业单位的法律顾问。先后参与审议、起草行政复议案件几百余件，涉及住建领域、公安行政处罚领域、民政救济领域、市场监督管理领域、安全监督管理领域、新大明湖拆迁项目、CBD 拆迁项目等。王律师为山东某公司涉嫌单位行贿罪辩护，法院依法判处山东某公司无罪，该案系一审法院建院以来第一起单位无罪案件及为张某某涉嫌非法买卖枪支罪、非法持有枪支罪辩护，免于刑事处罚等有影响力的案件多起。

王某与T保险公司人身保险合同纠纷案

案情简介

王某系A机械公司员工，从事机械设备销售工作。A机械公司为王某等员工在T保险公司投保团体意外伤害保险。

2017年1月9日，王某在施工场地被挖掘机钢斗挤压受伤，经山东某鉴定中心鉴定，评定王某为伤残八级。王某出险后向T保险公司提出理赔申请，T保险公司安排公估人员对该起保险事故进行调查。公估人员调查后认定王某受伤时的职业为维修搅拌机设备。T保险公司认为王某投保时告知的职业为事业单位人员（司机或维修人员），属于三类职业，但是在事故发生时，王某的职业为维修搅拌机设备（此类职业为四类职业），王某存在高分类职业级别人员按照低分类职业级别人员投保的情况，按照保单中的特别约定条款，此种情况T保险公司不予赔付。

王某委托我所律师向法院提起诉讼主张保险金，一审法院判决驳回王某的诉讼请求，二审法院改判T保险公司向王某支付保险金127,000元。

代理意见

审判长、审判员：

上诉人王某与被上诉人T保险公司人身保险合同纠纷二审一案，山东博翰源律师事务所接受上诉人王某的委托，指派我所律师袁玉金、董玉堂担任王某的诉讼代理人参加本案诉讼活动，现我方结合本案事实和相关法律规定发表如下代理意见，以供参考：

博翰源理

1. 本案中投保人 A 机械有限公司为上诉人王某投保时并不存在不诚信的行为，本案也不存在高分类职业级别人员按照低分类职业级别人员投保的情况。原审判决认定投保人投保时存在隐瞒上诉人相关情况的行为是不诚信的行为，扰乱了保险行业的正常秩序，不应当受到法律的保护和支持，属于认定事实错误。

(1)投保人 A 机械有限公司为上诉人王某投保时并不存在不诚信的行为。

①投保人在为上诉人王某进行网上投保时，被上诉人投保网页中提供的职业查询工具无法查到机械设备销售人员这一职业。且被上诉人在合同成立后提供的职业类别分类表中包含销售的职业包括体育用品及器材销售、IT 业销售人员、化学品销售商(非危险品)、燃气矿物油销售人员(液化瓦斯零售店)、金融(销售及)外务员、租赁销售人员、度地房屋买卖介绍人、销售工程师，其中既没有概括性的"销售人员"这一选项选择，也没有符合上诉人职业的分项选择。所以投保人无法按照上诉人的真实职业为上诉人进行投保。

②如被上诉人所述，被上诉人通过审查投保人提交的信息来确定是否承保、如何确定保费。被上诉人在核保时，看到 A 机械公司的企业信息后必然知道投保人 A 机械公司并非事业单位，王某的职业类别也不可能是事业单位职员(司机或维修人员)，被上诉人却同意承保，被上诉人明显对此存在过错。在这种情况下，原审判决认定投保人隐瞒了上诉人职业情况是一种不诚信的行为明显系认定事实错误。

③被上诉人的职业类别分类表由被上诉人单方制作而成，内容复杂难懂。被上诉人在投保人投保时也未将职业类别分类表提供给投保人，更未就职业类别分类表对投保人进行过提示说明和指导，而是在保险合同成立后，连同保险合同条款一起发送给投保人，投保人在投保时并不理解职业类别分类表的含义。现被上诉人依据职业类别条款拒绝向上诉人给付保险金，违背了诚实信用原则。

(2)本案不存在高分类职业级别人员按照低分类职业级别人员投保的情况。

①最清楚王某职业信息的只能是王某本人以及作为用人单位的 A 机械有限公司。上诉人王某及 A 机械有限公司在原告申请理赔的过程中自始至终都在主张王某从事的是销售岗位。且上诉人在一审庭审过程中已经向原审法院提交了由 A 机械有限公司出具的证明上诉人的职业一直为销售人员的材料。

②作为混凝土搅拌设备的销售人员，不仅需要对所销售的设备性能、规格等基本信息有所了解，还需要懂得基本的设备检查、安装流程，甚至需要常常去工地现场协助买方进行安装、调度。上诉人王某在事故发生时，仅仅是在工地

现场在他人安装设备，原审判决以此否定上诉人销售人员的职业并将上诉人王某的职业类别认定为四类，属于认定事实错误。

③B集团第二工程有限公司C项目经理部出具的证明及其与A机械有限公司签订的《水泥罐制作安装合同》可以证明：C项目经理部于2017年1月采购A机械有限公司20台水泥罐，上诉人王某代表A机械有限公司与C项目经理部商谈采购具体事项包括数量、价款、供货方式等。投保人A机械有限公司按照合同约定指派上诉人王某负责现场安装、调度以及采购相应配套的材料，因工期较紧，王某在施工现场帮忙时意外受伤。

2.电子保单中记载的特别约定条款第一条及相应的免赔内容属于被上诉人单方制定的条款，对投保人、被保险人不产生效力。电子保单中记载的特别约定条款第七条属于无效条款，对投保人、被保险人不产生效力。

(1)特别约定条款第一条规定：投保人须严格按照T保险公司人身意外伤害保险职业分类表的人员职业级别分类进行投保，低分类职业级别人员可按照高分类职业级别人员投保，高分类职业级别人员不可按照低分类职业级别人员投保，如果高分类职业级别人员按照低分类职业级别人员投保，保险公司不承担保险责任。免赔或赔付比例内容为意外医疗费用保险金一至三类职业免赔100元，按100%进行赔付；四至五类职业免赔100元，按照80%进行赔付。意外住院津贴保险金3天免赔，累计以180天为限，每次赔偿期限(天)90天，每日住院津贴100元。

《中华人民共和国保险法》第十三条规定：保险单应当载明投保人与保险人达成合意的内容。但是，上述特别约定条款在保险条款中并未出现，属于被上诉人单方制作的内容，已经超出投保人与被上诉人在订立合同时约定的范围。上述条款在内容上明显属于免除或者减轻保险人责任的条款，因被上诉人并未就上述内容与投保人进行过提示和说明，所以上述内容对投保人、被保险人不发生效力，被上诉人应当按照保险条款的约定向上诉人给付保险金。

(2)特别约定条款第七条规定附加条款调整为《附加人身保险伤残程度与保险金给付比例表调整条款(2011版)-B款》。根据《附加人身保险伤残程度与保险金给付比例表调整条款(2011版)-B款》，保险人因意外致残后可以获得的伤残赔偿金大幅减少，该条款属于减轻、免除保险人责任的条款。根据《中华人民共和国保险法》的规定，该条款只有在A机械有限公司投保时，被上诉人已经对A机械有限公司进行了提示、说明，并征得A机械有限公司同意后才能生效。然而，被上诉人未提供任何证据证明其已经就减轻、免除其责任的条款对A机械有限公司进行了提示、说明，所以该条款属于无效条款。

综上所述，投保人A机械有限公司与上诉人王某在投保时并不存在不诚信的行为，本案也不存在高分类职业级别人员按照低分类职业级别人员投保的情况，被上诉人应根据保险条款的约定向上诉人给付保险金。

以上代理意见，敬请采纳！

代理人：袁玉金　董玉堂

2020年2月24日

作者简介

袁玉金律师，2015年6月毕业于西南政法大学，获硕士学位。山东博翰源律师事务所专职律师。擅长金融、保险、公司股权、融资租赁、商业保理、建设工程等民商领域的诉讼与非诉。先后为中国银行股份有限公司山东省分行、华夏人寿保险股份有限公司山东分公司、山东融易企业管理有限公司等提供常年法律顾问服务。多次代理杭州天明环保工程有限公司、中国银行股份有限公司济南分行及支行、渤海银行股份有限公司济南分行、广发银行股份有限公司济南分行、中国太平洋财产保险股份有限公司山东分公司、山东省企业融资担保有限公司等重大诉讼案件，累计涉案标的额数十亿元。

董玉堂律师，2017年6月毕业于华东政法大学，获硕士学位，现为山东博翰源律师事务所专职律师。董律师擅长合同、金融保险、信托、建设工程等民商事领域的诉讼与非诉业务，具备证券从业资格、基金从业资格；先后为山东省国际信托股份有限公司、山东省企业融资担保公司、渤海银行股份有限公司济南分行、中信银行股份有限公司济南分行、中国银行股份有限公司山东省分行、华夏人寿保险股份有限公司山东分公司、新华人寿保险股份有限公司山东分公司等十几家企业提供法律服务。

济南十二家供销社与某银行财务挂账确认纠纷案

案情简介

济南十二家供销社自1960年至2016年在某银行的财务挂账本金2140余万元。济南分行将该笔财务挂账本息累计1亿多元按照不良贷款进行组包，通过山东产权交易中心公示，以172余万元转让给顺迪公司，顺迪公司按照普通债权向社会不特定人进行转让，案外人济玉公司等受让后，向济南十二家供销社主张本息1亿多元。济南十二家供销社向济南中院起诉济南分行等四被告，要求确认该资产包的2140余万元为财务挂账并确认转让合同无效。济南中院民事裁定认定该资产包的2140余万元的政策性财务挂账，以财务挂账不是普通债权不予审理合同效力；被告历城某支行与济南分行上诉要求依法认定2140余万元非财务挂账，山东高院裁定维持一审裁定结果。

目前，案外人济玉公司与历城某支行均向最高人民法院申请再审。山东博翰源律师事务所杜鹃、刘昌君、张岳三位律师代理济南十二家供销社应诉，目前该案尚在审理中。

代理意见

审判长、审判员：

作为济南十二家供销社的代理人，结合本案的举证与质证，对这笔跨越半个世纪的财务挂账，历经三级法院的审理，依据本案已经查明的客观事实，发表代理意见。

首先，对涉案财务挂账形成的背景简要说明。20世纪的60～90年代计划经济时期,供销社系统承担着农业生产资料(如代储化肥,农用柴油,机油,煤油,农药,防旱、抗灾、防汛物资,棉花收储及农副产品收购)与“120”商品(即120种政府指令降价商品)等部分生活资料等物资的储备、平抑物价、接受政府的无偿拆迁等社会公共义务形成的损失等。济南十二家供销社企业作为供销社系统基层单位,当时承担着农业生产资料和生活资料的社会供给的主要任务。济南十二家供销社因上述原因形成累积挂账,根据历城财企字〔2004〕7号《关于历城区供销合作社分解落实财务挂账的报告》在2004年已核复为财务挂账。2016年9月6日,历城某支行与济南分行将44户不良贷款进行组包,通过山东产权交易中心公示,该44户债权包由顺迪公司以172余万元受让。该44户债权包中包含济南十二家供销社企业的财务挂账本金2140余万元及利息,已流转给社会不特定人,他们提供诉讼与委托社会不特定人员向济南十二家供销社主张1亿多元的本息。为此,济南十二家供销社请求依法确认历城某支行等对外转让的债权为财务挂账,系非法转让。

其次,围绕本案争议焦点,归纳主要代理意见如下:

1.济南十二家供销社对财务挂账所占用的贷款资金能够整体解决事宜,寻求政府支持的相关情况。

财务挂账是特定历史背景下,供销社承担计划经济任务形成的。政府各部门近年来陆续在出台相应的政策、文件,以消化、解决财务挂账。

(1)济南十二家供销社是基层供销社,一直担负着为“三农”服务的社会职责,其主要的资产为国家划拨性质的土地使用权及其地上建筑物,依据《国有资产产权界定和产权纠纷处理暂行办法》第十至十一条之规定,供销社作为集体企业“由国家拨入的资本金(含资金或者实物)界定为国有资产”,故济南十二家供销社的优质社有资产为国有资产。济南十二家供销社共同的上级主管单位——历城供销联合社,系财政拨款的事业单位。

(2)某银行山东省分行与山东省供销合作社联合社于2017年12月19日共同出台的〔2017〕44号文件:《关于认真核查上报财务挂账有关情况的通知》中载明:对尚未打包剥离金融机构的供销社财务挂账,将政策性和经营性财务挂账合并通盘考虑,集中解决挂账本金,供销社系统整体打包,原则上按照不高于8%的偿付比例,一次性化解;对已打包剥离的金融机构财务挂账,仍留存在国有资产管理公司的债务包,由当地政府协调,供销社原则上按照不高于8%的偿付比例回购;对已经出售给其他社会经济组织或个人的债务包,由当地政府协调,国有资产管理公司、购买方、供销社共同协商,予以回购。山东省财政厅对全省没有打包处置的财务挂账所占用的贷款资金,陆续按照贷款本金5%左右的比例,由山东省供销社统一用省财政资金支付银行贷款债权。济南十二家供销社在2017年11月20日共同由上级部门历城供销联合社向山东省供销合作社申报《供销社在某银行财务挂账情况核查表》，将某银行已打包处置给国有资产管理公司的财务挂账2140.26万元上报给山东省供销社。

(3)在本案一审诉讼期间，济南市历城区人民政府于2018年7月26日向济南市中级人民法院出具《关于解决历城区供销系统财务挂账问题的函》，明确“供销系统财务挂账是严格按照国家政策确认的，解决处理权在各级人民政府，市某银行无权处置。其擅自打包处理的做法，违反了国家关于供销社财务挂账的政策规定……由于市某银行的违规处置，包含违规计息在内的1.36亿元某银行债权已在社会上被拍卖流转了多次……如果任由此违规拍卖行为发展下去，我区供销系统将因上亿元社有资产流失而面临全面崩塌”等对济南十二家供销社的财务挂账提出客观的解决意见。

(4)2019年4月12日，历城供销联合社以济历城供销字〔2019〕2号《关于历史性财务挂账目前处理情况的专题汇报》的文件形式向时任历城区委书记吴承丙汇报“下一步工作打算”，即“依据省政府2017年第112期常务会议纪要精神和省高院裁定，区供销社将积极与某银行对接，尽快制定《历城区供销社财务挂账处理方案》”等切实可行的方案。

另外，在得知济南分行将财务挂账所占用的贷款资金债权打包转让给顺迪公司后，历城供销联合社与历城某支行协商回购，历城某支行认为是其上级行济南市分行错误打包，并于2016年11月底派专车、派专员韩某、董某等与历城供销联合社的朱主任、杜科长等人一起去顺迪公司、市国资委等，共同协商回购事宜。尽管顺迪公司因借通道的方成公司不同意回购致协商未果，但历城某支行派员前往顺迪公司协商是认识到打包整体转让济南十二家供销社的财务挂账所占用的贷款资金是错误行为，并积极配合的改进举措。

2.济南十二家供销社的经营性财务挂账是财务挂账的组成部分，国家对财务挂账相关的政策包括对经营性的财务挂账打包整体解决。

涉案的济南十二家供销社财务挂账所占用某银行贷款，是当初经过国家确认的财务挂账4122.8万元，经过逐年改制或兼并剩余的一部分。2004年5月25日，历城财企字〔2004〕7号依据济南市确定的核复数对辖区供销社财务挂账逐户、逐项进行了分解落实，其中的《财务挂账分解落实结果分户表》就是对中央政策性、地方政策性与经营性财务挂账都有一一对应。历城某支行如果执行了财建〔2002〕255号文件对济南十二家供销社的财务挂账实行挂账专户管理，落实历城某支行盖章确认过的历城财企字〔2004〕7号文件，就不应向济南十二家供销社主张具体数额，也不应如其《再审申请书》第7页所述“自始至终按照一般商业贷款对待处理”。

诚然，经营性财务挂账由企业自有资金自行消化。财建〔2002〕255号文件“六、经营性财务挂账处理……逐年自行消化解决。各地有关部门要督促企业制定消化计划，采取切实措施，确保尽快消化经营性财务挂账”中明确规定，即使是经营性财务挂账，也是在政府有关部门的指导与督促下逐年解决，也不能按照一般商业贷款处理；该文件“八、各地有关部门和企业要切实做好供销社财务挂账分解落实和消化处理挂账，不得随意调整债权、债务关系”之规定的“财务挂账”就包含了经营性财务挂账。历城某支行与济南分行打包处置济南十二家供销社的财务挂账包括经营性财务挂账都是违规的。

济南十二家供销社主张不应按照普通债权整体打包转让，从未主张“合同的债务人是政府”，故历城某支行所引用的案例与本案无关；至于历城某支行诉唐王供销社归还贷款本息得到法院判决支持的案例，不能因为历城法院曾将财务挂账所占用某银行贷款资金按照普通债权处理过，按照既有判决“一条道走到黑”的思路是缺乏面对案情真相的勇气。历城某支行把财务挂账占用的贷款资金不设专户，按照一般商业贷款处理系不执行其盖章确认过的历城财企字〔2004〕7号文件规定，且自2004年5月25日确定涉案贷款由财务挂账占用至今十五多年来从未执行该文件，给济南十二家供销社造成诸多讼累等严重后果。

〔2017〕44号文件《关于认真核查上报财务挂账有关情况的通知》也是对政策性与经营性挂账打包整体解决，通过44号文可以看出，政府不允许变更债权债务关系，擅自将财务挂账的债务包出售，政府认可的财务挂账的唯一处理方式就是财务挂账合并、集中解决，由供销社回购。

3.济南分行对济南十二家供销社的财务挂账所占用贷款资金按照一般商业贷款对待处理是错误的，其单方否定和隐瞒财务挂账行为及其与案外人串通行为，均涉嫌民事欺诈，其整体打包按照普通债权处置财务挂账占用的贷款资金行为应依法认定为无效行为。

(1)历城某支行与济南分行的隐瞒行为：在2016年9月打包整体转让涉案财务挂账时，刻意隐瞒济南十二家供销社和历城供销联合社。从历城某支行持续向济南十二家供销社送达《催收归还本息通知书》等行为可见，某银行通知济南十二家供销社与历城供销联合社的联系渠道畅通。能够通知而不通知即为隐瞒。

(2)济南分行与案外人方成公司串通，以顺迪公司为通道，是济南分行自认的行为，济南十二家供销社不再重复阐明。

(3)本次的再审申请，历城某支行于2019年9月20日的《民事再审申请书》是案外人济玉公司于2019年8月10日的《案外人再审申请书》的翻版，历城某支行与济玉公司的申请事由、具体事实与理由如出一辙，济南十二家供销社不相信这是巧合。方成公司尽管没有在涉案的所有诉讼中成为任何一方当事人，但在济南中院以〔2017〕鲁01民终2077号民事裁定书结案前的调解中，历城某支行邀请方成公司法律顾问孙律师到济南中院主持的调解会上参与调解过。案外人方成公司时隐时现，历城某支行与济南分行掩耳盗铃，企图撇清其与案外人有恶意串通的行为，涉嫌对庄严法庭隐瞒实情。

鉴于济南十二家供销社在2004年财务挂账得到核复之前，先后都与历城某支行对贷款资金用市价累计超过1亿元优质资产做过抵押，而某银行却将正常经营的济南十二家供销社在山东产权交易中心平台上虚报为“关停”状态，济南十二家供销社难以相信这是巧合或者误会。结合济南分行关于案外人方成公司借助顺迪公司为通道的情况，济南十二家供销社有理由相信济南分行故意在〔2017〕44号文施行之前将济南十二家供销社的财务挂账所占用的贷款资金以极低价格对外转让，最终是帮助个别民营公司获得济南十二家供销社优质的1亿多元资产。依据《民法总则》第一百五十四条关于“行为人与相对人恶意串通，损害他人合法权益的民事法律行为无效”之规定与《合同法》第五十二条第(一)至(四)之情形，济南分行整体打包按照普通债权处置财务挂账占用的贷款资金行为应依法认定为无效行为。

〔2017〕44号文施行后，结合本案的实际情况，济南十二家供销社主张：案外人济玉公司等可将济南十二家供销社的债权直接或者通过层层返还的方式归还给济南分行，由历城某支行与济南十二家供销社共同执行〔2017〕44号文件，将财务挂账打包整体解决。

党中央、国务院及相关政府部门对供销社出台的相关政策既符合客观事实又在情理之中，若历城某支行和案外人的恶意串通、非法交易行为得逞，不仅会无情地将政府对供销社系统的这一系列政策化为乌有，更会导致国有资产严重流失，乃至济南十二家供销社被迫面临着真正“关停”的严重后果。济南十二家供销社作为基层社，是为“三农”服务的最前沿的基层单位，担负着落实习近平总书记关于“为乡村振兴战略提供全方位制度性供给”的神圣使命，决不会允许历城某支行和济南分行与案外人恶意串通、利用欺诈手段损害济南十二家供销社的合法权益。

最后，我们再次代理济南十二家供销社共同恳请：合议庭综合考虑济南十二家供销社的举证与质证意见，结合本案客观事实与历史由来，依法驳回历城某支行与案外人济玉公司的再审请求。

代理人：刘昌君　杜　鹃

2020年3月3日

作者简介

刘昌君律师,1988年毕业于山东大学,法学学士学位。现为山东博翰源律师事务所高级合伙人、副主任,一级律师。兼任济南仲裁委与青岛仲裁委仲裁员,曾历任山东省律师协会与济南市律师协会知识产权委员会副主任,山东省优秀律师,山东省人民政府法律专家库第一、二、三届成员,山东省高级人民法院特邀调解员等。刘律师擅长城建房地产、知识产权、合同等商事的诉讼与非诉讼法律业务。从业30年来,刘律师先后为200余家企事业单位与政府机关担任法律顾问与代理案件,均有效地维护了委托人的合法权益。刘律师的《浅析依法平衡商标权与字号权的冲突》《适用等同原则判定专利侵权的误区及建议》等十余篇论文先后获得济南市律协与山东省律协一、二、三等奖;参与《诉讼理论与实践》《讲案析理——济南律师案例选》等书的编委工作;2014年出版专著《案·理》。

某区政府与某置业公司委托合同纠纷案

案情简介

关于某区政府与某置业公司委托合同纠纷案，是一起土地熟化投资人某置业公司退出某村旧村项目后，要求某区政府返还其投入的土地熟化资金而引发的案件。

A公司与某村委会签订《某旧村改造项目合作协议书》，成立项目公司某置业公司。2007年，某村委会、某置业公司、某镇政府、区旧村改造领导小组签订《某旧村改造项目宗地熟化事项委托协议》，某置业公司参与项目土地熟化工作。2008年，某置业公司参加项目宗地招拍挂并缴纳了8000万元竞买保证金，取得唯一竞买人资格。2008年9月26日，《关于三市调整征地地面附着物和青苗补偿标准的批复》(鲁价费发〔2008〕178号)发布。征地补偿标准与此前适用的市政府204号文相比较，有了较大幅度的提高。之后，某置业公司多次以补偿标准调整、资金紧张为由向市土地局等提交申请退回8000万元保证金，决定退出竞投。2010年，市某局同意某置业公司退出竞买，终止挂牌出让活动。2012年，某置业公司和某村委会委托的某会计师事务所出具《某旧村改造项目土地熟化前期投入成本测算专项审计报告》，载明：某置业公司前期投入成本共计11,897万元。2013年5月9日，某置业公司与区中心城城中村改造工作领导小组办公室签订《某城中村改造项目资料移交协议》《某城中村改造项目备忘录》。《移交协议》载明："……据此某置业公司与某村委会于2012年12月17日委托某会计师事务所有限公司确认某置业公司前期投入成本计11,897万元。协议双方确认上述投入成本，并报请市城中村改造领导小组审批后返还。"

博翰源理

某置业公司以区政府为被告在市中院提起诉讼，以上述《移交协议》和《审计报告》作为主要证据，诉请区政府支付其前期投入成本11,897万元及利息（暂计2146万元）。市中院一审判决区政府返还某置业公司土地熟化费用11,897万元并支付利息，本息合计约1.4亿余元。一审判决后，区政府向省高院提起上诉。省高院作出二审裁定，撤销市中院一审判决，发回重审。经过市中院重审一审、省高院重审二审，最终判决区政府返还某置业公司前期投入成本904万元及税后利润319万元（合计1223万元）及相应利息。

代理意见

审判长、审判员：

山东博翰源律师事务所接受某区人民政府（以下简称"区政府"）委托，指派马大山律师担任区政府的诉讼代理人。根据本案原一审、二审及重审一审三个诉讼程序查明的事实，庭审情况和相关法律、法规及政策文件规定，发表如下代理意见：

1.某会计师事务所出具的《某旧村改造项目土地熟化前期投入成本测算专项审计报告》，不能直接作为认定某置业公司前期土地熟化成本的依据。

(1)2013年5月9日，某置业公司移交审计报告之前，区政府和区旧村改造工作领导小组（以下简称"旧改领导小组"）对某会计师事务所的审计根本不知情，未安排某置业公司和某村委会委托某会计师事务所进行审计，未收到某置业公司制作的《关于某旧村改造项目前期投入成本返还的请示》。

①区政府和旧改领导小组并不是《某旧村改造项目土地熟化前期投入成本测算专项审计报告》的委托主体，未参与该审计报告的委托事宜。

②第三人某村委会在重审一审庭审中陈述与某会计师事务所签订的审计委托协议，仅仅是根据某置业公司要求，加盖了某村委会印章，并不是受区政府和旧改领导小组安排。

③区政府和旧改领导小组均未收到过《关于某旧村改造项目前期投入成本返还的请示》。

该请示是某置业公司单方制作的，载明的关于"我公司与某村委会按照区旧改领导小组安排……"的相关内容，仅是某置业公司单方表述，没有任何证据予以印证。某置业公司从未将上述请示向区政府和旧改领导小组提交，区政府和旧改领导小组对该请示并不知情，区政府早在重审一审时提出异议，某置业公司在三个诉讼程序中均没有提交任何证据证明已向区政府和旧改领导小组提交过该请示。因此，该请示根本无法证明区政府和旧改领导小组安排某置业公司和某村委会委托某会计师事务所出具《某旧村改造项目土地熟化前期投入成本测算专项审计报告》。

(2)2013 年 5 月 9 日，办理资料交接时，区政府和旧改领导小组均不具有对涉案土地熟化成本进行确认的权限。土地熟化成本的审核权仍在市级，而并未下放到区级。2015 年 5 月 8 日之后，区政府才具有负责土地成本核算和审核的权限。区政府和旧改领导小组根本不可能对某会计师事务所的审计予以确认。

①2013 年 5 月 9 日的《某城中村改造项目资料移交协议》《某城中村改造项目移交备忘》系因某置业公司无法继续推进涉案某城中村改造项目，向区政府移交相关资料形成的协议，签订协议的目的是为了办理资料移交。

②虽然移交协议第二条记载“协议双方确认上述投入成本并报请市城中村改造领导小组审批后返还”，结合协议名称、目的、上下文内容以及城中村办公室的行政职权，该句话应理解为：旧改领导小组同意按照 11,897 万元上报市城中村改造领导小组审批，根据上级部门的最终审批结果来返还，最终金额显然是不确定的，而不是说要按照 11,897 万元返还。

(3)根据政策文件规定，涉案土地熟化成本的审核、认定属于政府相关部门的行政职权，土地熟化成本必须经过政府有关部门按照规定办事流程审核、认定，对此原二审时，省高院已经作出某民事裁定予以确认。某置业公司主张的 11,897 万元土地熟化成本，是未经任何有关政府部门按照政策文件规定办事流程进行审核、认定的金额。

①根据市中心城城中村改造工作领导小组会议纪要，城村改字〔2013〕2 号：“四、……市某局、财政局负责根据有关政策核定项目熟化成本和经营性用地规模，尽快履行市场化供地程序。”2013 年 5 月 9 日，在签订项目资料移交协议和移交备忘时，区中心城城中村改造工作领导小组办公室以及区政府均不具有政策文件规定的对某置业公司土地熟化成本进行确认的权限，某置业公司土地熟化成本应由市级相关部门最终审定，因此，在项目资料移交协议第二条明确载明：“报请市城中村改造领导小组审批后返还。”

②根据市人民政府办公厅关于进一步调整完善市级国有土地出让收支管理政策的通知，济政办发〔2015〕8 号：“一、(二)坚持提高行政效能、简政放权原则。市级不再具体核算宗地成本与收益，调整为由土地熟化主体负责，进一步提高土地收入分配效能。(三)坚持土地收益最大化原则。土地成本核算和审核均由土地熟化主体负责，不断提升核算和审核精细化水平，努力实现土地收益最大化。”因此，2015 年 5 月 8 日，该政策文件实施之后，区政府才有权负责土

地成本核算和审核的权限。但因涉案土地尚未完成出让，尚不具备政策文件规定的土地成本核算和审核的条件。

③在本案进入原二审和重审一审程序过程中，涉案土地已完成出让，初步具备政策文件规定的土地熟化成本审核、认定的条件。但是，经区政府二次函告，某置业公司却拒不提供前期投入土地熟化成本相关票据原件（庭审中，某置业公司已经确认某会计师事务所用于审计的全部财务账簿、凭证等资料在某置业公司手中持有），导致区政府客观上无法按照政策文件规定的办事流程对涉案土地熟化成本进行审核、认定。土地熟化成本不能审定的责任在某置业公司，应由其承担不利后果。

在某置业公司主动退出涉案土地熟化后，区政府一直积极推动涉案土地的继续熟化和招拍挂工作。2017 年 12 月 28 日，市公共资源交易中心、市某局发布《市国有建设用地使用权网上挂牌出让公告》，包含涉案熟化土地在内的多宗土地在 2018 年 1 月 29 日进行挂牌出让，在土地受让人某某有限公司竞买成交后，区城市更新工作领导小组办公室立即向某置业公司送达了《关于提供某城中村改造项目前期投入土地熟化成本相关票据原件的通知》。某置业公司作出《关于某城中村改造项目有关事项的复函》，以市中院已经作出民事判决为由，拒不提供相关票据原件。在省高院裁定撤销市中院的一审判决以及土地受让人支付了部分土地出让金后，区城市更新工作领导小组办公室再次向某置业公司送达《关于提供某城中村改造项目前期投入土地熟化成本相关票据原件的通知（第二次）》。某置业公司当日作出《关于某城中村改造项目有关事项的复函》，再次拒绝提供相关票据原件。

（4）某会计师事务所未按照鉴证程序，而是按照商定程序出具的《某旧村改造项目土地熟化前期投入成本测算专项审计报告》。从审计报告性质上讲，这不能作为法院审判本案确定区政府应向某置业公司返还土地熟化成本的依据。

根据某会计师事务所出具的《某旧村改造项目土地熟化前期投入成本测算专项审计报告使用范围的说明》，《某旧村改造项目土地熟化前期投入成本测算专项审计报告》属于非鉴证类报告，并不提出鉴证结论。这是依据会计准则《中国注册会计师相关服务准则第 4101 号——对财务信息执行商定程序》出具，仅报告执行的商定程序及其结果，与一般的意义上具有独立性的审计报告完全不同。

根据该准则第三条："会计师事务所执行商定程序业务，仅报告执行的商定程序及其结果，并不提出鉴证结论。"第四条："商定程序业务报告仅限于参与协商确定程序的特定主体使用，以避免不了解商定程序的人对报告产生误解。"第六条："本准则不对商定程序业务提出独立性要求。"某会计师事务所有限公司所出具的《审计报告》是一项执行商定程序业务，是在与某置业公司进行商定后确定，是按照某置业公司的要求出具的，不具有独立性，不能提出任何鉴证结论，仅限于参与协商确定程序的特定主体某置业公司使用，不能作为某置业公司向区政府主张返还前期土地熟化成本依据使用。

根据市公安局区分局经济侦查大队对某会计师事务所股东，同时是《某旧村改造项目土地熟化前期投入成本测算专项审计报告》的签字会计师询问笔录(1)第2页第6行至第10行以及询问笔录(2)第2页第1行至第16行，该审计报告的签字会计师认可按照审计报告商定程序第四条的理解，该审计报告不得作为诉讼中使用。

2. 某置业公司缴纳的剩余竞买保证金2458万元、支付给A公司咨询费1641万元、应支付给B公司房租1517万元、对外支出贷款手续费328万元、支付给C公司顾问费300万元，不应纳入土地熟化前期投入成本。

(1)某置业公司缴纳的剩余竞买保证金2458万元，不应纳入土地熟化前期投入成本，不应由区政府退还，而是应由市政府相关部门依法按程序退还。

①某置业公司与市政府相关部门形成了国有土地使用权出让合同关系。

2008年7月1日，某置业公司向市政府相关部门缴纳了8000万元竞买保证金，取得了唯一竞买人资格。经某置业公司申请，市政府相关部门于2010年6月2日同意某置业公司退出竞买。

②土地竞买保证金返还应严格按照市政府相关部门返还程序进行。

2010年8月5日，市土地储备交易中心给市财政局《关于清退某旧村改造地块竞买保证金的函》中明确载明："由于该公司缴纳的竞买保证金以出让金方式缴入国库。我局以土地成本返还方式将该资金返还区财政局设立的专用账户用于该土地熟化，经与贵局协商，该资金须按照原支付路径返还。目前，旧村改造已发生部分熟化费用，未使用的竞买保证金5541万元返还我中心，现中心将该竞买保证金返还市财政，请贵局收到该资金后为某置业公司办理5541万元竞买保证金清退事宜。剩余竞买保证金待该宗地出让后，再按上述程序返还清退。"按照上述返还程序，市政府相关部门于2010年9月15日退回了某置业公司土地竞买保证金5541万元。

③某置业公司对剩余的竞买保证金退还主体不是区政府以及具体退还程序、退还时间是明知和认可的。

在重审一审质证时，区政府代理律师在某置业公司向法院提交的预算拨款凭证(收款通知)原件中发现两个附件：2010年8月5日，市土地储备交易中心向市财政局出具的《关于清退某旧村改造地块竞买保证金的函》(原件)；2010年9月8日，某置业公司向人民银行国库处出具的《关于申请退回某旧村改造地块竞买保证金的函》。区政府依法将其作为己方证据25向法院提交。《关于清退某旧村改造地块竞买保证金的函》最后一行记载："剩余竞买保证金待该宗地出让后，再按上述程序返还清退。"《关于申请退回某旧村改造地块竞买保证金的函》中记载："目前，旧村改造已发生部分熟化费用，我公司申请先将未使用的竞买保证金5541万元返回我公司，剩余竞买保证金待该宗地出让后，我公司另行申请。"该两份函件足以证实某置业公司对8000万元竞买保证金返还主体是市政府有关部门，而不是区政府明知的。对剩余竞买保证金待该宗地出让后返还时间及另行申请的返还程序是完全认可的。

因此，对于剩余的竞买保证金2458万元，仍应由市政府相关部门依法按程序退还，而不是由区政府退还。

(2)支付给A公司咨询费1641万元，不应纳入土地熟化前期投入成本。

①某置业公司与A公司均属于香港D公司下属的100%控股子公司，属于同一实际控制人控制下的直接关联公司，某置业公司对此也予以认可。

②某置业公司在2008年9月26日新的补偿标准文件下发的前后就知晓了文件内容，从而决定退出涉案项目，然后立即与关联公司A公司签订合同并支付咨询费1641万元，进行利益输送。

2008年9月26日，《关于三市调整征地附着物和青苗补偿标准的批复》(鲁价费发〔2008〕178号)已发布，某置业公司在庭审中，自认在2008年9月26日上述文件下发的前后就知晓了文件内容。某置业公司一直主张是新的补偿标准提高导致其决定退出项目。

2008年9月28日，某置业公司与A公司签订《关于某旧村改造专案策划委托合同书》，明确约定："某置业公司支付预付款之日起5日内，A公司策划工作人员进行实地考察。A公司专案组人员往来项目所在地和香港的交通费用、在项目所在地工作期间的食宿费用以及相关人员的各项补贴等费用(不包含在合同费用内)均由某置业公司承担。"经查询《某改造项目土地熟化前期投入成本测算专项审计报告》，没有任何关于A公司专案组人员来项目所在地进行实地考察相关费用的记载。因此，某置业公司关于合同签订后，A公司便投入了大量的人力、物力开展工作的主张，完全是虚构的。

2008年10月24日，某置业公司向市土地局提交《关于退出某旧村改造项目A、B、C地块国有建设用地使用权竞投的请示》，在该请示中某置业公司明确表示退出涉案项目。

2008年11月18日，某置业公司向A公司支付第一笔咨询费90万美元。

2009年4月23日，某置业公司以"企业本身资金周转困难，资金压力非常大，以解决企业燃眉之急"为由，再次向市国土局申请退出涉案项目竞投。

某置业公司在自身资金如此困难的情况下，却于 2010 年 4 月 21 日再次向 A 公司支付毫无使用价值的 150 万美元的巨额咨询费！

③某置业公司委托 A 公司进行总体开发建设的策划，是针对土地熟化完成后，特别是某置业公司通过挂牌程序取得涉案土地使用权后如何开发建设而做的咨询，并不是关于土地熟化的策划，明显不属于政策文件规定的社会投资人土地熟化成本的范围。在整个诉讼过程中，某置业公司一直拒绝提供其与 A 公司之间的咨询协议原件，退一步讲，即使某置业公司能够提供该委托协议原件，其与本案诉争的土地熟化成本根本无任何关系，不应列入土地熟化成本，应由某置业公司自行承担。某置业公司在原一审、二审及发回重审过程中，一直拒不提交委托协议原件，进一步印证以上观点。

④某置业公司在原一审法庭审理笔录第 13 页第 9～19 行中已经自认其与 A 公司签订的《关于某旧村改造专案策划委托合同书》不属于《某旧村改造项目宗地熟化事项委托协议》约定的委托事项，亦未向区政府移交咨询成果(该咨询成果仍在某置业公司手中且当庭出示过)。

(3)应支付给 B 公司的租金 1517 万元，不应纳入土地熟化前期投入成本。

①从税务部门调取的某置业公司和 B 公司资产负债表及损益表证明，某置业公司没有应付 1440 万租金的记载，B 公司亦没有应收 1440 万租金的记载。2012 年 10 月 9 日 B 公司的资产负债表证明，该表截止日期为 2012 年 9 月 30 日，B 应收账款为零，其他应收款 178 万元，固定资产原值为 30 万元，净额 18021 元，在建工程为零，该系列数据证明某置业公司关于涉案租赁房屋是B公司建造并向其出租的主张，是不成立的。某置业公司应付 B 公司租金 1440 万元，在两个公司税务报表应付款、应收款科目中均无记载和体现。

②某置业公司及 B 公司的工商登记材料中的房屋证明均显示其住所地某路 11 号办公楼，是由村委会无偿向其提供作为办公楼使用的。因此，某置业公司主张在成立后便租用 B 公司建设的三层售楼处内办公，也是不成立的。

③某置业公司提交的《办公用房租赁情况说明》，自称租赁房屋是 B 公司建设，建筑面积 4228.44 平方米，两家公司均在此办公。但计算应付租金 1440 万元时，却按全部建筑面积 4228.44 平方米计算，且租金单价高达 2 元(远远超出当时正常的租金市场价格)，难道作为出租人的 B 公司在以天价将房屋出租给某置业公司后，再免费使用某置业公司租赁的房屋吗？

④从记账时间和处理方式上来看存在重大造假嫌疑，审计报告显示，在 2007 年 11 月至 2011 年 12 月，上述应付房租均是在每年度的最后一天，即每年度 12 月 31 日记载应付 B 公司房租，2012 年度(出具审计报告的年度)1～9 月份则是按季度(3、6、9 月的最后一天)记载应付 B 公司房租。

⑤同支付给A公司咨询费一样，1440万元应付房租未提供房屋租赁合同原件。

⑥某置业公司与B公司属于同一实际控制人控制下的直接关联企业，具备串通的客观条件。

⑦在长达四年多的时间里，某置业公司从未向B公司支付过一分钱，而且根据重审一审时调取的证据显示，B公司所谓的“出租”土地在被政府回购以后，仍然继续计算“租金”，显然是二者相互串通，造假！

(4)对外支出贷款手续费328万元、支付给C公司顾问费300万元，不应纳入土地熟化前期投入成本。

①贷款手续费328万元、代付顾问费300万元与某置业公司代村委会支付土地及相关投入2314万元以及其向拆迁指挥部转账2.45亿元之间没有任何关联性。

从发生时间上看，手续费328万元和代付顾问费300万元分别发生在2009年4月24日和2009年11月30日。某置业公司提交的证据显示，向村委会拆迁指挥部转账2.45亿元发生的时间是在2008年8月22日，代村委会支付土地及相关投入2314万元发生在2005年4月至2009年10月23日。因此，从时间上看，贷款手续费和代付顾问费发生时间均晚于向拆迁指挥部转账2.45亿元和代村委会支付土地及土地相关投入2314万元的时间一年以上，明显是没有任何关联性，是虚假的。

从记账日期和形式上看，该两笔费用均是在2009年12月31日，在最后一个计账日进行补记的！均不是按照正常的发生日期进行记账，明显是作假！

另外，关于上述“拆迁指挥部”是谁成立的？区政府在原一审程序时就提出了异议，主审法官也要求某置业公司提供证据予以证明，但在三个诉讼程序中，某置业公司始终未提供任何证据予以证明。

②贷款手续费328万元、代付顾问费300万元与涉案项目没有关联性。

贷款手续费328万元和代付顾问费300万元是在某置业公司申请退出涉案土地熟化项目之后发生。既然某置业公司已经判定项目无法进行，多次申请退回竞买保证金和退出涉案土地熟化项目，且实质早已停止土地熟化，为何会发生如此巨额的手续费和代付顾问费？显然，该两笔费用与涉案项目没有关联性，并不是因涉案项目发生的，而是某置业公司与其关联公司C公司虚构的。

③从资金性质上看，贷款手续费328万元、代付顾问费300万元是某置业公司自己的融资成本，不应由区政府承担。

假设贷款手续费和代付顾问费是真实存在的，从资金性质上看，该两笔资金应属于作为社会投资人的某置业公司自身应当承担的企业融资成本。否则，政府既然能直接融资，何必要引入社会资本？显然，将社会投资人的融资成本纳入土地熟化成本与政策本意不符，更没有任何依据。

④对于贷款手续费328万元、代付顾问费300万元，某置业公司至今没有提供相关合同、发票、转账凭证，亦无法合理说明贷款手续费具体产生的原因、实际用途等，且为同属于香港D公司下属的两关联公司之间的资金往来，这个更加印证是虚假的。

根据常理，银行发放贷款不可能收取高达328万元的贷款手续费，更不会收取300万元顾问费。除某会计师事务所出具的审计报告记载外，没有其他任何合法、有效证据予以佐证，且某置业公司与C公司均属于香港D公司的100%控股子公司，实际控制人均为同一人，两公司属于关联公司，对于C公司代某置业公司付顾问费300万元及贷款手续费328万元更加存在虚构的重大嫌疑。

⑤某置业公司本身就是C公司为开发涉案项目设立的项目公司，C公司为某置业公司代付顾问费300万元，极其不正常。对于是否存在该笔顾问费？是否真实的代付？均存在虚构的嫌疑。

2005年4月12日，甲方村委会与乙方C公司签订《某旧村改造项目合作协议书》。协议书第六条第（二）项约定："甲乙双方同意成立'某置业公司'（以下简称'合作公司'）开发本协议项下的全部合作项目。合作公司的注册资本暂定为5000万元人民币，注册资本全部由乙方负责出资，乙方拥有合作公司100%的股权，甲方不出资不拥有股权，在经营期间所发生的债权债务由乙方全部承担。"2005年6月6日，C公司为了实施涉案土地熟化项目，注册设立的某置业公司。

3.区政府不应承担某置业公司利息。

（1）根据市政策文件规定，返还土地熟化投资人垫付的土地熟化费用应在完成土地招拍挂、且土地竞买人支付土地出让金之后进行。2016年9月27日某置业公司起诉时，涉案熟化土地没有进行出让，某置业公司垫付的土地熟化费用不具备政策规定的返还条件。更不存在因不返还土地熟化费用而产生和计算利息的问题。一审法院判决从2016年9月27日某置业公司起诉之日起计算利息，没有事实和法律依据。

①某置业公司主动退出涉案土地熟化。其分别于2008年10月24日和2009年4月23日，向市国土部门致函，请求退出某旧村改造项目A、B、C地块国有建设用地使用权竞投，2010年6月2日，市某局复函，同意其退出。

②根据市政策文件规定，返还土地熟化投资人垫付的土地熟化费用应在完成土地招拍挂且土地竞买人支付土地出让金之后进行。

《关于进一步规范棚户区改造中经营性用地土地熟化和挂牌出让工作的通知》(某旧改发〔2010〕5号)规定:"一、(四)土地熟化投资人资格不得转让。土地熟化投资人主动退出熟化的,取消其竞买资格,市某局按照本通知要求重新组织土地熟化投资人资格征集工作,或由土地熟化主体自行完成后续土地熟化工作。待土地出让完成后退还前期土地熟化投资人缴纳的土地熟化费用本金,不计利息。"

《某市人民政府关于规范社会资金参与土地熟化工作的意见》(某政字〔2015〕12号)规定:"土地熟化投资人因自身原因终止土地熟化项目投资的,待熟化地块出让后返还其前期投入资金本金,不计利息,不给予投资回报。"

(2)因某置业公司原因造成区政府无法按照政策规定对土地熟化成本进行审核,应由其承担不利后果。

在本案进入二审和发回重审一审程序过程中,涉案土地已完成出让,初步具备政策文件规定的土地熟化成本审核、认定的条件时,区政府积极作为,连续两次函告某置业公司,其故意拒不提供前期投入土地熟化成本相关票据原件(庭审中,某置业公司已经确认某会计师事务所用于审计的全部财务账簿、凭证等资料在其手中持有),导致区政府客观上无法按照政策文件规定的办事流程对涉案土地熟化成本进行审核、认定。土地熟化成本不能审定的责任在某置业公司,应由其承担不利后果。

综上所述,某会计师事务所出具的《某旧村改造项目土地熟化前期投入成本测算专项审计报告》,不能直接作为认定某置业公司前期土地熟化成本的依据。某置业公司缴纳的剩余竞买保证金2458万元、支付给A公司咨询费1641.61万元、应支付给B公司房租1517万元、对外支出贷款手续费328万元、支付给C公司顾问费300万元,不应纳入土地熟化前期投入成本。区政府不应承担某置业公司利息。

以上代理意见,供合议庭参考采纳。

代理人:马大山

2020年3月28日

作者简介

马大山律师，2007年毕业于山东工商学院，获法学与管理学双学位。山东博翰源律师事务所合伙人。任司法部法律援助案件（刑事）质量评估专家律师、全国律协青年律师领军人才、山东省人大常委会立法听证会陈述人、山东省人民检察院人民监督员、山东省高级人民法院代理申诉值班律师、山东省优秀挂职律师（挂职历下区司法局局长助理）、济南市青年联合会第十二届委员会委员、济南市中级人民法院特邀调解员、济南市律师调解中心副主任，被评为济南市司法行政系统“十佳青年”、济南市“优秀青年律师”。

马律师从事法律工作十余年，善于解决重大疑难纠纷案件。近些年专注于省两高案件的研究和办理，在山东省高级人民法院和山东省人民检察院成功办理了几十件重大案件，积累了宝贵且丰富的省高院二审、再审和省检院民行抗诉办案经验，最大限度地维护了当事人合法权益，维护了公平、正义，实现了良好的政治效果、社会效果和法律效果的有机统一。

某公司与刘某劳动争议纠纷案

案情简介

在某公司与刘某劳动争议案件中，刘某主张认定其为全日制用工，并要求某公司承担相应责任。博翰源律师张岳代理某公司，经过质证、辩论、发表代理意见证明公司与刘某并非全日制用工关系。最终，济南中院二审认定公司与刘某属于非全日制用工关系，判决驳回刘某上诉请求，维持原判。

代理意见

审判长、审判员：

某公司与刘某劳动争议案件经过庭审质证、辩论，某公司代理人发表如下意见，望合议庭采纳。

1. 如果法院参照是否已享受养老保险待遇作为认定劳动关系的标准，公司与刘某也是非全日制用工关系。

（1）工作时间是认定非全日制用工的本质特征。

《劳动合同法》第六十八条规定，非全日制用工是指劳动者在同一用人单位一般平均每日工作时间不超过四小时，每周工作时间累计不超过二十四小时的用工形式。通过非全日制用工的定义能够看出，工作时间是判断非全日制用工的唯一标准。除2016年的部分视频外，公司还提交了2019年6月连续的长达近一个月的视频，这些监控视频足以证明刘某日常的工作时间平均不超过三个小时，符合非全日制用工的本质特征。

（2）刘某提出非全日制用工应当签订书面劳动合同、缴纳养老保险等，以此否定非全日制用工没有法律依据。

《劳动合同法》第六十九条规定，非全日制用工双方当事人可以订立口头协议。2010 年《社会保险法》第十条第二款规定，未在用人单位参加基本养老保险的非全日制从业人员以及其他灵活就业人员可以参加基本养老保险，由个人缴纳基本养老保险费。

按月发放工资也不能单独作为认定全日制用工的标准，在《劳动和社会保障部关于非全日制用工若干问题的意见》（劳社部发〔2003〕12 号）第九条规定，非全日制用工的工资支付可以按小时、日、周或月为单位结算。所以，工资结算周期只是工资发放形式，如果结算周期超过法律规定，员工可以通过劳动监察予以纠正，不能凭结算周期就反推为全日制用工。

综上，结合公司提交的历年考勤记录间接证明刘某不参与公司对全日制用工劳动者的日常考勤，刘某从入职至离职工作岗位未发生过变化，因此能够证实其为非全日制用工。

2. 上诉人主张的诉求均没有事实及法律依据。

公司支付的劳动报酬均高于济南市当年每小时最低工资标准，上诉人以月工资标准主张权利没有依据，且其提交的工资明细也与实际发放数额不符；《劳动合同法》第七十一条规定，非全日制用工双方当事人任何一方都可以随时通知对方终止用工。终止用工，用人单位不向劳动者支付经济补偿，所以公司不构成违法解除；国务院法制办对《关于〈职工带薪年休假条例〉有关问题的请示》的复函（国法秘政函〔2009〕5 号）第二条明确规定：享受带薪年休假的劳动者为全日制用工劳动者。刘某不享有带薪年假待遇，诉求也超过了仲裁时效。刘某主张退休待遇，但未举证保险不能补办造成了损失，所以不属于人民法院的受理范围。而且根据公司了解，刘某自入职后，即 2010 年起自行投保新农合，年满 60 岁时可以领取养老金待遇，其也不存在任何损失。

双方长达 10 年的非全日制用工关系中，公司对上诉人照顾有加，保洁人员不仅有各项福利待遇，年终还有奖金，从未侵害过刘某的利益。但上诉人却将公司的照顾作为公司的过错（上诉人代理人竟然提出有年终奖就是全日制用工）向公司主张更多的利益，在法理和情理上都是不能成立的。请求合议庭考虑代理人的意见，望予以采纳。

代理人：张　岳　公真真（实习）

2020 年 4 月 22 日

作者简介

公真真律师，中共党员，2012 年毕业于海南大学法学院，获法学学士学位。2020 年度为山东博翰源律师事务所实习律师。具有证券从业资格，基金从业资格。曾在主板和创业板上市公司、私募股权投资基金从事风控等非诉业务工作，参与上市公司并购重组、再融资、对外投资等项目；熟悉私募基金投资、管理、退出的相关业务，熟悉投资架构设计和项目尽调等工作，参与地产、新能源汽车、化工、医药、不良资产等多个行业的股权和债权投资，具有丰富的项目实践经验。

F 银行山东分行房屋清收发回重审案

案情简介

王某系 N 银行山东省分行(以下称“N 行山东分行”)下属单位 N 行干部培训学校(以下称“N 行干校”)职工,1994 年 11 月分配到 N 行干校建设的一幢五层住宅楼内的住房一套。1997 年王某离职后又到其他单位任职,但占用的房屋一直没有腾退。1994 年 7 月,中国人民银行决定组建 F 银行山东省分行(以下称“F 行山东分行”),将 N 行干校建设的包括住宅楼在内的资产全部划转给 F 行山东分行,由 N 行山东分行同 F 行山东分行于 1995 年 7 月前办理了资产交接。住宅楼随同其他不动产一并由 F 行山东分行办理了不动产所有权登记。双方办理资产交接后,住宅楼内的王某等近二十户仍长期居住,拒绝腾房,要求 F 行山东分行为其办理房改。F 行山东分行不予同意,并要求王某等将房屋腾空交还。2019 年,F 行山东分行委托博翰源律师事务所办理房屋清收专项法律服务工作。

博翰源律师为此组成专项工作组,代理 F 行山东分行以房屋所有权人身份提起返还原物的诉讼。一审法院认为属于两单位之间因内部分房而引发的房产纠纷,根据最高人民法院司法解释规定,不属于人民法院受理范围,裁定驳回 F 行山东分行的起诉。济南中院终审裁定撤销一审裁决,依法将该批案件发回指定一审法院依法受理。

代理意见

尊敬的审判长、合议庭：

山东博翰源律师事务所依法接受F银行山东省分行委托，指派我们作为委托人与被告王某原物返还纠纷案件一审诉讼代理人。根据本案事实和相关法律规定，提出如下代理意见。

1.被告占用原告所有的3单元102室，属于原被告之间作为相互平等、独立的民事主体之间就物权法律关系，不属于最高人民法院《关于房地产管件受理问题的通知》第三条所指的内部分房问题、因行政指令而调整划拨、机构撤并分合等引起房地产纠纷，人民法院应依法受理。

(1)被告与原告从无隶属关系或管理关系，双方之间属法律上平等的民事主体，在涉案房产物权问题上的纠纷，不是“因单位内部建房、分房而引起的占房、腾房纠纷”。

(2)原告与被告之间不属于“因行政指令而调整划拨、机构撤并分合等引起的房地产纠纷”。

①涉案房产由中国人民银行作为固定资产从N行山东分行划转、交付给原告，N行山东分行对原告对于房产的所有权并无争议。

涉案房产于1995年由N行山东分行根据中国人民银行的指令交接给原告，1998年办理房产所有权初始登记。原告与N行山东分行之间划转资产已签署固定资产交接备忘录，原告已实际接收并进行了物业、保安、供电设施等事项的管理，对原住户进行了多次清收。

原告的《交接单》显示，两单位已办理涉案房产交接，《固定资产移交清单》移交的固定资产包括涉案的房产在内，是双方单位完成房屋交接的移交完成证明文件。

原告的《公证书》证实已清收房屋的情况及原告先后多次清收房屋。原告证据4、证据5证明原告实际接收房屋，并进行电力设施改造、保安管理等行使所有权人的权利。

即使N行干校在撤销前、资产划转前曾允许被告使用，但被告始终未取得房屋所有权，原告取得房屋所有权后，被告理应将涉案房屋腾退交付原告。至于被告同原所属单位N行、N行干校之间的关于住房政策、补偿等问题，应由其双方另行解决。

②原告系中国人民银行组建的政策性银行的F行的省级分支机构，唯一出资股东是国务院。N行是商业银行，现为股份有限公司，出资股东包括中央汇金公司、财政部和其他股东。原告与N行山东分行相互间不存在分立、管理、调

整划拨、机构撤并关系。因此，本案并不属于被告所主张的机构分立产生的房地产纠纷。

（3）如果法院不依法受理本案，将造成涉案房产作为巨额国有资产被无偿占用而无解决途径，形成国有资产流失。

2. 被告辩称3单元102室系其原工作单位N行干校曾准许其在此居住，其当时属于合法占有，故现仍有权居住，仍可以对抗原告的所有权，这一理由不成立。

（1）N行干校是银行内部教学、培训办公场所。即便原N行干校为了教学工作方便提供给教职工临时居住，也并非被告所说的传统意义上的“福利分房”。

（2）被告所持文书上载明“只限本人使用，不得转让子女、亲属及他人居住”。我国公房租赁政策中所规定的“公房承租”并不限本人使用，而是同住亲属也可使用甚至本人身后同住亲属仍可继续承租，要按照国家规定的标准缴纳租金。证明文书并不符合上述特征，不是被告主张的福利分房凭证，不具有形成公房承租关系的效力。

（3）被告系基于N行干校职工身份而居住，其当时的居住权利依附于N行干校对房屋享有的权利。N行干校撤销后，房产已由N行山东分行交付、划转给原告，原告办理所有权初始登记。此后，N行山东分行现对涉案房产已不享有所有权，被告仍长期占用房屋，已丧失合法依据。

（4）被告答辩中所称“依据《物权法》第二百四十五条，主张占有物返还的，应当就占有人系非法占有事实承担举证责任”，这里援引法条明显错误。《物权法》第二百四十五条规定的原文是“占有的不动产或者动产被侵占的，占有人有权请求返还原物”，并不涉及举证责任的内容。原告已提交房产权属证明就完成举证责任。《物权法》第三十四条规定，无权占有不动产或者动产的，权利人可以请求返还原物，原告要求腾房，完全符合法律规定。

（5）所有权作为对世权，原告可以对抗包括被告及N行山东分行在内的所有民事主体。

我国实行严格的物权法定制度，任何人不得在法律规定以外设定物权。《物权法》第九条第一款规定，不动产物权的设立、变更、转让和消灭，经依法登记，发生效力，未经登记，不发生效力，但法律另有规定的除外。第三十九条规定，所有权人对自己的不动产或者动产，依法享有占有、使用、收益和处分的权利。原告是房产所有权人，被告未经原告同意占用原告的房产且拒不腾退，原告有权依据物权法规定通过诉讼解决。

被告辩称曾经享有的居住权利，不能对原告不动产所有权的权能形成合法限制，更不是没有期限的权利。被告现未经所有权人许可、擅自占用涉案房屋且拒不交还，已构成侵权。

3. 被告就 3 单元 102 室提出的主张，不符合国务院和山东省关于房产早已停止实物分房、有关房改政策及未参加房改的一次性补偿问题由职工调入单位解决的规定。

(1)本案房产作为公房，整幢楼并未参加房改出售。房改的前提是产权单位向审批机关提出房改售房申请，取得许可证后，按照政策要求进行资格审查等程序，通过房改主管部门核算、批准并签订公房售房协议缴纳结算款后，才能取得公房所有权，并办理房产所有权登记。本案整幢楼属于办公院区内的房产，所占有土地为教育用地，并未经产权人申请房改并取得相关许可，被告要求就占用的房产进行房改，不符合房改政策规定。

(2)国务院、山东省在 1998 年就已出台住房分配货币化政策，停止了福利分房政策。停止实物分房后，实行向职工发放住房补贴，以货币分配方式解决职工的住房问题。对于福利分房(公房租赁)，符合房改政策的，按照房改政策审批、结算后，职工可以取得房产所有权并进行所有权登记，转变为私房。没有参加房改的职工，国家给予一次性住房补贴，该补贴由职工调入单位按规定的标准予以解决。

涉案房产没有参加房改，因此被告不能取得涉案房屋的所有权。按有关政策规定，停止分房后，被告按分房货币化政策规定，享有的权益是在原工作单位发放住房补贴。对于其至今没有参加房改的权益问题，按照政策的明确要求，应由其调入单位发放“一次性补贴”。因此，被告应当按照国家政策的明确规定向调入单位主张补偿权益，而不能长期占用原告房产拒不腾退。

4. 被告提出已通过买受方式取得 3 单元 101 室、202 室和 4 单元 201 室三套房产所有权的主张，依法不能成立。

(1)被告三份“收款收据”中显示收款时间为 1995 年 11 月 29 日，这与原告与 N 行干校房产已于 1995 年 7 月就完成房产交接矛盾。并且，被告不能合理说明其将三份收据的资金交付情况。原告向当时 N 行干校会计出纳核实，其均否认出具过该三张收据，也从未收到被告的“售房款”。被告持有的收据的真实性存在重大问题。

原告提交的证据已证实，该收据中记载的 N 行干校会计于 1995 年 11 月前早就不在 N 行干校任职。被告王某也在庭审中承认，1995 年 3 月就已撤销了。被告提交的 1995 年 11 月 29 日“收款收据”从何处、何人取得，又谁经办了其“收款收据”款项的关键事实，不能做出合理说明。我们认为，被告三份“收款收据”来源不合法、不真实，不能作为向 N 行干校主张享有相应民事权利的合法依据，更不能用以对抗作为物权所有权人。

(2)记载的收款人是N行干校，但是没有其双方签署的房产买卖合同，不能证明收据显示的款项是房产出售的全部价款的金额，不足以显示已支付了购买涉案房产的全部对价，不足以对抗原告的所有权。

(3)被告主张N行干校向其出售该三套房产，但房产属于国有资产，并非如私房能够自由买卖，而出售国有资产有严格的法定审批程序。如果被告在3单元101室、202室和4单元201室买受中存在违法私自随意出售、处置国有资产的行为，或因此追究有关人员的法律责任。被告据此主张已取得房产权利并无合法依据。

(4)退一万步讲，被告如与N行干校之间因上述三套公房出售未能取得房产所有权，买卖双方应依法解决，被告可以要求返还购房款等，但不得对抗原告的房屋所有权。

综上，被告关于合法占有涉案房产的主张，违反法律和政策规定，不能成立。被告现占用原告所有的房产拒不腾退，依法构成侵权，应当返还原物，承担相应法律责任。

以上代理意见，请法庭参考。

代理人：王幸福　杨　赟

2020年5月7日

作者简介

王幸福律师，毕业于武汉交通科技大学管理学院、山东大学法学院，法律硕士，山东博翰源律师事务所合伙人。2013年，由山东省司法厅等委派参加美国国际法学会(International Law Institution, D. C.)“国际贸易摩擦争端解决高级法律服务人才”项目访学，获美国乔治城大学(Georgetown University)项目结业证书。曾在美国GDLSK律师事务所实习。2019年，赴马来西亚大卫与郭律师事务所展开学习交流。擅长建筑房地产、公司法、知识产权、国际贸易与投资、刑事辩护等领域的法律事务。任山东省应对国际贸易摩擦律师服务团成员，第五届、第六届济南律师协会知识产权专业委员会委员，第七届、第八届济南律师协会国际商事专业委员会委员。

代表性案件有代理山东省某企业应诉法国保健然有限公司、德国爱德维斯公司及合资企业邦士(天津)有限公司等不正当竞争案，济南某塑胶制品有限公司专利侵权案，菏泽某机械厂等企业专利侵权案件，济南某生物科技有限公司与日本希森美康株式会社医疗器械发明专利侵权案等知识产权案件。曾为医药公司经理高某行贿免予处罚案辩护，为陈某滥伐林木免予处罚案辩护，为王某故意杀人上诉发回重审案(撤销死刑立即执行一审判决)辩护，为李某丽伪造金融票证撤回起诉案辩护。

王律师为山东省科技厅、济南市人民政府解决特困企业问题工作组、济南市侨商会、济南市高新区科技局、济南市历城区财政局、山东舜泰工程检测鉴定集团有限公司、济南能源建设集团有限公司、济南银都房地产开发有限公司、青岛鲁岳置业股份有限公司等数十家机关及企事业单位担任常年法律顾问或专项法律顾问。

杨赟律师，毕业于山东政法学院，法学专业。山东博翰源律师事务所专职律师。先后在法院民事审判庭、商事审判庭担任书记员、法官助理十余年，曾应邀为高院、中院、基层法院及全市法院书记员授课十余次，汇报交流工作经验。

杨律师擅长民商类诉讼及风险防控。全程参与法院编写的劳动争议和物业纠纷相关书籍，分别将122和128个争议问题在11区县法院统一了裁判标准。对于各类劳动争议、房地产等物权纠纷、物业等服务合同纠纷、赠与、侵权、不当得利、损害赔偿、婚姻家庭，各类买卖、租赁、保险、借款借贷、委托、居间、债权债务合同纠纷等民商类案件，拟写一二审判决、调解、裁定书上千件，参加庭审、调查、各类合议、法官会议万余次，审查各类合同协议、整理诉状答辩状数万件，总结了大量优秀法官、优秀律师的经验、技巧。同时，所在律师团队共同担任十余家机关企事业单位常年法律顾问，有效协助风险防范与控制。

嘉里粮油公司与胡姬花公司之间商标权及字号不正当竞争纠纷案

案情简介

1997年6月28日，嘉里粮油公司在第29类食用油脂、食用油等上注册了**“胡姬花”**商标，注册号为1043095号，该商标持续有效，并于2009年被国家工商行政总局商标局认定为驰名商标；胡姬花公司于2018年4月25日成立，其股东前佳公司自彩缘公司商标所受让第10464352号**胡姬花**注册商标，后胡姬花公司得到前佳公司的许可将**胡姬花**用于第30类米、面等商品上。2019年9月，嘉里粮油公司以胡姬花公司涉嫌商标侵权、不正当竞争为由向济南市中级人民法院起诉，要求被告停止商标侵权与停止使用胡姬花字号进行不正当竞争。胡姬花公司抗辩其名称依法得到工商局审批通过，并得到他人的合法注册商标许可而不构成侵权。济南中院一审判决支持了嘉里粮油公司关于停止商标侵权与停止使用胡姬花字号进行不正当竞争等诉讼请求。

代理意见

审判长、审判员：

山东博翰源律师事务所接受原告嘉里粮油公司委托，指派我们二位律师参与本案代理，现就原告嘉里粮油公司起诉被告胡姬花公司侵害商标权及不正当竞争纠纷一案，结合庭审质证，围绕争议焦点，发表如下代理意见：

一、双方的基本情况概述

1.原告及其注册商标的情况

嘉里粮油公司成立于1994年。1996年1月30日,嘉里粮油公司申请在第29类食用油脂、食用油等上注册"胡姬花"商标。1997年6月28日,国家工商行政总局商标局核准注册了"**胡姬花**"商标,注册号为1043095号,有效期限至2027年6月27日。该商标于2009年被国家工商行政总局商标局认定为驰名商标。

嘉里粮油公司的经营范围:生产经营食用油、食用植物油、油料、预包装食品制品、饲料的批发、进出口业务及相关配套服务等。

嘉里粮油公司隶属于嘉里集团(即郭氏兄弟集团),郭鹤年先生为嘉里集团的创始人,马来西亚籍华人,2012年为嘉里集团董事长,并获得中国经济年度人物终身成就奖。

嘉里粮油公司是中国最早将"胡姬花"应用于粮油的公司,知名度较高,"**胡姬花**"商标、字号已经为相关公众所熟知,在粮油食品行业具有极高的知名度和良好的市场声誉。经过十几年的长足发展,嘉里粮油(青岛)公司现年产各类植物油近30万吨,储油能力7万吨,已经成为国内大型植物油生产基地之一。其生产的"胡姬花"等小包装食用油畅销全国各地以及海外,建立了中国庞大的经销网络,经销商数目已经超过2000家,遍布全国400个大中城市,销售网络已覆盖了中国除台湾地区以外的所有省区市。

2.被告及其辩称许可使用商标的情况

2012年,彩缘公司商标所在第30类申请注册"**胡姬花**"商标,注册号10464352号,2015年获得注册,核定使用商品为第30类面粉、米等。2016年,前佳公司从彩缘公司商标所处受让第10464352号(类别:30类)商标。根据北京市高级人民法院〔2014〕高行(知)终字第3096号《行政判决书》显示,前佳公司的法定代表人于某孔曾为彩缘公司商标所员工。

胡姬花公司成立于2018年4月25日,注册资本300万元,股东为于某孔和前佳公司等,经营范围为农业领域内的米、面制品及食用油等,法定代表人亦为于某孔。

2018年7月3日,国家工商行政管理总局商标局出具了《商标使用许可备案通知书》,许可人前佳公司,被许可人胡姬花公司,许可期限为2018年4月18日至2025年8月12日,许可使用商品项目第30类面粉、米等。而胡姬花公司成立于2018年4月25日,《商标使用许可备案通知书》在2018年4月18日签订时胡姬花公司未成立,系虚假。

二、应依法认定嘉里粮油公司注册号为1043095“胡姬花”商标为驰名商标

嘉里粮油公司是国内最早将“胡姬花”申请为注册商标的，这与原告股东的发起人郭鹤年有直接关联。自1996年申请并获得注册“胡姬花”注册商标至今已有20余年，原告累计花费20多亿元人民币对“胡姬花”等品牌的系列商品进行推广宣传，立足山东，辐射全国，以质量取胜，享誉国内，驰名中外，深受广大消费者的喜爱，2009年通过国家工商总局商标局的行政认定，已获得驰名商标的美誉。

原告嘉里粮油公司的“胡姬花”注册商标用于第29类，而被告受让的2012年2月6日申请注册第10464352号商标用于第30类。米面与食用油虽不属于同一类别的商标，但米面与食用油同属于粮油食品一类，为类似商标，不同商家使用相同“胡姬花”商标为品牌在不同类商品上为标识，极易误导消费者。故认定原告的第1043095号“胡姬花”注册商标为驰名商标，进行跨类保护是必要的与可行的。

1.原告及其“胡姬花”商品所获得的荣誉

通过庭审举证可知，嘉里粮油公司以“胡姬花”为品牌的花生油为山东省著名商标。嘉里粮油公司自成立以来，先后获得“青岛市知名企业打假维权重点保护单位”“质量管理标兵”“中国名牌产品”等荣誉称号。

2.“胡姬花”商品历年来推广宣传的范围、方式

(1)2012年2月6日之前宣传推广的范围、方式

自2009年1月1日至2012年2月6日，嘉里粮油公司对“胡姬花”食用油不间断地通过电视、报纸、广场路演和社区推广活动、全国各大卖场液晶电视、楼宇电视广告、网络媒体、杂志、公交车电视广告等形式对“胡姬花”商标商品进行了宣传推广。

(2)2012年2月6日之后，嘉里粮油公司宣传推广的范围、方式

2012年2月6日之后不间断地通过中央电视台、各地电视台；各地报纸；广播电台；网络媒体；公交车及其车站，杂志，楼宇液晶电视，商业活动及公关传播等进行了宣传推广。

3.“胡姬花”商品历年来推广宣传的费用

2012年2月6日之前，根据庭审过程中嘉里粮油公司提交的部分广告宣传合同进行的统计，广告费合计5000余万元。

2012年2月6日之后，根据嘉里粮油公司提交的部分广告宣传合同的统计，广告费共计人民币12亿余元。

历年来广告宣传费见图1所示。

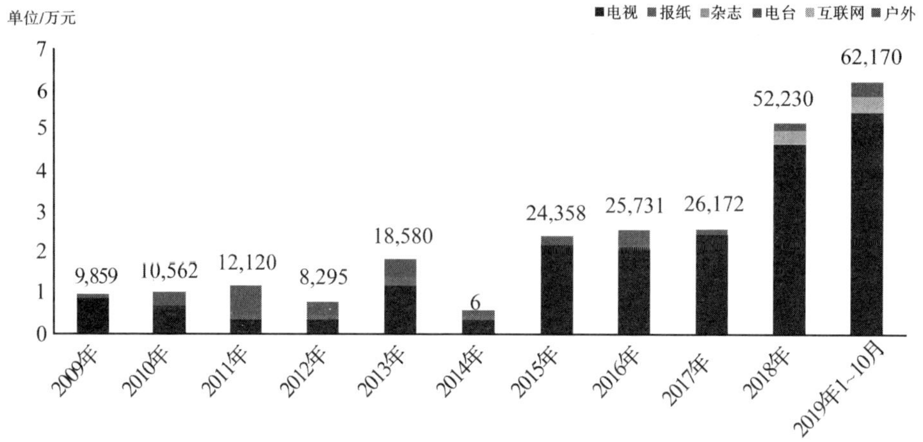

图 1　2009～2019 年“胡姬花”商品推广宣传费用明细

（数据来源：电视、报纸、杂志和电台——央视市场研究；互联网——艾瑞；户外——中天星河。以上价格皆为刊例价）

4.销售量及营业收入

根据 2019 年 12 月青岛西海岸新区统计局出具的证明及安永华明会计师事务所出具的 2009 年度至今的审计报告，“胡姬花”小包装花生油销量和销售收入详见图 2、图 3。

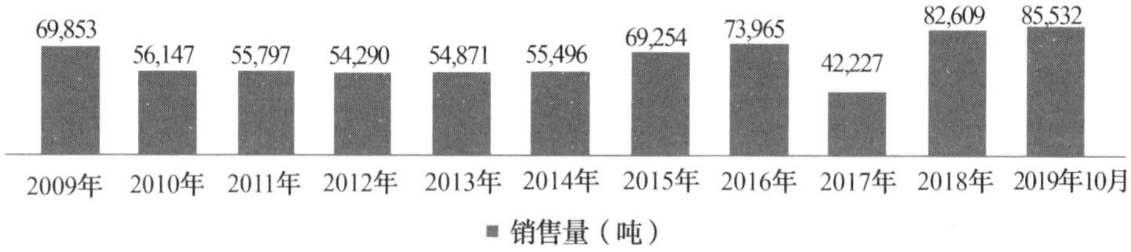

图 2　2009～2019 年“胡姬花”花生油销售量

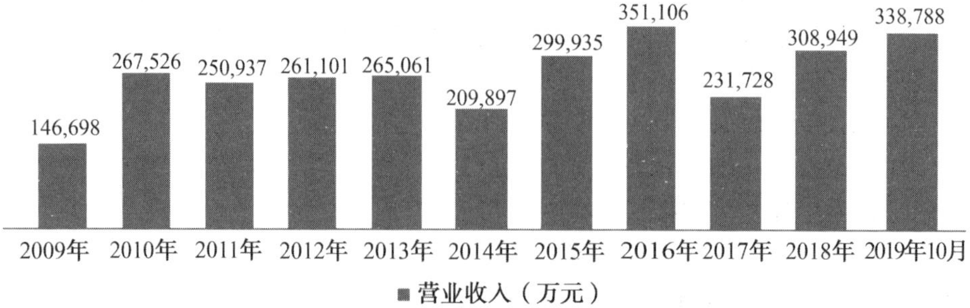

图 3　嘉里粮油(青岛)有限公司 2009～2019 年营业收入

5. 纳税情况

根据国家税务总局青岛经济技术开发区税务局第一税务所出具的纳税证明、安永华明会计师事务所出具的审计报告，嘉里粮油公司的纳税情况详见图4所示。

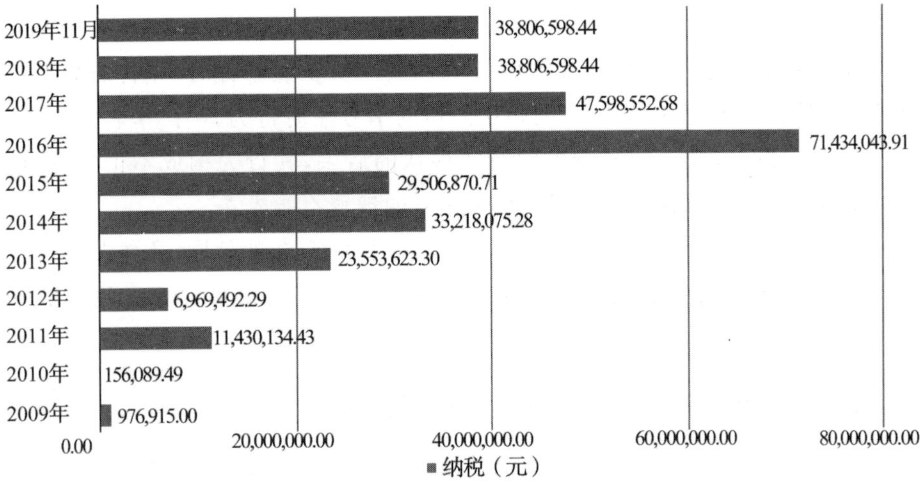

图4　2009～2019年嘉里粮油公司的纳税情况

综上所述，嘉里粮油公司以“胡姬花”注册商标为品牌积累了巨大的商誉，请人民法院依法认定注册号1043095“胡姬花”商标为驰名商标，使得嘉里粮油公司得以跨类保护合法权益，屏蔽其他商家的攀附行为。

法律依据为：《中华人民共和国商标法》第十三条第四款、第十四条及《最高人民法院关于审理涉及驰名商标保护的民事纠纷案件应用法律若干问题的解释》第二条、第三条、第五条规定等。

三、胡姬花公司侵害了嘉里粮油公司注册号1043095“胡姬花”商标专用权

胡姬花公司所使用的第10464352号胡姬花商标，系其股东前佳公司受让自彩缘公司商标所。胡姬花公司的法定代表人于某孔，既是前佳公司的股东与法定代表人，也曾为彩缘公司商标所的职员，明知“胡姬花”美誉度而恶意抢注。胡姬花公司攀附嘉里粮油公司“胡姬花”商标的驰名，误导相关公众以为其与原告有关联，突出“胡姬花”为品牌，混淆商品来源。

被告在其米面产品包装、招商海报、微信、微博、淘宝网等销售渠道，使用被诉侵权商标宣传其米、面以攀附原告“胡姬花”品牌的行为，并且转发郭鹤年的采访视频的混淆关联关系等行为，侵害了原告的商标专用权。

法律依据:《最高人民法院关于审理涉及商标民事纠纷案件适用法律若干问题的解释》第一条之规定等。

四、胡姬花公司的企业名称对原告“胡姬花”注册商标专用权构成不正当竞争

胡姬花公司成立于2018年4月25日,其注册企业名称时,原告的胡姬花商标已有较高知名度和影响力,胡姬花公司的字号注册行为具有“傍名牌,搭便车”的主观意图,客观上容易导致混淆或误认的后果,其行为构成不正当竞争。被告以前佳公司许可其使用注册商标为字号的辩解不能成立。

法律依据:《中华人民共和国商标法》第五十八条的规定与《最高人民法院关于审理注册商标、企业名称与在先权利冲突的民事纠纷案件若干问题的规定》第四条的规定等。

五、关于主张被告赔偿50万元的请求,是合理的

通过被告的工作人员在微信中所发信息为受欢迎程度高、销售量大,但因原告难以取得被告的成本与具体销售数额,所以难以确定被告侵权所得利润;原告因被告侵权遭受的损失与加大宣传力度等因素有抵消作用,同样难以确定。请求人民法院结合被告侵权持续的时间、恶意攀附名牌和原告的驰名及维权成本等因素,酌情支持原告的诉讼请求。

六、补充对被告庭审举证中三个问题的质证意见

1.关于胡姬花公司辩解福建长乐新开元食品有限公司在2001年申请以图案为主带有胡姬花字样的商标的事实,在2001年度原告尚为区域性品牌,没有达到驰名状态,所以商标局授权其取得注册商标。

2.关于“胡姬花”注册商标的防护问题。2012年之前带有胡姬花字样的商标得到注册,部分原因是有的注册申请类别与第29类太远,混淆的可行性弱;部分原因是在2009年之前,原告的“胡姬花”商标的影响力不足以影响到部分商标评审员的意见。但是,嘉里粮油公司一直在加强品牌保护。

3.关于胡姬花公司对其许可使用的“**胡姬花**”注册商标被商评委撤销后,被告法定代表人于某孔表示其“没有使用”就不构成侵权的问题。厘清这个问题有个时间点,即在2019年1月28日之前,第10464352号胡姬花商标没有实际使用,商评委撤销该商标;在2019年1月28日之后,通过庭审质证可以确认被告在使用该商标，但因攀附行为误导消费者，系侵权行为。

综上事实与理由，原告的诉讼请求有事实为根据，有法律为依据，应该得到法律上的支持。

以上意见，请合议庭合议时予以综合考量并采信。谢谢！

代理人：张俊玲　刘昌君

2020 年 5 月 14 日

海山公司与某国小鹿公司颜色组合商标侵权纠纷案

案情简介

2005年2月3日，某国小鹿公司申请在第七类农业机械、联合收割机等商品上注册颜色组合商标。其申请文书记载：“申请人在此以图样所示的颜色组合（绿色与黄色）申请注册商标，其中绿色用于车身，黄色用于车轮。”国家商标局以申请商标缺乏显著特征为由予以驳回；申请人提出复审，国家商标评审委员会作出《关于第4496717号图形商标驳回复审决定书》，同意对小鹿公司商标予以初步审定。2009年3月21日，经国家商标局核准，小鹿公司取得第4496717号商标专用权，商标公告及商标注册证均指明其为指定颜色商标®（注：该图形注册商标由绿色与黄色方块组成），但未注明其为颜色组合商标，也未说明颜色的使用方式。2015年6月15日，小鹿公司以海山公司及其四家关联企业涉嫌商标侵权为由向山东省威海市中级人民法院起诉，要求被告停止侵权并连带赔偿损失300万元，同时称在其与他人的商标侵权及不正当竞争纠纷中，与诉争商标相同、使用在不同商品类别上的商标已被北京市高级人民法院终审确认为颜色组合商标，并且该案被确定为最高人民法院2014年度五十个典型案例和北京市高级人民法院2014年度十大创新案例。本所律师接受该案第一、二被告的委托参与案件审理，案件经威海市中级人民法院一审、山东省高级人民法院二审并发回重审，现案件尚在重审阶段。本案的典型意义在于颜色组合商标属性的确认标准是什么——是商标申请文件还是商标公告？在当商标局授权内容与商标申请不一致时，能否在商标侵权诉讼中以司法判决补救商标权利瑕疵。

代理意见

审判长、审判员：

山东博翰源律师事务所律师接受海山公司、A 公司委托及律所指派，参与本案的诉讼代理，现就双方争议的焦点问题，即被告是否侵犯了原告小鹿公司第 4496717 号注册商标专用权，发表如下代理意见：

1. 原告未取得“绿色车身、黄色车轮”颜色组合商标专用权，其侵权诉讼的权利基础不存在。

涉案第 4496717 号商标是否具有颜色组合商标属性，决定了原告的商标权利范围，也是进一步判断被告是否侵权的基础。我们对涉案商标权利基础的基本事实归纳如下：

(1)2005 年，小鹿公司向国家商标局申请颜色组合商标被驳回。2008 年国家商标局评审委以《关于第 4496717 号图形商标驳回复审决定书》对申请人(小鹿公司)第 4496717 号图形商标予以初步审定。(小鹿公司如不想要图形商标，可以通过行政诉讼要求商评委撤回图形商标的授权，小鹿公司放弃了该补正机会与权利)

(2)国家商标局在 2008 年 12 月 20 日对第 4496717 号指定颜色商标 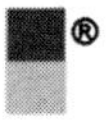 进行初审公告，公告未说明原告的商标是颜色组合商标，也未说明商标使用方式。(小鹿公司在初审公告期间如不想要图形商标，可以通过异议程序解决，小鹿公司同样放弃了该补正机会与权利)

(3)国家商标局于 2009 年 3 月 20 日对第 4496717 号指定颜色商标  进行注册公告，同日小鹿公司取得第 4496717 号商标专用权证书，注册公告及注册证均未说明原告的商标是颜色组合商标，也未说明商标使用方式。(小鹿公司在商标局注册公告后发现商标申请文件或注册文件有错误的，可以依法申请更正，但其未行使该权利)

由此可见，原告的商标注册证与商标公告上均显示其为“指定颜色”的长方形标识。众所周知，在商标领域，颜色组合商标与指定颜色商标是完全不同的两个概念：指定颜色商标一般具有固定形状，而颜色商标不限定具体形状；指定颜色商标的显著性在于图形等与颜色的组合，而颜色组合商标的显著性只在于颜色。

(4)国家商标局网站至今仍将 4496717 号商标公示为“图形”商标。

上述事实说明：对于涉案商标属性，原告的商标申请文件(注册申请书)与

行政授权文件(商标注册证、商标公告)、商评委的决定书表述不同。比如:

实证一:原告申请了“绿色用于车身,黄色用于车轮”的商标 A;

实证二:商标局授权注册了“上绿下黄”两个颜色图形叠加即商标 B。

现状:虽然这种情况发生的概率很小,但商标局核准注册给原告的是商标 B 与原告申请期望得到的商标 A 不一致,这是本案不容回避的客观事实。

分析:小鹿公司认为其 A 商标已取得专用权,并以此作为其权利基础追究包括被告在内的社会公众侵权责任,而客观事实是商标局并未给予 A 商标专用权,公众无法通过任何法定途径知悉 A 颜色组合被注册为商标,不可能知道自己行为的界限;商标局未公示公众涉案颜色组合是注册商标,公众在使用该颜色时自不必进行任何避让。

依据我国《商标法》第五十六条之规定及公知常识,商标确权当然应当以商标公告为准,因为没有任何一种民事权利是装在口袋里不公示于众的,以并不向社会公示的申请文件为确权依据违反了《商标法》的基本规定,对公众而言也显失公平。

结论:原告没有获得 A 权利,原告诉讼主张被告侵犯其 A 权利,不应得到法律上的支持。

2. 原告未按照国家商标局核准的方式使用第 4496717 号注册商标,是把“绿色车身、黄色车轮”作为商业外观在其产品上使用。

小鹿公司自取得第 4496717 号注册商标后,从未使用该指定颜色的图形商标。小鹿公司在其收获机上使用的商标是“JOHN DE”文字商标、文字图形组合商标与图形商标;其农用机械有多种颜色组合,并非只有黄绿组合;原告对黄绿组合产品外观未标注或声明其为注册商标。进入诉讼后,原告开始在少量农机刊物上以一般人无法注意到的文字声明其颜色为商标。

上述事实说明,被告无法从原告对涉案颜色组合的使用中获知其商标属性。

3. 商标权的取得,只能通过国家知产局依法注册、公告授权,而不能通过法院的判决授权。

原告以北京高院〔2014〕高民终字第 382 号民事判决书作为支持其权利基础的证据,不能成立。首先,两案案情不同,即两案被控侵权产品不同,当事人所举证据及抗辩理由不同,从而法院审查判案的基础不同。根据最高院关于适用《民事诉讼法》的解释第九十三条之规定,北京高院基于原案件事实与证据作出的分析判断结论不能当然适用于本案的裁决。其次,依据我国商标相关立法,国家商标局是商标权的唯一授权机构,其授权内容以商标公告形式向社会公示，法律并未授权法院可以通过判决更正商标的属性和类别。以判决书形式将国家商标局授权的第 4496717 号指定颜色的图形商标变更为“绿色车身、黄色车轮”的颜色组合商标，明显违反了权利法定原则，其行为系越俎代庖。该行为的不良社会影响，不仅是改变了依然有效的第 4496717 号商标注册公告及原告依然持有的第 4496717 号商标注册证，还加重了公众义务，侵犯了公众的合法权益。

代理人认为：商标作为区分商品或服务来源的标志，其权利保护范围的确定性和公示性尤为重要。如果商标保护范围不具有确定性和公示性，它便如同密布在市场经济丛林中的暗雷，其他市场参与者既无法善意避让也无法公平竞争。社会公众接收和知悉的涉案商标权的保护范围只能是其授权公告所公示的内容及商标注册证，而不会是民事判决中的论述观点。这一原则不会因商标自身的特殊性而有所改变。当注册商标授权信息公示不当时，所产生的法律风险应当由谁来承担？这检验着商标确权程序和商标侵权诉讼程序的公平正义。我们坚持认为，商标管理机关工作上的疏漏、商标申请人的疏忽所致后果，不能由社会公众来承担。司法审判机关也无权以判决方式颠覆我国现有商标立法，将商标权的确认依据变更为商标申请文件或法院的判决文书的行为属于越俎代庖，将改变我国现行商标授权的法律基础。无论是行政授权机关、审判机关，还是各类经营者，均需遵循“程序正义”原则行事。

4.被告对“绿色车身、黄色飘带”依法享有在先使用权，未侵犯原告第 13517702 商标专用权。

被告依据《商标法》第三十二条的规定就商品“绿色车身，黄色飘带”的外观装潢享有在先使用权，被告对涉案颜色未进行商标性使用，也从未改变或扩大使用范围，所以原告依据《商标法》第五十九条述及的商标在先使用三要件问题在本案中并不适用。被告举证证明过，而原告没有相反证据否认被告在外观使用上有在先使用“绿色车身，黄色飘带”的客观事实，被告未侵犯原告的商标专用权。

5.关于侵权比对问题。

本案需要比对的是被告所使用的商品外观装潢与国家商标局公告授权的第 4496717 号注册商标，二者的不同是显而易见的。如前所述，该第 4496717 号商标是指定颜色的图形商标，而非原告所主张的“颜色组合商标”。原告在其农机产品外观装潢上有橙绿颜色为主的组合，也有其他如黑色、红色等组合；而被告在其农机产品外观装潢上使用绿色、橙色、黑色、红色、蓝色等随机搭配的组合。

被告将自己的“H 及图”商标，“H”或“HAISHAN”“H 机械”等标识，以及

"家有 H,致富路宽"广告语以醒目方式喷涂在部分农机商品外观上,这些商标、标识本身成为商品外观装潢不可分割的一部分,形成不同于涉案"颜色商标"的视觉效果,因此两者不存在混淆的可能。

综上,我们认为原告的诉请无权利基础,被告未侵犯原告"莫须有"的颜色组合商标权,请求合议庭依法采信本代理意见。

代理人:杜华英　刘昌君

2020 年 6 月 1 日

作者简介

杜华英律师,中共党员,1993 年 7 月毕业于山东大学法律系,获法学学士学位。专职律师,合伙人。曾荣获"济南市先锋律师""济南十佳女律师""济南市三八红旗手"称号。杜律师擅长经济纠纷、知识产权、破产等领域的法律事务。任山东省律协知识产权委员会副主任、济南市律协监事会监事,系山东省应对国际贸易摩擦法律服务团成员。执业以来,先后代理各类民商事案件四百余件,参与破产项目多个,主编出版了《知识产权裁判观点选粹和文书推介》一书。

LX 公司诉 DF 公司采购合同纠纷案

案情简介

DF 公司自 2009 年起长期为 LX 公司供应焊材，在最初建立买卖合同关系时，DF 公司应 LX 公司要求与其签订《廉洁从业责任书》，主要内容为 LX 公司工作人员不得索取回扣、好处费、提成，DF 公司亦不得向 LX 公司工作人员提供回扣、业务提成、好处费，不得采取不正当竞争手段等，并在每年签订的年度《焊材代销采购合同》中专门增加一条廉洁保证条款，该条款约定：如果 DF 公司有违反《廉洁从业责任书》的行为，则 LX 公司有权扣除上一年度至事发时双方交易总额的 10％作为处罚。

2018 年 12 月和 2019 年 5、6 月，LX 公司技术部梁某以北京出差费用不够、孩子交学费、朋友开公司为由向 DF 公司法定代表人孙某借款共计 67,920 元，后梁某向孙某出具借条并偿还 20,000 元。

2019 年 8 月，LX 公司以梁某实施了违反廉洁从业行为为由将其开除，以 DF 公司实施了行贿、非法获取招标信息为由将 DF 公司诉至法院，要求其承担 2018 年度至 2019 年 8 月交易总额的 10％的违约金。

代理律师接受该案委托参与本案的审理，代理人认为涉案合同中有关廉洁保证条款系 LX 公司加重对方责任、免除己方责任的无效格式条款，孙某的行为也并未违反合同约定，不应承担违约责任。

代理意见

审判长：

山东博翰源律师事务所依法接受本案被告DF公司的委托，指派我们担任其与LX公司合同纠纷一案的代理人。现依据事实和法律，发表如下代理意见：

一、涉案合同中的廉洁保证条款系违反公平原则的格式条款，应为无效条款

《中华人民共和国合同法》第三十九条规定，格式条款是当事人为了重复使用而预先拟定，并在订立合同时未与对方协商的条款；第四十条规定，提供格式条款一方免除其责任、加重对方责任、排除对方主要权利的，该条款无效。本案中，各焊材采购合同中的廉洁保证条款即是无效的格式条款。

DF公司在与LX公司合作之初便应LX公司的要求与其签订了《廉洁从业责任书》，该责任书明确约定了双方交易过程中均必须廉洁从业及违反廉洁规定后应承担的责任，DF公司并不否认该责任书的效力，且始终认为双方均应遵守该责任书，不管哪一方违反都应承担相应的责任。但该责任书并不等同于涉案焊材购销合同中的廉洁保证条款。

在签订一系列焊材购销合同过程中，LX公司作为国有控股公司的地方龙头企业，所有对外签订的合同文本均是为了重复使用而事先拟定的，DF公司在签订合同过程中处于弱势地位，为了促成交易，客观上不能与LX公司讨价还价。在原有《廉洁从业责任书》的前提下，LX公司又在各焊材购销合同中增加了廉洁保证条款，但该廉洁保证条款仅规定了DF公司及工作人员不得违反廉洁从业责任书及违约责任，并未规定LX公司及工作人员不得违反廉洁从业责任书及违约责任，免除了LX公司作为格式条款提供方的责任，有违公平。

事实上，无论是索贿行贿还是借款，均是一种双向行为，一方不可能单独完成，但主动索贿和主动借款是比被动行贿和出借款项更严重的违约行为。本案中借款行为是LX公司工作人员发起的，其是占据主动的一方，DF公司法定代表人只是出于个人情谊被动接受。如果认为DF公司法定代表人出借款项是廉洁从业责任书禁止的行为，那么LX公司工作人员主动借款更是廉洁从业责任书禁止的行为；DF公司因从事了廉洁从业书禁止的行为从而违反焊材购销合同中的廉洁保证条款被要求承担二百多万的违约金，但LX公司在有更严重的违约行为时却无须承担任何违约责任，DF公司亦没有权利去追究LX公司的违约责任，这是极不公平的，是典型的免除了格式合同提供方即LX公司的责任、加重了DF公司的责任、排除了DF公司的权利。

因此，根据上述法律规定，涉案合同中的廉洁保证条款应为无效的格式条款。DF 公司未违反涉案合同的约定，不应承担违约责任。

二、孙某与梁某之间是个人借款行为，并非 LX 公司主张的行贿行为

LX 公司与 DF 公司自 2009 年起建立长期买卖合同关系，双方每年都签订年度《焊接代销采购合同》，合同约定 DF 公司应与 LX 公司在产品上保持联系，并免费提供技术上的支持，包括技术咨询和技术培训，在长期合作过程中，DF 公司与负责技术的梁某相熟。2018 年 12 月，梁某与 DF 公司法定代表人孙某联系，称其在北京出差费用不够，向孙借款 20,000 元；2019 年 5～6 月，梁某称孩子需交学费，但手头钱不够，又分两次向孙借款 30,000 元；2019 年 7 月，梁某称其朋友开公司，再次向孙借款 20,000 元，但当时孙某的微信中只有 17,920 元，故将 17,920 元全部转给梁某。以上款项梁某在借款时均承诺归还，后因其迟迟不能归还借款，于 2019 年 10 月向孙某出具借条一张，借款总额为 67,920 元。后其于 2020 年 1 月还款 20,000 元，剩余未还款项出借人仍在继续向梁某主张权利。

根据上述事实可以看出，DF 公司法定表人孙某的行为是其与梁某在达成借款一致的基础上的出借行为，系其在梁某资金周转困难时的情谊行为，并非行贿行为，且其出借行为仅为个人行为，并不代表 DF 公司的意志，其出借的资金亦是个人资金，与公司无关。因此，DF 公司未违反涉案合同的约定。

三、LX 公司所述 DF 公司非法获取招标信息无任何依据，与事实不符

LX 公司系国有性质上市公司全资子公司，LX 公司的每次招标采购均符合《国有企业采购管理办法》，而根据 LX 公司提供的证据第 59 页《公司领导班子职责清单》显示，梁某在公司任副总经理，其主要负责工作为：(1)焊接、热处理工艺编制、审核、执行监督、问题分析与处理，相关方案编制审核监督执行；(2)焊材管理与使用监督；(3)焊工培训取证、增项、资质维护；(4)新焊接工艺的评定工作；(5)负责压力试验的审核；(6)新工艺、新设备使用推广。根据上述清单，梁某并非公司的招标采购人员，其客观上不可能向 DF 公司提供招标内容与招标信息。DF 公司每次投标均按 LX 公司招标流程合规操作，且完全符合 LX 公司的招标要求，每次都是在公开、公平、公正、竞争、诚信、择优的前提下中标的，仅因梁某与 DF 公司进行技术沟通就认定 DF 公司非法获取招标信息而违规，既无证据证明也无事实依据。

四、涉案合同约定的违约金数额明显过高，法院应当予以调整

最高人民法院关于适用《中华人民共和国合同法》若干问题的解释(二)第二十九条规定，当事人主张约定的违约金过高请求予以适当减少的，人民法院应当以实际损失为基础，兼顾合同的履行情况、当事人的过错程度以及预期利益等综合因素，根据公平原则和诚实信用原则予以衡量，并作出裁决。

在本案中，如果认为DF公司法定代表人出借个人款项的行为构成违约，需承担违约金，但该违约金数额也明显过高，应予调整。理由为：

1. 孙某出借款项的行为只是个人情谊行为，其主观上并不是为了获取不正当利益，DF公司亦未因该行为获取合同外的不正当利益，更没有给LX公司带来任何利益上的损失。

2. LX公司存在严重违约行为。如果法院认为DF公司法定代表人被动出借款项系廉洁从业责任书禁止的行为、系违约行为，那么LX公司工作人员主动借款亦是该责任书禁止的行为、系更严重的违约行为、是在先的违约行为，LX公司未能有效约束其工作人员，具有更大的过错。

3. DF公司在履行上一年度合同中的利润尚不足合同交易额的5%，却要承担交易额10%的违约金，明显过高，有失公平。

本案中，在LX公司并未有任何实际损失、有更严重的违约行为、DF公司履行合同的利益远远低于违约金的情况下，要求DF公司承担200余万元的违约金明显不公、与上述法律规定不符。

综上，我们认为LX公司的主张没有事实与法律依据，应当予以驳回。

代理人：韩颖颖　王腾飞

2020年6月8日

作者简介

韩颖颖律师，中共党员，2008年毕业于河南工业大学法学院，获法学学士学位。山东博翰源律师事务所合伙人、律师。韩律师主要业务领域为：公司法律事务、民商事纠纷、刑事辩护。具有多年公司法务经验，自从事专职律师工作以来，先后在中国工商银行济南分行及下辖历城、高新、东郊、千佛山四家支行，深圳前海厚生财富管理有限公司，山东智库创业投资有限公司，济南恒佑达新材料科技有限公司等担任常年法律顾问，在公司法律事务处理方面积累了丰富的

经验。代理的张某等18人作为被告的关于香港某公司股权转让纠纷案，杜某与河北鑫宝冶金集团有限公司矿产合同纠纷仲裁案，邹城市某企业与某国企破产管理人破产财产转让合同纠纷案，山东山水水泥集团有限公司前高管职务侵占案，山东某县扶贫办主任贪污罪抗诉、上诉案等，均取得了不错的法律效果，有力维护了委托人的合法权益。

王腾飞律师，山东博翰源律师事务所律师，毕业于山东大学法学院，本科。王律师擅长民商事代理、刑事辩护、公司法律服务等业务。曾先后承办过全国散打冠军田学凯寻衅滋事案、邱守成洗钱罪案等多起刑事辩护业务，并且在济南宜佳新风科技技术有限公司、济南玖和供应链管理有限公司、济南唐瑞能源技术有限公司、济南龙力物业管理有限公司等担任法律顾问。

A 公司与 B 市生态环境局环境污染责任纠纷案

案情简介

A 公司是一家生产医药中间体的企业，生产过程中会产生 HW11 蒸馏残渣废物，J 公司和 H 公司是两家危险废物处置企业，J 公司具备 HW11 蒸馏残渣收集、贮存、转运资质，H 公司具备 HW11 蒸馏残渣处置资质。

2018 年 9 月，A 公司委托 J 公司收集、贮存、转运并交具备处置资质的 H 公司处置 A 公司生产的 HW11 危险废物，为此 A 公司与 J 公司、J 公司与 H 公司分别签署了《危险废物处置合同》。J 公司运走危险废物后被不法人员非法倾倒在 L 县。由于 J 公司仅有危险废物收集、储存、转运资质，B 市生态环境局以 A 公司委托不具备处置资质的 J 公司处置危险废物为由提起了环境污染责任纠纷之诉，要求 A 公司赔偿应急处置、修复、环境功能损失费用等共计 1200 余万元。A 公司委托我所律师代理此案。

代理意见

审判长、审判员、人民陪审员：

山东博翰源律师事务所依法接受 A 公司的委托，指派季猛、董昌民律师作为被告 A 公司与原告 B 市生态环境局环境污染责任纠纷一案中被告 A 公司的诉讼代理人。根据本案事实，结合相关法律规定，代理人提出如下意见：

1. 被告系委托具备相应资质的单位收集、贮存、转运、处置危险废物，并未实施非法倾倒危险废物的行为。

(1)环保部门以复函形式批准相关企业收集、贮存、转运、处置危险废物合法合规，J 公司、H 公司已经分别取得了环保主管部门的相关批复，具备相应资质。

根据环保部办公厅《关于危险废物利用处置建设项目试运行期间危险废物经营许可有关问题的通知》（环办函〔2012〕146 号）、山东省环境保护厅《关于危险废物利用处置建设项目环保设施竣工验收前危险废物经营许可有关问题的复函》（鲁环函〔2016〕112 号），两份文件均同意以复函形式批准相关企业收集、贮存、转运、处置危险废物。结合被告申请法院调取的证据以及被告提交的公证书，J 公司取得了收集、贮存、转运资质，H 公司取得了危险废物处置的资质，两家公司的资质合法有效。

（2）根据各方合同，J 公司、H 公司均在其资质范围内收集、转运、处置危险废物。

被告与 J 公司于 2018 年 9 月 7 日签订《危险废物委托处置合同》，委托 J 公司收集、贮存、转运危险废物。在此之前，J 公司与 H 公司已于 2018 年 9 月 3 日签订了《危险废物无害化委托处置合同》，J 公司委托 H 公司对收集的危险废物进行最终处置。

从本案证据看，J 公司从被告处运走危险废物后，H 公司也接收处置了相应的废物。因此，无论是从合同约定上，还是在实际履行中，J 公司、H 公司均在其资质范围内收集、转运和处置危险废物，被告并未实施倾倒危险废物的行为。

2. 被告对 J 公司和 H 公司的资质进行了严格审查，并报环保部门审批生成危险废物转移联单编号，并非不作为和放任风险的发生。危险废物被他人非法倾倒仅仅是偶然而非必然，该结果与被告委托处置行为没有必然联系。

根据被告提交的公证书，被告先与 H 公司签署了合同，后得知 J 公司、H 公司的合作情况及相应的资质，在此前提下被告在 J 公司与 H 公司的安排下与 J 公司签署了合同，并经过环保部门的审批取得了转移联单。可见，被告已充分考察核实 J 公司、H 公司的资质资格以及合作情况，已尽到了审查义务，被告并非不作为，更非放任危险事实的发生。

危险废物从被告处运走后，已不在被告掌控中，按照被告与 J 公司以及 J 公司与 H 公司的处置合同，涉案危险废物本可以实现无害化处置。如果涉案危险废物被非法倾倒，那是 J 公司或其他人员的违法行为，是造成本案环境污染的真正原因，两者存在因果关系。因此，危险废物被倾倒并造成环境污染是被告所不能掌控的偶然性结果，并非必然结果，被告与本案危害结果之间不构成因果关系。

3. 本案环境污染案件事实不清，证据不足。

L 县环保局《关于危险废物的认定》这一证据系原告提起本案诉讼的基础

依据，被告认为该认定事实不清，证据不足，而且明显系为该案伪造的证据，不应作为认定本案事实的证据，具体如下：

(1)根据案件材料，仅凭少量的标签并不足以认定现场的危险废物来自本案被告。关于危险废物的桶数及每桶废物的重量，没有相应的清点和称重记录，而且该认定中的危废重量与〔2019〕皖1221刑初859号《刑事判决书》认定的危险废物总重量亦相互矛盾。另外，该认定书记载桶装危险废物发生泄漏也没有相关的证据。

因此，《关于危险废物的认定》缺乏主要的证据证明，认定事实不清。

(2)L县环保局《关于危险废物的认定》于2018年9月14日作出，在该认定中，记载L县环保局于2018年9月27日到本案被告处调查，《关于危险废物的认定》作出时间早于调查时间，也就是在调查还没有完成的时候，认定就已作出了，显然不符合案件调查程序。

因此，L县环保局作出的《关于危险废物的认定》程序违法，明显系为该案伪造的证据，不应作为认定本案事实的依据。

4.《安徽省阜阳市临泉县迎仙镇危险废物非法倾倒事件环境损害鉴定评估报告书》的作出程序违法，且缺乏事实依据。

(1)该鉴定评估报告书系C研究院作出的，其中环境检测由D公司实施，但未提供C研究院的鉴定资质及D公司的检测资质，也未提供相关人员的资质证书。被告亦未查询到两公司及相关人员的资质。而且，鉴定和检测机构的选择没有通过公开程序，程序违法。

(2)该鉴定评估报告书的作出缺乏事实依据，根据原告所述，鉴定评估报告书所依据的材料原件在公安局卷宗中，可见，鉴定评估报告书并非依据材料原件作出的，其所依据的复印件是否真实有效并不确定。原告并未提交现场采样以及检测资料，鉴定报告缺乏有效的证据支撑。

因此，《安徽省阜阳市临泉县迎仙镇危险废物非法倾倒事件环境损害鉴定评估报告书》系没有资质的单位出具的，且缺乏最基本的鉴定、检测资料，依法不应作为认定本案事实的依据。

5.L县生态环境局未能及时处理现场危险废物，造成了损失的进一步扩大，应当就扩大的损失承担赔偿责任。

根据L县生态环境局的调查材料，涉案危险废物系2018年9月被发现倾倒在案发现场的，直至2019年二三月份才委托第三方进行应急处置，自发现到处置时间间隔达到半年之久，如真像原告所述发生泄漏的情况，在半年的时间里危险废物对土壤、地下水、空气的污染范围应当是不断扩大的。而且，原告申请出庭的专家证人亦明确答复危险废物泡在水中会扩大污染。

因此，因L县生态环境局未能及时处置危险废物，势必造成损失的扩大，L县生态环境局应当承担赔偿责任。

综上，被告已经尽到了危废产出单位的注意义务，将危险废物交由具备收集、贮存、转运及处置资质的单位进行转运和处置，不存在污染环境的故意或过失，被告与偶然性的环境损害不存在因果关系。原告对于污染环境的事实认定不清，证据不足，所诉损失亦缺乏事实依据，请法院依法驳回原告的诉讼请求。

以上代理意见，供合议庭参考。

代理人：季　猛　董昌民

2020年6月10日

作者简介

董昌民律师，中共党员，湖南大学法律硕士，三级律师。山东博翰源律师事务所执业律师，曾多次获得律所优秀党员、先进个人等荣誉。董律师擅长商事代理、政府与公司法律服务等，担任中国移动通信集团山东有限公司、山东省住房和城乡建设厅、济南市某局、济南市邮政管理局、济南市历下区市场监督管理局等几十家事业单位的法律顾问。

YH 公司诉 CJ 公司商品房委托销售合同纠纷案

案情简介

2017 年 5 月 2 日，YH 公司与 CJ 公司签订《海棠公馆二期项目商品房委托策划推广销售代理合同》。约定由 YH 公司代理销售海棠公馆项目住宅 400 套以及车位等，代理报酬包括基础佣金（销售底价 3%）及溢价提成（实际销售价格高于销售底价部分的 30%）。本项目预定开盘日期为 2017 年 9 月 17 日，CJ 公司于 2018 年 4 月 26 日拿到商品房预售许可证，具备开盘销售的法定条件。2018 年 5 月 21 日，CJ 公司通知 YH 公司暂停销售。2019 年 4 月 22 日，CJ 公司安排他人进入售楼处进行销售，双方就代理报酬的计算以及委托代理销售合同履行产生争议。

YH 公司向青岛市中级人民法院提起诉讼，要求 CJ 公司支付房屋销售佣金及溢价提成、车位销售佣金、预售证迟延期间费用损失、暂停销售期间损失及终止合同违约金共计 3000 万元。双方争议焦点为：(1)双方是否变更了销售房屋佣金计算方式；(2)车位销售佣金如何计算；(3)CJ 公司解除合同是否应当承担违约金。一审法院认定 YH 公司提报佣金时变更了合同约定的计算方式，应当按照提报的方式计算；车位佣金没有明确约定，酌情按照市场价 2000 元/个计算；双方对于暂停销售均有过错，不支持合同解除违约金。YH 公司不服一审判决上诉，山东高院改判支持了上诉人的部分诉讼请求。

代理意见

审判长、审判员：

山东博翰源律师事务所接受 YH 公司委托，指派张岳律师作为其与 CJ 公司商品房委托销售合同纠纷二审程序代理人。代理人通过查阅一审卷宗材料，参与二审庭审，全面了解了本案纠纷，现发表如下代理意见：

1.销售代理合同约定的佣金结算方式并未进行变更，应当按照约定的方式计算基础佣金及溢价提成。

(1)本案销售代理合同明确约定，YH 公司应取得的房屋佣金包括“基础销售佣金＋溢价提成”，其中基础销售佣金为房屋销售底价的 3%；溢价提成为房屋溢价部分(实际销售价格－约定销售底价)的 30%。

YH 公司从未放弃主张溢价提成。双方在合同履行过程中并未变更提佣条款，YH 公司按照房屋销售价格结算部分佣金，只是因销售底价明细表遗失而采取的变通做法，并非主动变更合同约定和放弃权利。通过 YH 公司提交的微信聊天记录可明确看出，YH 公司因销售底价明细表原件在公司搬家过程中遗失。CJ 公司以此为由，拒不按销售代理合同约定的提佣方式进行结算。YH 公司只能提出暂按房屋实际销售价格的 3%提取佣金，以此获得部分回款，缓解公司资金压力。此为 YH 公司为取得部分佣金(该方法计算的金额必然少于按合同约定计算的金额)而采取的变通做法，不能认定为 YH 公司主动变更了合同约定的提佣方式。

(2)59 套所谓的“关系客户”不成立，该部分房屋佣金不应扣除，应当按照合同约定向 YH 公司支付销售佣金和溢价提成。

关系房源的确定一方面直接关系到代理方的基本合同收益，另一方面，从开始营销推广到开盘销售，代理方会通过促销活动储备和锁定大量意向购房人，在开盘销售前确定关系房源时，哪些属于委托销售方的关系客户，哪些属于代理方的客户，双方必然存在不同意见，所以需要由双方洽商后共同书面确认。在《销售代理合同》第十一条中，YH 公司与 CJ 公司已经就关系房源的确定时间(正式开盘销售前)、确定方式(双方以书面形式共同确定)、能否调整(确定具体房源后未经双方同意不得调整)进行了明确约定。CJ 公司所谓的《关系客户明细表》中 44 位客户签订了会员申请章程，并根据章程规定于 2017 年 11 月 5 日参与电脑摇号选房，购买价格也是依照会员章程的约定计算。如果是关系客户预留房源，这部分客户是不会参与摇号选房的。CJ 公司也不可能在 11 月 2 日就未卜先知，预测到关系客户摇号选中的房号。所以，YH 公司已经完成了对该部分客户的销售工作，应当计算佣金。CJ 公司提供的微信聊天记录没有原始载体可以核对，内容上也足以证明其没有提供明确的关系客户名单。

从 CJ 公司二审提交的微信聊天记录中可以看到，CJ 公司认可的关系房源(6-2-1201)与一审庭审中其认可的关系房源(6 号楼只有 6-2-1102)是不一致的，证明 CJ 公司所述 2017 年 11 月 2 日由赵某峰签收了明确的关系房源明细表的事实不能成立。如 CJ 公司不能提供证据证明在开盘销售前已将明确的关系房源名单提交给 YH 公司，就应按照合同约定支付该 59 套房屋的佣金。

(3)一审判决按照 CJ 公司的单方主张(2000 元/个)判决车位销售佣金的金额，没有事实及法律依据。车位销售佣金应当按照销售价格的 3%计付。

①《委托销售代理合同》第二条：委托代理销售范围中明确约定：车位属于甲方委托乙方代理销售的项目范围(简称“该项目”)。委托销售代理合同第七条：乙方在该项目中提取的基础销售佣金比例为 3%。委托销售代理合同的上述两条明确约定了车位属于 YH 公司的代理销售范围以及车位佣金的计算方式，CJ 公司称对车位的佣金需要另行协商，签订补充协议没有事实依据。CJ 公司认为车位的销售佣金双方尚未协商一致，应当另行签订补充协议的依据是代理销售合同第二条第二款“车位的销售价格及销售进度根据实际情况，甲乙双方另行商定，签订补充协议”。本条约定的是车位售价及进度需要另行商定，签订补充协议，并不是针对 YH 公司出售车位后的佣金计算进行的约定。CJ 公司混淆了车位售价与车位佣金的概念，佣金的计算方式已有明确约定(售价的 3%)。

②车位销售佣金按照销售价格的 3%计付也是符合行业习惯的。通过 YH 公司提供的某项目等六家客户签订的销售代理合同能够看出，行业代理惯例中约定销售佣金结算时，车位的佣金提取比例与房屋的佣金提取比例是一致的。在本案纠纷中，委托销售合同明确约定车位属于“该项目”，“该项目”佣金提取比例为销售金额 3%，所以应当参照该标准计算车位销售佣金。CJ 公司单方陈述每个车位 500～2000 元佣金没有任何事实依据。

综上所述，一审法院认定《委托销售代理合同》依法成立，合法有效，却将合同明确约定的内容视为虚设，依据主观推定以及自相矛盾的证据来否定合同约定，是错误的。所以，YH 公司主张的房屋销售佣金和溢价佣金、车位销售佣金，以及前述款项的违约金和损失，应当全部得到支持。

2. CJ 公司单方违约，造成合同不能履行，应当承担支付违约金的责任。

在 CJ 公司对部分佣金都未按时支付的情况下，YH 公司仍继续承担全部营销成本费用并进行房屋销售代理，YH 公司在本案中并无任何违约之处。在本案中，CJ 公司提出的唯一抗辩是 YH 公司未完成销售计划。但是，CJ 公司并未举证双方在签约及履约过程中存在约定或双方确认的销售计划安排，所以该抗辩主张并不能成立。本案合同无法继续履行的唯一原因，是 CJ 公司单方擅自安排人员进行项目销售，不但违反了合同约定的 YH 公司独家销售代理内容，而且使 YH 公司的销售代理行为实际无法继续进行。所以，本案合同不能继续履行是 CJ 公司的单方违约行为所致，应当依法承担合同约定的违约金和赔偿责任。

因此，YH 公司按照合同约定的违约金计算方法提出了违约金（未售房屋基础佣金，即销售底价的 3%）以及赔偿损失（未售车位佣金、未售房屋的应得溢价和依据与第三方合同应承担的赔偿责任）的主张均应予以支持。

综上所述，一审判决在诉讼法定程序、基本事实认定和法律适用方面均存在严重错误。YH 公司请求依法将本案发回重审或查明事实后改判支持 YH 公司的全部诉讼请求。

代理人：张　岳

2020 年 6 月 19 日

第四编　行政案件代理意见

三星焊接公司诉济南市政府其他行政（土地使用权争议）案

案情简介

三星焊接公司违法占用历下区姚家镇浆水泉村建设用地一宗，通过缴纳罚款方式补办了用地手续，但因规划原因未能将土地供给三星焊接公司。后济南市国土局通过招拍挂方式将包括三星焊接公司使用的土地在内的宗地出让给了海信绿苑公司，济南市政府向海信绿苑公司颁发了《国有土地使用权证书》，该公司进行了房地产开发建设。三星焊接公司起诉要求为其办理土地证并撤销海信绿苑公司的土地证。济南市中级人民法院依法审理并作出《行政判决书》，确认济南市政府将三星焊接使用的土地的使用权办理在海信绿苑公司名下的行政行为违法，但不宜撤销海信绿苑公司的土地证；责令济南市政府自判决生效之日起六个月内采取补救措施。本所黄利群律师代理济南市政府应诉。济南市政府不服一审判决，提起上诉。二审期间，三方庭外达成和解协议，海信绿苑公司给予三星焊接公司一定经济补偿，圆满结案。

代理意见

审判长、人民陪审员：

山东博翰源律师事务所依法接受本案被告济南市人民政府的委托，指派我作为其与原告三星焊接公司其他行政一案的诉讼代理人。现依据事实和法律，发表如下代理意见。

1. 本案中原告的建设用地项目不符合济南市城乡规划，被告无法为其办理国有土地使用证，且原告作出自担后果的承诺，现在提出办证要求，显属理由不当。

在济政〔2004〕165号《济南市人民政府关于2004年第41批次补办城镇建设用地手续的请示》中虽有“所占用的土地符合济南市土地利用总体规划，拟定的征用土地方案符合法律有关规定”的表述，但是建设用地项目不仅要符合土地利用总体规划，还要符合城乡规划。两者之间的关系是：土地利用总体规划是处理建设用地与农用地的关系，侧重于对建设用地的总量进行控制和基本农田的保护；而城乡规划主要是从城乡各项建设的空间布局进行考虑，在确定的建设用地规模范围内调整土地的空间利用，侧重于建设项目的空间布局和对建设活动的引导控制。土地利用总体规划和城乡规划各有侧重，任何建设用地项目必须同时符合“两规”。2006年7月20日，济南市规划局作出的《关于济南市某局商请历下区浆水泉风景住宅区管委会地块国有土地规划条件的复函》（济规管〔2006〕354号），明确答复包括涉案土地在内的E地块项目的规划性质为居住，即土地为住宅用地，而原告建设项目的土地为工业用地，与规划条件不相符。故济南市某局无法完善供地手续，被告则无法为原告办理国有土地使用证。

2.被告为第三人颁发《国有土地使用证》的行政行为合法有效，应予维持。

2006年8月4日，本案第三人山东海信绿苑房地产开发有限公司通过招拍挂程序竞得包括涉案土地在内的E地块国有土地使用权，签订成交确认书。同年11月24日，第三人山东海信绿苑房地产开发有限公司与济南市某局签订《国有土地使用权出让合同》（济国土资合字〔2006〕171号），并缴齐出让金及契税，后被告根据相关法律法规及档案材料，认为本案涉及宗地的权属来源合法，登记申请、地籍调查、权属审批资料齐全，其中公章、名章、签字有效，遂为第三人山东海信绿苑房地产开发有限公司颁发历下国用〔2008〕第0100036号《国有土地使用证》。

从以上过程看出，被告为第三人办理国有土地使用证的行政行为证据确凿，适用法律、法规正确，程序合法。第三人已在相关土地上进行了大规模开发建设，若撤销历下国用〔2008〕第0100036号《国有土地使用证》，会给国家利益、社会公共利益造成重大损害，原告要求撤销第三人土地使用证的诉讼请求不当。

总之，原告的建设用地项目因不符合济南市城乡规划，导致被告无法为其办理国有土地使用证；而被告为第三人颁发国有土地使用证的行政行为不存在撤销的法定事由，提请驳回原告的全部诉讼请求。

以上代理意见请予审议。

代理人：黄利群

2016年3月30日

吕某军诉济南市某局其他行政(行政咨询)案

案情简介

吕某军与黄石科技公司因一宗工业用地上的综合楼转让产生纠纷并诉至法院,在该民事案件审理期间,黄石科技公司向济南市某局提交了《关于我公司协议转让的综合办公楼能否办理国有土地使用权过户登记手续的咨询申请》,济南市某局根据相关法律法规规定作出《济南市某局关于黄石科技公司有关咨询的复函》。吕某军对上述复函有异议,遂以济南市某局为被告提起行政诉讼,济南市历下区人民法院经审理作出《行政裁定书》,裁定驳回原告起诉。

代理意见

审判长、审判员:

山东博翰源律师事务所接受济南市某局的委托,指派胡玢岩律师在贵院受理的原告吕某军诉被告济南市某局行政诉讼一案中作为被告的代理人,代理人现就本案提出代理意见如下:

1. 被告作出的《济南市某局关于黄石科技公司有关咨询的复函》系对黄石科技公司(以下简称"黄石公司")咨询申请的回复,对原告合法权益明显不产生实际影响,故本案不属于行政诉讼受案范围。

2012 年 9 月 28 日,被告收到黄石公司提交的《关于我公司协议转让的综合办公楼能否办理国有土地使用权过户登记手续的咨询申请》后,根据相关法律法规,针对其咨询内容作出《济南市某局关于黄石科技公司有关咨询的复函》。《复函》是对黄石公司咨询的一份书面答复,其内容主要为依据当时现行有效的法律法规作出的流程释明及相关政策规定告知,并未对原告权益产生实际影响，因此根据《行政诉讼法》规定，本案不属于行政诉讼受案范围。同时，原告不是答复行为的相对人，故原告也不具备本案原告诉讼主体资格。根据《最高院关于适用〈行政诉讼法〉若干问题的解释》第三条之规定，应裁定驳回原告起诉。

2.案涉《复函》适用法律正确，内容并无不当，程序合法。

2012年9月28日，被告收到黄石公司咨询该公司名下工业用地上的综合办公楼能否按占用范围办理国有土地使用权过户登记手续的申请后，立即安排工作人员对黄石公司提出的事项进行调查了解，于2012年10月17日作出案涉《复函》，根据当时现行有效的相关法律法规，明确答复了三条意见：

(1)根据《工业项目建设用地控制指标》规定，“工业项目所需行政办公及生活服务设施用地面积不得超过工业项目用地总面积的7%”，根据黄石公司提供的材料，答复其涉及的综合办公楼已超过项目总用地面积的7%，不符合规划要求。

(2)根据《城乡规划法》第四十三条之规定，告知其“涉及规划条件变更的，应征询城乡规划主管部门同意”，同时根据市规划部门复函内容，告知其市规划局已作出“综合办公楼用地无法与车间用地进行分割”的认定。

(3)根据《城镇国有土地使用权出让和转让暂行条例》第十八条之规定，告知黄石公司改变土地用途的登记流程。

被告作出的复函针对咨询的问题作出清晰的答复，适用法律正确，答复内容并无不当，程序合法。

3.本案已超过《行政诉讼法》规定的起诉期限。

原告请求撤销的该复函系被告于2012年10月17日针对黄石公司咨询申请作出的。在原告与该公司等就房屋买卖合同纠纷诉讼期间，济南市中级人民法院曾于2012年10月12日就涉案土地使用权能否办理过户向被告发函咨询，被告对此于2012年11月16日作出《关于济南市中级人民法院的复函》，其中第一段明确说明针对此问题黄石公司已向被告咨询，答复意见可详见《济南市某局关于黄石科技公司有关咨询的复函》，同时将该《复函》作为附件一并提供给济南中院。被告向济南市中级人民法院作出的《复函》内容在上述民事案件的一审期间曾作为事实依据，并在相关民事判决书中载明，该民事判决的落款日期为2013年7月6日，即最迟在此时原告就应当知道本案涉及《复函》的存在。另因该《复函》的相对人为申请咨询的黄石公司，故被告无需向相对人以外的本案原告告知诉权，因此针对《济南市某局关于黄石科技公司有关咨询的复函》于2016年11月6日提起的行政诉讼已超过法定起诉期限。

综上所述，被告作出的《济南市某局关于黄石科技公司有关咨询的复函》适用法律正确，内容并无不当，程序合法，其内容系对流程的释明以及相关政策法规的告知，未对原告合法权益产生实际影响，且吕某军不具备本案适格的原告诉讼主体资格，本案亦超过法定起诉期限，故请求法院依法驳回起诉。

代理人：胡玢岩

2017 年 2 月 24 日

作者简介

胡玢岩律师，中共党员，山东博翰源律师事务所专职律师，毕业于山东政法学院。自执业以来，胡律师先后为山东省住房和城乡建设厅、济南市人民政府办公厅、济南市自然资源和规划局等多家政府机关和各类企业提供常年法律顾问服务工作。参与办理多起刑事诉讼、行政诉讼及非诉讼法律服务，积累了丰富的实践经验，代理的济南市自然资源和规划局系列闲置土地处置、执法监察纠纷等行政诉讼案件均取得了良好的法律和社会效果。

张某水等五人诉济南市某局其他行政（土地执法监察）案

案情简介

2017年6月16日，济南市某局收到张某水等人邮寄的查处申请书，申请对济南市高新技术产业开发区某街道办事处非法占用土地及违反法定程序进行土地征收的违法行为予以查处。收到上述申请后，济南市某局即进行调查核实，经查实，包括申请人在内的各方均未使用涉事土地进行任何建设，涉事土地拟实施"机场周边五村拆迁整合"项目，其涉及土地的性质仍为村集体土地，即未进行土地征收，故不存在申请人申请查处的情形。

济南市某局根据上述调查结果，作出《关于张某岐等五人查处违法用地申请书的答复函》并邮寄送达各申请人。申请人对复函有异议，遂诉至法院。济南市历下区人民法院作出《行政判决书》，判令被告济南市某局对原告张某水等五人的《查处申请书》重新作出处理。被告对一审判决不服，上诉至济南市中级人民法院，济南市中级人民法院经审理作出二审《行政判决书》，判决撤销一审行政判决，驳回原告诉讼请求。本文即二审过程中的代理意见。

代理意见

审判长：

张某水等五人诉济南市某局行政诉讼一案，被告已依据行政诉讼法相关规定提交答辩材料及证据，并委托代理人出庭应诉，现结合本案的庭审及双方的质证情况，提交书面代理意见如下：

1. 被告已针对原告申请查处的事项逐一调查核实，并依调查结果做出案涉答复，事实依据充分，内容并无不当。

2017 年 6 月 16 日，被告收到原告邮寄的查处申请书，申请对济南市高新技术产业开发区某街道办事处非法占用土地及违反法定程序进行土地征收的违法行为予以查处。因涉事土地位于高新区，依据市政府对高新区执法主体的调整，被告立即与高新区组织人员对申请查处事项逐一调查。关于非法占用土地问题，经现场调查，与查处申请人张某岐及其他四人的代理人赵某凤询问相关情况，并向涉事土地所在的村委会、街道办事处调查核实，包括本案原告在内的上述各方均表示涉事土地没有进行使用，未进行任何建设。关于违法征地问题，经与上述各方核实，涉事土地所在村落目前进行项目为“机场周边五村拆迁整合”项目，其涉及土地的性质仍为村集体土地，即未进行土地征收，故不存在原告申请查处的“违反法定程序进行土地征收”的情形。另在询问查处申请人过程中，其表示对拆迁存有异议，因拆迁行为的执法监察并非被告法定职责，故被告无权对此行为予以评价并作出处理。且原告自提交查处申请至本案庭审，亦未有任何证据证明存在其申请查处的非法占用土地及违反法定程序进行土地征收的情形存在。

被告已在法定职责范围内针对原告申请逐项调查，并作出《关于张某岐等五人查处违法用地申请书的答复函》，事实依据充分。

2. 被告依据调查结果作出《关于张某岐等五人查处违法用地申请书的答复函》并邮寄送达原告，程序合法。

被告于 2017 年 6 月 16 日收到原告邮寄的查处申请后，经实地查看，询问涉事各方等一系列调查工作，于 7 月 7 日作出案涉答复函，程序合法。

根据济政字〔2016〕45 号《济南市人民政府关于进一步确认济南高新区管委会行政执法主体资格的通知》规定：“市政府授权济南市高新区管委会行使市级管理权限，依法确认其行政执法主体资格。由济南高新区管委会依据《市级下放济南高新区管委会行政权力清单》（济政字〔2016〕28 号）梳理公布其行政权力清单后实施。已公布的，市政府有关部门在济南高新区范围内不再行使该项行政权力。”另据济政字〔2016〕28 号所附权利清单，高新区范围内非法占用土地等行为的执法权力已归于高新区管委会。故本案中向被告申请查处的事项涉及两个部门，被告作出答复的期限符合《山东省行政程序规定》等法律法规的规定。

综上，被告收到原告的查处申请后，已依法进行调查，并依据调查结果作出书面答复并送达原告，答复依据充分，程序合法，不存在原告诉称的不作为，请求合议庭依法驳回原告诉讼请求。

代理人：胡玢岩

2018 年 1 月 12 日

魏某明诉山东银监管局行政复议纠纷案

案情简介

魏某明不服山东银监局德州分局对其所反映问题的处理意见，遂向山东银监局申请行政复议，要求撤销德州分局作出的《处理意见书》。山东银监局经复议后作出《行政复议决定书》，决定由德州银监分局进一步调查魏某明的申请事项并予以妥善答复。魏某明对山东银监局的复议决定不服，向山东省宁津县人民法院提起行政诉讼。山东博翰源律师事务所黄利群律师代理山东银监局应诉。法院开庭审理后，魏某明申请撤回起诉。宁津县法院依法作出《行政裁定书》，准许魏某明撤回起诉。

代理意见

审判长、审判员：

山东博翰源律师事务所依法接受本案第二被告山东银监局的委托，指派我担任其与原告魏某明行政复议纠纷一案的诉讼代理人。现依据事实和法律，发表如下代理意见。

1. 山东银监局作出鲁银监复决字〔2017〕1号《行政复议决定书》程序合法。

2017年6月16日，山东银监局收到原告的行政复议申请书，当日决定受理，符合我国《行政复议法》第十七条关于受理期限"应当在五日内进行审查……(决定是否受理)"的规定。6月21日将行政复议申请书副本邮寄中国银行业监督管理委员会德州监管分局(以下简称"德州银监分局")，也符合《行政复议法》第二十三条关于送达期限"自行政复议申请受理之日起七日内，将行政复议申请书副本发送被申请人"的规定。德州银监分局于6月22日收到行政复议申请书副本等材料后，于10日内提交行政复议答辩书。因本案情况较为复杂，不能在规定期限的60日内作出行政复议决定，经山东银监局负责人批准，于8月3日通知延长审理期限30日。9月13日，山东银监局作出鲁银监复决字〔2017〕1号《行政复议决定书》并送达各方当事人，又完全符合《行政复议法》第三十一条关于行政复议审理期限包括延长期限的规定，并且还告知原告对行政复议不服，可以自接到本决定之日起15日内向有管辖权的人民法院提起行政诉讼的救济途径，复议程序的每一环节均合乎法律规定，合法有效。

2.山东银监局作出鲁银监复决字〔2017〕1号《行政复议决定书》认定事实清楚，适用法律正确。

山东银监局全面审查了复议双方当事人提交的各项材料及证据后查明：德州银监分局收到山东银监局转去的原告《请求履行监督管理职责申请书》后，于2017年2月14日受理，并于当日发出受理通知书，之后对原告反映的相关问题开展了调查核实。因相关问题发生时间较为久远，调查困难，2017年4月13日，向原告发出延长办理期限通知书。2017年5月10日，向原告发出《处理意见书》(2017年7号)。告知原告：一是通过调查未发现其所提600万元借款合同的相关信贷档案和贷款发放记录；二是对原告来信所附《还款协议》涉及的债务处理违规问题，已责令德州银行对相关责任人予以处理；三是针对原告所提债务异议，告知其监管部门对债务纠纷无裁决权，建议通过司法途径依法处理债务问题。山东银监局经审理认为：德州银监分局提供的证据资料显示，其接到原告《请求履行监督管理职责申请书》后，按照相关信访工作规定对原告诉求依法进行了受理，按照银监法及相关法规规定对原告反映的相关问题进行了调查、核实。对调查中发现的德州银行严重违反审慎经营规则行为，依法履行监管查处职责，因已过处罚时效，责令银行内部问责，对超出德州银监分局职责范围的债务纠纷判定事项，依法履行了告知义务。

山东银监局作出上述认定，主要是基于对本案两个基本事实的认知：一是原告要求德州银监分局监管查处的行为发生在十年以前，超出了我国《行政处罚法》规定的二年处罚时效，德州银监分局责令银行内部问责并无不当；二是原告反映的并不是其个人作为行为相对人的权益问题，而是其作为现被吊销而非注销的山东怡明水处理设备有限公司的股东投诉德州银行违规问题，德州银监分局按照信访程序进行处理亦无不当。但是，山东银监局通过审理又发现在德州银监分局核查过程中，应进一步向信访事项各相关人了解和收集相关资料，将在职责和权限范围内调查核实的情况依法向原告答复，并告知原告是否监管处罚及原因，最终决定让德州银监分局进一步调查，完善证据，并论证核查结果的正确性，更加认定事实清楚，适用法律正确。

3. 山东银监局作出鲁银监复决字〔2017〕1号《行政复议决定书》的内容对原告合法权益明显不产生实际影响，原告起诉山东银监局于法无据，应当依法驳回。

原告魏某明向山东银监局申请行政复议一案，山东银监局依据《行政复议法》第二十八条第二项及《行政复议法实施条例》第四十四条之规定，决定由德州银监分局依法进一步调查对原告提出的申请事项进行妥善答复，这一结论与原告行政复议的实质主张契合，对原告合法权益明显不产生实际影响，复议决定没有损害原告的合法权益，原告对山东银监局不具有实体意义上的诉权。根据《最高人民法院关于适用〈中华人民共和国行政诉讼法〉的解释》第六十九条的规定："有下列情形之一，已经立案的，应当裁定驳回起诉：（八）行政行为对其合法权益明显不产生实际影响的。"另外，复议决定的结论，既不属于《行政诉讼法》规定的"复议维持"情形，也不属于"复议改变"的情形，原告列山东银监局为被告不符合相关法律规定，应当裁定驳回起诉。

综上，山东银监局作出鲁银监复决字〔2017〕1号《行政复议决定书》，认定事实清楚，适用法律正确，程序合法，应予维持。提请合议庭依法驳回原告对山东银监局的起诉。

以上代理意见请予审议。

代理人：黄利群

2018年5月23日

第五编　非诉讼法律意见书

对 TH 公司有关合同审查的法律意见书

案情简介

TH 公司在济南市××区投资开发了多个项目，但对项目涉及的合同、协议等文件是否存在法律风险把握不准，需要外部法律支撑。代理律师接受委托后，在合同主体、合同内容、履行情况、变更原因等方面进行了审核，对其中可能存在的法律风险作出了风险提示。

法律意见书

致：TH 公司及其下属子公司

山东博翰源律师事务所接受贵公司委托，对贵公司投资开发的济南市高新区××片区 A-05、B-13、C-14 地块项目、投资代建的××区项目、投资购置的××项目部分房地产项目等三项目中××××年××月××日前对外签署的合同或协议进行合法性审查。根据本所与贵公司签订的《专项非诉事务法律服务协议》，本所根据相关法律、法规的规定，按照律师行业公认的业务标准、道德规范和勤勉尽责精神，对有关合同及协议开展法律审查工作，出具本法律意见书。

为出具本法律意见书，本所组成了法律服务专项小组，对贵公司对外签署的有关合同或协议进行了现场审看，向贵公司有关工作人员了解了情况，根据调查、审查情况，现出具本法律意见书。

声　明

1. 我们仅对合同或协议进行书面及形式审查，并对合同表面内容及形式是否合法有效发表法律意见；对是否存在以合法形式掩盖非法目的而导致合同无效的情形，我们因无法审查而不发表法律意见。

2. 我们对合同或协议的洽谈和合同内容确定、签署、实际履行、履行过程中贵司与合同相对方是否存在纠纷等情况未进行审查和了解，对该等事宜存在可能会造成合同被提前解除或被撤销或违法无效等，我们不发表法律意见。

3. 本意见书中对合同编号的表述以贵公司财务部门编号为准。

具体法律意见及建议

一、关于贵公司对外签署的合同或协议的合法有效性问题

经过审查，贵公司对外签署的合同或协议（详见附表）表面内容及形式上不存在违反法律、行政法规强制性或禁止性规定的情形，据此，附表中的合同或协议均属于合法有效的合同。

二、关于贵公司对外签署的合同或协议存在的问题及建议

1. 部分合同存在无签署日期或贵司未盖章的情形，因合同中部分合同义务的履行时间起算日是以合同生效日为起算点，为避免争议，建议完善签署日期。

2. 造价咨询合同内容可能存在重复和交叉，具体如表1所示：

表1　TX公司造价咨询合同中内容交叉和重复情况

财务部门合同编号	对方单位	合同金额	合同内容
××—0003	××工程项目管理有限公司	8,931,547.00	××项目全过程工程造价的咨询服务
××—0004	××工程造价咨询有限公司	11,515,141.00	××项目全过程工程造价咨询服务
*	*	*	*

上述合同的工作内容分别存在交叉和重复，在此，提请贵公司调查、落实上述五份合同中的工作内容是否存在重复以及合同付款是否存在重复。

3. 土石方工程合同内容可能存在重复和交叉，具体如表2所示：

表 2　　TX 公司中土石方工程合同中内容交叉和重复情况

财务部门合同编号	对方单位	合同金额（元）	合同内容	备注
××－0030	××建筑工程有限公司	59,508,936.80	××地块渣土开挖破碎清运	补充增加工程款 1053.7 万元
××－0031	××建筑工程有限公司	11,741,680.77	××地块渣土开挖破碎清运	补充增加抢工补偿款 187 余万元

上述合同为各地块土石方合同，其工作内容分别存在交叉和重复，是否是同一地块上不同楼座的土石方工程，从合同内容约定中无法进行区别。提请贵公司调查、落实上述七份合同的工作内容是否存在重复以及合同付款是否存在重复等。

三、关于济南市高新区××项目《合作协议书》事宜

2017 年 8 月，济南××控股集团有限公司（甲方）、贵公司（乙方）、××集团股份有限公司（丙方）三方签署了关于济南市高新区××项目的《合作协议书》，主要约定：1. 甲乙双方设立济南××置业有限公司（以下简称“目标公司”），以目标公司为主体，对双方联合竞投取得的三宗土地（A-05 地块 2016－G089 号、B-13 地块 2016－G060 号、C-14 地块 2016－G061 号）进行合作开发建设；2. 乙方承诺目标公司销售收入不低于 54 亿元，净利润不低于 19.8 亿元；若房地产市场发生重大政策性调整，对销售收入和利润实现发生较大影响的，双方可协商重新审定销售收入和利润分配事宜。

根据贵公司工作人员的陈述，各方对该合作协议正在积极履行过程中，存在的主要问题有：

一是因房地产市场发生调整，可能对销售收入及利润产生不利影响，合同第二条第五款约定的保底销售收入及净利润可能无法实现。目前，根据贵公司测算合作项目收入约 62 亿元、净利润约 6.88 亿元，与合同约定的保底收入 54 亿元、保底净利润 19.8 亿元差距较大。

二是作为招拍挂条件，目标公司需为高新区管委会代建××地块配套公共管理与公共服务设施，现因规划变更需要增加建设公交枢纽及地下车库，合计增加投资约 5000 万元。同时，因规划变更导致建设周期延长，增加了财务费用。

三是××地块拿地后，地块所在大区控规到目前未确定，直至××年底才

取得工程规划许可证，存在逾期开工情形，但属于政府原因造成，已取得政府认可延期开工。但因此造成的财务费用增加，给合作项目利润造成不利影响。

对于该合作协议，我们建议：

1. 根据合作协议约定，贵公司应尽快与济南××控股集团有限公司协商洽谈因市场调整、××地块财务费用增加及其他客观因素等造成的合同约定的销售收入和净利润可能无法实现及如何处理的问题，各方尽快签订补充协议，对变更情况及时进行确认。

2. 尽快与高新区管委会沟通、协商××地块因增加建设公交枢纽及地下车库而增加造价约5000万元如何处理的问题。根据招拍挂条件要求及相关协议的约定，因规划变更导致增加的造价部分不应由贵公司或目标公司承担。

3. 鉴于目标公司属于国有参股公司（国有法人股持股49%），因此，在目标公司的日常经营管理过程中，应按照合作协议及目标公司章程的规定进行经营活动，防止有关方以国有资产流失等为由向贵公司主张不合理权利或利益。

综上，补充协议内容对贵公司极为不利，不仅加重了贵公司逾期付款的违约责任，还在一定程度上免除了××公司提供抵押资源融资、逾期支付代建服务费的违约责任。

以上法律意见及建议，不作为最终结果的判断，仅供贵公司参考。

本意见书仅为委托人的利益而向委托人提供，未经本所同意，不得向任何第三人转交，也不得在任何情况下作为证据使用，或为其他目的而在任何公开文件中节录或引用。

任何第三人未经本所允许，不得查阅、使用本意见书。

律师：尹义锋　吴兰征

2019年5月29日

ZTKC发行2018年度第一期超短期融资券项目法律意见书

案情简介

ZTKC(证券代码:000957)拟发行2018年度第一期超短期融资券,聘请我所为专项法律顾问,并为本次发行出具法律意见书。ZTKC本次发行已经在中国银行间市场交易商协会备案。

法律意见书

致ZTKC:

山东博翰源律师事务所(下称“本所”)接受ZTKC(下称“发行人”或“公司”)委托,并根据发行人与本所签订的《专项法律服务合同》,担任发行人发行2018年度第一期超短期融资券(下称“本次发行”)的特聘专项法律顾问。本所律师根据《中华人民共和国公司法》(下称《公司法》)、《中华人民共和国中国人民银行法》(下称《中国人民银行法》)、《银行间债券市场非金融企业债务融资工具管理办法》(人民银行令〔2008〕第1号,下称《管理办法》)、《银行间债券市场非金融企业超短期融资券业务规程(试行)》(下称《业务规程》)、《银行间债券市场非金融企业债务融资工具发行注册规则》(下称《注册规则》)、《银行间债券市场非金融企业债务融资工具信息披露规则》(下称《披露规则》)、《银行间债券市场非金融企业债务融资工具中介服务规则》(下称《服务规则》)、《银行间债券市场非金融企业债务融资工具募集说明书指引》(下称《募集说明书指引》)等法律、法规、规范性文件的规定以及中国银行间市场交易商协会(下称“交易商协会”)制定的相关自律规则,以及律师行业公认的业务标准、道德规范和勤勉尽责精神出具本法律意见书。

为出具本法律意见书，本所律师特作如下声明：

1. 本所律师依据本法律意见书出具之日以前已发生或存在的事实和我国现行法律、法规和规范性文件的有关规定发表法律意见；已严格履行法定职责，遵循勤勉尽责和诚实信用原则，对本次发行的合法合规性进行了充分的尽职调查，保证本法律意见书不存在虚假记载、误导性陈述及重大遗漏。

2. 为出具本法律意见书，本所律师根据中国现行的法律、法规和规范性文件的有关规定及本所与发行人签订的《专项法律服务合同》的要求，对与出具本法律意见书有关的文件资料进行了核查、验证。

3. 发行人保证已经提供了本所律师认为出具本法律意见书所必需的、真实的原始书面材料、副本材料或其他材料。发行人保证上述文件真实、准确、完整，文件上所有签字与印章真实，复印件与原件一致。

4. 对于出具本法律意见书至关重要而又无法获得独立证据支持的事实，本所律师依赖于有关政府部门、司法机关、发行人或其他有关单位出具的证明文件出具本法律意见书。

5. 本所律师仅就与本次发行有关的法律问题发表法律意见，并不对有关财务、审计、信用评级等专业事项发表意见。在本法律意见书中引述的其他中介机构出具的报告及相关文件中的数据、意见及结论，并不表明本所对该等内容的真实性、准确性及完整性作出任何明示或默示的保证。

6. 本所同意将本法律意见书作为发行人申请发行本期超短期融资券所必备的法律文件，随同其他材料一同上报，愿意作为公开披露文件，并承担相应的法律责任。

7. 本法律意见书仅供发行人本次发行之目的使用。未经本所书面同意，不得用作任何其他目的。

基于以上所述，本所律师按照律师行业公认的业务标准、道德规范和勤勉尽责精神，出具法律意见如下：

一、发行主体

（一）发行人具有独立法人资格

经本所律师核查，发行人 ZTKC 持有山东省工商行政管理局核发的统一社会信用代码为＊＊＊＊的《企业法人营业执照》，住所为聊城市经济开发区＊＊路 261 号，法定代表人 LSP，注册资本为＊＊＊万元，公司类型为股份有限公司（上市），经营范围为客车、客车底盘的开发、制造、销售。（有效期限以许可证为准）。客车专用配件，客车底盘专用配件的开发、制造、销售；专用车（不含小轿车)及配件、橡胶产品、工业生产资料(不含专营专控)的销售;技术咨询、服务;高新技术、信息产业投资;资格证书范围内自营进出口业务。

本所律师认为,发行人系依法设立的企业法人,具备完全的独立法人资格。

(二)发行人系非金融企业

发行人持有的《企业法人营业执照》显示其经营范围为:客车,客车底盘的开发、制造、销售。(有效期限以许可证为准)。客车专用配件,客车底盘专用配件的开发、制造、销售;专用车(不含小轿车)及配件、橡胶产品、工业生产资料(不含专营专控)的销售;技术咨询、服务;高新技术、信息产业投资;资格证书范围内自营进出口业务。

本所律师认为,发行人的经营范围未包括金融业务,也未实际从事金融业务,系非金融企业法人。

(三)发行人系交易商协会会员

经本所律师核查,发行人于2014年11月27日收到中国银行间市场交易商协会发出的《中国银行间市场交易商协会特别会员资格通知书》(中市协会〔2014〕994号),现为交易商协会会员。

(四)发行人的历史沿革合法合规

1.公司设立及发行上市情况

(1)发行人设立情况

ZTKC系1993年3月16日经山东省聊城地区(今山东聊城)经济体制改革委员会以聊体改〔1993〕15号文批准,由LCKCC、ZQJT公司和GLCLZGS三家共同发起,以定向募集方式设立,于1994年4月7日注册成立,并取得注册号为＊＊＊的企业法人营业执照。

1998年4月28日,经山东省经济体制改革委员会以鲁体改企字〔1998〕第70号批准将发行人原名“山东客车股份有限公司”更名为“ZTKC股份有限公司”。

2000年10月16日,经国家工商行政管理局以(国)名称变核内字〔2000〕第353号批准,更名为“ZTKC”。

(2)发行人发行上市情况

1999年9月,经中国证券监督管理委员会证监发行字〔1999〕118号文批准,发行人向社会发行人民币普通股4500万股,发行后发行人总股本变更为132,502,750股。

经深圳证券交易所深证上〔2000〕第4号文批准同意,发行人股票于2000年1月13日在深圳证券交易所上市交易,股票简称“ZTKC”,股票代码000957。

发行人上市以来的股本主要变化情况:

①2000 年 7 月 10 日，经鲁体改企字〔2000〕第 23 号批准，以 1999 年末的总股本为基数，向全体股东每 10 股送 2 股转增 6 股，股本变更为＊＊＊股，股本结构为：GLCLZGS＊＊＊股，占 21.52%；LCKC 公司＊＊＊股，占 20.57%；DLCW 公司＊＊＊股，占 4.93%；内部职工股为＊＊＊股，占 19.03%；社会公众股为＊＊＊股，占 33.95%。

②2000 年，ZQJT 所持有公司的股份被划转至 DLCW 公司名下。2001 年，DLCW 公司将持有公司的 11,749,005 股股份转让给 SHCL 公司。

③2002 年 9 月 20 日，财政部以财企〔2002〕379 号批准同意 GLCLZGS 将其所持有的部分国有法人股予以股权转让，其中：＊＊＊股转让给 CRTZ 公司；＊＊＊股转让给 LCKC 公司。LCKC 公司受让＊＊＊股后合计持有发行人 53,659,000 股，成为发行人第一大股东。

④根据中国证券监督管理委员会证监发行字〔2002〕65 号文《关于核准 TJGF 公司等 9 家公司内部职工股上市流通的通知》，截至 2002 年 9 月 20 日，发行人内部职工股＊＊＊股距 A 股发行之日已满三年，于 2002 年 9 月 20 日上市流通。本次申请上市流通的内部职工股为＊＊＊股，其中董事、监事、高管人员持内部职工股＊＊＊股按规定暂时锁定。

⑤2006 年 5 月 8 日，发行人第一大股东 LCKC 公司名称变更为 ZTKCGYJT。

⑥根据于 2006 年 6 月 5 日召开的股权分置改革相关股东会议审议《股权分置改革方案》，发行人实施了股权分置改革：非流通股股东按比例做出对价安排，其中，第一大股东不直接作出对价安排，由第三、四、五股东，即 CRTZ 公司、SHCL 公司和 JTGY 总公司代为支付，第一大股东以现金方式偿还上述非流通股东在本次股权分置改革中代为支付的股份。流通股股东每持有 10 股，公司流通股将获付对价 3 股，非流通股股东共需支付＊＊＊股股票。股权分置改革方案实施后，发行人总股本保持不变，依然为＊＊＊股。

⑦根据 2015 年 7 月 27 日中国证券监督管理委员会《关于核准 ZTKC 非公开发行股票的批复》(证监许可〔2015〕1784 号)，本公司于 2015 年 9 月 23 日分别向 ZTKCGYJT 非分开发行股份＊＊＊股、向 SDGZKG 非公开发行股份＊＊＊股。原 JTGY 公司所持 0.81%股份合并至 SDGZKG 所持股份中。

⑧ZTKC 于 2016 年 5 月 5 日接到公司第二大股东 SDGZKG 通知，该股东及其一致行动人 WHCT 公司于 2015 年 6 月至 2016 年 5 月 5 日累计增持公司股份 14,822,418 股，增持股份占公司总股本的 5%。

本次增持后，SDGZKG 持有本公司股份＊＊＊股，占公司总股本的 18.95%。WHCT 公司持有公司股份＊＊＊股，占公司总股本的 0.01%。两家合计持有本公司股份＊＊＊股，占公司总股本的18.96%。

⑨ZTKC于2016年6月16日收到公司控股股东ZTKCGYJT减持公司股份通知，其于2016年6月15日通过深圳证券交易所大宗交易系统减持公司股票＊＊＊万股，占公司总股本的0.97%。

ZTKC于2016年6月23日收到公司控股股东ZTKCGYJT减持公司股份的通知，其于2016年6月23日通过深圳证券交易所大宗交易系统减持公司股票300万股，占公司总股本的1.01%。

⑩ZTKC以公司现有总股本＊＊＊股为基数，向全体股东每10股派5元人民币现金（含税；扣税后，QFII、RQFII以及持有股改限售股、首发限售股的个人和证券投资基金每10股派4.5元；持有非股改、非首发限售股及无限售流通股的个人股息红利税实行差别化税率征收，先按每10股派5元，权益登记日后根据投资者减持股票情况，再按实际持股期限补缴税款；持有非股改、非首发限售股及无限售流通股的证券投资基金所涉红利税，对香港投资者持有基金份额部分按10%征收，对内地投资者持有基金份额部分实行差别化税率征收；对于QFII、RQFII外的其他非居民企业，本公司未代扣代缴所得税，由纳税人在所得发生地缴纳）。同时，以资本公积金向全体股东每10股转增10股。

分红前本公司总股本为＊＊＊股，分红后总股本增至＊＊＊股。

截至本募集说明书签署日，发行人总股本为＊＊＊股，注册资本人民币＊＊＊元。

截止到本法律意见书出具之日，发行人的股本结构未再发生变化。

本所律师认为，发行人历次股权变更均履行了必要的法律程序并经工商变更登记，其历史沿革合法合规。

（五）发行人依法有效存续

经本所律师核查，发行人现持有山东省工商行政管理局于2014年8月20日核发的《企业法人营业执照》，并通过了工商年检，发行人依法有效存续，根据法律、法规、规范性文件及公司章程，不存在应当终止的情形。

综上所述，本所律师认为，发行人是在中华人民共和国境内依法设立并有效存续的非金融企业法人，具备交易商协会会员资格，历史沿革合法合规，具备相关法律、法规及规范性文件规定的发行本期超短期融资券的主体资格。

二、发行程序

（一）本次发行的内部决议

1.2016年7月6日，发行人以通讯表决的方式召开第八届二十次董事会，审议通过了《关于发行不超过10亿元超短期融资券的议案》，同意公司向交易商协会申请注册额度不超10亿元人民币超短期融资券，并根据市场情况和公司实际资金需求，在交易商协会注册有效期内择机分期发行。该议案经董事会审议通过后提交股东大会审议。

2. 2016年7月26日，发行人召开2016年第二次临时股东大会，会议审议通过了《关于发行不超过10亿元超短期融资券的议案》。

根据发行人提供的资料并经本所律师核查，发行人上述董事会、股东大会的召集与召开程序、表决程序，以及会议决议内容符合相关法律、法规、规范性文件及《公司章程》的规定。

（二）本次发行的外部批准

2016年11月2日，发行人取得了交易商协会作出的《接受注册通知书》（中市协注〔2016〕SCP359号），超短期融资券注册金额为10亿元，注册额度2年内有效。

根据《注册规则》第十八条的规定，企业如分期发行债务融资工具，后续发行应提前2个工作日向交易商协会备案。

综上所述，本所律师认为，发行人已经获得了本次发行必要的内部批准，完成了交易商协会注册的程序，本次发行尚需向交易商协会申请备案。

三、发行文件及发行有关机构

（一）发行公告

经本所律师核查，本次发行的《发行公告》中披露的本次发行安排等内容不存在与法律、法规及规范性文件的规定相抵触的情形，其内容合法合规。

（二）募集说明书

经本所律师核查，本次发行的《募集说明书》按照《募集说明书指引》的要求进行编制，其内容符合《募集说明书指引》等规则指引中有关信息披露的规定。

（三）评级报告

1. 信用评级机构

发行人聘请了LHZX担任本次发行的信用评级机构。经本所律师核查，LHZX现持有北京市工商行政管理局朝阳分局核发的统一信用代码为＊＊＊＊的《企业法人营业执照》，并系交易商协会会员。

本所律师认为，LHZX具备为本次发行出具信用评级报告的资质。

2. 本次发行评级情况

2017年7月28日，LHZX出具了《ZTKC2017年度企业信用评级报告》。发行人主体信用评级结果为AA，评级展望为稳定。2017年7月28日，LHZX出具了《ZTKC2017年度第一期中期票据信用评级报告》。发行人主体信用评级结果为AA，评级展望为稳定。

LHZX为本次发行而出具的信用评级报告将在LHZX网站向全国银行间债券市场投资者披露，符合《管理办法》第九条的规定。

3.经本所律师适当核查，LHZX与发行人不存在关联关系。

（四）法律意见书

1.法律服务机构

发行人聘请了本所担任本次发行的法律服务机构。本所现持有山东省司法厅核发的证号为＊＊＊的《律师事务所执业许可证》，并系交易商协会会员，具备为本次发行提供法律服务的相关资质。

2.经办律师资质

本所指派季猛、高静律师为本次发行的经办律师。季猛、高静律师均持有合法有效的《律师执业证》，具备为本次发行出具法律意见的相关资质。

3.经本所律师自查，本所及经办律师与发行人不存在关联关系。

（五）主承销商

1.承销机构

发行人已获批准的中市协注〔2016〕SCP〔359〕号接受注册通知书记载由发行人委托XYYH、HXYH担任联席主承销商。发行人与XYYH、HXYH签订了《ZTKC2018年度第一期超短期融资券承销协议》（下称《承销协议》），约定XYYH作为发行人本期超短期融资券的主承销商，采取余额包销的方式承销发行人公开发行的超短期融资券。

经本所律师核查，XYYH现持有福建省市场监督管理局核发的注册号为统一社会信用代码为＊＊＊的《企业法人营业执照》以及中国银行业监督管理委员会颁发的机构编码为＊＊＊的《金融许可证》，并系交易商协会会员。根据中国人民银行《中国人民银行关于JTYH等6家商业银行从事超短期融资券承销业务的通知》（银发〔2005〕174号），XYYH具备从事超短期融资券主承销业务的资质。本所律师认为，XYYH具备作为本次发行主承销商的相关资质。

2.承销协议

本所律师审查了发行人与主承销商签订的有关本次发行的《ZTKC2018年度第一期超短期融资券承销协议》。该协议的签约主体合法，内容不违反现行法律、法规和规范性文件的规定。本所律师认为，该协议真实、合法、有效。

3.经本所律师适当核查，XYYH与发行人不存在关联关系。

综上所述，本所律师认为，本次发行的发行文件符合相关法律、法规及规范性文件的要求，发行有关机构具备相关业务资质，与发行人不存在关联关系。

四、与本次发行有关的重大法律事项及潜在法律风险

依据《管理办法》《业务规程》等相关法律、法规和规范性文件的要求，就发行人与本次发行相关的重大法律事项，基于发行人承诺并经本所律师适当核查，本所律师认为：

（一）注册金额

根据本次发行的《募集说明书》，发行人本次拟发行的超短期融资券金额为人民币5亿元。根据发行人2018年第一季度报告，截至2018年3月31日，发行人净资产为278,888.51万元。经本所律师核查，截至2018年3月31日，发行人待偿还债务融资工具余额为3亿元，全部为中期票据。本次发行完成后，发行人的债务融资工具待偿还余额合计未超过发行人净资产的40%，符合《业务规程》第四条的规定。

（二）募集资金的用途

根据本次发行的《募集说明书》，本次发行募集资金一部分用来补充发行人公司运营资金，另一部分用来偿还银行贷款。本所律师认为，本次发行募集资金用途合法、合规，符合国家产业政策以及交易商协会《业务规程》第五条的规定。

（三）治理情况

1.组织机构及议事规则

经本所律师核查，发行人具有健全的组织机构及相关的议事规则，其组织机构及议事规则均合法、合规，符合发行人《公司章程》的规定。

2.根据发行人《2018年第一季度报告》显示，截至2018年3月31日，发行人股权结构情况为：ZTKCGYJT持有发行人21.07%的股份，为发行人的第一大股东。JTGY集团和聊城市人民政府国有资产监督管理委员会各持有ZTKCGYJT51%和49%的股权，山东省人民政府国有资产监督管理委员会持有JTGY集团总公司100%股权。因此，山东省人民政府国有资产监督管理委员会为ZTKC的实际控制人。

3.董事、监事及高级管理人员

根据发行人《公司章程》显示，发行人设董事会，成员9人；设监事会，成员3人；设董事会秘书1名，总经理1名，由董事会聘任或解聘。经本所律师核查，发行人现任董事、监事和高级管理人员的任职均合法合规、符合发行人《公司章程》的规定。

（四）业务运营情况

1.发行人的子公司情况

（略）

2.经营范围、业务

根据发行人及其合并范围的子公司的书面确认并经本所律师适当核查，发行人及其合并范围内的子公司自设立以来依法经营，已取得经营其业务所需的必要的资质、许可。本所律师认为，发行人及其合并范围内的子公司的经营范围及业务合法、合规，符合相关法律、法规、规范性文件及国家相关政策的规定和要求。

3.在建工程

根据本次发行的《募集说明书》、发行人及其合并范围的子公司提供的相关资料并经本所律师适当核查，发行人及其合并范围内的子公司的主要在建工程如下。（详表略）

本所律师认为，前述在建工程已履行的手续符合国家法律、法规及规范性文件的规定，符合国家产业政策的相关规定和要求。

4.无重大违法违规和行政处罚

根据发行人及其合并范围内的子公司的书面确认并经本所律师适当核查，发行人及其合并范围内的子公司最近三年没有违法和重大违规行为，未因安全生产、环境保护、产品质量、纳税等受到重大行政处罚。

（五）受限资产情况

根据本次发行的《募集说明书》、发行人及其合并范围的子公司提供的相关资料并经本所律师适当核查，发行人及其合并范围内的子公司资产抵押、质押情况。（详表略）

在发行人受限资产中，无形资产全部为土地使用权，同时抵押给了JCKYH 2亿元使用，抵押期限为2年；发行人受限制使用的货币资金主要包括两部分：一是本公司一般存款账户银行存款9345万元，因客户通过按揭贷款方式购车、车辆抵押手续未办理完毕被银行暂时限制使用；二是发行人办理银行承兑汇票、开立信用证、保函业务所存放于银行账户中的保证金。发行人开立信用证的保证金一般为开证金额的5％～10％，期限大都在1个月以内，银行承兑汇票的保证金为票面金额的40％，期限以6个月为主。发行人受限使用的应收账款主要是利用应收账款做质押融资，期限在1年以内。

除此之外，发行人无其他重大资产抵质押情况。

本所律师认为，前述受限资产均系发行人日常生产经营所致，且履行了必要的内部批准程序，办理了必要的登记备案手续，不存在法律上的重大瑕疵，该等资产受限情况不会构成发行人本次发行的实质性法律障碍。

（六）或有事项

1.对外担保

根据本次发行的《募集说明书》、发行人及其合并范围的子公司提供的相关资料并经本所律师适当核查，发行人及其合并范围内的子公司对外担保情况如下：

(1)关联担保情况

(略)

(2)其他担保

(略)

2. 未决诉讼、仲裁

2014 年 7 月，公司同沙特客户 SATER ABDUL AZIZ AL RAKAN 签订金额 * * * 万美元校车合同，该客户预付款金额 * * * 万美元，尾款 * * * 万美元为发货后 2 年期赊销，该笔订单已向中国信用保险公司投保。

该客户因资金紧张和自身运营管理不善等导致经营困难无力偿还到期欠款，故以售后服务问题为由拒绝支付欠款，并提出索赔；公司于 2016 年 1 月 18 日委托律师在沙特相关法院对该客户提起诉讼，并于 2016 年 10 月 12 日取得法院的胜诉判决，但该客户于 2016 年底在多家司法部门分提起对公司的上诉，2017 年公司积极应诉，截至目前该诉讼处于双方证据交换阶段，尚未判决。

经本所律师适当核查，发行人上述未决诉讼已取得一审胜诉判决，并且该笔订单已向中国信用保险公司投保，不存在对公司正常经营和财务状况产生实质性不利影响的情形，不存在构成本次发行实质性法律障碍的情形。

3. 重大承诺事项及其他或有事项

(1)根据本公司 2017 年 4 月 26 日第九届二次董事会决议，本公司与 LCJTQY 签订《互相担保协议》，拟将公司与 JYJT 的银行贷款互保协议延期至 2020 年 5 月 30 日，相互为对方在银行的贷款提供不超过人民币 * * * 元的连带责任担保。截至 2018 年 3 月 31 日，本公司为 LCJTQY 贷款担保余额为 * * * 万元，期末无 LCJTQY 为本公司提供的贷款担保余额。

(2)根据本公司 2014 年 7 月 24 日第八届四次董事会决议，子公司 LCZTQX 与 HXYH 聊城建设支行于 2014 年 12 月 24 日签订的编号为〔JN1405(高保)20140024〕的最高额保证合同，LCZTQX 为 LCGGJT 的融资提供最高债权额 * * * 万元的连带责任担保，该担保合同项下被担保的主债权发生期间为 2014 年 12 月 24 日至 2015 年 8 月 29 日。截至 2017 年 12 月 31 日，LCZTQX 为 LCGGJT 的担保余额为 * * * 万元。

根据本公司 2017 年 4 月 26 日第九届二次董事会决议，子公司 LCZTQX 与 ZSYHLC 于 2017 年 8 月 9 日签订的编号为(2017 年招聊 31 保字第 11170814 号)的担保合同，为 LCGGJT 相关融资提供担保，该担保合同项下被担保的主债权发生期间为 2017 年 8 月 9 日至 2019 年 5 月 8 日。截至 2017 年

12 月 31 日，LCZTQX 为 LCGGJT 的担保余额为＊＊＊万元。

(3)根据公司与相关金融机构签订的合作协议，公司对部分客户选择通过合适的融资方式融资购车承担回购担保责任，截至 2017 年 12 月 31 日，公司为此承担的回购担保责任余额为＊＊＊万元。

(4)根据本公司 2016 年 12 月 10 日第九届董事会决议第二次会议审议通过的《关于为 TSZLSB 提供 5000 万元担保的议案》，同意公司全资子公司 TSZLSB 提供不超过 5000 万元担保，担保期限二年。

(5)根据本公司 2017 年 4 月 29 日第八届董事会决议第二十三次会议审议通过，ZTKC 拟在原担保额度 1 亿元的基础上对公司全资子公司 LCZTQX 增加＊＊＊亿元银行承兑业务担保，增加后担保总额度为＊＊＊亿元，担保期限三年。

(6)公司在 2017 年 4 月 29 日第九届二次董事会审议通过了《关于增加八亿元回购担保额度的议案》，目前担保额度为＊＊＊亿元人民币，拟将汽车回购担保额度由＊＊＊亿增加到＊＊＊亿。

截至本募集说明书签署日，发行人不存在其他重大承诺及其他或有事项。

(七)重大资产重组情况

根据发行人及其合并范围的子公司的书面确认并经本所律师适当核查，截至本法律意见书出具之日，发行人及其合并范围内的子公司均不存在重大资产重组情况。

(八)信用增进情况

根据发行人的书面确认并经本所律师适当核查，发行人本次发行不存在信用增进的情况。

综上所述，本所律师认为，发行人与本次发行有关的重大法律事项均合法、合规，不存在重大的潜在法律风险。

五、总体结论性意见

综上所述，本所律师认为：

(一)发行人是在中华人民共和国境内依法设立并有效存续的非金融企业法人，是交易商协会会员，历史沿革合法、合规，具备相关法律、法规及规范性文件规定的发行本期超短期融资券的主体资格。

(二)除尚需履行在交易商协会的备案程序外，发行人已经取得本次发行必要的批准及授权，该等批准及授权均合法有效，符合相关法律、法规及规范性文件的要求。

(三)本次发行的发行文件符合相关法律、法规及规范性文件的要求，发行有关机构具备相关业务资质，与发行人不存在关联关系。

（四）发行人与本次发行有关的重大法律事项均合法、合规，不存在重大的潜在法律风险。

据此，本所律师认为，发行人本次发行合法、合规，符合《管理办法》《业务规程》等规则指引的要求，不存在对本次发行构成实质性法律障碍的情形及重大的潜在法律风险，可以依据《管理办法》《业务规程》等规则指引的有关规定向交易商协会注册发行本期超短期融资券。但发行人本次发行属于首期发行，须在交易商协会注册后发行。

本法律意见书自经办律师签字并加盖本所公章后生效。

本所法律意见书正本六份，具有同等法律效力。

律师：季　猛　高　静

2018年6月7日

王某志技术出资项目之法律意见书

案情简介

WIT公司与某国有企业出资设立智鑫公司，WIT公司持有64.4%的股权，某国有企业持有35.6%的股权。2013年2月，智鑫公司与王某志签订协议设立智鑫化工公司，其中王某志以技术出资300万元，持有智鑫化工公司15%的股权，智鑫公司持有智鑫化工公司85%的股权。后王某志在智鑫化工公司工作，任技术负责人，并于2017年离职。2020年1月，智鑫公司接到王某志的股权转让通知，拟将持有智鑫化工公司15%的股权转让给第三人。本所接受WIT公司的委托，对王某志的出资及退出事宜出具法律意见。

法律意见书

致WIT公司：

山东博翰源律师事务所接受贵公司的委托，就贵公司控股子公司智鑫公司与王某志先生出资设立智鑫化工公司，及王某志先生拟从智鑫化工公司股权退出相关事宜提供法律意见。在接受委托后，本所律师在依据贵公司提供的相关文件且贵公司保证附件资料真实与完整的基础上，根据《中华人民共和国公司法》《中华人民共和国专利法》《中华人民共和国合同法》等现行法律、法规及规范性文件的要求发表法律意见如下：

一、关于股东王某志先生的出资事宜

1.《合作协议书》的约定

智鑫公司与王某志为设立智鑫化工公司，双方于2013年2月23日签订了

《合作协议书》，该协议约定：一、王某志以无形资产“某涂料生产技术”所有权出资300万，持有15%的股份。二、王某志拥有“某涂料生产技术”所有权，投入公司后成为公司专有技术，王某志负责12个月内完成相关专利申报，新公司为专利权人，王某志为发明人。公司正常运营后，在原技术成果的基础上发展、创新的新技术成果归公司所有。

2.专有技术的评估、验资及移交

2013年3月8日，某资产评估公司接受了智鑫公司的委托，就王某志先生用以出资的专有技术出具了《资产评估报告》，评估结论为：在评估基准日2012年12月31日，王某志先生的专有技术资产评估值300万元。（注：评估报告中以智鑫公司及王某志先生共同提供的预测数据作为取价依据，以专利技术进行评估）

2013年3月11日，王某志先生将某涂料生产技术的全部资料办理了移交手续。

2013年3月19日，会计师事务所出具了《验资报告》，经审验，王某志先生以无形资产——专有技术出资300万元。

3.关于专利申报

以《合作协议书》约定的“某生产技术”作为关键词，通过国家知识产权局官网查询到如下信息：

(1)发明名称：一种＊＊＊涂料

申请号：201310＊＊＊＊＊4.1

申请日：2013年7月11日

申请人：智鑫化工公司

发明人：王某志等人

权利要求：(略)

该发明专利申请于2013年9月18日公布，2013年10月23日实质审查生效，2015年7月1日被国家知识产权局驳回。

(2)发明名称：一种＊＊＊涂料及其制备方法与应用

专利号：ZL 201510＊＊＊＊＊8.0

申请日：2015年10月23日

发明人：王某志等人

权利要求：(略)

该发明申请于2017年6月30日被国家知识产权局授予发明专利。

其他专利(略)

4.经营数据

智鑫化工公司提供的＊＊＊涂料2015～2019年主要经营指标如表1所示：

表 1　　2015～2019 年＊＊＊涂料主要经营指标

单位：万元

项目	2015 年	2016 年	2017 年	2018 年	2019 年
营业收入	292	553	748	572	315
营业成本	174	357	522	452	274
毛利润	117	196	226	120	42
毛利率	40％	35％	30％	21％	13％
销售费用	129	146	153	139	132
净利润	－7	50	73	－19	－90

备注：2013、2014 年在投产期，收入很少，不在表中列示。

5.法律分析及意见

(1)自 2013 年 2 月 23 日《合作协议书》签订后，王某志先生在 12 个月内(即 2013 年 7 月 11 日)完成了相关专利申报(即申请号：201310＊＊＊＊＊4.1，发明名称：一种＊＊＊涂料)，但该专利申请被国家知识产权局驳回，该事实说明《合作协议书》签订时王某志先生提供的“某涂料生产技术”尚未达到授予专利的条件，智鑫化工公司并未直接获得该项技术的专利权。且《评估报告书》后附有专利技术的预测数据，说明该评估报告是以王某志先生提供的技术能够授予专利权为基础的预测数据。因此，王某志先生提供的专有技术没有完全符合《合作协议书》的约定。

(2)根据《中华人民共和国专利法》第六条的规定，智鑫化工公司成立(2013 年 3 月 21 日)后，除《合作协议书》约定的由王某志先生提供的专有技术外，智鑫化工公司的技术团队(包括但不限于王某志先生)改进、优化、研发的所有技术均为职务发明创造，所获得的专利权均属于智鑫化工公司。

(3)对比王某志先生提供的专有技术的专利申请、智鑫化工公司 2015 年 10 月 23 日申请的发明专利(专利号：ZL 201510＊＊＊＊＊8.0，发明名称：一种＊＊＊涂料及其制备方法与应用)的独立权利要求可知，在王某志先生提供技术的基础上，智鑫化工公司的技术团队诸多人员参与又进行了技术改进、优化、发展和创新，方获得了发明专利权，说明该技术成果(即发明专利)是智鑫化工公司的技术团队诸多人员参与的职务发明创造。同时，亦进一步说明王某志先生提供的专有技术未达到发明专利的标准。

(4)关于项目是否达到约定的预期目标的问题。智鑫公司与王某志先生虽未明确约定项目的预期目标，但《评估报告书》以专利技术的预测数据作为取价依据，可视为智鑫公司与王某志对项目预期目标的参考。比对其与智鑫化工公司2015～2019年＊＊＊涂料主要经营指标，智鑫化工公司在2015～2019年＊＊＊涂料的营业收入与两股东设立智鑫化工公司时的预期目标应当尚有一定的差距。

(5)王某志先生的专有技术经过评估、验资程序，向智鑫公司、智鑫化工公司进行了移交，并在工商行政机关完成了登记备案，王某志先生合法持有智鑫化工公司15%的股权。

二、王某志先生所持股权退出事宜

1.王某志先生所持股权退出的前提

根据智鑫化工公司的公司章程，王某志先生如退出(包括但不限于股权转让或智鑫化工公司收购)智鑫化工公司的股权，必须经智鑫公司同意方可进行。

2.王某志先生所持股权退出的程序

无论是采用股权转让或是智鑫化工公司收购何种方式，根据公司法、国有资产管理相关法律法规及其规范性文件的要求，智鑫化工公司应形成股东会决议，并对智鑫化工公司进行审计评估。

3.法律分析及建议

(1)因王某志先生先生已于2020年1月12日向智鑫公司发出《股权转让通知函》，有意向转让所持智鑫化工公司的股权，在已对智鑫化工公司进行审计评估的基础上，结合王某志先生专有技术可能存在未完全履行《合作协议书》的约定、智鑫化工公司＊＊＊涂料的营业收入与《评估报告书》的预测数据差距较大等因素，建议智鑫公司就股权价格与王某志协商谈判，并确认王某志先生的意愿是否回购其专有技术。如协商不成，可根据智鑫化工公司2015～2019年＊＊＊涂料的营业收入没有达到股东设立智鑫化工公司时的预期目标，依法维权。

(2)根据《中华人民共和国公司法》第七十四条之规定，如智鑫化工公司连续五年连续盈利，并且符合公司法规定的分配利润条件却未向股东分红，王某志有请求智鑫化工公司按照合理价格收购其股权的权利。建议智鑫化工公司召开股东会议并作出相应的分红决议，以免使股东诉讼要求智鑫化工公司收购股权。

以上意见，仅供贵公司内部决策参考使用。

律师：张俊玲　刘昌君

2020年6月15日

A股份有限公司股票定向发行法律意见书

案情简介

A股份有限公司作为在全国中小企业股份转让系统挂牌的股份公司，拟按照全国中小企业股份转让系统有限责任公司的业务规则通过定向发行股票方式进行融资，促进公司快速发展。

本法律意见书系经办律师按照出具法律意见书时有效的法律、法规、规范性文件及业务规则的要求，为A股份有限公司定向发行股票事项进行合法合规的核查，保障了定向发行股票事项的顺利完成。

法律意见书

致A股份有限公司：

一、发行人本次股票发行符合豁免向中国证监会申请核准股票发行的条件

《非上市公众公司监督管理办法》(以下简称《管理办法》)第四十五条规定："在全国中小企业股份转让系统挂牌公开转让股票的公众公司向特定对象发行股票后股东累计不超过200人的，中国证监会豁免核准，由全国中小企业股份转让系统自律管理，但发行对象应当符合本办法第三十九条的规定。"

发行人本次发行前证券持有人名册上股东为 * * 名，其中包括自然人股东 * * 名、法人股东 * * 名；发行人本次发行后股东为 * * 名，其中包括自然人股东 * * 名、法人股东 * * 名，股东人数累计未超过200人。

综上，本所律师认为，发行人本次股票发行后累计股东人数未超过200人，符合《管理办法》中关于豁免向中国证监会申请核准定向发行的条件。

二、发行人及相关主体、发行对象不属于失信联合惩戒对象

本所律师查询“信用中国”“中国执行信息公开网”“国家企业信用信息公示系统”等网站，发行人、发行人控股股东及实际控制人、董事、监事、高级管理人员不属于失信联合惩戒对象。

本所律师查询“信用中国”“中国执行信息公开网”“国家企业信用信息公示系统”等网站，本次发行认购对象不属于失信联合惩戒对象。

三、发行人本次股票发行现有股东的优先认购安排

本所律师查验了《公司章程》及章程修正案、《股票发行方案》《股票发行认购公告》等材料，确认本次股票发行对现有股东的优先认购安排如下：

1.现有股东优先认购安排

根据《全国中小企业股份转让系统股票发行业务细则（试行）》第八条规定：“挂牌公司股票发行以现金认购的，股权登记日公司在册股东在同等条件下对发行股份享有优先认购权，认购上限为股权登记日其在公司的持股比例与本次发行股份数量上限的乘积。公司章程对优先认购另有规定，从其规定。”

根据＊＊年＊＊月＊＊日召开的＊＊年第＊＊次临时股东大会审议通过的《章程修正案》第十二条的规定，公司发行股份时，在册股东不享有优先认购权。因此，本次股票发行在册股东不享有优先认购权。

2.现有股东缴款安排

根据《公司章程》，公司发行股份时，在册股东不享有优先认购权。因此，公司本次股票发行不安排优先认购，无在册股东优先认购的缴款安排。

综上，本所律师认为，《公司章程》取消了在册股东优先认购权符合相关法律法规的规定。

四、发行对象符合中国证监会及全国股份转让系统公司关于投资者适当性制度的有关规定

根据《管理办法》第三十九条规定：“本办法所称股票发行包括向特定对象发行股票导致股东累计超过200人以及股东人数超过200人的公众公司向特定对象发行股票两种情形。

“前款所称特定对象的范围包括下列机构或者自然人：

“（一）公司股东；

“（二）公司的董事、监事、高级管理人员、核心员工；

“(三)符合投资者适当性管理规定的自然人投资者、法人投资者及其他经济组织。

“公司确定发行对象时,符合本条第二款第(二)项、第(三)项规定的投资者合计不得超过35名。”

根据《全国中小企业股份转让系统投资者适当性管理细则》第六条规定:“下列投资者可以参与挂牌公司股票发行:

“(一)《非上市公众公司监督管理办法》第三十九条规定的公司股东、董事、监事、高级管理人员、核心员工以及符合投资者适当性管理规定的自然人投资者、法人投资者及其他经济组织;

“(二)符合参与挂牌公司股票公开转让条件的投资者。”

根据《投资者适当性管理细则》第三条规定:“下列机构投资者可以申请参与挂牌公司股票公开转让:

“(一)实收资本或实收股本总额500万元人民币以上的法人机构;

“(二)实缴出资总额500万元人民币以上的合伙企业。”

根据《投资者适当性管理细则》第四条规定:“《办法》第八条第二款、第三款规定的证券公司资产管理产品、基金管理公司及其子公司产品、期货公司资产管理产品、银行理财产品、保险产品、信托产品、经行业协会备案的私募基金等理财产品,社会保障基金、企业年金等养老金,慈善基金等社会公益基金,合格境外机构投资者(QFII)、人民币合格境外机构投资者(RQFTII)等机构投资者,可以申请参与挂牌公司股票公开转让。”

本次股票发行对象的基本情况及符合投资者适当性规定的说明:

本所律师查验了发行人《证券持有人名册》《股票发行方案》、发行人与合格投资者签署的《股份认购协议》、法人股东的《营业执照》复印件等材料,并查询了国家企业信用信息公示系统网站和中国证券投资基金业协会网站。

1. 发行人本次股票发行的认购对象共 * * 名,全部为在册股东,具体认购情况如表1所示:

表1　　发行人本次股票具体认购情况

序号	认购人名称	认购股数(万股)	认购金额(万元)
1	C投资中心(有限合伙)	——	——
2	* * * * 股份有限公司	——	——
3	……	——	——
合计		——	——

上述合格投资者的具体情况如下：

(1)C投资中心(有限合伙,见表2)

表2　C投资中心具体情况

名称	C投资中心(有限合伙)
统一社会信用代码	——
企业类型	——
执行事务合伙人	——
主要经营场所	——
合伙期限	——
经营范围	——
私募基金管理人或私募基金核查	——

(2)＊＊＊＊股份有限公司(见表3)

表3　＊＊＊＊股份有限公司具体情况

名称	＊＊＊＊股份有限公司
统一社会信用代码	——
企业类型	——
法人代表人	——
住所	——
成立时间	——
经营范围	——
私募基金管理人或私募基金核查	——

(3)略。

本所律师认为,上述投资者均为发行人在册股东,符合《管理办法》第三十九条第二款第一项及《投资者适当性管理细则》第六条的规定。

2.本次认购对象之间、公司及公司股东之间的关联关系

(1)本次认购对象均为公司在册股东。

(2)本次认购对象之间的关联关系如下：

……

除上述关联关系外，认购对象之间不存在其他股权控制或基金管理的关联关系。

(3)本次认购对象与公司主要股东之间不存在关联关系。

(4)本次认购对象与公司董事、监事、高级管理人员之间不存在关联关系。

3.本次认购对象中不存在持股平台

本次股票发行的＊＊名认购对象中，其中包含＊＊家私募基金，＊＊＊＊属于具有实际业务的证券公司，＊＊＊＊属于具有实际经营业务的企业，不属于单纯以认购股份为目的而设立的持股平台。

综上，本所律师认为：

1.发行人的本次发行认购对象符合中国证监会及全国股份转让系统公司关于投资者适当性制度的有关规定。

2.发行人的本次发行认购对象中属于私募基金的，均已办理私募基金备案。

3.发行人的本次发行认购对象不属于单纯以认购股份为目的而设立的持股平台。

五、发行过程及结果合法合规

本所律师查验了＊＊会议纪要、B集团董事会会议决议、发行人第＊＊届董事会第＊＊次会议文件、＊＊年第＊＊次临时股东大会会议文件、评估报告、＊＊部评估备案文件，并查询了发行人在信息披露平台上披露的相关文件等材料，本次发行的过程如下：

1.上级主管部门的批准和授权

＊＊年＊＊月＊＊日，B集团召开第＊＊届董事会第＊＊次会议，审议通过了A股份有限公司股票发行事项。

＊＊年＊＊月＊＊日，B集团股东形成会议纪要，同意A股份有限公司股票发行事项。

＊＊年＊＊月＊＊日，D资产评估有限责任公司出具《A股份有限公司拟定向增发股份所涉及的企业股东全部权益价值资产评估报告》，评估基准日为＊＊年＊＊月＊＊日，采用收益法评估，股东全部权益价值评估值为＊＊万元。

＊＊年＊＊月＊＊日，＊＊部在《国有资产评估项目备案表》上盖章，对上述评估结果予以备案。

2.发行人的批准和授权

＊＊年＊＊月＊＊日，B集团作出《关于A股份有限公司第＊＊届董事会第＊＊次会议的意见》，同意《关于〈A股份有限公司股票发行方案〉的议案》(同

意公司采用非公开协议方式向原股东增发＊＊万股，增发价格为每股＊＊元）、《关于公司与发行对象签订附生效条件的股份认购协议的议案》等相关议案，B集团委派董事、监事按照上述意见发表意见、行使表决权。

＊＊年＊＊月＊＊日，发行人召开第＊＊届董事会第＊＊次会议，出席本次董事会的董事＊＊人，审议通过了《关于〈A股份有限公司股票发行方案〉的议案》《关于公司与发行对象签订附生效条件的股份认购协议的议案》《关于修订〈公司章程〉的议案》《关于批准设立公司募集资金专项账户的议案》《关于公司与主办券商、存放募集资金的商业银行签署三方监管协议的议案》《关于提请股东大会授权董事会全权办理本次股票发行事宜的议案》《关于召开＊＊年第＊＊次临时股东大会并提交股东大会审议事项的议案》等议案。

＊＊年＊＊月＊＊日，发行人在信息披露平台上披露了《A股份有限公司关于召开＊＊年第＊＊次临时股东大会通知公告》。

＊＊年＊＊月＊＊日，发行人召开＊＊年第＊＊次临时股东大会会议，出席本次股东大会的股东及授权代表共计＊＊人，持有发行人有表决权的股份＊＊股，占发行人有表决权股份总数的＊＊%。出席本次股东大会的股东审议通过如下决议：

(1)审议通过了《关于〈A股份有限公司股票发行方案〉的议案》。

同意股数＊＊股，占出席会议有表决权股份总数的100%；反对股数0股，占出席会议有表决权股份总数的0%；弃权股数0股，占出席会议有表决权股份总数的0%。

回避表决情况：参加本次会议的股东C投资中心（有限合伙）持有公司股份＊＊股，对本议案表决进行了回避；其余出席本次会议的股东持有表决权的股份数额为＊＊股。

(2)审议通过了《关于公司与发行对象签订附生效条件的股份认购协议的议案》。

同意股数＊＊股，占出席会议有表决权股份总数的100%；反对股数0股，占出席会议有表决权股份总数的0%；弃权股数0股，占出席会议有表决权股份总数的0%。

回避表决情况：参加本次会议的股东C投资中心（有限合伙）持有公司股份＊＊股，对本议案表决进行了回避；其余出席本次会议的股东持有表决权的股份数额为＊＊股。

(3)审议通过了《关于修订〈公司章程〉的议案》。

同意股数＊＊股，占出席会议有表决权股份总数的100%；反对股数0股，占出席会议有表决权股份总数的0%；弃权股数0股，占出席会议有表决权股份总数的 0%。

本议案不涉及回避表决事项。

(4)审议通过了《关于提请股东大会授权董事会全权办理本次股票发行事宜的议案》。

同意股数＊＊股，占出席会议有表决权股份总数的 100%；反对股数 0 股，占出席会议有表决权股份总数的 0%；弃权股数 0 股，占出席会议有表决权股份总数的 0%。

本议案不涉及回避表决事项。

3. 股票发行认购、缴款及认购结果的相关情况

＊＊年＊＊月＊＊日，发行人在信息披露平台上披露了《A 股份有限公司股票发行认购公告》，认购时间为＊＊年＊＊月＊＊日至＊＊年＊＊月＊＊日。认购对象均在上述时间内将认购款支付到指定账户。

本所律师核查了发行人于＊＊年＊＊月＊＊日在信息披露平台上披露的《A 股份有限公司股票发行认购结果公告》，发行结果如表 4 所示：

表 4　　A 股份有限公司股票发行认购结果公告

序号	认购人名称	认购股数(万股)	认购金额(万元)
1	C 投资中心(有限合伙)	——	——
2	＊＊＊＊股份有限公司	——	——
3	……	——	——
合计		——	——

＊＊年＊＊月＊＊日，E 会计师事务所(特殊普通合伙)出具《验资报告》，经审验，截至＊＊年＊＊月＊＊日止，贵公司已收到 C 投资中心(有限合伙)、＊＊＊＊股份有限公司等缴纳的新增股本合计人民币＊＊万元。

综上，本所律师认为：

1. 发行人本次股票发行系在册股东增资并经 B 集团、＊＊部审批通过，评估结果经＊＊部备案，符合相关法律法规的规定。

2. 发行人董事会、股东大会的召集、召开程序符合国家有关法律、法规及《公司章程》的规定，审议表决程序合法，表决及认购结果合法有效。

六、本次股票发行募集资金用途及管理

本所律师查验了发行人第＊＊届董事会第＊＊次会议文件、＊＊年第＊＊次临时股东大会会议文件、《股票发行方案》《募集资金三方监管协议》《募集资

金管理制度》等相关材料。

1.募集资金用途

根据《股票发行方案》所披露的信息，本次股票发行募集资金预计不超过人民币＊＊万元，具体使用计划如表5所示：

表5　本次股票发行募集资金使用计划

序号	项目名称	募集资金用途	资金规模(万元)
1	＊＊＊＊项目	——	——
2	＊＊＊＊项目	——	——
3	补充流动资金	补充日常流动资金	——
合计		——	——

2.募集资金管理

经本所律师核查，发行人经董事会审议通过后在＊＊＊＊银行＊＊＊＊支行设立了本次股票发行的募集资金专项账户。

经本所律师核查，发行人已与主办券商＊＊＊＊证券有限公司、存放募集资金的商业银行＊＊＊＊银行＊＊＊＊支行签署了《募集资金三方监管协议》。

经本所律师核查，发行人已制定了《募集资金管理制度》，对募集资金存储、募集资金使用、募集资金用途变更、募集资金的管理与监督等方面进行了规范。

综上，本所律师认为，发行人已在《股票发行方案》中披露的本次募集资金的用途；设立了募集资金专项账户，并经董事会审议通过；签署了《募集资金三方监管协议》，制定了《募集资金管理制度》，符合《股票发行问答(三)》及《关于挂牌公司股票发行有关事项的规定》的相关规定。

七、与本次股票发行相关的认购合同等法律文件合法合规

本所律师查验了发行人与合格投资者签署的《股份认购协议》等有关材料。

本次股票发行中签订的《股份认购协议》，合同当事人主体资格均合法有效，当事人意思表示真实、自愿，且合同内容不违反法律、法规的强制性规定和社会公共利益，其协议合法有效。

《股份认购协议》的主要内容对认购股份数量、认购方式、支付方式、生效条件、违约责任、风险揭示及争议解决方式等作了约定，不包含以下情形：(1)发行人作为特殊投资条款的义务承担主体；(2)限制发行人未来股票发行融资的价格或发行对象；(3)强制要求发行人进行权益分派，或不能进行权益分派；(4)发行人未来再融资时，如果新投资方与发行人约定了优于本次发行的条款，则相

关条款自动适用于本次发行认购方；(5)发行认购方有权不经发行人内部决策程序直接向发行人派驻董事或者派驻董事对发行人经营决策享有一票否决权；(6)不符合相关法律法规规定的优先清算权、查阅权、知情权等条款；(7)其他损害发行人或者其股东合法权益的特殊投资条款。《股份认购协议》约定合法有效。

综上，本所律师认为，发行人与本次认购对象签署的《股份认购协议》系各方真实意思表示，内容真实有效，合法合规，对发行人及认购对象具有法律约束力，符合《关于挂牌公司股票发行有关事项的规定》等相关法律法规的规定。

八、发行人本次发行新增股份限售安排情况

本所律师查验了发行人与合格投资者签署的《股份认购协议》等材料。

发行人本次发行认购对象中除＊＊＊＊股份有限公司外，其余＊＊名认购对象均自愿限售 2 年，自完成股份登记之日起 24 个月。

综上，本所律师认为，发行人本次发行认购对象中除＊＊＊＊股份有限公司外，其余＊＊名认购对象自愿限售的情形不违反相关法律法规的规定。

九、本次股票发行不以非现金资产认购

本所律师查验了本次股票发行的《股票发行方案》、汇款凭证等相关材料，本次股票发行的认购对象均以货币方式认购本次股票发行的新增股份，不存在以非现金资产认购发行股份的情形，不存在资产有重大瑕疵、需办理资产过户或因资产瑕疵导致不能过户的情形。

十、结论意见

综上，本所认为：

1. 发行人本次股票发行后，股东人数不超过 200 人，符合豁免向中国证监会申请核准股票发行的条件；

2. 发行人及相关主体、发行对象不属于失信联合惩戒对象；

3.《公司章程》取消了在册股东优先认购权，符合相关法律法规的规定；

4. 本次认购对象符合中国证监会及全国股份转让系统公司关于投资者适当性管理制度的有关规定；

5. 发行人本次股票发行已经 B 集团、＊＊部审议通过，评估结果已经＊＊部备案，履行了国资审批备案程序，符合相关法律法规的规定；

6. 发行人董事会、股东大会的召集、召开程序符合国家有关法律、法规及《公司章程》的规定，审议表决程序合法，表决及认购结果合法有效；

7.发行人已在《股票发行方案》中披露的本次募集资金的用途，设立了经董事会审议通过的募集资金专项账户，签署了《募集资金三方监管协议》，制定了《募集资金管理制度》，符合《关于挂牌公司股票发行有关事项的规定》等相关法律，法规的规定；

8.发行人与本次股票发行对象签署的《股份认购协议》等相关协议系各方真实意思表示，内容真实有效，对发行人及认购对象具有法律约束力；

9.本次发行认购对象中除＊＊＊＊股份有限公司外，其余＊＊名认购对象自愿限售的情形不违反相关法律、法规的规定；

10.发行对象未以非现金资产认购发行股份，不存在相关法律风险。

公司已符合相关法律、法规和其他规范性文件规定的股票发行的条件。公司不存在影响本次股票发行的重大法律障碍和重大法律风险。

公司本次股票发行尚需向全国股份转让系统公司备案。

本法律意见书正本一式三份，经本所负责人、经办律师签字并加盖本所公章后生效。

律师：杨存攀　张俊玲

2018年12月4日

作者简介

杨存攀律师，2011年6月毕业于山东财经大学，获法学学士学位。山东博翰源律师事务所合伙人。杨律师擅长公司设立、企业改制、股票发行、债券发行及上市法律业务；资产重组业务；不良资产处置业务；私募基金管理人登记备案及私募基金的设立运作业务；投融资业务等领域的法律事务。主要法律服务业绩：参与或主办了信通电子(831427)、威马股份(430732)、奥美环境(831149)、启奥科技(831287)、福航环保(831714)、晨宇电气(831957)、宝源股份(837965)、鸥玛软件(839737)等多家“新三板”挂牌项目及后续常年法律顾问、定向发行股票等法律业务。杨律师参与或主办了山东星辉资产管理有限公司、东营玲珑金山投资管理有限公司、济南财金投资管理有限公司、济南历山股权投资管理有限公司、青岛宝德基金管理有限公司、青岛国坤基金管理有限公司、深圳中融方泰股权投资基金管理有限公司等多家私募基金管理人的登记备案项目。

国有企业能否担任有限合伙型基金GP的法律意见书(LSTZ有限合伙型基金备案项目)

案情简介

LSTZ为在中国证券投资基金业协会登记的私募股权投资基金管理人,LSTZ拟作为GP设立有限合伙型基金并进行备案。因LSTZ为国有企业,所以针对国有企业能否担任有限合伙型基金GP的问题进行咨询,并要求出具相关的法律分析意见。

法律意见书

致LSTZ:

贵公司拟向中国证券投资基金业协会(以下简称"基金业协会")申请私募基金备案。根据《合伙企业法》第三条规定:"国有独资公司、国有企业、上市公司以及公益性的事业单位、社会团体不得成为普通合伙人。"就国有企业能否担任有限合伙型基金普通合伙人的问题向山东博翰源律师事务所(以下简称"本所")提出咨询。本所律师在梳理相关法律法规并在基金业协会查阅相关案例后,对该问题作出如下分析:

一、对国有企业的认定

我国现行的《合伙企业法》中没有对国有独资公司、国有企业做出更进一步的解释。经本所律师梳理了相关的法律法规,目前存在以下与《合伙企业法》第三条规定的"国有企业"相关的文件。

1.《公司法》《合伙企业法》中对“国有企业”的认定

《公司法》第六十四条第二款规定:本法所称国有独资公司,是指国家单独出资、由国务院或者地方人民政府授权本级人民政府国有资产监督管理机构履行出资人职责的有限责任公司。

《合伙企业法》虽未对国有独资公司、国有企业作出更进一步的解释,但对“国有独资公司”“国有企业”进行了并列列举,从通常的立法意图看,“国有独资公司”“国有企业”应该不是包含与被包含的关系。

2.国家工商行政管理总局(以下简称“工商总局”)对于“国有企业”的认定标准

由国家工商总局和国家统计局于2011年9月30日共同颁布的《关于划分企业登记注册类型的规定调整的通知》(国统字〔2011〕86号,以下简称《划分规定》)第三条规定:“国有企业是指企业全部资产归国家所有,并按《中华人民共和国企业法人登记管理条例》规定登记注册的非公司制的经济组织。不包括有限责任公司中的国有独资公司。”第七条则规定:“有限责任公司是指根据《中华人民共和国公司登记管理条例》规定登记注册,由两个以上、五十个以下的股东共同出资,每个股东以其所认缴的出资额对公司承担有限责任,公司以其全部资产对其债务承担责任的经济组织。有限责任公司包括国有独资公司以及其他有限责任公司。国有独资公司是指国家授权的投资机构或者国家授权的部门单独投资设立的有限责任公司。其他有限责任公司是指国有独资公司以外的其他有限责任公司。”

根据《中华人民共和国企业法人登记管理条例》(2011年修订)第二条规定:“具备法人条件的下列企业,应当依照本条例的规定办理企业法人登记:(一)全民所有制企业;(二)集体所有制企业;(三)联营企业;(四)在中华人民共和国境内设立的中外合资经营企业、中外合作经营企业和外资企业;(五)私营企业;(六)依法需要办理企业法人登记的其他企业。”

据此,国家工商总局认定的国有企业仅指企业全部资产归国家所有的非公司制的经济组织,而不包括以公司制形式设立的公司。

3.财政部、国资委对于“国有企业”的认定标准

财政部、国资委于2016年6月24日发布的《企业国有资产交易监督管理办法》第四条规定:“本办法所称国有及国有控股企业、国有实际控制企业包括:(一)政府部门、机构、事业单位出资设立的国有独资企业(公司)以及上述单位、企业直接或间接合计持股为100%的国有全资企业;(二)本条第(一)款所列单位、企业单独或共同出资,合计拥有产(股)权比例超过50%,且其中之一为最大股东的企业;(三)本条第(一)(二)款所列企业对外出资,拥有股权比例超过50%的各级子企业;(四)政府部门、机构、事业单位、单一国有及国有控股企业

直接或间接持股比例未超过 50%，但为第一大股东，并且通过股东协议、公司章程、董事会决议或者其他协议安排能够对其实际支配的企业。”

据此，财政部认定“国有企业”的标准为国有股权超过 50%的企业或持股比例未超过 50%，但作为第一大股东能够对其实际支配的企业。

通过对相关法规的梳理可知，目前并无立法权威部门对《合伙企业法》第三条规定的“国有企业”做出有法律约束力的明确解释，各个政府部门对“国有企业”的理解并不完全一致。目前，法律法规对于《合伙企业法》第三条中“国有企业”的认定标准是不清晰的。

二、国有全资公司成为有限合伙制基金普通合伙人的案例

通过公开渠道查询，国有全资公司作为股权投资基金普通合伙人的案例如下：

1. 国开(北京)新型城镇化发展基金(有限合伙)

经查询，国开(北京)新型城镇化发展基金(有限合伙)于 2015 年 4 月 24 日在基金业协会完成私募基金备案，基金编号为 S26355，基金管理人为国开投资发展基金管理(北京)有限责任公司(现已更名为国开投资基金管理有限责任公司)(以下简称“国开投资”)。

根据“企查查”查询结果，国开投资为国有全资公司，截止到 2019 年 11 月 3 日，以下为国开投资的股权结构见图 1：

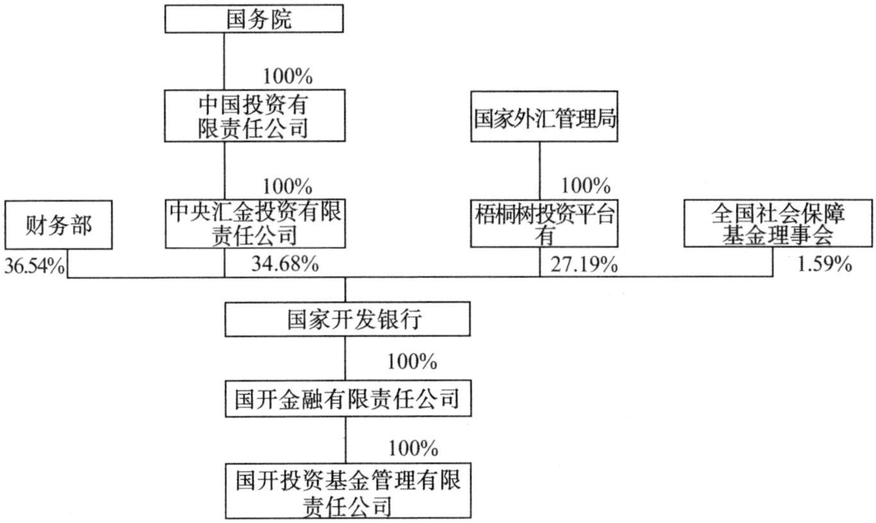

图 1　国开投资的股权结构

2. 国创开元股权投资基金（有限合伙）

经查询，国创开元股权投资基金（有限合伙）于2014年5月4日在基金业协会完成私募基金备案，基金编号为SD1890，基金管理人为国开开元股权投资基金管理有限公司（以下简称“国开开元”）。

根据“企查查”查询结果，国开开元为国有全资公司，截止到2019年11月3日，国开开元的股权结果如图2所示：

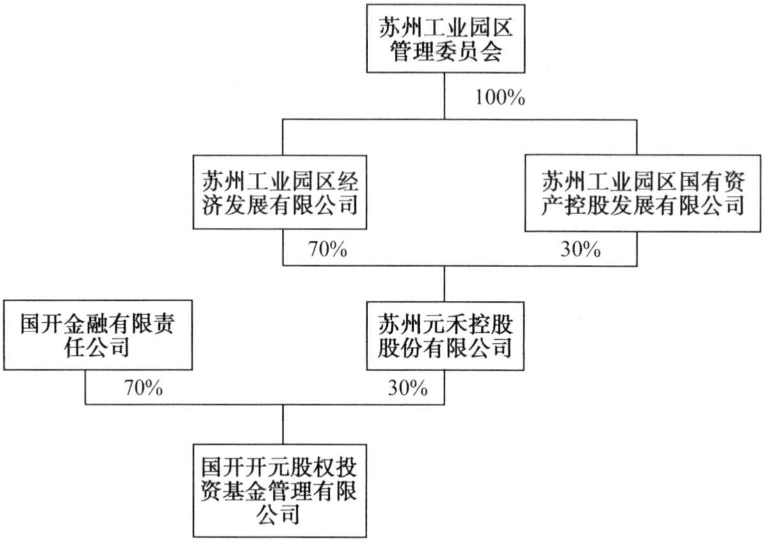

图2　国开开元的股权结构

国开金融有限责任公司的股权结构详见“国开（北京）新型城镇化发展基金（有限合伙）”部分。

3. 国寿（苏州）城市发展产业投资企业（有限合伙）

经查询，国寿（苏州）城市发展产业投资企业（有限合伙）于2014年5月20日在基金业协会完成私募基金备案，基金编号为SD3624，基金管理人为苏州国发创业投资控股有限公司（以下简称“国发创投”）。

根据“企查查”查询结果，国发创投为国有全资公司，截止到2019年11月3日，国发创投的股权结果如图3所示：

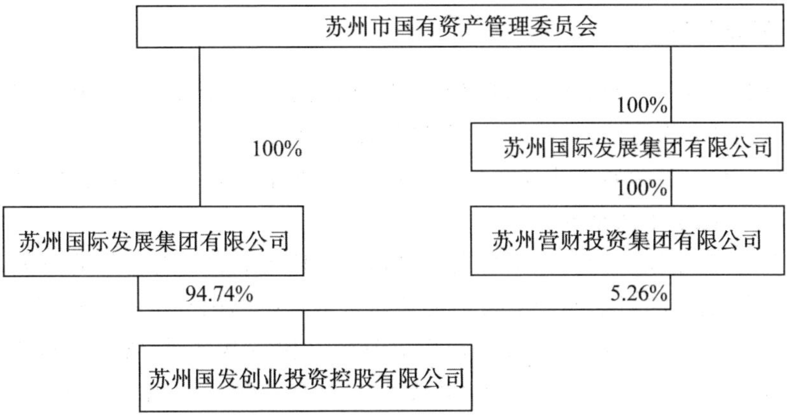

图 3　国发创投的股权结构

4.苏州娄城国发高新技术产业投资企业(有限合伙)

经查询,苏州娄城国发高新技术产业投资企业(有限合伙)于 2018 年 11 月 30 日完成了私募基金备案,基金编号为 SEL158。私募基金管理人为苏州国发资产管理有限公司。

根据"企查查"查询结果,苏州国发资产管理有限公司为国有全资公司,国发创投持有其 100%的股权。国发创投的股权结构详见"国寿(苏州)城市发展产业投资企业(有限合伙)部分"。

5.广州海珠区智创股权投资合伙企业(有限合伙)

经查询,广州海珠区智创股权投资合伙企业(有限合伙)于 2018 年 11 月 28 日完成了私募基金备案,基金编号为 SET589。私募基金管理人为广州金控基金管理有限公司(以下简称"广州金控")。

根据"企查查"查询结果,广州金控为国有全资公司,截止到 2019 年 11 月 3 日,广州金控的股权结构如图 4 所示:

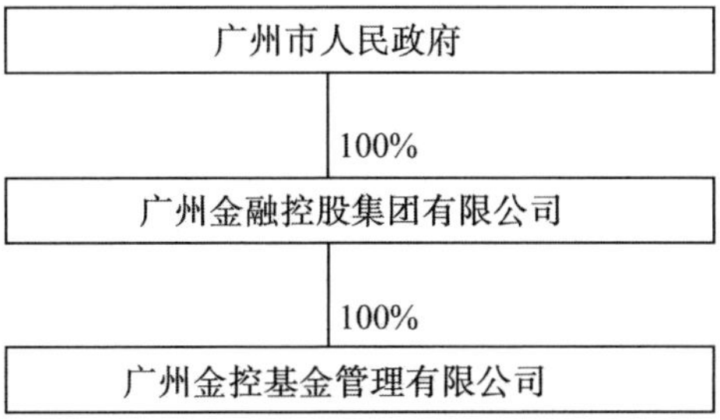

图 4　广州金控的股权结构

三、结论分析

综合上述规定，我们认为，目前并无权威部门对《合伙企业法》第三条规定的“国有企业”做出有法律约束力的明确解释，各政府部门对“国有企业”的理解并不完全一致。目前监管法规及规章制度就《合伙企业法》第三条中的“国有企业”的认定标准是不清晰的。

经查询，尚未发现国有独资公司直接担任合伙企业普通合伙人的情况。

根据实践操作情况，基金业协会能够通过多层级的国有全资公司的私募基金管理人登记，同时在国有全资公司设立有限合伙型基金时，既能通过工商注册，也可以在基金业协会备案，已经突破了《合伙企业法》第三条的规定。

另外，若私募基金管理人的组织形式为有限责任公司，则其股东仅以自身出资额为限对其承担有限的责任。具体到合伙型私募基金，仅有基金管理人对合伙型基金承担无限连带责任，而基金管理人的股东仅以出资额为限承担有限责任。所以，国有独资或控股公司设立专门的公司制（有限责任公司）的子公司或孙公司参与基金管理，在基金合法合规运营的情况下，能够在一定程度上控制国有资产承担无限连带责任的风险。

以上分析，仅供贵司参考。

顺祝商祺！

律师：袁春辉　高　静

2019 年 11 月 5 日

作者简介

袁春辉律师，中共党员，毕业于山东大学法律系，获法学学士学位。现为山东博翰源律师事务所高级合伙人、副主任。具有独立董事、企业法律顾问资格，现担任山东省人民政府法律顾问专家库成员、山东省民营经济法律服务团成员、济南高新区法律顾问专家库成员、山东机场管理集团有限公司外部董事、济南市律师协会证券业务委员会主任委员。主要业务领域：公司设立、企业改制、股票发行及上市业务，公司在全国中小企业股份转让系统挂牌业务，企业并购重组业务，国有企业重组改制业务，股权转让业务，不良资产处置业务，债券发行、私募股权管理人登记及私募股权投融资业务，民营企业法律风险的管理与控制。袁律师具有丰富的处理公司、证券法律事务经验，自执业以来主要从事公司设立、企业改制、股票发行及上市法律业务、资产重组、外商境内投资、外商投资企业改制、国有企业重组改制、股权融资、不良资产处置、债券发行、全国中小企业股份转让系统挂牌法律业务等。服务的主要客户包括：东方资产管理公司青岛办事处、信达资产管理公司济南办事处、中国银行山东分行、华夏银行济南分行、山东民营联合投资控股股份有限公司、山东大学、山东圣阳电源股份有限公司(002580)、青岛华仁药业股份有限公司(300110)和日照金禾生化集团股份有限公司；山东蓝帆塑胶股份有限公司(002382)、山东山大华特科技股份有限公司(000915)、山东确信信息产业股份有限公司(832642)、山东省远大网络多媒体股份有限公司(430511)、山东乾舜矿冶科技股份有限公司、山东泉舜科技股份有限公司、潍坊东升电子股份有限公司、威海远航科技发展股份有限公司(830772)、山东信通电器股份有限公司(831427)、山东威马泵业股份有限公司(430732)、山东奥美环境股份有限公司(831149)、唐山启奥科技有限公司(831287)、山东福航新能源环保股份有限公司(831714)、山东晨宇电气股份有限公司(831957)、山东宝源化工股份有限公司(837965)、山东山大鸥玛软件股份有限公司(839737)、浪潮国际(00596)。

某银行与山东某公司案件的法律意见书

案情简介

某银行诉山东某公司抵押合同纠纷一案，法院一审民事判决书判决驳回某银行的诉讼请求。本所律师代理了某银行的一审程序。本文为一审后法定上诉期内，本所就某银行是否提起上诉问题，出具律师意见书。

法律意见书

某银行：

受贵行委托和山东博翰源律师事务所指派，由我们作为案件代理人，参与了贵行与山东某公司抵押合同纠纷案件的一审诉讼活动，目前，民事判决书已经送达，区人民法院以案涉设备在“签订抵押合同、办理抵押登记时，财产的所有权属于＊＊所有”、贵行在办理抵押业务时未“登录中国人民银行征信中心的融资租赁登记公示系统进行融资租赁交易登记公示查询，未尽到善意的注意义务”为由，认定贵行与山东某公司之间签订的抵押合同依法成立，但不能产生抵押权效力，判决驳回贵行诉请就抵押物优先受偿的诉讼请求。

基于一审庭审期间已经查明的事实，我们认为：贵行宜谨慎就本案继续提起上诉。理由如下：

一、本案一审提起诉讼的背景

1. 案涉抵押合同系贵行在原贷款已有担保措施的基础上，发现企业经营风险加大时，经协商企业而另行增加的担保措施，抵押本身并不直接对应贷款。

2.山东某公司进入破产程序后，贵行曾就涉案“抵押担保权”及其担保的主债权向破产管理人申报确认债权额及担保债权，管理人经核查认为涉案债权不构成担保债权，而确认为普通债权。在此过程中，贵行才知晓案涉抵押物山东某公司已于2014年1月向某金融租赁有限公司办理了融资租赁业务。

经研究发现：山东某公司与某金融租赁有限公司于2014年1月签订、履行融资租赁协议过程中存在瑕疵疑点，具体表现在：一、某金融租赁有限公司在办理融资租赁业务后，未在案涉设备的显著位置予以标识；二、打印自动产融资统一登记公示系统的“查询报告”显示“登记到期日”均为2020年1月27日，而2017年11月28日某金融租赁有限公司进行了展期登记。现有证据无法查明，某金融租赁有限公司是否在2017年11月28日同时进行了初始登记和展期登记，如果某金融租赁有限公司的初始登记时间晚于贵行与山东某公司签订抵押合同时间，根据融资租赁纠纷司法解释，贵行的抵押权就构成善意取得。因此提起诉讼。

二、本案的审理及裁判情况

本案经两次庭审，法庭查明：出租人某金融租赁有限公司已于2014年1月28日在动产融资统一登记公示系统进行过初始登记，并于2017年11月28日进行了展期登记。两次登记的附件均有《山东某公司租赁物清单》。虽然登记公示合同为“0009号”，而实际履行合同是“0005号”，但判决书认为，新疆高院作出的生效判决确认的山东某公司与某金融租赁有限公司签订的回租买卖合同约定的租金数额、租赁物价值、租赁清单内容均与某金融租赁有限公司在动产融资统一登记公示系统中两次登记公示的内容相同，因而确认登记公示系统公示的租赁物及其项上合同与2014年1月25日某金融租赁有限公司、山东某公司签订的《回租买卖合同》及其租赁物系同一租赁物及同一合同。由此认定，案涉设备已为某金融租赁有限公司所有，山东某公司无权处分。判决认为，贵行应当在办理动产抵押业务时登录公示系统查询，从而知悉“抵押物”系某金融租赁有限公司所有而非“抵押人”山东某公司所有，贵行未尽到善意的注意义务，因此抵押权不能适用善意取得。

三、法律分析

1.对于判决书的分析

本案的争议焦点在于贵行是否基于善意而取得抵押权，该焦点的重点在于某金融租赁有限公司的公示效力问题。案涉设备在签订抵押合同时已由某金融租赁有限公司通过融资租赁方式取得所有权，在公示系统和生效法律文书中出现不同的合同编号的情况下，法院应依职权追加某金融租赁有限公司作为第三人参与诉讼，以查明事实。关于融资租赁方面，山东某公司的抗辩并不能代表某金融租赁有限公司。

2.对于后续方案

在这个抵押合同签订和抵押权设立过程中，贵行、山东某公司、某金融租赁有限公司均存在过错。

(1)2014年3月，中国人民银行发布的《关于使用融资租赁登记公示系统进行融资租赁交易查询的通知》中明确规定：银行等机构作为资金融出方在办理资产抵押等业务时，应当对抵押物的权属和价值以及实现抵押权的可行性进行严格审查，并登录融资租赁登记公示系统查询相关标的物的权属状况，以避免抵押物为承租人不具有所有权的租赁物而影响金融债权的实现。2014年1月28日某金融租赁有限公司对案涉设备进行了登记公示，贵行在查询时存在失误。

(2)山东某公司在整个抵押合同办理过程中，存在明显的欺诈行为。

(3)某金融租赁有限公司未在设备显著位置设立标识，公示信息有误。

但根据现有证据及法律规定，如果贵行按相关行业规范在办理抵押合同时进行全面审查，即使某金融租赁有限公司的公示信息有误，也不影响贵行通过查询获取其公示的附件中关于山东某公司的设备清单上记载，这对抵押合同的设立将产生重大影响。

虽然存在三方均有明显过错的情况，仅由贵行承担责任是显失公平，但鉴于已经查实的案件事实，二审做出对贵行有利改判的可能性不大。另外，启动二审需要贵行再行缴纳130余万元诉讼费，有可能造成贵行损失扩大。

请贵行审慎对待。

律师：杨润刚　赵景莉

2019年4月9日

私募基金管理人登记法律意见书

案情简介

A股权投资管理有限公司拟按照相关法律、法规、规范性文件以及中国证券投资基金业协会的相关业务规则申请登记为私募基金管理人，后续开展相关业务。

本法律意见书系经办律师按照出具法律意见书时有效的法律、法规、规范性文件及业务规则的要求，对A股权投资管理有限公司的主体资格，名称及经营范围，专业化经营，股权结构，控股股东及实际控制人，子公司、分支机构及其关联方，运营的基本设施及条件，风险管理和内部控制制度，高级管理人员，诉讼及仲裁等情况进行了核查，并出具了法律意见书。

法律意见书

致A股权投资管理有限公司：

一、申请机构的主体资格

本所律师查阅了申请机构的全套工商档案及《公司章程》，取得了申请机构设立、历次变更等相关环节的批准文件、营业执照等，对申请机构现行有效的营业执照进行了原件查验，就申请机构有效存续及设立以来的经营情况通过国家企业信用信息公示系统、信用中国、"天眼查"等进行了查询。

经本所律师核查：

1. 申请机构的基本信息

(1)申请机构现持有济南市历下区市场监督管理局于 * * 年 * * 月 * * 日核发的《营业执照》，统一社会信用代码为 * * * * 。截至 * * 年 * * 月 * * 日，申请机构的基本信息见表 1：

表 1　　A 公司基本信息统计

名称	A 公司	注册资本	——
类型	——	成立日期	——
住所	——	经营期限	——
法定代表人	——	经营范围	——
登记状态	在营(开业)企业	——	——

(2)申请机构为国有企业

根据申请机构书面确认及本所律师登录国家企业信用信息公示系统查询，申请机构的股权结构如下：

……

申请机构为 * * * * 下属的国有企业。

(3)申请机构为有效存续的企业法人

经本所律师登录国家企业信用信息公示系统查询，截至 * * 年 * * 月 * * 日，申请机构登记状态为在营(开业)企业，申请机构有效存续、持续经营，不存在依据法律、法规、规范性文件及《公司章程》规定需要终止的情形。

2. 申请机构的历史沿革

(1) * * 年 * * 月，B 运营公司成立，系申请机构前身

① * * 年 * * 月 * * 日，B 运营公司取得了济南市工商行政管理局核发的编号为(历下)登记内名预核字 * * * * 号《企业名称预先核准通知书》，同意核准公司名称为“B 运营公司”。

② * * 年 * * 月 * * 日，B 运营公司取得了济南市历下区市场监督管理局核发的《营业执照》(统一社会信用代码为： * * * *)。公司类型为 * * * * ；住所为 * * * * ；法定代表人为 * * * * ；注册资本为 * * * * ；成立日期为 * * * * ，营业日期为 * * * * ，经营范围为 * * * * 。

③B 运营公司设立时股权结构为表 2 所示：

表 2　　B 运营公司股权结构

序号	股东名称	出资额（万元）	出资比例	出资方式	股东类型	是否为外商投资企业或外国股东
1	C 公司	——	100%	货币	企业法人	否
合计		——	100%	——	——	——

（2）＊＊年＊＊月，申请机构名称、住所、经营范围变更

①＊＊年＊＊月＊＊日，申请机构取得了济南市工商行政管理局核发的（历下）名称变核内字＊＊＊＊号《企业名称变更核准通知书》，核准企业名称变更为：＊＊＊＊股权投资管理有限公司。

②＊＊年＊＊月＊＊日，申请机构股东作出股东决定：将公司名称“＊＊＊＊运营有限公司”变更为“＊＊＊＊股权投资管理有限公司”；将原住所“＊＊＊＊”变更为“＊＊＊＊”；将原经营范围“＊＊＊＊”变更为“＊＊＊＊”。

③＊＊年＊＊月＊＊日，申请机构完成了工商变更登记，取得了济南市历下区市场监督管理局换发的《营业执照》。公司名称变更为＊＊＊＊股权投资管理有限公司；住所变更为＊＊＊＊；经营范围变更为：＊＊＊＊。

④此次工商变更登记完成后，申请机构股权结构未发生变化（见表 3）：

表 3　　A 股权投资管理有限公司股权结构

序号	股东名称	出资额（万元）	出资比例	出资方式	股东类型	是否为外商投资企业或外国股东
1	C 公司	——	100%	货币	企业法人	否
合计		——	100%	——	——	——

综上，本所律师认为：申请机构为在中国境内依法设立并有效存续的有限责任公司，为国有企业，具备《证券投资基金法》《私募投资基金监督管理暂行办法》《私募投资基金管理人登记和基金备案办法（试行）》等法律、法规和规范性文件所规定的本次登记申请的主体资格。

二、申请机构的名称及经营范围

本所律师查阅了申请机构的《企业名称变更核准通知书》、营业执照及《公司章程》，并通过国家企业信用信息公示系统进行了公示信息查询。

经本所律师核查：

1.申请机构名称中含有与私募基金管理人业务属性密切相关的字样。

申请机构的全称为A股权投资管理有限公司。申请机构名称中不含有私募字样,但含有“股权投资”“投资管理”等与私募基金管理人业务属性密切相关的字样。

2.申请机构的经营范围符合国家相关法律法规的规定,且含有与私募基金管理人业务属性密切相关的字样。

申请机构的经营范围为:受托管理股权投资基金,从事股权投资管理。(未经金融监管部门批准,不得从事吸收存款、融资担保、代理客户理财等金融业务;依法须经批准的项目,经相关部门批准后方可开展经营活动)

综上,本所律师认为:申请机构的工商登记文件所记载的经营范围符合国家相关法律、法规的规定,申请机构的名称和经营范围中含有“股权投资”“投资管理”等与私募基金管理人业务属性密切相关的字样。

三、申请机构的专业化经营

本所律师查阅了申请机构的营业执照、《公司章程》、申请机构出具的声明与承诺,实地考察了申请机构的办公场所,并与申请机构的高级管理人员进行了沟通访谈,就申请机构实际开展经营业务的情况于百度、必应等搜索引擎进行了网络舆情信息的核查。

经本所律师核查:

1.申请机构营业执照及《公司章程》中的经营范围为:受托管理股权投资基金,从事股权投资管理。(未经金融监管部门批准,不得从事吸收存款、融资担保、代理客户理财等金融业务;依法须经批准的项目,经相关部门批准后方可开展经营活动)

2.为遵循专业化经营原则,申请机构出具《关于专业化经营的承诺》,承诺:“公司在未来经营中不会经营与私募投资基金业务存在冲突的业务,不会兼营其他与‘投资管理’的买方业务存在冲突的业务,亦不会兼营其他非金融业务。”

3.截至**年**月**日,申请机构尚未开展经营业务。

综上,本所律师认为:截至**年**月**日,申请机构的经营范围为私募股权投资基金管理业务,现尚未开展实际经营。申请机构的实际经营范围中未兼营可能与私募投资基金业务存在冲突的业务、未兼营与“投资管理”的买方业务存在冲突的业务、未兼营其他非金融业务,符合《管理暂行办法》第二十二条专业化经营原则。

四、申请机构的股权结构

本所律师查阅了申请机构的工商档案、《公司章程》《验资报告》、股权结构图及向本所出具的声明与承诺，核查了申请机构法人股东的《营业执照》《公司章程》《审计报告》及信用报告，并通过国家企业信用信息公示系统、"信用中国""天眼查"等公示及查询系统进行了查询。

经本所律师核查：

1. 申请机构的股权结构

申请机构的股权结构图详见本法律意见书第一部分"申请机构的主体资格"中第一条"申请机构的基本信息部分"。

根据申请机构出具的承诺，申请机构股权结构清晰，不存在股权代持情形。

2. 申请机构现有股东情况

截至＊＊年＊＊月＊＊日，申请机构共有一名法人股东，为C公司。

C公司为中国境内设立的有限责任公司，为国有控股企业。现持有济南市历下区市场监督管理局于＊＊年＊＊月＊＊日核发的《营业执照》，统一社会信用代码为＊＊＊＊。

截至＊＊年＊＊月＊＊日，C公司的基本信息如表4所示：

表4　C公司基本信息情况

名称	C公司	注册资本	——
类型	——	成立日期	——
住所	——	经营期限	——
法定代表人	——	经营范围	——
登记状态	在营（开业）企业	——	——

截至＊＊年＊＊月＊＊日，C公司的股权结构如表5所示：

表5　C公司股权结构情况

序号	股东名称	出资额（万元）	出资比例	股东类型	是否为外商投资企业或外国股东
1	＊＊＊＊集团有限公司	——	100%	企业法人	否
合计		——	100%	——	——

根据C公司出具的情况说明及本所律师登录基金业协会网站查询，C公司未在基金业协会登记，不是私募基金管理人。

3.申请机构股东出资情况

根据申请机构的工商档案信息，C公司认缴申请机构＊＊万元人民币，持有申请机构100%的股权。

根据申请机构的验资报告，截至＊＊年＊＊月＊＊止，公司已经收到C公司首次缴纳的注册资本(实收资本)合计人民币＊＊元(＊＊万元整)，全部为货币出资。

根据C公司的审计报告及其出具的情况说明，截至＊＊年末，C公司账面货币资金为＊＊元，具备与其认缴资本金额相匹配的出资能力。

综上，本所律师认为：截至＊＊年＊＊月＊＊日，申请机构不存在直接或间接控股或参股的境外股东，申请机构的股东及股权结构符合现行法律法规的要求和基金业协会的规定。

五、申请机构的控股股东及实际控制人

本所律师查验了申请机构的工商档案、《公司章程》《审计报告》、股权结构图，查验了控股股东及实际控制人的《营业执照》《公司章程》、企业征信报告，就申请机构股东情况通过国家企业信用信息公示系统、“信用中国”“天眼查”等公示及查询系统进行了查询。

经本所律师核查：

1.申请机构的控股股东

截至＊＊年＊＊月＊＊日，C公司持有申请机构100%的股权，为申请机构的控股股东。

2.申请机构的实际控制人

根据基金业协会《私募基金管理人登记须知(2018年12月更新)》，实际控制人应一致追溯到最后自然人、国资控股企业或集体企业、上市公司、受国外金融监管部门监管的境外机构。在没有实际控制人的情形下，应由其第一大股东承担实际控制人的相应责任。

根据申请机构的股权结构图，C公司为＊＊＊＊的全资孙公司，为国资控股企业。

故C公司为申请机构的实际控制人。

3.申请机构实际控制人的基本信息

C公司的具体信息详见本法律意见书第四部分“申请机构的股权结构”中第二条“申请机构现有股东情况”。

综上，本所律师认为：截至＊＊年＊＊月＊＊日，申请机构控股股东、实际控制人为C公司。

六、申请机构的子公司、分支机构和其他关联方

本所律师查阅了申请机构的工商档案，审阅了申请机构关联方的明细表及C公司的对外投资明细表、关联方的营业执照、股东名册等相关文件，审阅了申请机构及相关机构出具的关于关联方、避免关联交易的声明及承诺，与申请机构的高级管理人员进行了访谈，就申请机构的子公司、分支机构和关联方情况通过国家企业信用信息公示系统、“天眼查”等公示及查询系统进行了查询。

经本所律师核查：

1. 申请机构的子公司

截至＊＊年＊＊月＊＊日，申请机构不存在子公司（持股5%以上的金融企业、上市公司及持股20%以上的其他企业）。

2. 申请机构的分支机构

截至＊＊年＊＊月＊＊日，申请机构不存在分支机构。

3. 申请机构的其他关联方

根据C公司出具的对外投资明细表及本所律师核查，C公司对外投资情况如表6所示：

表6　　C公司对外投资情况

序号	公司名称	持股比例	经营范围
1			

除申请机构外，上述企业中受C公司同一控制的投资类企业为D公司，不存在受C公司同一控制的金融机构、私募基金管理人、冲突业务企业、投资咨询及金融服务企业。

(1)D公司的基本信息

D公司现持有济南市历下区市场监督管理局于＊＊年＊＊月＊＊日核发的《营业执照》，统一社会信用代码为＊＊＊＊。

截至＊＊年＊＊月＊＊日，D公司的基本信息如表7所示：

表 7　　D公司的基本信息情况

名称	D公司	注册资本	——
类型	——	成立日期	——
住所	——	经营期限	——
法定代表人	——	经营范围	——
登记状态	在营(开业)企业	——	——

(2)D公司的业务开展情况

根据D公司出具的《情况说明》并经本所律师查询,D公司未在基金业协会登记,不是私募基金管理人,且将来亦不会进行私募基金管理人登记。

D公司的主营业务为以自有资金对外投资。截至＊＊年＊＊月＊＊日,D公司的对外投资情况如表8所示:

表 8　　D公司对外投资情况

序号	公司名称	持股比例	经营范围
1			

4. 关联交易

(1)申请机构尚未开展经营业务,申请机构与其他关联方之间不存在业务往来,亦不存在关联交易行为。

(2)为保障申请机构及其股东的合法权益,申请机构制定了《防范内幕交易及利益冲突交易制度》,从内幕信息、利益冲突的界定、内幕信息的保密管理、相关人员利益冲突的回避、内幕交易及利益冲突回避防控考核评价管理等方面建立了与关联方之间的利益隔绝机制。

申请机构亦书面承诺将切实履行《防范内幕交易及利益冲突交易制度》,以风险控制和合规管理为核心,确保依法、合规、独立运作。确保公司与其他关联方在人员任职、机构设立、财务管理、资产管理、经营管理和业务运作等方面相互独立。承诺公司与其他关联方之间不存在业务往来或款项往来;不会与其他关联方进行任何内幕交易与利益输送行为;在自身经营中及未来管理的私募基金中均不涉及与民间借贷、民间融资、配资业务、小额理财、小额借贷、P2P/P2B、众筹、保理、融资租赁、担保、房地产开发、交易平台等可能与私募投资基金属性相冲突的业务。

(3)申请机构作出与出资人之间不存在利益输送的承诺函,承诺在未来业务开展中，将切实防范不正当关联交易，不会与出资人 C 公司存在利益输送、损害投资者利益的情形。

(4)申请机构的控股股东、实际控制人 C 公司出具《承诺函》，承诺不利用控股股东的身份影响 A 公司的独立性，并将保持 A 公司在人员任职、机构设立、财务管理、资产管理、经营管理和业务运作等方面的独立性。

(5)申请机构的关联方亦出具承诺函，承诺其与申请机构之间各自独立运营，不存在任何业务往来或款项往来；不存在利益输送情形；不会利用关联关系使申请机构在自身经营发展及未来管理的私募基金中涉及与民间借贷、民间融资、配资业务、小额理财、小额借贷、P2P/P2B、众筹、保理、融资租赁、担保、房地产开发、交易平台等可能与私募投资基金属性相冲突的业务。

综上，本所律师认为：

1. 截至＊＊年＊＊月＊＊日，申请机构不存在子公司和分支机构。

2. 截至＊＊年＊＊月＊＊日，受申请机构控股股东、实际控制人控制的其他关联方为 D 公司。

3. 截至＊＊年＊＊月＊＊日，申请机构已经制定了《防范内幕交易及利益冲突交易制度》，对其与关联方之间可能发生的关联交易进行了利益隔绝，不存在损害申请机构及其股东合法利益的情形。

4. 截至＊＊年＊＊月＊＊日，申请机构的其他关联方对申请机构作为私募基金管理人进行专业化经营没有造成任何实质性影响，亦没有使申请机构经营或变相经营与“投资管理”等买方业务相冲突的其他业务。

七、申请机构运营的基本设施及条件

本所律师查阅了申请机构的营业执照、《公司章程》《验资报告》、员工花名册、劳动合同、员工工资发放明细表、社会保险个人权益记录单、基金从业人员资格考试成绩合格证、《房屋免费使用说明》《＊＊＊＊房屋租赁合同》，实地考察了申请机构的办公场所，并与申请机构的高级管理人员进行了沟通访谈。

经本所律师核查：

1. 申请机构的从业人员

截至＊＊年＊＊月＊＊日，申请机构共有员工＊＊人，其中具有基金从业资格的员工共＊＊人，申请机构与员工均签署了《劳动合同》，并为员工缴纳了社会保险。申请机构员工的基本情况如表 9 所示：

表 9　　A 股权投资管理有限公司的员工基本情况

序号	姓名	所属部门/职务	是否具备基金从业资格	是否签订劳动合同	是否缴纳社保	是否兼职
1	* * * *	总经理	是	是	是	否
2	* * * *	风控合规部/风控总监	是	是	是	否
3	* * * *	风控合规部	是	是	是	否
4	* * * *	投资管理部	是	是	是	否
5	* * * *	投资管理部	是	是	是	否
6	* * * *	投资管理部	是	是	是	否
7	* * * *	投资管理部	是	是	是	否
8	* * * *	综合管理部	是	是	是	否
9	* * * *	综合管理部	是	是	是	否

2. 申请机构的营业场所

(1)截至 * * 年 * * 月 * * 日，申请机构在济南市历下区市场监督管理局登记注册的住所为：* * * *。申请机构的实际办公地点与工商登记住所相一致。

(2)根据 C 公司出具的《房屋免费使用说明》，C 公司拥有“* * * *”地点的使用权，C 公司将上述地点免费提供给 A 公司办公使用，并提供相关办公设备，也不收取物业费等相关费用。C 公司承诺在其拥有使用权期间，不收回 A 公司使用的办公房间，也不收取任何费用。

3. 申请机构的资本金

截至 * * 年 * * 月 * * 日，申请机构的注册资本为 * * 万元。根据《验资报告》及网上银行行内转账收款凭证，申请机构实收资本金为 * * 万元。

根据申请机构的工资表及 C 公司出具的《房屋免费使用说明》，员工薪酬为申请机构主要运营开支。申请机构每月员工薪酬支出为 * * 元。假设申请机构未来六个月员工总数不发生变化，申请机构在未来六个月应支出员工薪酬共 * * 元。申请机构现有资本金数额能够覆盖未来六个月内机构的合理人工薪酬等日常运营开支。

4. 申请机构的财务状况

根据申请机构《企业信用报告》《开户许可证》《审计报告》及相关说明，申请机构尚未开展业务经营，不存在到期未清偿债务、资产负债比例较高、大额或有负债等可能影响机构正常运作情形。

综上，本所律师认为：申请机构已经具备开展私募基金管理业务所需的从业人员、营业场所、资本金、财务状况等企业运营基本设施和条件。

八、申请机构的风险管理和内部控制制度

本所律师参与了申请机构风险管理和内部控制制度文件的论证及起草过程，审核了申请机构组织架构和公司治理结构的相关文件、风险管理和内部控制的制度文件、申请机构及其全体人员出具的承诺，对申请机构的实际经营地点进行了实地考察，并与申请机构的公司员工进行了沟通访谈。

经本所律师核查：

1.申请机构相关制度的制定情况

申请机构针对其私募基金管理业务要求制定和建立了风险管理和内部控制制度，申请机构目前已制定的制度包括：《风险控制制度》《信息披露制度》《机构内部交易记录制度》《防范内幕交易及利益冲突交易制度》《合格投资者风险揭示管理制度》《合格投资者内部审核流程及相关制度》《私募基金产品宣传推介及募集管理办法》《投资决策委员会制度》《投资管理制度》《内部控制制度》《基金财产分离制度》《财务管理制度》，各项管理制度之间形成了有效的分工和制约。

截至＊＊年＊＊月＊＊日，申请机构已制定了《私募投资基金管理人内部控制指引》《法律意见书指引》规定的完整的涉及机构运营关键环节的风险管理和内部控制制度。

2.申请机构相关制度的落实情况

(1)申请机构由＊＊名员工组成，＊＊名员工均具有基金从业资格(申请机构员工的部门配置及从业资格情况详见本法律意见书第七部分“申请机构运营的基本设施及条件”第一条“申请机构的从业人员”)。

申请机构的法定代表人、执行董事、总经理＊＊＊＊长期从事公司投融资业务，申请机构风控合规部门的风控总监＊＊＊＊长期从事公司风险控制的相关工作。根据申请机构上述关键岗位人员的从业经历及具备的从业资格情况，申请机构的高级管理人员及各部门员工能够充分认识和理解相关制度，并进而有效执行。

(2)截至＊＊年＊＊月＊＊日，申请机构共内设了风控合规部、投资管理部、综合管理部三个部门，各部门员工均有特定的分工。申请机构的内部组织架构如图1所示：

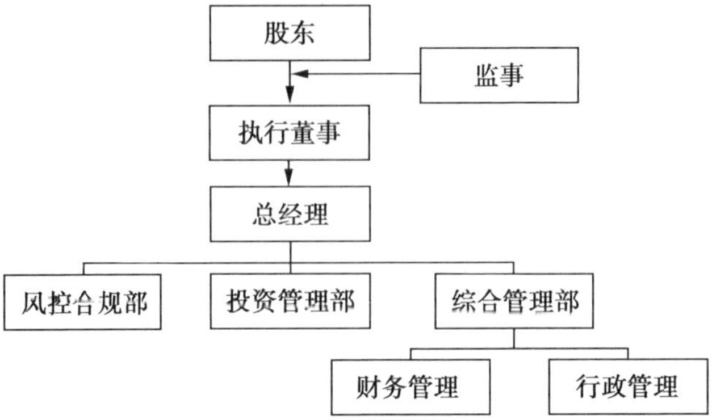

图 1　A 股投资管理有限公司的内部组织架构

①总经理

总经理负责全面主持公司的日常经营管理工作，主要行使下列职责：主持公司的日常经营、行政及财务的管理工作；组织实施公司年度经营计划和投资方案；主持公司基金产品的设计、募集和基金投资管理、投后管理工作以及基金对外信息披露工作；拟定公司的基本管理制度；制定公司的具体规章；主持制定内部控制方法、绩效评价指标体系，连续和定期组织考核评价；负责建设高效的组织团队。

②风控合规部

风控合规部人员配置 2 人，根据公司风险管理及内部控制制度履行下列岗位职责：拟定公司的风险控制制度和各项风险控制措施、办法；建立健全公司风险识别、风险评估和衡量、风险应对、风险监测、风险报告的循环处理及反馈流程，并将其整合落实到公司各岗位以及业务流程之中；组织业务部门定期识别、分析各个岗位和流程中的风险，进行评估并提出控制措施的建议；检查、评估公司业务流程及其他职能部门对于风险控制制度和风险控制措施、办法的执行情况；组织其他职能部门对风险控制的实施情况进行总结和反馈，提出完善建议并督促执行；对投资项目的投资风险进行独立核查；定期对各职能部门及员工进行风险控制培训；研究公司危机处理机制的建立，在出现危机事件时拟定处理建议、方案。

③投资管理部

投资管理部人员配置 4 人，根据公司投资管理、风险管理及内部控制制度履行下列岗位职责：按照公司战略部署发现潜在投资项目，对拟投资项目进行筛选、分析论证、收益和风险测算、投资交易机构及条款设计、商务谈判及投融资方案设计；负责项目投后管理，参与被投企业的发展战略、团队、金融、管理优化及重大事件处理决策；负责投资项目的进入、谈判、交易、组织和控制；制定退出方案，并组织实施；协助公司进行业务体系规划；负责对标的项目跟踪、收集、掌握国内外行业法规、政策、重要专业及业务信息动态；建立项目工作档案，保留各类工作记录并存档，做好项目组成员的协同安排；建立和维护与客户直接的沟通和分类管理。

④综合管理部

综合管理部设立财务管理岗 1 人，行政管理岗位 1 人，根据公司相关制度履行下列岗位职责：财务管理岗：负责财务预算、核算与会计管理，为公司经营决策提供依据，协助总经理实施公司战略，并主持公司财务战略规划的制定；建立科学、系统的财务核算体系和财务监控体系，进行有效的内部控制；制定公司资金运营计划，监督资金管理报告和预、决算；筹集公司运营所需资金，保证公司战略发展的资金需求，审核公司重大资金流向；主持对重大投资项目和经营活动的风险评估、指导、跟踪和财务风险控制；维护同银行、工商、税务等部门的关系，保护公司利益；参与公司重要事项的分析和决策，为企业的生产经营、业务发展及对外投资等事项提供财务方面的分析和决策依据；编制财务报表，提交财务管理工作报告；负责与会计师事务所等财务外包机构的沟通和协调，完成基金财产投资的财务尽职调查及公司审计报告等财务信息披露工作。

行政管理岗：负责对外的所有文稿的起草、打印、发文等工作；负责公司行政工作；负责公司内各部门信息沟通，传达公司管理层的各项部署安排；负责公司员工招聘、考勤管理、员工档案等人事相关工作及薪酬管理、考核等工作；负责公司基建及办公设备及日常用品采购、发放、登记建档、维护等管理事项；负责办公区域日常行为的管理，根据管理制度进行相应的惩罚；组织好日常的事务来客接待，做好重要会议的组织、会务工作和相关的外联工作。

(3)申请机构出具声明与承诺将切实履行公司的风险管理和内部控制制度，保护投资者合法利益，保证投资基金财产独立运作，切实防范不正当关联交易、利益输送和内部控制风险，诚实信用、勤勉尽责、恪尽职守，对因失职渎职导致内部控制失效造成重大损失的承担相关责任。承诺公司招聘的新员工具备与岗位要求相适应的职业操守和专业能力，确保新员工入职时签署切实履行申请机构风险管理和内部控制制度的承诺。

申请机构全体员工亦出具承诺切实履行公司的风险管理和内部控制制度，保护投资者合法利益，保证投资基金财产独立运作，切实防范不正当关联交易、利益输送和内部控制风险，诚实信用、勤勉尽责、恪尽职守，对因失职渎职导致内部控制失效造成重大损失的承担相关责任。

综上，本所律师认为：

1. 申请机构已制定风险管理和内部控制制度，已根据其拟申请的私募基金管理业务类型建立了与之相适应的制度，上述制度符合《内控指引》《法律意见书指引》的相关规定。

2. 申请机构已根据上述制度配置了相关职能部门及人员，能够满足申请机构现阶段运营的实际需求，申请机构具备有效执行风险管理和内部控制制度的现实基础和条件。

九、申请机构签署基金外包服务协议的情况

本所律师就申请机构的业务开展及外包情况与申请机构的高级管理人员进行了沟通访谈并取得申请机构的说明，就申请机构实际经营业务的情况通过百度、必应等搜索引擎进行了网络舆情信息的核查。

经本所律师核查：申请机构尚未开展具体的经营业务，申请机构未与任何基金外包服务机构签订基金外包服务协议。

综上，本所律师认为：截至＊＊年＊＊月＊＊日，申请机构未与其他机构签署基金外包服务协议。

十、申请机构的高级管理人员

本所律师审查了申请机构的《公司章程》，工商档案，员工花名册，高级管理人员的身份证件、劳动合同、社会保险个人权益记录单、学历学位证书、个人简历、基金从业人员资格考试成绩合格证，与申请机构的高级管理人员进行了沟通访谈并取得高级管理人员出具的承诺，对高级管理人员的兼职情况通过基金业协会基金从业人员资格信息公示系统进行了查询。

经本所律师核查：

1. 申请机构高级管理人员的基本信息

截至＊＊年＊＊月＊＊日，申请机构共设置两名高级管理人员：法定代表人、执行董事、总经理＊＊＊＊；风控总监＊＊＊＊。各高级管理人员具体信息如下：

（1）法定代表人、执行董事、总经理

①基本信息

＊＊＊＊，＊＊，中国籍，没有其他国家或地区的永久居留权，身份证号码：＊＊＊＊。

②学习经历

③工作经历

④基金从业资格

＊＊＊＊于＊＊年＊＊月参加《基金法律法规、职业道德与业务规范》《私募股权投资基金基础知识》考试，成绩合格，具备基金从业资格。

(2)风控总监

①基本信息

＊＊＊＊，＊＊，中国籍，没有其他国家或地区的永久居留权，身份证号码：＊＊＊＊。

②学习经历

③工作经历

＊＊＊＊于＊＊年＊＊月参加《基金法律法规、职业道德与业务规范》、《私募股权投资基金基础知识》考试，成绩合格，具备基金从业资格。

2.申请机构高级管理人员兼职情况

截至＊＊年＊＊月＊＊日，申请机构法定代表人＊＊＊＊存在对外兼职情况。根据＊＊＊＊本人承诺及本所律师核查，＊＊＊＊担任E公司的法定代表人、董事长及总经理。

经申请机构确认、E公司的说明及本所律师核查，申请机构与E公司之间不存在关联关系。E公司的经营范围为＊＊＊＊，未在基金业协会登记，不属于私募机构，亦未从事与私募业务相冲突的业务。

根据＊＊＊＊的说明与承诺，其在E公司的任职属于＊＊＊＊委派，未与E公司签订劳动合同，亦未领取工资报酬，未参与E公司的任何经营活动。其已于＊＊年＊＊月从＊＊＊＊(委派单位)离职，现已向E公司提出申请变更法定代表人、董事长及总经理，工商变更手续正在办理中。＊＊＊＊同时承诺，将督促E公司尽快办理法定代表人变更登记及高级管理人员备案登记。在此期间，其将勤勉尽职，严格遵守相关法律、法规及A公司的内部控制制度，认真履行职责，不会利用兼职进行内幕交易或安排其他利益输送，不从事任何损害A公司的行为。承诺当两公司的业务存在冲突时，优先保证A公司正常工作和运营。

综上，本所律师认为：截至＊＊年＊＊月＊＊日，申请机构拟申请私募股权投资基金业务的私募基金管理人，其高级管理人员均已具备基金从业资格，高级管理人员岗位设置符合基金业协会的要求。

十一、申请机构及其高级管理人员的处罚、监管及诚信情况

本所律师查阅了申请机构的企业信用报告、高级管理人员的个人信用报告及承诺文件，与申请机构的高级管理人员进行了沟通访谈，就申请机构及高级管理人员的处罚、监管及诚信情况通过基金业协会、证券期货市场失信记录查询平台、全国法院被执行人信息查询、中国裁判文书网、国家企业信用信息公示系统、“信用中国”等查询及公示系统，亦可用百度、必应等搜索引擎进行了查询。

经本所律师核查：

1. 申请机构及其高级管理人员的刑事处罚、金融监管部门行政处罚或者被采取行政监管措施情况

截至＊＊年＊＊月＊＊日，申请机构及其高级管理人员未受到过刑事处罚、金融监管部门的行政处罚或者被采取行政监管措施。

2. 申请机构及其高级管理人员的行业协会的纪律处分情况

截至＊＊年＊＊月＊＊日，申请机构及其高级管理人员未受到过基金业协会的纪律处分。

3. 申请机构及其高级管理人员的资本市场诚信数据库负面信息情况

截至＊＊年＊＊月＊＊日，申请机构及其高级管理人员在资本市场诚信数据库中不存在负面信息。

4. 申请机构及其高级管理人员的失信被执行人名单情况

截至＊＊年＊＊月＊＊日，申请机构及其高级管理人员未被列入全国法院失信被执行人名单。

5. 申请机构在全国企业信用信息公示系统的公示情况

截至＊＊年＊＊月＊＊日，申请机构未被列入全国企业信用信息公示系统的经营异常名录或严重违法企业名录。

6. 申请机构及其高级管理人员在“信用中国”网站上的信用记录情况

截至＊＊年＊＊月＊＊日，申请机构及其高级管理人员在“信用中国”网站上不存在不良信用记录。

综上，本所律师认为：截至＊＊年＊＊月＊＊日，申请机构未受到刑事处罚、金融监管部门行政处罚或者被采取行政监管措施；申请机构及其高级管理人员未受到行业协会的纪律处分；未在资本市场诚信数据库中存在负面信息；未被列入失信被执行人名单；未被列入全国企业信用信息公示系统的经营异常名录或严重违法企业名录；在“信用中国”网站上不存在不良信用记录。

十二、申请机构及其高级管理人员的诉讼、仲裁情况

本所律师审阅了申请机构、高级管理人员的企业信用报告并取得申请机构及高级管理人员的书面承诺，与申请机构的高级管理人员进行了沟通访谈，就申请机构、高级管理人员最近三年涉诉或仲裁的情况通过全国法院被执行人信息查询系统、中国裁判文书网、国家企业信用信息公示系统、信用中国等查询及公示系统以及百度、必应等搜索引擎进行了查询。

经本所律师核查：

1.申请机构及其高级管理人员的诉讼情况

截至＊＊年＊＊月＊＊日，申请机构及其高级管理人员在全国法院失信被执行人名单信息公布与查询系统、中国裁判文书网、国家企业信用信息公示系统、“信用中国”等公示及查询系统中不存在最近三年的诉讼案件记录。

2.申请机构及其高级管理人员的仲裁情况

申请机构、申请机构的高级管理人员均确认申请机构最近三年不存在诉讼或仲裁的情况。

综上，本所律师认为：截至＊＊年＊＊月＊＊日，申请机构及其高级管理人员最近三年不存在涉诉或仲裁的情况。

十三、申请机构向基金业协会提交材料的情况

本所律师核查了申请机构向基金业协会提交的登记申请材料，包括：申请机构的基本信息、相关制度信息、机构持牌及关联方信息、申请机构的诚信信息、出资人信息、高级管理人员信息，审阅了申请机构出具的承诺。

经本所律师核查：申请机构向基金业协会提交的私募基金管理人登记申请材料真实、准确、完整，不存在虚假记载、误导性陈述或重大遗漏，符合《管理暂行办法》《登记和备案办法》等相关法律、法规、规范性文件及基金业协会自律规则的相关要求。

综上，本所律师认为：申请机构向基金业协会提交的登记申请材料真实、准确、完整。

十四、本所及经办律师认为需要说明的其他事项

本所及经办律师认为除上述披露的内容外，不存在与本次登记申请相关的需要说明的其他事项。

十五、结论意见

综上所述，本所律师认为，截至＊＊年＊＊月＊＊日，申请机构为在中国境内依法设立并有效存续的有限公司；申请机构符合《公司法》《管理暂行办法》等法律、法规、规范性文件及《登记和备案办法》等自律规则关于私募基金管理人登记条件的规定；申请机构向基金业协会提交的私募基金管理人登记申请材料真实、准确、完整；申请机构的私募基金管理人登记申请符合基金业协会的相关要求。

本法律意见书自本所经办律师签字并加盖本所公章后生效。

本法律意见书正本四份，具有同等法律效力。

律师：杨存攀　高　静

2019 年 4 月

BH 银行不良资产法律尽职调查报告

案情简介

SDLL 公司在 BH 银行融资贷款，逾期未还，BH 银行向人民法院提起诉讼，SDLL 公司未依约履行生效的法院调解书，BH 银行申请强制执行。现 BH 银行为化解不良，拟将本案债权予以对外转让，委托本所律师出具不良资产法律尽职调查报告。

调查报告

第一部分　前　言

山东博翰源律师事务所（以下简称“本所”）接受 BH 银行（以下简称“贵行”）的委托，对 SDLL 公司债权资产项目（以下简称“本项目”）进行法律尽职调查并出具调查报告。

为准确详尽地了解本项目的信息资料，本所律师在出具本尽职调查报告前进行现场走访调查。调查的范围包括债务人与担保人的经营情况、资产现状及涉诉情况等。同时，我们假定：所有受调查的组织机构提交给本所的文件及文件上的签字、印章均是真实的，所有提交文件的复印件与其原件均是一致的；所有受调查对象做出的有关事实的阐述、声明、保证（无论是书面的还是口头做出的）均为真实、准确和可靠的。本法律意见涉及的事实、信息和数据均截至 2019 年5 月 13 日。

鉴于以上尽职调查范围和方法以及贵行本项目法律尽职调查时间较紧，且部分被调查主体和行政机关不予配合，本法律意见对债权回收的预测系本所律师的职业经验判断和直观分析，不能保证司法实践的支持和市场交易的实现，本所律师亦不承诺债权实现的可能性和准确性。

第二部分　正　文

一、主债权及担保情况

截至 2019 年 5 月 13 日，贵行对 SDLL 公司享有债权 16,394,049.87 元(截至 2019 年 4 月 30 日)，其中本金 1500 万元，利息 195,568.77 元，罚息1,198,481.1 元，具体债权构成情况如表 1 所示：

表 1　BH 银行对 SDLL 公司享有债权具体构成情况

借款合同编号	合同金额（万元）	债权金额（元）	借款起止日期	保证人	抵押物
BH 分流贷〔2017〕第 45 号《流动资金借款合同》	1500	16,394,049.87	2017 年 6 月 12 日放款 3 笔共 750 万，借款期限自 2017 年 6 月 12 日至 2018 年 6 月 11 日；2017 年 6 月 14 日放款 3 笔共 750 万，借款期限自 2017 年 6 月 14 日至 2018 年 6 月 13 日	SDTS 公司 FCSY 公司 SDHD 公司 陈某 李某	无

2017 年 6 月 8 日，贵行与 SDLL 公司签订编号 BH 分流贷〔2017〕第 45 号《流动资金借款合同》，总额度为人民币 1500 万元，第四条约定额度有效期为一年，额度有效期从 2017 年 6 月 8 日至 2018 年 6 月 7 日。贷款用途仅限于购买圆钢、生铁等原材料；合同第十三条约定，借款人在本合同项下的全部债务应由本合同附件一第二段中列明的文件担保，附件一中列明担保合同号为 BH 分最高保〔2017〕第 150 号、151 号、152 号《最高额保证协议》；合同第十七条交叉违约约定，如在与任何其他金融机构的任何其他融资协议或安排项下，借款人的债务到期应付未付，且贷款人或任何该等金融机构有权宣布该等债务在规定的到期日前到期且须偿还，那么在满足以下条件的情况下，本合同项下所有应向

贷款人偿付的贷款和其他款项(包括但不限于本金、利息和费用)应贷款人的要求应立即到期且须偿还。2017 年 6 月 12 日,双方签订公司贷款借据,贵行依约向 SDLL 公司发放 3 笔贷款,共计人民币 750 万元整,贷款借据号为:00192174、00192172、00192173,贷款期限均为 2017 年 6 月 12 日至 2018 年 6 月 11 日,利率以 4.35%为基准利率上浮 30%,利息按月结算。2017 年 6 月 14 日,双方签订公司贷款借据,贵行依约向 SDLL 公司发放 3 笔贷款,共计人民币 750 万元整,贷款借据号为:00192175、00192706、00192705,贷款期限均为 2017 年 6 月14 日至 2018 年 6 月 13 日,利率以 4.35%为基准利率上浮 30%,利息按月结算。

2017 年 6 月 8 日,贵行与 SDTS 公司签订编号为 BH 分最高保〔2017〕第 150 号《最高额保证协议》,第二条约定担保的债务为在债权发生期间或者额度有效期内,债权人依据主合同向债务人提供授信业务而形成的被担保债务。额度不因多次循环使用而有所减少。第三条约定,保证范围为(1)债务人在主合同项下应向债权人偿还或支付的所有债务本金、利息(包括但不限于法定利息、约定利息、逾期利息、罚息及复利)、手续费及其他收费、违约金、损害赔偿金、实现债权的费用(包括但不限于诉讼费用、律师费用、公证费用及执行费用)和其他应付款项(无论该项支付是在主合同项下债务到期日应付或在其他情况下成为应付);(2)债权人为实现本协议项下的担保权益而发生的所有费用(包括但不限于诉讼费用、律师费用、公证费用及执行费用等);(3)保证人在本协议项下应向债权人支付的违约金和任何其他款项。第四条约定保证期间为主合同项下债务履行期限届满之日起两年。如果主合同项下债务有不同的到期日,则保证人的保证期间根据不同的到期日分别计算。

2017 年 6 月 8 日,贵行与 FCSY 公司签订编号为 BH 分最高保〔2017〕第 151 号《最高额保证协议》,第二条约定担保的债务为在债权发生期间或者额度有效期内,债权人依据主合同向债务人提供授信业务而形成的被担保债务。额度不因多次循环使用而有所减少。第三条约定,保证范围为(1)债务人在主合同项下应向债权人偿还或支付的所有债务本金、利息(包括但不限于法定利息、约定利息、逾期利息、罚息及复利)、手续费及其他收费、违约金、损害赔偿金、实现债权的费用(包括但不限于诉讼费用、律师费用、公证费用及执行费用)和其他应付款项(无论该项支付是在主合同项下债务到期日应付或在其他情况下成为应付);(2)债权人为实现本协议项下的担保权益而发生的所有费用(包括但不限于诉讼费用、律师费用、公证费用及执行费用等);(3)保证人在本协议项下应向债权人支付的违约金和任何其他款项。第四条约定保证期间为主合同项下债务履行期限届满之日起两年。如果主合同项下债务有不同的到期日,则保证人的保证期间根据不同的到期日分别计算。

2017 年 6 月 8 日，贵行与陈某、李某签订编号为 BH 分最高保〔2017〕第 152 号《最高额保证协议》，第二条约定陈某和李某系合法夫妻关系，为确保债务人在主合同项下债务的履行，保证人愿意以其全部财产向债权人提供连带责任保证担保。第三条约定保证范围为(1)债务人在主合同项下应向债权人偿还或支付的所有债务本金、利息(包括但不限于法定利息、约定利息、逾期利息、罚息及复利)、手续费及其他收费、违约金、损害赔偿金、实现债权的费用(包括但不限于诉讼费用、律师费用、公证费用及执行费用)和其他应付款项(无论该项支付是在主合同项下债务到期日应付或在其他情况下成为应付)；(2)债权人为实现本协议项下的担保权益而发生的所有费用(包括但不限于诉讼费用、律师费用、公证费用及执行费用等)；(3)保证人在本协议项下应向债权人支付的违约金和任何其他款项。第四条约定保证期间为主合同项下债务履行期限届满之日起两年。如果主合同项下债务有不同的到期日，则保证人的保证期间根据不同的到期日分别计算。

2017 年 6 月 8 日，贵行与 SDHD 公司签订编号为 BH 分最高保〔2017〕第 153 号《最高额保证协议》，第二条约定担保的债务为在债权发生期间或者额度有效期内，债权人依据主合同向债务人提供授信业务而形成的被担保债务。额度不因多次循环使用而有所减少。第三条约定，保证范围为(1)债务人在主合同项下应向债权人偿还或支付的所有债务本金、利息(包括但不限于法定利息、约定利息、逾期利息、罚息及复利)、手续费及其他收费、违约金、损害赔偿金、实现债权的费用(包括但不限于诉讼费用、律师费用、公证费用及执行费用)和其他应付款项(无论该项支付是在主合同项下债务到期日应付或在其他情况下成为应付)；(2)债权人为实现本协议项下的担保权益而发生的所有费用(包括但不限于诉讼费用、律师费用、公证费用及执行费用等)；(3)保证人在本协议项下应向债权人支付的违约金和任何其他款项。第四条约定保证期间为主合同项下债务履行期限届满之日起两年。如果主合同项下债务有不同的到期日，则保证人的保证期间根据不同的到期日分别计算。

综上，本项目所涉《BH 银行流动资金借款合同》，系双方当事人真实意思表示，其内容不违反法律法规的强制性规定，合法有效。贵行按照合同约定发放了贷款，SDLL 公司未按合同约定及时归还贷款本息，根据《流动资金借款合同》第十六条之规定，其行为已构成违约。故债务人应当按照合同约定偿还借款，贵行已经起诉而且起诉时并未超过诉讼时效，故不存在诉讼时效问题。

本项目所涉 4 份《最高额保证协议》系双方当事人的真实意思表示，其内容亦不违反法律、法规的强制性规定，合法有效，保证人应当承担保证责任。双方约定保证期间为主债务履行期限届满之日起两年，贵行在保证期间内已经提起诉讼，故保证债权亦不存在诉讼时效问题。

二、债务人及保证人的主体资格情况

1. 债务人工商基本信息

SDLL公司成立于1998年9月24日，住所地位于FC市W镇，注册资本3000万元人民币，由自然人股东陈某出资2700万元，自然人股东李某出资300万元。法定代表人陈某，经营范围为：电气机械、农业机械、金属加工机械的加工销售，建材、装饰材料、五金交电零售，机电维修，普通货运，进出口资格证书范围内的进出口业务。（依法须经批准的项目，经相关部门批准后方可开展经营活动）。

经本所律师前往FC市市场监督管理局查询，SDLL公司登记状态为在营（开业）企业。

2. 保证人基本信息

保证人一：SDTS公司成立于2002年9月18日，住所地位于山东省FC市TX大街××号，注册资本为5000万人民币元，自然人股东刘某出资1672万元、自然人股东王某出资499万元、自然人股东宋某出资499万元、自然人股东王某某出资499万元、自然人股东郭某出资499万元，自然人股东尹某出资499万元、自然人股东尹某某出资499万元、自然人股东张某出资334万元。法定代表人武某，经营范围为汽车轮胎、农业轮胎、工程机械轮胎、橡胶制品、轮胎汽门咀、生产、销售，机械加工，橡胶、炭黑、促进剂、防老剂、金属材料、建材、汽车、废旧物资销售、轮胎及原材料进出口业务。（依法须经批准的项目，经相关部门批准后方可开展经营活动）。

经本所律师前往FC市市场监督管理局查询，SDTS公司的登记状态显示为在营（开业）企业。

三、债务人及保证人名下财产情况

（一）债务人SDLL公司调查情况

1. 现场调查情况

经现场调查，债务人SDLL公司所在地位于工商注册地FC市WY镇某某村，地理位置较偏。据现场企业工作人员告知，该企业从2018年10月开始拖欠职工工资，该公司自2019年3月开始已停产，厂内没有存货。目前公司人员流失严重，企业剩余有职工60人左右，一半左右为后勤人员。总体来看，该公司现已停产，无法维持经营，失去偿债能力。

2.相关部门调查情况

(1)土地信息

经本所律师前往 FC 市不动产登记中心查询,截至 2019 年 5 月 13 日,SDLL 公司名下土地信息如表 2 所示:

表 2 SDLL 公司名下土地信息(部分)

序号	归属公司	不动产权证号	坐落	面积	用途/性质	签订土地出让合同日期	抵押情况	查封情况
1	SDLL 公司	FC 国用 2008 第×××号	FC 市 WS 镇某村	33,675.25	工业/出让	2004 年 7 月 14 日	抵押权人:NY 银行,抵押金额 264 万元	济南市 Z 人民法院查封,查封金额 1200 万

(2)房产信息

经本所律师前往 FC 市不动产登记中心查询,截至 2019 年 5 月 13 日,SDLL 公司名下房产信息如表 3 所示:

表 3 SDLL 公司名下房产信息(部分)

序号	归属公司	不动产权证号	规划用途	面积	位置	查封情况	抵押情况
1	SDLL 公司	D00×××8	工业	2336.59	FY 镇某某村	泰安市 T 法院查封,查封金额 1000 万	抵押权人:NY 银行,抵押金额 279 万元

(3)车辆信息

经本所律师前往 TA 市、FC 市车辆管理所查询,SDLL 公司名下车辆具体信息如表 4 所示:

表 4 SDLL 公司名下车辆具体信息(部分)

序号	所有权人	车牌号	中文品牌	登记时间	查封情况	抵押情况
1	SDLL 公司	鲁×××36	XD 牌	2007 年 6 月 20 日	五轮查封	无

(4)其他财产信息

经本所律师前往FC市市场监督管理局查询,SDLL公司名下动产抵押登记信息具体情况如表5所示:

表5　　SDLL公司名下动产抵押登记信息(部分)

序号	抵押人	登记编号	登记日期	登记机关	抵押权人	被担保数额	抵押物	状态
1	SDLL公司	TF字(2015)第×××号	2015年6月30日	FC市市场监管局	NY银行	2226万元	设备22台	有效

3.执行信息调查情况

经全国法院被执行人信息系统查询,债务人SDLL公司涉及执行信息具体如表6所示:

表6　　SDLL公司涉及执行信息(部分)

序号	案号	立案时间	受理法院	案件标的(元)
1	(2019)鲁××××执××××号	2019年3月6日	济南市L人民法院	15,018,550.00

4.对外投资情况

经全国企业信用信息公示系统查询,截至2019年5月13日,债务人SDLL公司对外投资情况如表7所示:

表7　　SDLL公司对外投资情况

序号	公司名称	注册资本(万元)	认缴出资额(万元)	出资比例(%)	股权出质情况	冻结情况
1	SDFC农村商业银行	150,000	5100	3.4	质押权人:TAYH公司,质押股权数额5100万元	首封

(二)保证人 SDTS 公司调查情况

1. 现场调查情况

根据厂内职工介绍,该公司目前开工率不足 30%,经营情况较差,厂内有部分存货,但均已抵押,公司的房产和土地都已经被抵押和多轮查封,企业存在拖欠职工工资的情况,其他情况企业未告知。

2. 相关部门调查情况

(1)土地信息

经本所律师前往 FC 市不动产登记中心查询,截至 2019 年 5 月 13 日,SDTS 公司名下土地信息如表 8 所示:

表 8　　SDTS 公司名下土地信息

序号	归属公司	不动产权证号	坐落	面积	用途/性质	抵押情况	查封情况
1	SDTS 公司	FC 国用(2003)第×××号	FC 市 YY 乡某村	1601	工业/出让	抵押权人:JS 行,抵押金额24 万	FC 市法院查封 2 轮,查封金额分别为 2876 万、520 万

(2)房产信息

经本所律师前往 FC 市不动产登记中心查询,截至 2019 年 5 月 13 日,SDTS 公司名下房产信息如表 9 所示:

表 9　　SDTS 公司名下房产信息

序号	归属公司	不动产权证号	规划用途	面积	位置	抵押情况	查封情况
1	SDTS 公司	00×××46	工业	8920.55	FC 市×××街×××号	抵押权人 JS,抵押金额 1300 万	泰安 Z 法院查封,查封金额 3180 万;FC 市法院查封,查封金额 520 万

(3)车辆信息

经本所律师前往 TA 市、FC 市车辆管理所查询,SDTS 公司名下车辆具体信息如表 10 所示:

表 10　　　　SDTS 公司名下车辆信息(部分)

序号	所有权人	车牌号	中文品牌	登记时间	查封情况	抵押情况
1	SDTS 公司	鲁×××6	STN 牌	2010 年 9 月 1 日	五轮查封	无

(4)其他财产信息

经本所律师前往 FC 市市场监督管理局查询，截至 2019 年 5 月 13 日，SDTS 公司名下动产抵押登记信息具体情况如表 11 所示：

表 11　　　　SDTS 公司名下动产抵押登记信息(部分)

序号	抵押人	登记编号	登记日期	登记机关	抵押权人名称	被担保数额	抵押物	状态
1	SDTS 公司	×××字(2015)第×××号	2015 年 9 月 15 日	FC 市市场监管局	ZG 银行	5000 万元	设备 227 台	注销

3. 执行信息调查情况

经全国法院被执行人信息系统查询，保证人 SDTS 公司涉及执行信息具体如表 12 所示：

表 12　　　　SDTS 公司涉及执行信息(部分)

序号	案号	立案时间	受理法院	案件标的(元)
1	(2017)鲁××执×××号	2017 年 5 月 26 日	济南市 Z 法院	24,000,000

4. 对外投资情况

经本所律师调查，SDTS 公司对外投资信息具体情况如表 13 所示：

表 13　　　　SDTS 公司对外投资信息(部分)

序号	公司名称	注册资本(万元)	认缴出资额(万元)	出资比例(%)	股权出质情况	冻结情况
1	SDFC 农村商业银行	150,000	7500	5	质押权人：SDFSK 公司，出质股权数额 7500 万元	有

(三)保证人 FCSY 公司调查情况

1. 现场调查情况

经现场调查及走访场内职工,发现该企业目前处于半停产状态,公司经营状态较差,开工率不足 30%,维持少量生产。生产设备使用年限少的七八年,多的十五年左右。目前公司内无存货,自 2018 年 12 月份开始拖欠职工工资。

2. 相关部门调查情况

(1)土地信息

经本所律师前往 FC 市不动产登记中心查询,截至 2019 年 5 月 13 日,FCSY 公司名下土地信息如表 14 所示:

表 14　　FCSY 公司名下土地信息(部分)

序号	归属公司	不动产权证号	坐落	面积	用途/性质	签订土地出让合同日期	抵押情况	查封情况
1	FCSY 公司	××(2011)第×××号	FC 市某镇驻地	21,476.4	工业/出让	2011 年 11 月 21 日	抵押权人 FC 市农村信用合作联社,抵押金额 460 万	济南市 L 法院查封,查封金额本金 1490 万元

(2)房产信息

经本所律师前往 FC 市不动产登记中心查询,截至 2019 年 5 月 13 日,FCSY 公司名下房产信息如表 15 所示:

表 15　　FCSY 公司名下房产信息(部分)

序号	归属公司	不动产权证号	规划用途	面积	位置	抵押情况	查封情况
1	FCSY 公司	0018453	工业	5467.2	FC 市安××镇×××号	抵押权人 JS 银行,抵押金额 443 万	TA 市 D 法院查封,查封金额 1600 万

(3)车辆信息

经本所律师前往 TA 市、FC 市车辆管理所查询，截至 2019 年 5 月 13 日，FCSY 公司名下车辆具体信息如表 16 所示：

表 16　　FCSY 公司名下车辆信息(部分)

序号	所有权人	车牌号	中文品牌	登记时间	查封情况	抵押情况
1	FCSY 有限公司	鲁×××××	××牌	2012 年 2 月 20 日	三轮查封	无

(4)其他财产信息

经本所律师前往 FC 市市场监督管理局查询，截至 2019 年 5 月 13 日，FCSY 公司名下存在动产抵押登记信息具体情况如表 17 所示：

表 17　　FCSY 公司名下存在动产抵押登记信息(部分)

序号	抵押人	登记编号	登记日期	登记机关	抵押权人名称	被担保数额(万元)	抵押物	状态
1	FCSY 公司	×××字(2015)第×××号	2015 年 9 月 29 日	FC 市场监管局	PA 银行	10,000 万元	机器设备 9 台	注销

3. 执行信息调查情况

经全国法院被执行人信息系统查询，截至 2019 年 5 月 13 日，保证人 FCSY 公司涉及执行信息具体如表 18 所示：

表 18　　FCSY 公司涉及执行信息(部分)

序号	案号	立案时间	受理法院	案件标的(元)
1	(2017)浙×××执×××号	2017 年 6 月 6 日	浙江 T 法院	39,627,894

4. 对外投资情况

经本所律师调查，截至 2019 年 5 月 13 日，FCSY 公司对外具体情况如表 19所示：

表 19　　FCSY 公司对外具体情况(部分)

序号	公司名称	注册资本（万元）	出资额（万元）	出资比例（%）	股权出质情况	冻结情况
1	某商业银行	150,000	6405	4.27	质押权人 SDJR 公司，质押股权数额 6400 万元	有

(四)保证人 SDHD 公司调查情况

1. 现场调查情况

经现场调查发现该企业仅有少部分设备还在运转，经营上目前仅能维持自身的运转，厂房内的机器设备使用年限在十五年左右，有少量库存，公司自 2018 年 10 月开始拖欠职工工资。

2. 相关部门调查情况

(1)土地信息

经本所律师前往 FC 市不动产登记中心查询，截至 2019 年 5 月 13 日，SDHD 公司名下土地信息如表 20 所示：

表 20　　SDHD 公司名下土地信息(部分)

序号	归属公司	不动产权证号	坐落	面积	用途/性质	登记时间	抵押情况	查封情况
1	SDHD 公司	FC 国用(2011)字第×××××××号	FC 市某村	65,782.53	工业/出让	未记载	抵押权人 JS 银行，抵押金额 1690.61 万元	FC 市法院查封 4 轮，查封金额分别为 1024 万、2876 万、520 万、1227 万

(2)房产信息

经本所律师前往 FC 市不动产登记中心查询，截至 2019 年 5 月 22 日，SDHD 公司名下房产信息如表 21 所示：

表 21　　SDHD 公司名下房产信息(部分)

序号	归属公司	不动产权证号	规划用途	位置	抵押情况	查封情况
1	SDHD公司	D××××××—××	工业	FC 市 W 镇某村四坡路西	抵押权人 JS 银行，抵押金额 2044.14 万元	FC 市法院查封，查封金额 2960 万；FC 市法院查封 4 轮，查封金额分别为 1024 万、1227 万、520 万、2876 万

(3)车辆信息

经本所律师前往 TA 市、FC 市车辆管理所查询，截至 2019 年 5 月 13 日，SDHD 公司名下有车辆具体信息如表 22 所示：

表 22　　SDHD 公司名下有车辆具体信息(部分)

序号	所有权人	车牌号	中文品牌	登记时间	查封情况	抵押情况
1	SDHD 公司	鲁×××××	××牌	2007 年 1 月 22 日	四轮查封	无

(4)其他财产信息

从 FC 市市场监督管理局查询，截至 2019 年 5 月 13 日，未查询到 SDHD 公司名下存在动产抵押登记信息。

3. 执行信息调查情况

经全国法院被执行人信息系统查询，截至 2019 年 5 月 13 日，保证人 SDHD 公司存在条被执行登记信息如表 23 所示：

表 23　　SDHD 公司存在条被执行登记信息(部分)

序号	案号	立案时间	受理法院	案件标的(元)
1	(2019)鲁××××执×××号	2019 年 1 月 15 日	济南市 L 人民法院	15,896,648

4. 对外投资情况

经本所律师调查，截至 2019 年 5 月 13 日，SDHD 公司对外投资 1 笔，具体情况如表 24 所示：

表 24　SDHD 公司对外投资情况

序号	公司名称	注册资本（万元）	出资额（万元）	出资比例（%）	股权出质情况	冻结情况
1	TAHC 公司	1000	100	10	无	无

（五）自然人保证人陈某、李某调查情况

1. 不动产情况

本所律师经 TA 市不动产登记中心查询，截至 2019 年 5 月 13 日，保证人李某名下无不动产信息，保证人陈某名下房产信息如表 25 所示：

表 25　保证人陈某名下房产信息

序号	权利人	不动产权证号	用途	面积	位置	抵押情况	查封情况
1	陈某	T 房权证泰字第×××号	城镇住宅用地	152.56	TA 市×小区×××室	抵押权人 TA 市 TS 有限公司，抵押金额 200 万	FC 市法院查封，查封金额 316 万

2. 车辆情况

经本所律师前往 TA 市、FC 市车辆管理所查询，截至 2019 年 5 月 13 日，未发现保证人陈某、李某名下车辆信息。

3. 对外投资情况

经本所律师调查，截至 2019 年 5 月 13 日，保证人陈某对外投资 2 笔，具体情况如表 26 所示：

表 26　保证人陈某对外投资情况

序号	公司名称	注册资本（万元）	认缴出资额（万元）	出资比例（%）	股权出质情况	冻结情况
1	TABF 公司	1000	200	20	无	无

经本所律师调查，保证人李某对外投资 1 笔，具体情况如表 27 所示：

表 27　　保证人李某对外投资情况

序号	公司名称	注册资本（万元）	认缴出资额（万元）	出资比例（%）	股权出质情况	冻结情况
1	SDLL 公司	3000	300	10	无	无

四、贵行关于债权及担保权利的追偿情况

2018 年 7 月 30 日，贵行将本项目下债务人 SDLL 公司、SDTS 公司、FCSY 公司、SDHD 公司、陈某、李某诉至济南市 L 人民法院并申请诉讼财产保全，L 法院于 2018 年 11 月 28 日出具×××号《民事调解书》，2018 年 12 月 17 日签收该《民事调解书》。2019 年 1 月 15 日，申请强制执行立案，在执行程序过程中，L 人民法院通过人民法院网络查控系统，对被执行人名下财产进行查询，并对被执行人 SDLL 公司名下账户存款进行划扣，共计 13,522.1 元，领取执行过付款相关材料已经提交承办法官。关于首封被执行人 SDLL 公司持有的 FC 农商行 1600 万元股权，因存在质押，质押权人为 TAYH 公司，质押担保金额 1.1 亿元，因此，通过对该股权进行评估、拍卖后所得价款优先清偿债权的可能性很小。

五、结论

综上，本项目下借款人及企业保证人虽仍在营，但均因互保、市场行情不景气、资金短缺等诸多因素影响，盈利能力急剧下降，偿债能力较低，且偿债意愿不强。经本所律师查询，债务人及担保人名下有一定财产，但多数存在抵押、查封、冻结等限制情形。本所律师认为难以通过处置该类房产、土地实现部分或全部债权。

本项目所涉《人民币流动资金借款合同》系双方当事人真实意思表示，不违反法律法规的强制性规定，合法有效。贵行按照合同约定发放了贷款，债务人应当按照合同约定偿还借款，贵行已经起诉，而且起诉时并未超过诉讼时效，故不存在诉讼时效问题；所涉 4 份《最高额保证协议》系双方当事人的真实意思表示，不违反法律法规的强制性规定，合法有效，保证人应当承担保证责任。双方约定保证期间为主债务履行期限届满之日起两年，贵行已经起诉，故保证债权亦不存在诉讼时效问题。贵行享有的债权真实、合法、有效，无法律规定或合同约定不得转让的情形，可以依法进行转让。

第三部分　律师声明

本律师及所在的律师事务所，郑重承诺对贵行提供的相关材料、本调查报告的内容承担保密责任；并对法律责任分析依据的真实性、合法性和准确性负责。本报告仅为贵行决策提供参考，山东博翰源律师事务所不承担贵行及任何第三方因使用本报告产生的风险和损失。

经办律师：袁玉金　董玉堂

2019 年 5 月 23 日

STJT 重大资产重组项目法律意见书

案情简介

STJT(证券代码:600385)采用现金方式收购公司控股股东XHJTZ持有的JDYH100%股权(以下简称“本次交易”)。本次交易构成上市公司重大资产重组,STJT聘请我所为法律服务中介机构,委托我所办理本次交易过程全部的法律事务。STJT提交重大资产重组报告书及其他相关文件后,上海证券交易所于2019年11月22日出具了《关于对STJT重大资产购买暨关联交易报告书(草案)信息披露的问询函》(上证公函〔2019〕3009号),我所针对该问询函中的相关法律问题出具《补充法律意见书》。STJT重大资产重组项目现已经上海证券交易所审核通过。

法律意见书

致STJT:

本所接受STJT的委托,并根据STJT与本所签订的《法律服务协议》,担任STJT本次重大资产购买的专项法律顾问,并于2019年11月8日出具了〔2019〕博翰源律非诉字第010号《山东博翰源律师事务所关于STJT重大资产购买暨关联交易之法律意见书》(以下简称《法律意见书》)。

本所及经办律师依据《公司法》《证券法》《律师事务所从事证券法律业务管理办法》《律师事务所证券法律业务执业规则(试行)》《重组管理办法》等相关法律法规、规章及其他规范性文件的规定,结合上海证券交易所上市公司监管部于2019年11月22日出具的上证公函〔2019〕3009号《关于对STJT重大资产购买暨关联交易报告书(草案)信息披露的问询函》(以下简称《问询函》),按照律师行业公认的业务标准、道德规范和勤勉尽责精神，就 STJT 重大资产购买所涉及的有关事宜出具本《补充法律意见书》。

本《补充法律意见书》系对《法律意见书》的补充，并构成《法律意见书》不可分割的组成部分。除本《补充法律意见书》中补充的事项之外，《法律意见书》的其余内容仍然有效。本所律师在《法律意见书》中发表意见的前提、声明和假设亦适用于本《补充法律意见书》。除非上下文另有所指，本《补充法律意见书》所使用简称含义均与《法律意见书》中使用的简称含义一致。

基于以上所述，本所律师按照律师行业公认的业务标准、道德规范和勤勉尽责精神，出具补充法律意见如下：

一、关于交易安排

关于是否构成重组上市。据公司 2018 年年报，XHJTZ 持有公司17.38%股权，为公司控股股东，HJQ 持有 XHJTZ80%股权，是公司的实际控制人。根据草案披露，HJQ 与 HY 为父子关系，2018 年 3 月 HJQ 将所持 XHJTZ60%的股权转让给 HY，转让后 HJQ 持有 XHJTZ20%股权，HY 持有 XHJTZ80%股权。请公司说明：(1)上述股权转让完成后，公司实际控制人是否发生变更，2018 年 3 月，控股股东股权变更时是否及时履行了信息披露义务，2018 年年报中关于控股股东及实际控制人相关信息披露内容是否真实、准确、完整；(2)如公司控制权发生变更，本次收购是否构成重组上市，标的资产是否符合重组上市的相关条件。请财务顾问及律师发表意见。(《问询函》问题 2)

回复：

1. 上述股权转让完成后，上市公司实际控制人是否发生变更。

经查阅 XHJTZ 工商档案，2013 年 9 月 8 日，HJQ(甲方)与 HY(乙方)签订了《股权转让协议书》，“XHJTZ，由甲方出资经营，注册资本为人民币 1 亿元，甲方持有公司 10，000 万元股份，占出资比例 100%。现甲乙双方协商并经 XHJTZ 股东决定将其持有的 2000 万元股份转让给乙方。乙方以其出资额为限对 XHJTZ 承担责任”。同日，XHJTZ 召开股东会并通过决议：“鉴于股东 HJQ 将所持有的 2000 万元公司股份转让给 HY，现公司股东出资额出资比例为：自然人 HJQ 出资 8000 万元，占出资比例 80%；自然人 HY 出资 2000 万元，占出资比例 20%。”

2013 年 9 月 16 日，XHJTZ 就此次股权转让事项完成了工商变更登记。

根据 HJQ 和 HY 填写的调查问卷和 HY 的现场访谈，HJQ 为 HY 的父亲，HJQ 与 HY 为一致行动人。

鉴于本次股权转让时，XHJTZ 为 STJT 第一大股东，且 HJQ 为 HY 之父，根据《首发业务若干问题解答（一）》（2019 年 3 月 25 日）中问题 10 的解答："实际控制人的配偶、直系亲属，如其持有公司股份达到 5%以上或者虽未超过 5%但是担任公司董事、高级管理人员并在公司经营决策中发挥重要作用，除非有相反证据，原则上应认定为共同实际控制人。"自 2013 年 9 月 8 日起，HJQ 与 HY 对 STJT 即构成共同控制，上市公司的实际控制人为 HJQ、HY 父子。

2018 年 3 月 21 日，HJQ 与 HY 签订了《转让协议》，约定 HJQ 将其持有的 XHJTZ 的股权 6000 万元（人民币）转让给 HY。股权转让完成后，XHJTZ 的股东及持股比例分别为 HJQ 持股 20%、HY 持股 80%。虽然该股权转让后 XHJTZ 第一大股东由 HJQ 变更为 HY，但鉴于二人系父子关系，且本次股权转让后，HJQ、HY 合计仍持有 XHJTZ100%股权。因此，本次股权转让未改变 HJQ、HY 父子对上市公司共同控制的事实。

HJQ、HY 的基本信息如下：

HJQ，中国国籍，出生于 1966 年 11 月 23 日，住××市××区×××村××公寓，身份证号码为＊＊＊＊。目前未在 STJT、XHJTZ 担任职务。

HY，中国国籍，出生于 1991 年 5 月 12 日出生，住××市××区××路××号院，身份证号：＊＊＊＊。现为 STJT 的董事，担任 XHJTZ 执行董事兼法定代表人。

综上，本所律师认为，自 2013 年 9 月 8 日起，上市公司的实际控制人即为 HJQ、HY 父子；XHJTZ 在 2018 年 3 月股权转让完成后，上市公司的实际控制人没有发生变更。

2. 上市公司 2018 年年报中关于控股股东及实际控制人相关信息披露内容是否真实、准确、完整。

本所律师审阅了上市公司 2018 年年报内容及上市公司其他公告信息，其中未涉及控股股东 2018 年 3 月股权变更事宜，亦未涉及认定控股股东 2013 年 9 月股权转让后实际控制人变更为 HJQ、HY 父子相关事宜。

因 XHJTZ 及其全部股东均认为上市公司实际控制人未发生变化，其主观认为不需要将 XHJTZ 的股东变化情况通知上市公司，导致上市公司未及时披露控股股东股权结构变更情况，在 2018 年年报中对控股股东相关信息披露内容存在不真实、准确、完整的情况。

STJT 承诺将按照信息披露要求对公司实际控制人的情况进行更正并公告。

3. 如公司控制权发生变更，本次收购是否构成重组上市，标的资产是否符合重组上市的相关条件。

根据《重大资产购买报告书(草案)(修订稿)》、上市公司确认并经本所律师核查，上市公司实际控制人没有发生变更，本次收购不构成重组上市。

综上，本所律师认为：控股股东于2018年3月股权转让完成后，上市公司实际控制人没有发生变化；上市公司2018年年报中关于控股股东的股东持股变动情况未及时披露公告，在2018年年报中关于控股股东股权结构及实际控制人信息方面存在信息披露内容不真实、准确、完整的情况；本次收购不构成重组上市。

关于业绩承诺。草案披露，本次交易作价采用资产基础法作为定价依据，其中对表外无形资产中专利资产的评估采用了收益法、对存货中产成品按其正常不含税售价扣除销售费用、税金及适当利润后评估。同时，本次交易对方为公司的控股股东。请公司补充披露：(1)在资产基础法评估中采用基于未来收益预期的各项目的估值金额；(2)交易对方未进行业绩承诺是否符合重组办法相关规定。请财务顾问、评估师及律师发表意见。(《问询函》问题3)

回复：

(一)在资产基础法评估中采用基于未来收益预期的各项目的估值金额

根据QDTH《问询函回复意见》，本次对纳入评估范围的无形资产——其他无形资产中在用的实用新型专利技术及药品生产批号和生产技术是基于未来收益预期，采用收益法进行评估，评估值为558.81万元。

本次对纳入评估范围内的存货——产成品评估按其正常不含税售价扣除销售费用、税金及适当利润后评估，评估过程中运用的数据是基于基准日市场不含税售价的市场价值和企业历史数据，评估原理和评估过程未采用未来预期值，因此不是基于未来收益预期的方法。

(二)交易对方未进行业绩承诺是否符合重组办法相关规定

根据《重组管理办法》第三十五条的规定："采取收益现值法、假设开发法等基于未来收益预期的方法对拟购买资产进行评估或者估值并作为定价参考依据的，上市公司应当在重大资产重组实施完毕后3年内的年度报告中单独披露相关资产的实际盈利数与利润预测数的差异情况，并由会计师事务所对此出具专项审核意见；交易对方应当与上市公司就相关资产实际盈利数不足利润预测数的情况签订明确可行的补偿协议。

预计本次重大资产重组将摊薄上市公司当年每股收益的，上市公司应当提出填补每股收益的具体措施，并将相关议案提交董事会和股东大会进行表决。负责落实该等具体措施的相关责任主体应当公开承诺，保证切实履行其义务和责任。

上市公司向控股股东、实际控制人或者其控制的关联人之外的特定对象购买资产且未导致控制权发生变更的，不适用本条前二款规定，上市公司与交易对方可以根据市场化原则，自主协商是否采取业绩补偿和每股收益填补措施及相关具体安排。”

根据《关于并购重组业绩补偿相关问题与解答》规定：“在交易定价采用资产基础法估值结果的情况下，如果资产基础法中对于一项或几项资产采用了基于未来收益预期的方法，上市公司的控股股东、实际控制人或者其控制的关联人也应就此部分进行业绩补偿。”

根据《重大资产购买报告书（草案）（修订稿）》，本次交易的交易对方为XHJTZ，系上市公司的控股股东，同时也是标的公司的控股股东。

2019 年 12 月 9 日，STJT（甲方）与 XHJTZ（乙方）就本次交易涉及采用收益法评估的实用新型专利及药品生产批号和生产技术签署了《STJT 与 XHJTZ 关于 JDYH 之业绩承诺补偿协议》（以下简称《业绩承诺补偿协议》）。《业绩承诺补偿协议》对协议定义、承诺期业绩及补偿承诺、乙方补偿金额或股份数额的计算及补偿方式、乙方对标的公司业绩承诺资产减值测试的补偿计算方式、违约责任、适用法律及争议解决、不可抗力、协议生效、解除和终止及其他内容进行了约定。本所律师对《业绩承诺补偿协议》的主要内容补充披露，略。

综上，本所律师认为，本次交易作价依据中，基于未来收益预期的项目评估值为 558.81 万元，交易双方已按照重组管理办法相关规定签署《业绩承诺补偿协议》，符合重组管理办法相关规定。

二、关于标的资产经营和财务情况

关于技术水平。根据草案披露，标的资产拥有 20 个品种的生产资质、多项化学合成系统技术、四条认证生产线等。请公司补充说明：(1)开展生产经营所需的主要资质，相关资质的主管部门及获批条件，目前拥有的资质及期限情况，是否存在到期风险，续期是否存在实质障碍及对生产经营的具体影响，并充分提示相关风险；(2)与主要竞争对手相比，标的资产拥有的核心技术，核心技术所处市场竞争水平，并充分提示相关技术风险；(3)标的资产拥有 20 项药品批准文号，其中 19 项发证时间均为 2015 年 4 月 17 日，截止日期均为 2020 年 4 月 16 日，只有一项发证时间为 2018 年 5 月 10 日，请补充披露标的资产集中于 2015 年取得多项药品批准文件的原因及合理性，近几年内未有新产品获得批文的原因、合理性及对标的资产持续经营的影响。请财务顾问和律师发表意见。(《问询函》问题 7)

回复：

1. 开展生产经营所需的主要资质，相关资质的主管部门及获批条件，目前拥有的资质及期限情况，是否存在到期风险，续期是否存在实质障碍及对生产经营的具体影响，并充分提示相关风险。

根据《重大资产购买报告书(草案)(修订稿)》，JDYH 主要从事原料药的研发、生产与销售。按照中国证监会发布的《上市公司分类与代码》(2012 年修订)的行业目录及分类原则，JDYH 所属行业为医药制造业(C27)；根据国家统计局发布的《国民经济行业分类》(GB/T4754－2017)，JDYH 隶属于 C 制造业中的医药制造业(C27)。

根据《中华人民共和国药品管理法》相关规定，原料药属于药品的范畴，需取得药品行业“两证一照”生产准入资质，企业只有依法获得药品生产许可证、工商营业执照和药品生产质量管理规范(GMP)证书后才具备生产资格；药品批准文号是药品生产和销售的唯一合法性证明文件，企业在进行药品的商业化规模生产和销售前必须依据《药品注册管理办法》向药品监管机构提交药品注册申请文件，并经过严格的技术审评和行政审批程序，取得相应的药品批准文号才能生产和销售相应品种的药品。

经本所律师查阅《中华人民共和国药品管理法》《中华人民共和国药品管理法实施条例》(国务院令第 709 号)、《药品生产监督管理办法》(国家食品药品监督管理总局令第 37 号)、《药品生产质量管理规范认证管理办法》(国食药监安〔2011〕365 号)、《药品注册管理办法》(国家食品药品监督管理总局令第 28 号)相关规定，上述相关资质的主管部门、获批条件、续期条件及不予续期情形，略。

截止到本《补充法律意见书》出具之日，JDYH 已经获得的开展生产经营所需的主要资质有：

(1)《药品生产许可证》

(2)生产质量管理规范(Good Manufacturing Practices，GMP)认证

(3)药品批件

经本所律师查阅 JDYH 工商档案及相关资质文件，JDYH 目前持有的《药品生产许可证》、药品 GMP 认证、药品批件均系有效期届满，申请换发而来。

根据济南市章丘区市场监督管理局于 2019 年 10 月 17 日出具的证明，“JDYH 自 2016 年 1 月 1 日以来未曾出现过违反药品管理法律、法规及生产、销售假劣药品等问题，未受到过上级主管部门的处罚”。

综上，本所律师认为，JDYH 目前不存在法律法规规定相关资质不予续期或再注册的情形，JDYH 在保持现有生产条件和生产状况不发生变化，不受到药品监督主管部门行政处罚的情况下，在法律法规规定的时限内向药品监督主管部门申请对相关资质的续期和再注册，不存在实质性障碍，不会对 JDYH 的生产经营产生影响。

2. 与主要竞争对手相比，标的资产拥有的核心技术，核心技术所处市场竞争水平，并充分提示相关技术风险。

根据 JDYH 提供资料及《重大资产购买报告书（草案）（修订稿）》，JDYH 拥有核心技术情况，略。

JDYH 主要产品呋喃妥因，在全国共有两家制药企业取得 GMP 认证，除 JDYH 外，SHSW 具有呋喃妥因生产资质，市场整体供应方较少，从客户反馈及市场供应情况反映，JDYH 产品质量较高，生产能力稳定，核心技术有一定的竞争优势。

3. 标的资产拥有 20 项药品批准文号，其中 19 项发证时间均为 2015 年 4 月 17 日，截止日期均为 2020 年 4 月 16 日，只有一项发证时间为 2018 年 5 月 10 日，请补充披露标的资产集中于 2015 年取得多项药品批准文件的原因及合理性，近几年内未有新产品获得批文的原因、合理性及对标的资产持续经营的影响。

根据《国家药品监督管理局关于做好统一换发药品批准文号工作的通知》（国药监注〔2001〕582 号）规定："此次将对国内药品生产企业所有合法生产的药品批准文号进行换发，包括各药品生产企业历年经药品监管部门批准的、合法生产的所有药品（含生物制品，违规审批的药品除外）。参加化学药品再评价的品种以及中成药地方标准品种和中药保健药品将在完成整顿工作后一并换发新的药品批准文号。"

根据以上规定及山东省药品监督管理局的具体执行情况，JDYH 在 2010 年将除膦甲酸钠以外的 19 个产品统一换发了新的文号。根据规定，药品批件有效期为 5 年，故 19 个产品注册批件于 2015 年到期后进行了再注册申报。JDYH 在 2008 年第一次申请膦甲酸钠的药品批件，在报批时即按上述规定执行，故该药品批件未在 2010 年换发，与其他产品不同。

近几年，JDYH 的研发主要限于对现有产品的工艺改进，受限于人才、资金、行业特性等因素，对新产品的开发能力有限，未有新产品获得批文。在 JDYH 保持现有生产规模和能力的情况下，对现有药品的生产无影响。

综上，本所律师认为，JDYH 集中于 2015 年取得药品的再注册批件系所受监管法律法规变更所致，且不存在续期障碍，不会对 JDYH 的持续经营产生影响。

关于资产权证瑕疵。根据草案披露，标的资产部分房产未取得权属证书，部分房产和土地使用权被抵押，一处土地使用权被 HJZY 无偿使用等。请公司补充披露：(1)部分房产未取得权属证书的具体原因，取得权属证书是否存在障碍，后续追补权属证书的安排，评估中是否予以考虑，对后续经营的影响；(2)前述资产的抵押情况、形成原因、抵押期间、抵押资金用途以及对本次交易的影响，是否构成经营的实质性障碍；(3)标的资产与 HJZY 未签订出租协议且未收取租金的原因及合理性，是否存在潜在纠纷，评估中是否予以考虑，是否不利于标的资产生产经营，未来的具体解决措施；(4)说明是否存在其他未披露的资产权证瑕疵或权利受限情况。请财务顾问和律师发表意见。(《问询函》问题 10)

回复：

1. 部分房产未取得权属证书的具体原因，取得权属证书是否存在障碍，后续追补权属证书的安排，评估中是否予以考虑，对后续经营的影响。

根据《中华人民共和国城乡规划法》第四十条第一款的规定，在城市、镇规划区内进行建筑物、构筑物、道路、管线和其他工程建设的，建设单位或者个人应当向城市、县人民政府城乡规划主管部门或者省、自治区、直辖市人民政府确定的镇人民政府申请办理建设工程规划许可证。

根据《建筑工程施工许可管理办法》第二条规定，在中华人民共和国境内从事各类房屋建筑及其附属设施的建造、装修装饰和与其配套的线路、管道、设备的安装，以及城镇市政基础设施工程的施工，建设单位在开工前应当依照本办法的规定，向工程所在地的县级以上地方人民政府住房城乡建设主管部门(以下简称“发证机关”)申请领取施工许可证。工程投资额在 30 万元以下或者建筑面积在 300 平方米以下的建筑工程，可以不申请办理施工许可证。

JDYH 暂未取得部分房屋的建设工程规划许可证和施工许可证，故目前无法办理该房屋的权属证书。

根据 QDTH 出具的《资产评估报告》及《问询函回复意见》，未办证房屋建设在厂区内，在原房屋基础上接建的或经营中建设的独立房屋，房屋规模不大，结构为单层砖混结构、框架结构及钢结构，可见部位结构牢固、装修完整、配套设施正常，评估基准日存在使用价值，评估中按房屋重置建设成本结合综合成新程度计算其评估价值。未取得权属证书部分房产，评估中已将未办证房屋纳入评估范围。

根据 JDYH 出具的关于《无证房产的说明》：“公司的无证房产均系公司以自有资金建造，未侵犯或妨害任何其他方的权益，亦未给任何其他方造成重大不利影响，截至目前未因该等事项发生任何纠纷和潜在纠纷；该部分房产主要用于公司部分液体原材料的储存仓库，整体占比较小，不会对生产经营构成实质性影响；公司将根据实际情况及相关法律法规的规定及时办理前述房产的权属证书。”

根据上市公司出具的说明，本次重组完成后上市公司将督促和配合 JDYH 向相关主管部门申请完善规划、施工手续，待完善规划、施工手续后申请办理权属证书。

XHJTZ亦出具承诺函，承诺XHJTZ将配合上市公司督促JDYH在具备办证条件时尽快办理不动产登记证件，如果因前述无证房产导致上市公司遭受任何损失(包括但不限于行政处罚、强制拆除费用、因影响正常生产经营活动的损失、第三方索赔等)的，XHJTZ承诺就上市公司所受损失扣除上市公司获得的利益后，依法全额承担补偿责任。

综上，本所律师认为，部分房产未取得房产证对JDYH后续生产营业不会产生实质性影响。

2.前述资产的抵押情况、形成原因、抵押期间、抵押资金用途以及对本次交易的影响，是否构成经营的实质性障碍。

根据济南市章丘区不动产登记中心出具的《土地登记信息查询结果》，"JDYH国有土地，证号为：章国用〔2006〕第*****号，2019年在我单位有抵押登记三宗，均抵押给山东章丘NCSY银行股份有限公司，抵押期限为2019年6月6日至2022年5月25日。"

根据济南市章丘区不动产登记中心出具的《房屋权属状况信息》及本所律师核查，JDYH所有的房产证号为章房权证园字第***号、章房权证园字第***号、章房权证园字第***号、章房权证园字第***号、章房权证园字第***号、章房权证园字第***号、章房权证园字第12000026号、章房权证园字第***号下的房产均抵押给山东章丘NCSY银行股份有限公司，抵押金额分别为8,898,000、7,415,000、10,380,900，债务履行期限均为2019年6月6日起2022年5月25日止。

经本所律师核查，上述抵押情况原因系JDYH向山东章丘NCSY银行股份有限公司贷款所致。JDYH贷款的具体情况如下：

JDYH作为借款人与山东章丘NCSY银行股份有限公司签订了《流动资金借款合同》，具体的情况，略。

上述《最高额抵押合同》签订情况，略。

综上，本所律师认为，JDYH目前运营正常，上述贷款系JDYH生产经营活动中正常所需，上述资产受限情况不会对本次交易产生实质性障碍，也不会对JDYH构成经营的实质性障碍。

3.标的资产与HJZY未签订出租协议且未收取租金的原因及合理性，是否存在潜在纠纷，评估中是否予以考虑，是否不利于标的资产生产经营，未来的具体解决措施。

JDYH所使用宗地东南角土地面积12,078.40平方米由HJZY使用，HJZY原为STJT子公司。2014年9月18日，STJT在山东金融资产交易中心以公开挂牌的方式转让HJZY100%的股权，挂牌截止日后，经公开竞价，SZJXC

签订了《股权转让合同》;现 HJZY 实际控制人为自然人 LGL。

由于 STJT 尚欠 HJZY437 万元款项,JDYH 作为 STJT 的关联方,未向 HJZY 收取土地租赁费,经访谈 HJZY、STJT 及 JDYH 相关人员,三方一致同意,对历史上未收取土地租赁费不再追究。

根据上市公司说明,为维护上市公司利益,自 JDYH 股东变更为上市公司之日起,STJT、JDYH 与 HJZY 将共同协商签订土地租赁协议,按照市场公允价格向 HJZY 收取租金。

根据 QDTH 出具的《资产评估报告》及《问询函回复意见》,租赁给 HJZY 的土地位于厂区的东南部,使用面积为 12,078.40 平方米,该地块是 JDYH 已取得的《土地使用权证》中的一部分,拥有使用权,评估中已将该面积纳入评估范围。

综上,本所律师认为,JDYH 租赁给 HJZY 的土地不存在潜在纠纷,本次交易完成后,上市公司、JDYH 将与 HJZY 签订土地租赁协议,对本次交易不存在实质性障碍。

4.说明是否存在其他未披露的资产权证瑕疵或权利受限情况。

经本所律师核查,除已披露的上述资产权证瑕疵或权利受限情况外,不存在其他未披露的资产权证瑕疵或权利受限情况。

关于安全生产和搬迁。根据草案披露,2018 年 8 月标的资产被列入“化工产业安全生产转型升级综合数据管理平台”信息库(以下简称“数据平台”),2019 年 1 月标的资产与当地政府签订搬迁合同,计划搬迁至 D 镇化工产业园,原厂区需进行拆除,但目前 D 镇化工产业园无土地指标,标的资产暂无搬迁计划。请公司核实并披露:(1)标的资产是否存在未披露的重大安全生产事故,是否被相关部门处罚,被纳入数据平台相关情况,对生产经营的具体影响,是否存在停产风险;(2)标的资产与政府签订搬迁合同相关情况,是否存在因搬迁导致后续生产经营存在重大不确定性的风险,对后续经营的具体影响;(3)结合标的资产安全生产及搬迁风险,说明是否对本次交易构成实质障碍,是否符合重组管理办法相关规定。请财务顾问和律师发表意见。(《问询函》问题 11)

回复:

1.标的资产是否存在未披露的重大安全生产事故,是否被相关部门处罚,被纳入数据平台相关情况,对生产经营的具体影响,是否存在停产风险。

根据济南市章丘区应急管理局出具的证明:“JDYH 自 2016 年 10 月 14 日至 2019 年 10 月 13 日,我局未接到关于该企业安全生产事故的举报。该单位于 2017 年 8 月 3 日因违反安全生产相关法律法规受到我局行政处罚,在此期间无其他行政处罚。”所以,JDYH 不存在未披露的重大安全生产事故。

根据国务院办公厅《关于推进城镇人口密集区危险化学品生产企业搬迁改造的指导意见》(国办发〔2017〕77 号)、山东省人民政府办公厅 2018 年 3 月关于印发《山东省城镇人口密集区危险化学品生产企业搬迁改造工作实施方案》(鲁政办发〔2018〕9 号)的通知,山东省化工产业安全生产转型升级专项行动领导小组办公室于 2018 年 8 月发布的《关于加快推进城镇人口密集区危险化学品生产企业搬迁改造工作的通知》的相关要求,济南市开展城镇人口密集区危险化学品生产企业搬迁改造工作,JDYH 被列入"化工产业安全生产转型升级综合数据管理平台"系统信息库中。

根据《危险化学品安全使用许可证实施办法》《危险化学品使用量的数量标准》(2013 年版)、《危险化学品目录》(2015 版),JDYH 不再需要申办危险化学品使用许可证。2018 年 1 月 29 日,JDYH 已经申请注销危险化学品安全生产许可证。JDYH 危险化学品安全生产许可证已于 2018 年 7 月 2 日经山东省安全生产监督管理局公告注销,公告编号为鲁安监告字〔2018〕23 号。

2019 年 5 月,根据山东省工业信息局化工企业转型升级办公室要求,JDYH 依据《国民经济行业分类》GB/T4754－2017 的分类标准,JDYH 行业代码为 2710,不在其转型升级范围内;JDYH 的相关信息已从"化工产业安全生产转型升级综合数据管理平台"系统信息库里删除;以后不再纳入"化工产业安全生产转型升级"企业进行管理。

JDYH 目前生产经营良好,安全环保方面无重大安全事故,也未被列入济南市城镇人口密集区危险化学品生产企业搬迁改造企业名单。

综上,本所律师认为,截止到本《补充法律意见书》出具之日,上述事项未对 JDYH 后续生产经营产生具体影响,目前不存在因上述事项导致的停产风险。

2. 标的资产与政府签订搬迁合相关情况,是否存在因搬迁导致后续生产经营存在重大不确定性的风险,对后续经营的具体影响。

2019 年 1 月 18 日,济南市章丘区人民政府(甲方)与 JDYH(乙方)签订了《搬迁企业入园合同书》,约定了搬迁项目基本情况、土地供给、甲方责任、乙方责任、违约责任的内容。

《搬迁企业入园合同书》中没有对 JDYH 具体的搬迁时间进行约定,但在甲方责任中明确约定"按照乙方建设计划安排,甲方承诺在乙方进场前,达到本宗用地地面平整,具备通水、通电、通路等基本建设条件,确保乙方顺利开工。乙方在正式投产前,甲方根据项目配套涉及要求将管线接至乙方规划红线,满足乙方投产需要"。

根据国家生态环境部出台的《关于进一步深化生态环境领域"放管服"改革推动经济高质量发展的指导意见》《禁止环保"一刀切"工作意见》、山东省政府办公厅《山东省人民政府关于印发山东省化工投资项目管理规定的通知》(鲁政办字〔2019〕150 号),严格禁止“一刀切”,保护合法合规企业权益。

经走访济南市章丘区工业和信息化局和 D 镇化工产业园区管委会,目前 D 镇化工产业园暂无土地指标,对非危化企业不会强制搬迁,且目前暂无搬迁计划。

另外,上市公司控股股东 XHJTZ 已出具承诺:“若 JDYH 因环保或安全问题不符合国家或土地等相关的法律法规,而被有关政府主管部门强制搬迁或处以任何形式的处罚或承担任何形式的法律责任等,致使上市公司遭受任何损失的,本公司承诺就上市公司所受损失扣除上市公司获得的利益后,依法全额承担补偿责任。”

综上,本所律师认为,截止到本《补充法律意见书》出具之日,JDYH 虽与章丘区政府签订了《搬迁企业入园合同书》,但双方尚未履行合同权利义务,未对 JDYH 的后续经营产生具体影响。

3.结合标的资产安全生产及搬迁风险,说明是否对本次交易构成实质障碍,是否符合重组管理办法相关规定。

JDYH 目前生产经营良好,安全环保方面无重大安全事故,也未被列入济南市城镇人口密集区危险化学品生产企业搬迁改造企业名单。目前 D 镇化工产业园暂无土地指标,对非危化企业不会强制搬迁,且目前暂无搬迁计划。上市公司控股股东已经出具相关承诺函。

综上,本所律师认为,JDYH 虽存在搬迁风险,但不会对本次交易构成实质性障碍,符合重组管理办法相关规定。

关于环保风险。标的资产属于高污染行业,持有济南市环境保护局核发的排污许可证,有效期至 2020 年 12 月 27 日。请公司补充披露:(1)标的资产排污许可证到期后,续期是否存在法律障碍;(2)标的资产近三年环保投入情况,报告期内排放的主要污染物、排放量及达标情况等;(3)是否存在未披露的环保事故或环保部门处罚,并充分提示相关风险;(4)标的资产报告期内是否存在停产情况,请说明分别停产原因、停产期间及具体经营影响,并充分提示相关风险。请财务顾问和律师发表意见。(《问询函》问题 12)

回复:

1.标的资产排污许可证到期后,续期是否存在法律障碍。

根据《排污许可管理办法(试行)(2019 修正)》第四十六条规定:排污单位需要延续依法取得的排污许可证的有效期的,应当在排污许可证届满三十个工作日前向原核发环保部门提出申请。

第四十七条规定:申请延续排污许可证的,应当提交下列材料:

（一）延续排污许可证申请；

（二）由排污单位法定代表人或者主要负责人签字或者盖章的承诺书；

（三）与延续排污许可事项有关的其他材料。

第四十八条规定：核发环保部门应当按照本办法第二十九条规定对延续申请材料进行审查，并自受理延续申请之日起二十个工作日内作出延续或者不予延续许可决定。

作出延续许可决定的，向排污单位发放加盖本行政机关印章的排污许可证，收回原排污许可证正本，同时在全国排污许可证管理信息平台上公告。

综上，本所律师认为，在目前生产条件、生产状况持续不变的情况下，JDYH按照《排污许可管理办法（试行）（2019 修正）》的规定提交相关材料，申请延续排污许可证不存在法律障碍。

2.标的资产近三年环保投入情况，报告期内排放的主要污染物、排放量及达标情况等。

根据 JDYH 出具说明，JDYH 在 2017～2019 年在原有环保设备基础上新增建废气处理系统、污水化学需氧量（COD）在线检测系统、雨水收集池、自动水质采样器、排污监控视频设备、消音房等，具体投入情况，略。

根据 JDYH 出具的说明，JDYH 在报告期内排放的主要污染物的处理方式及排放情况表，略。

JDYH 在报告期内各污染物的排放量及达标情况。（详表略）

3.是否存在未披露的环保事故或环保部门处罚，并充分提示相关风险。

根据济南市章丘区环境监察大队出具的证明："经核实，我局 2019 年 9 月 17 日对 JDYH 做出了《行政处罚决定书》（济环罚字〔2019〕ZQ 第 062 号）：责令其改正违法行为；罚款壹拾万元整人民币。JDYH 现已改正完毕并按时缴纳了罚款。JDYH 自 2016 年 1 月 1 日至今，除上述处罚外，未受到其他涉及环保方面的行政处罚。"

综上，本所律师认为，截止到本《补充法律意见书》出具之日，JDYH 不存在未披露的环保事故或环保部门处罚的情况。

4.标的资产报告期内是否存在停产情况，请说明分别停产原因、停产期间及具体经营影响，并充分提示相关风险。

根据 JDYH 出具的说明，JDYH 在报告期内停产情况。（详表略）

2017 年 10 月 18 日，针对因环保、安全等因素导致的限产、停产，或因销售计划临时调整以及临时停电、停水等情况，或出现特别放假等情况，JDYH 修订了《生产指令管理规程》，制定并形成预案及应对措施：积极向环境主管部门申请进入蓝色环保企业名单；并且在订单不紧张的情况下，在不限产期间增加班次生产，增加产量及在非采暖季增加库存。

综上，本所律师认为，JDYH 在报告期内存在停产情况，但上述停产情况并非违反法律法规或环保处罚等原因导致，JDYH 已对因天气等原因临时停产形成相应预案和应对措施，上述停产事项对 JDYH 的持续生产经营未造成实质性影响。

关于其他应付款项。根据草案披露，近三年来标的资产其他应付款占负债比重较高，其中主要包含对 MSJT 的相关债务。请公司核实并披露，对 MSJT 相关债务的形成原因，债务偿还情况及目前余额，未来偿还计划，是否影响标的资产后续经营及本次交易。请财务顾问、律师和会计师发表意见。（《问询函》问题 15）

回复：

根据 JDYH 工商档案显示，MSJT 在 2000 年 4 月 26 日至 2004 年 6 月 4 日期间为 JDYH 股东，持股比例为 30%。MSJT 作为 JDYH 股东期间，为促进 JDYH 的发展，累计为 JDYH 提供＊＊＊元的资金支持；JDYH 于 2005 年 12 月份归还＊＊＊元，余款＊＊＊元。

2006 年 4 月，MSJT 与 JDYH 签订《还款协议书》，约定 JDYH 需在 2006 至 2008 年 12 月 31 日之前分 6 次偿还，共计偿还＊＊＊元，若推迟一天，需要交纳万分之三的滞纳金。由于 JDYH 在 2006 年至 2008 年期间经营比较困难，JDYH 共计偿还 MSJT＊＊＊元，尚有＊＊＊元余款未归还。2015 年 1 月 26 日，MSJT 将 JDYH 起诉，要求 JDYH 返还欠款＊＊＊元以及 2006 年 6 月 30 日至 2015 年 3 月 4 日的滞纳金＊＊＊元，共计＊＊＊元。

2015 年 5 月 16 日，JDYH 与 MSJT 达成还款和解协议书，约定：和解协议书签订之日偿还＊＊＊元；2015 年 10 月 30 日之前偿还＊＊＊元；2016 年—2020 年的每年 10 月 30 日之前分别偿还＊＊＊元；2021 年 10 月 30 日之前偿还剩余欠款＊＊＊元。

截止到本《补充法律意见书》出具之日，JDYH 按照还款和解协议的约定按期付款，目前尚有＊＊＊元的款项未支付，剩余款项将于 2020 年 10 月 30 日之前支付＊＊＊元，2021 年 10 月 30 日之前支付＊＊＊元。

综上，本所律师认为，JDYH 支付给 MSJT 的款项将会造成未来现金流量的流出，基于 JDYH 拥有良好的现金流入，且目前其银行账户资金充足，能够及时足额偿付 MSJT 的欠款，不会对本次交易产生实质不利影响。

四、其他

根据草案披露，HDLSY 于 2009 年 11 月 23 日被吊销营业执照，目前正在清算中，截至草案签署日，标的资产无下属企业。请公司补充披露 HDLSY 与标的资产的关系、营业执照被吊销的原因、目前该企业的经营状况、其清算工作等对标的资产及本次交易的具体影响。请财务顾问和律师发表意见。(《问询函》问题 19)

回复：

(一)HDLSY 清算情况

经本所律师核查，HDLSY 的基本情况如表 1 所示：

表 1　　HDLSY 的基本情况

名称	HDLSY
工商注册号	370181000003173
类型	有限责任公司
住所	济南市章丘区明水镇 LG 村
法定代表人	CYS
注册资本	一百万元整
成立日期	2002 年 4 月 5 日
营业期限	2002 年 4 月 5 日至长期
经营范围	兽用粉散剂的制造、销售
登记机关	济南市章丘区市场监督管理局

经本所律师查询 HDLSY 的工商档案材料，JDYH 持有 HDLSY85%的股权，为 HDLSY 的控股股东。

根据 JDYH 出具的说明，HDLSY 成立后一直未开展实质性的经营活动，无任何资产及负债情况。根据《注销税务登记申请审批表》《企业注销检查报告》，HDLSY 因解散事由于 2009 年 3 月 6 日向章丘市国家税务局(现国家税务总局济南市章丘区税务局)申请了税务注销登记，并于 2009 年 3 月 13 日完成了企业税务注销登记。

根据济南市章丘区行政审批服务局于 2019 年 9 月 29 日出具 HDLSY 公司吊销情况，HDLSY 吊销原因为不依照规定接受年度检验，吊销时间为 2009 年 11 月 23 日。

2019 年 9 月 30 日，JDYH 作出关于 HDLSY 清算的股东会决议：1. HDLSY 依法进行清算；2. 公司清算组由 LJJ、ZSC、YPF 组成，其中 LJJ 担任清算组组长；3. HDLSY 负责办理公司清算组备案等公司清算、注销手续。

(二)HDLSY 的经营状况及清算工作,对标的资产本次交易的影响

HDLSY 因申请解散主动向主管税务部门办理了税务注销手续,且在被吊销营业执照后再没有开展任何经营活动。现阶段 HDLSY 清算工作正在进行过程中。

根据《公司法》相关规定,HDLSY 系有限责任公司,为独立法人,股东以其投资额为限承担责任。即使存在纠纷或债务导致诉讼,也应当由 HDLSY 独立承担责任,不会影响 JDYH 经营或造成 JDYH 经济损失,因此 HDLSY 的经营状况及清算工作不会对 JDYH 和本次交易产生影响。

综上,本所律师认为,HDLSY 为 JDYH 的控股子公司,因未参加年检被吊销营业执照,吊销执照后即停止生产经营。HDLSY 已经完成税务注销登记,现 JDYH 已成立清算组,目前处于工商登记清算中。HDLSY 的经营状况及清算工作不会对 JDYH 和本次交易产生影响。

请公司核实并披露,标的资产报告期内是否存在未披露的重大诉讼、仲裁、行政处罚等情况。请财务顾问和律师发表意见。(《问询函》问题 20)

回复:

(一)重大诉讼、仲裁

根据 JDYH 提供的资料、询问公司相关负责人,同时向 JDYH 法律顾问函证及查询中国裁判文书网站、中国执行信息公开网网站,在报告期内,JDYH 不存在未决诉讼或仲裁案件。

(二)行政处罚

根据 JDYH 提供的材料,并经本所律师核查,在报告期内,JDYH 受到的主要行政处罚情况如下:

1. 2019 年 6 月 17 日,济南市生态环境局执法人员对 JDYH 进行进场监察,通过与排污许可证副本核对发现 JDYH 在 2018 年度 1～3 月未对废气排口 DA002 中的污染物 VOCs 进行检测;从 2018 年至今的废水中的污染物苯胺、硝基甲苯、急性毒性、总氰化物、总铜、总锌、二氯甲烷等项目未按月进行检测。济南市生态环境局于 2019 年 9 月 17 日向 JDYH 作出《行政处罚决定书》(济环罚字〔2019〕ZQ 第 062 号),针对上述情况违反《山东省环境保护条例》第四十九条第二款之规定,依据《山东省环境保护条例》第七十一条第(三)项之规定,责令 JDYH 改正违法行为,罚款十万元整人民币。

根据 JDYH 提供的《山东省非税收入通用票据》《中国银行山东中行代收付交易通知单》,JDYH 于 2019 年 9 月 26 日向济南市生态环境局章丘分局缴纳了罚款 100,000 元。

济南市生态环境局作出上述处罚的依据为现行有效的《山东省环境保护条

例》第七十一条第（三）项之规定：违反本条例规定，排污单位有下列行为之一的，由县级以上人民政府生态环境主管部门或者其他有关部门责令改正，处二万元以上二十万元以下的罚款；拒不改正的，责令停产整治：（三）未按照规定进行人工监测并保存原始监测记录的。

JDYH 对上述违规行为向山东省生态环境厅作出了《关于 6.13 省厅抽查发现问题的说明》。根据济南市生态环境局网站污染源环境监察信息公开专栏处公示的污染源监测抽查情况，2018 年 7 月、2018 年 9 月、2019 年 1 月，JDYH 的国控污染源排放均为达标。根据济南市章丘区环境监察大队于 2019 年10 月 16 日出具的证明，除上述处罚外，自 2016 年 1 月 1 日起至证明出具之日，JDYH 不存在其他违反环境保护方面法律法规的行为。

据此，本所律师认为，JDYH 受到十万元的罚款处罚属于罚则区间的中间值，未对 JDYH 业务开展及持续经营产生重大不利影响，且 JDYH 已经及时足额缴纳了罚款，上述行政处罚不构成本次交易的实质性障碍。

2. JDYH 因安全设备的安装不符合国家标准，济南市章丘区应急管理局于 2017 年 8 月 3 日向 JDYH 作出《行政处罚决定书（单位）》[（章）安监罚〔2017〕14 号]，针对上述情况违反了《安全生产法》第三十三条第一款的规定，依据《安全生产法》第九十六条第（二）项的规定，决定给予罚款人民币贰万元的行政处罚。

根据 JDYH 提供的《山东省非税收入通用票据》，JDYH 于 2017 年 8 月 10 日向济南市章丘区安全生产监督管理局缴纳了罚款 20,000 元。

济南市章丘区应急管理局作出上述行政处罚的依据为现行有效的《安全生产法》第九十六条第二项规定：生产经营单位有下列行为之一的，责令限期改正，可以处五万元以下的罚款；逾期未改正的，处五万元以上二十万元以下的罚款，对其直接负责的主管人员和其他直接责任人员处一万元以上二万元以下的罚款；情节严重的，责令停产停业整顿；构成犯罪的，依照刑法有关规定追究刑事责任：（二）安全设备的安装、使用、检测、改造和报废不符合国家标准或者行业标准的。据此，本所律师认为，JDYH 受到贰万元的罚款处罚属于罚则区间的较低值。

JDYH 对上述违规行为向济南市章丘区应急管理局作出了《"大快严"检查存在问题整改完成情况报告》。根据济南市章丘区应急管理局于 2019 年 10 月 14 日出具证明，自 2016 年 10 月 14 日至 2019 年 10 月 13 日，其未接到关于该企业安全生产事故的举报，该单位于 2017 年 8 月 3 日因违反安全生产相关法律法规受到行政处罚，在此期间无其他行政处罚。

据此，本所律师认为，主管机关对 JDYH 的罚款金额较小，未对 JDYH 业务开展及持续经营产生重大不利影响，且JDYH及时足额缴纳了罚款，上述行政处罚不构成本次交易的实质性障碍。

3.因JDYH出口货物呋喃妥因与报关单号不一致，黄岛海关于2018年6月4日向JDYH作出《责令办理海关手续通知书》(黄关简责办字〔2018〕0201号)，根据《中华人民共和国海关行政处罚实施条例》第五条的规定，责令JDYH在2018年6月19日前履行补办进出口(境)手续。

根据JDYH提供的材料，JDYH已经删单重报，补办了进出口(境)手续。

据此，本所律师认为，黄岛海关未对JDYH作出罚款的处罚，且JDYH已经重新补办出口手续，该违规行为未对JDYH业务开展及持续经营产生重大不利影响，上述行政处罚不构成本次交易的实质性障碍。

4.2017年4月12日，山东省药品审评中心GMP认证检查组对JDYH原料药(呋喃妥因)进行现场检查，发现一般缺陷6项。JDYH于2017年4月25日向山东省药品监督管理局审评认证中心出具了《关于药品GMP认证跟踪检查不合格项目整改报告》。

本所律师认为，山东省药品监督管理局对JDYH上述违规行为没有做出具体的行政处罚项目，且JDYH对不合格项目进行了整改。该违规行为未对JDYH业务开展及持续经营产生重大不利影响，不会对本次交易产生实质性障碍。

综上，本所律师认为，除上述已披露的行政处罚外，JDYH在报告期内不存在未披露的重大诉讼、仲裁、行政处罚等情况。

请公司核实并披露，实际控制人、控股股东及其控制的企业是否存在与标的资产同业竞争的情况。请财务顾问和律师发表意见。(《问询函》问题21)

回复：

1.经本所律师核查，JDYH的经营范围为制造、自销：原料药(保泰松、非普拉宗、氟哌啶醇、环扁桃酯、卡马西平、联苯双酯、氯氮平、双嘧达莫、西咪替丁、盐酸托哌酮、呋喃妥因、呋喃西林、呋喃唑酮、鞣酸小檗碱、溴甲贝那替嗪、醋酸钠、月桂氮䓬酮、盐酸索他洛尔、尿囊素、膦甲酸钠、瑞舒伐他汀钙、恩替卡韦)(有效期以许可证为准)；医药中间体(不含化学危险品，以许可证为准)；进出口业务；医药技术咨询、转让；普通货运以及其他按法律、法规、国务院决定等规定未禁止和不需要经营许可的项目。(依法须经批准的项目，经相关部门批准后方可开展经营活动)

经本所律师登录国家企业信用信息公示系统及“天眼查”等公开网站查询，上市公司实际控制人及控股股东控制的主要企业及经营范围情况，略。

经核查，JDYH经营范围与实际控制人、控股股东控制的企业的经营范围均不相同，彼此之间不存在同业竞争的情况。

2. 上市公司控股股东、实际控制人关于避免同业竞争，均已出具避免同业竞争的承诺函：

（1）上市公司控股股东出具了《关于避免同业竞争的承诺函》，承诺：

①本次交易完成后，本公司及控制的其他企业未来不会以直接或间接的方式从事与 STJT 及其下属企业相同或者相似的业务，以避免与 STJT 及其下属企业的生产经营构成可能的直接或间接的业务竞争；

②如本公司及控制的其他企业进一步拓展业务范围，本公司及控制的其他企业将以优先维护的权益为原则，采取一切可能的措施避免与 STJT 及其下属企业产生同业竞争；

③若有第三方向本公司及控制的其他企业提供任何业务机会或本公司及控制的其他企业有任何机会需提供给第三方，且该业务直接或间接与 STJT 及其下属企业业务有竞争或者 STJT 及其下属企业有能力、有意向承揽该业务的，本公司及控制的其他企业应当立即通知 STJT 及其下属企业该业务机会，并尽力促使该业务以合理的条款和条件由 STJT 及其下属企业承接；

④如 STJT 及其下属企业或相关监管部门认定本公司及控制的其他企业正在或将要从事的业务与 STJT 及其下属企业存在同业竞争，本公司及控制的其他企业将在 STJT 及其下属企业提出异议后及时转让或终止该项业务，如 STJT 及其下属企业进一步提出受让请求，本公司及控制的其他企业将无条件按有证券从业资格的中介机构审计或评估的公允价格将上述业务和资产优先转让给 STJT 及其下属企业；

⑤如违反以上承诺，本公司愿意承担由此产生的全部责任，充分赔偿或补偿由此给 STJT 造成的所有直接或间接损失。

（2）上市公司实际控制人 HJQ、HY 已出具《关于避免同业竞争的承诺函》，承诺如下：

①截至本承诺签署日，除 STJT 及其控股子公司外，本人及其控制的其他公司、企业或者其他经济组织未从事与 STJT 及其控制的其他公司、企业或者其他经济组织存在同业竞争关系业务。

②本次交易完成后，在作为 STJT 实际控制人期间，本人及控制的其他公司、企业或者其他经济组织将不从事任何与 STJT 及其控制的其他公司、企业或者其他经济组织相同或相似且构成或可能构成竞争关系的业务，亦不从事任何可能损害 STJT 及其控制的其他公司、企业或者其他经济组织利益的活动；如本人及控制的其他公司、企业或者其他经济组织遇到本人及控制的其他公司、企业或者其他经济组织主营业务范围内的业务机会，本人及控制的其他公

司、企业或者其他经济组织承诺将该合作机会让予 STJT 及其控制的其他公司、企业或者其他经济组织。

③如违反以上承诺，本人愿意承担由此产生的全部责任，充分赔偿或补偿由此给 STJT 及其控制的其他公司、企业或者其他经济组织造成的所有直接或间接损失。

综上，本所律师认为，JDYH 与实际控制人、控股股东控制的企业之间不存在同业竞争。

本《补充法律意见书》正本一式三份，无副本，每份具有同等法律效力，经本所经办律师及负责人签字并加盖本所公章后生效。

律师：季 猛　高 静　韩 梅

2019 年 12 月 10 日

作者简介

韩梅律师，毕业于山东政法学院，获法学学士。曾通过公务员考录就职于济南市商河县司法局，熟悉党政机关的工作流程，具有较强的法学理论功底与实践经验。韩律师主要业务领域：各类民商事诉讼及非诉讼法律服务等。韩梅律师自从事专职律师工作以来代理了多起经济、民事、仲裁案件，参与了山东金泰重大资产重组项目、山东省丝路投资发展有限公司股权收购项目等。

山东博翰源律师事务所大事记

2000 年　山东高科新律师事务所成立，主任翟义荣。

2001 年　山东高科新律师事务所党支部成立，党支部书记翟义荣。

2003 年　山东高科新律师事务所党支部被评为优秀基层党组织。

2004 年　山东高科新律师事务所更名为山东博翰律师事务所。

2005 年　山东博翰律师事务所被评为山东省优秀律师事务所。

律所主任变更为杜鹃，杜鹃当选济南市律师协会副会长、山东省律师协会常务理事、山东省律师协会奖惩委员会主任，刘昌君担任山东省律师协会知识产权委员会副主任。

2006 年　山东博翰律师事务所党支部书记变更为杜鹃。

2007 年　山东博翰律师事务所及杜鹃、王玉法二位律师个人入选山东省第一批破产管理人名册。

2008 年　刘昌君被评为山东省优秀律师。

山东方遒律师事务所成立，主任黄利群。

2009 年　山东经信纬义律师事务所成立，主任霍建平。

2010 年　山东博翰律师事务所、山东方遒律师事务所、山东经信纬义律师事务所三所同时荣获济南市优秀律师事务所称号。

2011 年　博翰、方遒、经信纬义三所合并，博翰所更名为山东博翰源律师事务所，霍建平担任主任，山东经信纬义律师事务所、山东方遒律师事务所注销。

荣获山东省人民满意律师事务所荣誉称号。

霍建平被评为全国优秀律师，霍建平、杜鹃被评为全国律师行业创先争优党员律师标兵。

2012 年　霍建平当选济南市律师协会会长，杜鹃担任副监事长，黄利群担任理事、纪律委员会副主任，杨润刚担任环境与资源委员会副主任。

山东博翰律师事务所党支部更名为山东博翰源律师事务所党支部，党支部成员改选。

全国律师协会长王俊峰、副秘书长马国华来所考察调研。

合伙人赴美国瀚宇国际律师事务所上海办事处、上海虹桥正瀚律师事务所、国浩律师（上海）事务所、北京天同律师事务所与天津金诺律师事务所等参观考察。

选派闫少奇律师参加司法部“1＋1”援藏活动。

霍建平、杜鹃、黄利群三位律师当选第十三届济南市政协委员。

周小平被评为第三届山东省优秀律师，黄利群、刘昌君、韩新明三位律师通过山东省优秀律师复核。

选派孙晖赴美参加“应对国际贸易摩擦高端法律服务人才培训工程”。

2013 年 与山东省国资委签订“中介机构备选库”入库合作协议。

选派杜华英、王幸福赴美参加“应对国际贸易摩擦高端法律服务人才培训工程”。

2014 年 荣获山东省维护妇女儿童权益先进单位荣誉称号。

霍建平、黄利群、刘昌君入选第一届山东省政府法律专家库成员，霍建平被聘为第一届省政府法律顾问。

杜鹃、黄利群被聘为第一届山东省政协专门委员会法律顾问。

霍建平担任中华全国律师协会环境与资源委员会委员，杜鹃担任纪律委员会委员，黄利群担任法律顾问委员会委员，季猛担任金融证券保险专业委员会委员，韩新明担任破产与重组专业委员会委员。

霍建平当选山东省律师协会副会长，杜鹃担任纪律委员会副主任，黄利群担任法律顾问委员会副主任，韩新明担任破产清算委员会副主任。

杜鹃作为律师党支部书记赴中央党校参加“中央党校济南市司法行政党务干部培训班”。

霍建平、黄利群入选第一届济南市政府法律顾问专家库成员，霍建平被聘为第一届市政府法律顾问。

2015 年 被评为山东省敬老文明号、济南市五一劳动奖状、济南市首届先锋律师事务所。

党支部换届选举，改选支部成员。

霍建平连任济南市律师协会会长，党委副书记，杜鹃担任老律师工作委员会主任，黄利群担任法律顾问委员会主任，杨润刚担任环境与资源委员会主任，韩新明担任清算与破产专业委员会主任，刘昌君担任知识产权委员会副主任，高建军担任刑事辩护委员会副主任等。

杜鹃、单辉被聘为山东省人民检察院人民监督员，霍建平被聘为济南市人民检察院人民监督员。

2016 年 被评为全国优秀律师事务所、全国敬老文明号、山东省优秀代理申诉律师事务所。

荣膺山东省法院企业破产案件一级管理人。

霍建平当选全国律师协会理事、大会提案委员会委员。

黄利群、刘昌君、袁春辉入选第二届山东省政府法律专家库成员。

发起设立济南市破产管理人协会，杜鹃当选第一届济南破产管理人协会会长。

2017 年 全国律协秘书长何勇莅临博翰源所考察工作。

被评为第四届山东省优秀律师事务所，黄利群被评为第四届山东省优秀律师。

单辉被评为省优秀人民监督员。

霍建平当选济南市第十六届人大代表、法制委员会委员，杜鹃当选济南市第十一届党代表，黄利群当选山东省第十二届政协委员、省港澳台侨和外事委员会委员。

霍建平、黄利群被聘为济南市委法律顾问。

山东省乡村振兴法律服务团成立，霍建平担任团长。

霍建平挂职济南市历下区副区长，马大山挂职济南市历下区司法局局长助理。

2018 年 博翰源党支部换届选举，支部成员改选。

被评为山东省优秀代理申诉律师事务所，单辉被评为山东省优秀代理申诉律师。

设立吉隆坡办事处。

霍建平担任全国律师协会理事、大会提案委员会委员，黄利群连任全国律协法律顾问专业委员会委员，季猛担任全国律协企业合规工作组成员，连任全国律协金融专业委员会委员。

多名律师入选山东省民营经济法律服务团，霍建平任团长。

霍建平受聘担任山东省人大常委会立法顾问，杜鹃、黄利群被聘为第二届山东省政协专门委员会法律顾问。

霍建平、杜鹃、黄利群、刘昌君等被聘为山东省高级人民法院特邀调解员。

霍建平、杜鹃、黄利群入选第二届济南市政府法律顾问专家库成员，霍建平、杜鹃被聘为第二届市政府法律顾问。

霍建平、马大山被评为山东省优秀挂职律师。

宿扬帆挂职德州夏津县公安局警长。

2019 年 博翰源党支部荣获"出彩型"好团队荣誉称号。

主任换届,高建军担任主任,合伙人会议设立主席:霍建平任主席,杜鹃、黄利群任副主席。

发起设立山东省破产管理人协会,高建军担任省破产管理人协会副会长。

设立山东大学(威海)法学教育发展基金。

设立日照分所。

杜鹃被评为全国维护妇女儿童权益先进个人。

马大山入选全国律协青年领军人才训练营。

马大山被聘为司法部法律援助案件(刑事)质量评估律师。

霍建平担任山东省律师协会副会长,杜鹃担任会员处分复查委员会副主任,黄利群担任政府法律顾问专业委员会副主任,高建军担任刑事诉讼专业委员会副主任,韩新明担任企业破产清算重整与清算业务委员会主任,杜华英担任知识产权法律专业委员会副主任。

霍建平被聘为济南市律师协会名誉会长,袁春辉担任证券业务委员会主任,高建军担任刑事合规业务委员会副主任,周小平担任清算与破产业务委员会副主任,尹义锋担任财务工作委员会副主任,张海侠担任劳动和社会保障业务委员会副主任。

2020 年 霍建平当选济南市第十七届人大代表,法制委员会委员。

杜鹃、马大山被聘为山东省人民检察院人民监督员,高建军被聘为济南市人民检察院人民监督员。

霍建平、黄利群、刘昌君、袁春辉入选第三届山东省政府法律专家库成员,霍建平被聘为第三届省政府法律顾问。

山东省"一带一路"法律服务团成立,霍建平担任团长。

后 记

2020年，山东博翰源律师事务所迎来了建所二十周年庆典。

二十年来，先后有一百多位律师在本所有过执业履历，积累了弥足珍贵的精神财富。将律师们在执业中的成果集结出书的想法，早在几年前霍建平主任就提出来过。但彼时无论是对书的内容、体例还是文字，大家都心中无数，以为如果出得不好，反而不如不出。好多事情就是这样，一犹豫，就搁置下来。2014年，刘昌君律师出版了办案选录《案·理》，2018年杜华英律师出版了专著《知识产权——裁判观点选粹和文书推荐》等，很多律师陆续代理了一些有影响力的大案、名案与疑难复杂的前沿案件，破产业务、刑事业务等团队一批有质量的论文获奖，这让我们重拾集结出书的想法。适逢博翰源建所二十周年，出书之议，在合伙人会议上全票通过。之后全所律师积极参与，编委会成员各司其职，日夕忙碌，保证《博翰源理——山东博翰源律师建所二十周年文选》在博翰源律所二十周年庆典举行之际如期出版。

《博翰源理》包括了建所以来博翰源律师承办的部分诉讼案件的辩护意见、代理意见、非诉讼项目的法律意见书和2005年之后（主要是2010年之后）在华东六省一市、山东省、济南市律师协会组织的理论研讨中的部分获奖论文。因仲裁案件具有不公开的性质，仲裁案件中的代理意见没有放进这本文集里。应该说，这本文集虽不能巨细靡遗，却也集中了博翰源律师在办案中成功的喜悦、失败的感悟、值得回忆的点滴。水平所限，错误和不完善不可避免，观者亦会褒贬不一，但敝帚自珍，对于我们，其意义已经足够。

成书之际，首先感谢山东大学（威海）法学院院长肖金明教授。今年

8 月，我们向肖院长提出为本书撰写前言，甚感唐突，不想肖院长欣然命笔，并一直关心本书编辑、出版的进展，令我们感动。

还要感谢山大出版社尹凤桐副社长、肖淑辉编辑等的督促、协力，感谢全体参与本书编辑、撰写的合伙人、律师、行政人员的奉献与付出，没有你们的殚精竭虑，本书的如期出版是不可想象的。

在时代大潮中，艨艟巨舰固然踊跃，一叶扁舟也可远航。以此，博翰源与大家共勉。

山东博翰源律师事务所主任　高建军

2020 年 9 月